이용도 목사 평전

이용도 목사 평전: 기독교의 재출발

1판 1쇄_ 2014년 8월 12일
개정판 1쇄_ 2017년 4월 5일
개정판 2쇄_ 2018년 1월 5일
재개정판 1쇄_ 2020년 2월 10일

전자책 발행_ 2016년 11월 15일

엮은이_ 정재헌
펴낸이_ 정우택

펴낸 곳_ (주)행복미디어
출판등록_ 2006년 2월 13일 제318-2006-000016호
주소_ 서울특별시 중구 을지로 114-10 (을지로 3가 상지빌딩 1005호)
전화_ (02) 2275-0924, 0926
팩스_ (02) 2275-0925
홈페이지_ www.happytoday.kr
전자우편_ happychung@daum.net

ISBN 978-89-958048-9-6 03230

* 잘못 만들어진 책은 구입처에서 교환해드립니다.
* 이 책은 저작권법에 의하여 보호를 받는 저작물이므로 무단 전제와 복제를 금합니다.
* 책 내용을 사용하려면 저자와 출판사에 문의바랍니다.

The Life of Reverend Yi Yong Do: A Critical Biography

기독교의 재출발
1901~1933 이용도 목사 평전

정재헌 편저

행복미디어

차례

머리말: 왜 오늘 이용도인가 / 006

화보: 1928~1933 / 008

기도의 젖을 먹고 자란 아이 (1901~1918)
출생과 소년기 / 034
기독교 민족학교에 입학 / 037

민족의 수난 개인의 수난 (1919~1923)
몸 바쳐 독립운동 / 041
독립운동 참여의 의의 / 044

교회개혁자에의 준비 (1924~1927)
신학교로 잡혀가다 / 047
강동 사건 / 052
주님이 들어오시는 문 / 056
문제의식 1: 교회의 성결 / 062
문제의식 2: 목회자의 정체성 / 066
증인 1: 피도수 선교사 / 070
폐병환자의 노래 / 075

인본주의 신앙에서 신본주의 신앙으로 (1928)
요약 / 080
백정봉과 장룡포에서 / 082
마귀격퇴 / 086
조선교회사에 기록될 주요한 사건 / 088

원산지방 부흥의 확산 (1929)
요약 / 101
성령의 불이 다시 한반도에 임하시다 / 102
내려가지 않으면 넘어진다 / 107
회의냐 부흥회냐 순종함이 문제로다 / 109
아이마음 학생마음 / 112
피도수의 성령체험 / 116

원산을 너머 서부 북부 중부로 (1930)
요약 / 119
회개의 소리 사랑의 사도 / 120
비판자들의 지문 / 122
문제의식 3: 예수님의 죽음 / 126
최초 평양 입성 / 130
평양기도단 1: 태동 / 138
개혁자의 자세 / 140
문제의식 4: 무애신앙 / 142
추방운동 / 146
서울로 좌천 / 152

전국으로 번지는 불길 (1931)
요약 / 156
어린 양을 만나다 / 158
기독교의 현재의 위치 1931 / 162
중생 1: 새로지음을 받으라 / 165
중생 2: 나 죽고 너 살자 / 169
사랑사이 / 172
아우성 속의 엎드림 / 174
기독교의 재출발 / 177
증인 2: 변종호 / 192

용도를 사모하는 사람들 / 201
진리의 심판 / 205
기도동무 어깨동무 / 211
간도 위에 임하소서: 용정과 연길 집회 / 215
의인의 피와 살 / 225
증인 3: 이호빈 / 233
덫? / 236
그들이 찾던 목사 / 240
대한의 심장 서울에 떨어진 불 / 243
올 것이 오다 / 249
첫 공적 공격의 의미 / 259
복음 전하는 자의 상급 / 264
평양기도단 2: 〈신앙생활〉지 / 266
평양을 흔들다 / 269

영광과 고난과, 그리고 몰락 (1932)

요약 / 283
한국복음운동의 큰 동지 / 285
인천의 호산나 / 288
봄 다음 겨울 / 292
예루살렘성 안으로 / 306
안주에서 떨어진 것 평양에서 떨어진 것 / 313
폭우 전 명랑한 햇살 / 325
몰락의 변곡점 / 335
꺼지지 않는 사랑과 다하지 않는 무기 / 345
김인서와 이별 / 348
너와 너의 동포를 위하여 / 354

예루살렘성 밖으로 (1933)

쫓겨나는 무리들 / 363
쏟아지는 채찍 / 368
감리교 경성연회와 장로교 안주노회 / 378
쫓겨난 무리들에게도 교회는 있는가 / 387
최후의 일격 / 392
자기 십자가를 지고 주님 곁으로 / 397
이용도의 개혁은 실패인가 / 402

그래도 삶은 계속되고 (1934~)

작은 투쟁의 시작 / 409
예수교회의 발전과 확산 / 420
이후부터 오늘까지 / 428

맺음말: 한국 기독교의 재출발을 향하여 / 431

참고자료 / 433

Endnotes / 435

화보: 1934~2014 / 447

머리말
: 왜 오늘 이용도인가

한국교회의 내일을 염려하는 소리가 곳곳에서 귀에 와 닿습니다. 기도의 눈물이 메마르고 사랑의 온도는 내려가고 예수 없는 설교가 강단에서 활개친다는 소문이 무성합니다.

이와 함께, "그럼 교회에 무엇이 필요한가?" 질문하며 극복하려는 소리도 들려옵니다. 여러 대안들이 제시됩니다. 저도 하나의 응답으로써 이 책을 세상에 내어놓는 것입니다. '한국 기독교의 재출발'이 필요한 때라고 털어놓는 것입니다. 그럼 어떠한 재출발인가?

이용도 목사님을 만남으로써 시작되는 재출발입니다. 그분은 사랑의 사도였습니다. 지극히 작은 자 하나를 위해 자기의 지극히 소중한 것을 내어주었습니다. 그분은 기도의 용장이었습니다. 부흥회를 여는 곳마다 기도운동이 활화산처럼 일어났습니다. 그분은 성령의 설교자였습니다. 성령의 감동을 따라 외친 설교로 수많은 영혼들이 거듭났습니다. 그분은 교회개혁자였습니다. 교회의 성결과 사랑과 능력을 회복하기 위하여 하루씩 자기의 피와 살을 내놓는 삶을 계속했습니다.

오늘날 이용도 목사를 즐거이 누릴 수 있는 사람에는 제한이나 차별이 없습니다. 비기독교인이라도, 동족을 위해 온몸을 바쳤던 민족의 어른 이용도는 만날 수 있습니다. 어린이와 청소년들은, 세대의 장벽을 뛰어넘어 감동을 안겨주었던 위대한 설교자 이용도를 즐길 수 있습니다. 장로교, 감리교, 성결교, 순복음 등 모든 개신교파와 독립교회, 선교단체, 게다가 천주교도까지, 오직 예수를 중심으로 신앙했던 이용도를 누리고 배울 수 있습니다. 과연 이용도 목사님은 우리 민족을 긍휼히 여기신 하나님의 선물이었습니다.

기독교가 예수님을 따라 바른 길로 나아가길 아프도록 바라는 성도들이여, 교회의 교회됨을 위해 죽도록, 그리고 아름답게, 몸부림쳤던 이용도 목사님을 만나봅시다. 믿고 따를 인격자를 찾아 부모 잃은 아이처럼 방황하는 한국인들이여, 자기목숨보다 동포를 사랑했던 이용도 목사님을 만나봅시다. 서럽던 눈물은 만족과 환희의 눈물로 바뀔 것입니다. 그 눈물은 한국교회의 희망찬 재출발을 잉태하고 있습니다.

철없고 무지한 젊은이가 이용도 목사님의 평전을 쓸 때에 많은 도움과 격려를 받았습니다. 미국 김영철 목사님과 한추지 권사님, Byron Siemsen 선교사님, 한국의 김길송 목사님, 이용도목사기념사업회, 우원기념사업회, 이용도 목사 전집 자료를 제공해주신 장안문화 이민수 사장님, 신원프라임 편집팀, 중국 연길과 캄보디아에 있는 동안 저를 후원해주셨던 믿음의 동무님들과 평안의 교회, 그리고 불초자식으로 인해 많은 고생을 겪으신 부모님께도 죄송하고 감사한 말씀 올려드리옵는 바입니다.

주여 주여 내가 비오니
죄인 오라 하실 때에 날 부르소서

2014년 7월에

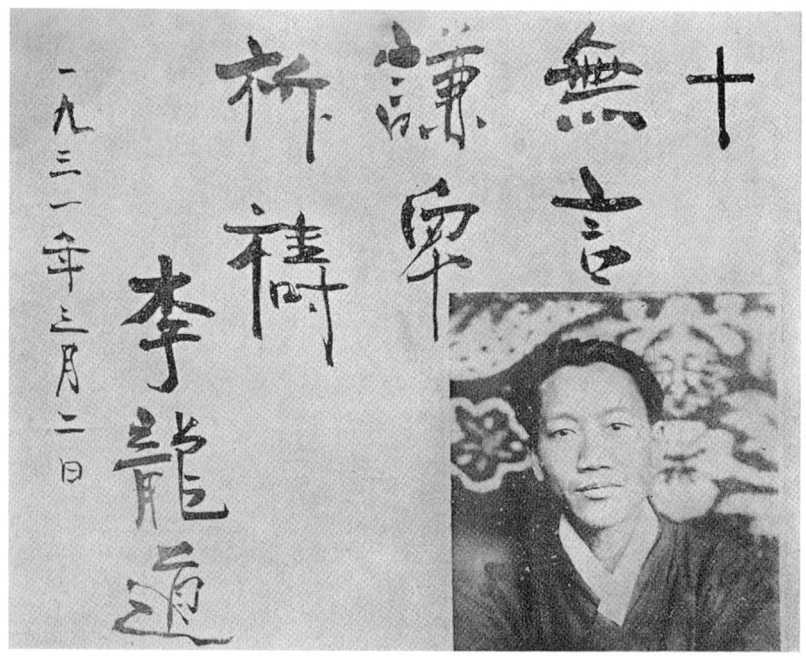

■■■■

무언(無言): 이 세상은 말이 많은 세상입니다. 하지 않아도 될 말, 또 남을 헤치는 말이 얼마나 많습니까. 자기의 아름다운 뜻을 남에게 전하라고 하나님께서 주신 그 말을 가지고 얼마나 남을 해하고 세상을 망칩니까. 이 세상 사회의 모든 악, 싸움, 그리고 모든 분쟁은 다 이 말에서 시작되는 것입니다. 그래서 나는 말이 없기를 바라며 또 벙어리가 되기를 위하여 염원하는 바입니다.

겸비(謙卑): 세상은 또 얼마나 교만한 세상인지요. 못 되고도 된 척하고 또 좀 되면 되었노라고 남을 멸시하고 천대 구박하는 바람에 싸움이 생기고 야단이 나지 않나 생각합니다. 그래서 나는 가장 낮은 자, 가장 미욱하고 천하고 불쌍한 자가 되어서 더 배우고, 더 얻고, 더 받아들이기를 간절히 바라고 있습니다.

기도(祈禱): 나는 모든 부족과 고통과 설움을 주님께 내어 맡기는 길이 바로 기도에 있고 아버지에게서 그 큰 사랑과 위안과 힘과 빛을 얻어 오는 길이 또한 기도를 함에 있으니, 신앙생활에는 오직 기도가 있을 뿐이며 또한 기도 하나로 족한 것입니다.

■■■
1928년 스물여덟의 나이로 협성신학교 졸업.

■■■
1929년 11월 26일에.

반도사진관에서 졸업반 사진 찍다.
세상을 구원하겠다면서 책을 보고서 하겠다고? 그러면 누구나 다 세상을 구원하게? 학자들의 손으로 세상은 다 구원되고 남은 세상은 없게! 세상은 오직 하나님의 능력으로써만 구원할 수 있다.

1927년 11월 3일 (목) 일기

■■■
이용도 목사의 자택이 있는 현저동에 부친을 제외한 가족들이 모였다. 이용도 오른쪽에 모친 양 마리아 여사가 보인다. 그녀는 소년 이용도의 신앙 형성에 중대한 영향을 끼쳤다. 앞줄 왼쪽으로부터 제수씨 장양옥, 부인 송봉애 여사와 딸아이, 아들 이영철 군.

1931년 8월 28일 북간도의 이호빈 목사가 현저동 집을 방문했다. 식사 후에 함께 강원도 삼방으로 가서 기도하며 휴양할 것이다. 이용도 목사가 집에 있다는 소식이 알려지면 식객들과 고학생들, 슬픈 자들, 은혜를 사모하는 이들 등등이 어떻게 알고 몰려들었다고 한다. 아니면 아예 장기투숙(?)을 하며 이 목사의 사랑과 신앙을 흠뻑 전해 받는 이들도 있었는데 대표적인 경우로는 폐병환자 변종호와 '부름 받아 나선 이 몸'의 작사가 이호운 등이 있다.

"나는 밥상을 물끄러미 쳐다보고 둘러앉은 사람들의 얼굴을 바라 보았다. 찬송을 부른다. 그리고 나서는 돌아가면서 성경을 몇 절씩 읽는다. 긴 성경 한 장이 모두 끝났다. 기도를 드린다.
솔직히 말한다면 밥상이라고 차려놓고 삥 둘러앉아 있을 때는 저 밥을 어떻게 먹나 하고 밥 먹을 일이 퍽이나 난처했었다. 그런데 기도가 끝나자 어디서 오는 건지 부쩍 식욕이 생겼다.
나는 그때 생각했다. 아무리 보잘것없고 초라한 반찬이라 하더라도 정다운 사람과 함께 앉아 찬송과 기도를 드리고 성경을 읽고 먹을 수만 있다면 이는 참으로 진수성찬보다 낫고 산해진미를 벌려놓은 것보다도 더 맛이 좋은 것이라고……."

- 변종호, 1931년 봄에

李音順, 金榮順, 李東錫, 禹聲會, 吳東柱, 裵俊福 諸氏

의게 드림이라

우리 主 예수그리스도의 일홈으로 問安하오니

恩惠와 平康이 잇슬지어다 아멘~

主의 나라에는 男子도 업고 女子도 먹는것도

업고 입는것도 업슴니라 다만 은혜만을 생각하고

숨니라. 먹어야 되리 하고 입어야 되라 하는 그런 效件

은 발서 생각되지 안이 하는것이오 男子니 女子니 하

는 것 붓도 그만 업는 것입니다. 物質에 屬한

일이나 肉에 關한 일이나 다 붓도 靈界에 屬한 문제는

그 必要을 늣기지 안케 됨니라.

우리가 지금 이세상에 잇슬 동안이 은혜의 자리에

드러가 잇슬 때에는 男女의 관계도 업서지고 먹고 입고

자고 하는 문제 돌 아희들의 가는지 알수업게 되나니 입니다

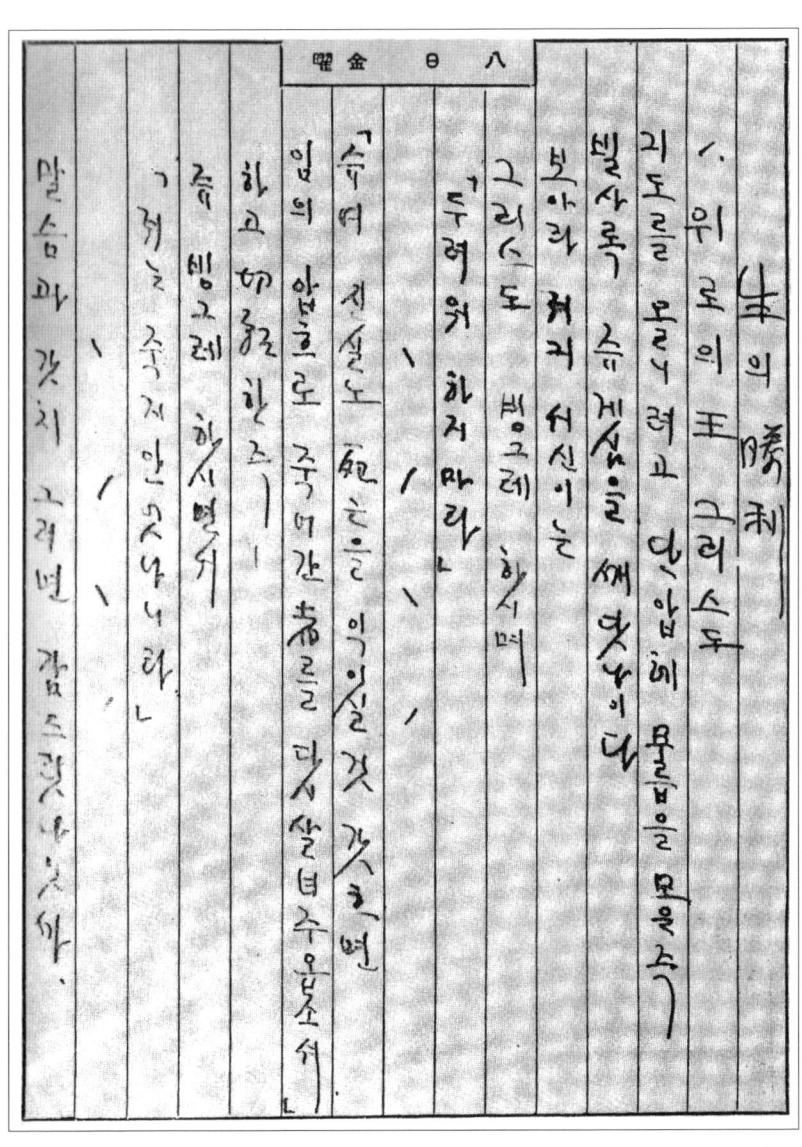

이용도의 친필 편지와 일기.

■■■
피도수는 이용도가 집에서보다 산에서 기도를 많이 하고, 집에서 자는 것보다 산에서 기도하는 밤이 더 많았다고 했다. 어느 때는 자는 것도 먹는 것도 잊고 산으로 기도하러 오르는 것이 안쓰러워서,
"너무 무리하면 형님 죽어요. 오늘은 좀 쉬도록 하세요."
하니까 이용도 목사님은,
"죽으면 기도할 필요가 없으니 살아 있는 동안 열심히 기도해야지요" 하거나,
"죽기 전에 한 사람이라도 더 구원받도록 전도하는 것이 먹고 자는 것보다 더 중요합니다"
라고 했다.
이용도 목사는 이 바위 위에 꿇어 엎드려 하늘에서 내려오는 생수를 받아 마셨다. 그것으로 한국교회에 생기를 공급하였던 것이다.

"가만 내가 저 앞에 가는 그럴듯한 이를 보았는데……."

사람들은 대부흥사 이용도 목사가 온다 하여 그를 맞으러 기차역전으로 나갔다. 그러나 기다려도 기다려도 목사님은 보이지 않았다. 목사님이 늦은 것은 아니었다. 목사님은 그들의 곁에 계속 있었다. 그들이 알아보지 못했을 뿐이다.

'나의 남루한 꼴이 저들의 눈에 목사 같지 않았던 까닭으로 알아보지 못하였도다 … 세상의 사람은 겉모양을 단장하고 하늘의 사람은 속마음을 장식하건만 저희는 세상의 사람과 같이 겉모양을 단장한 자 중에서 목사를 찾았으니 어찌 하늘에 속한 자를 찾을 수가 있었으리요.'

양복에 구두를 신고 비싼 시계를 찬 사람이 목사라고 생각했던 교인들은 그 유명한 부흥사가 이렇게 평범하고 소박하리라고는 꿈에도 생각지 못했다. 한때 우리 땅을 뒤흔들었던 성령의 사람은 오늘날의 많은 유명한 사역자들과 다르게 청빈과 가난을 사랑하는 아내로 삼았던 것이다.

■■■
피도수 선교사와 이용도 목사. 1928년 한국에 온 남감리회 선교사 피도수는 2012년 하늘로 가실 때까지 이용도 목사에 대해 증언하였다.

"오! 나의 사랑하는 형님 용도 — 오날에 주 예수의 품에 숨겨 계시는 용도여 — 너그러운 마음으로 용서해주서요, 용도 형님이 이 땅 우에서 고생하셨을 때에 이 부족한 동생은 완전한 사랑에 이르지 못하였읍니다. 그래도 형님이 나의 부족한 것을 다 용납해 주셨읍니다. 우리가 속히 천당에서 서로 반갑게 만나서 면대하여 말할 기회가 있을 터이니 그때까지 이 약한 동생은 용도 형님을 본받아서 주님의 명하시는 대로 날마다 행하려고 결심합니다.

피도수 — 1996년 9월 12일"

의형제처럼 가까웠던 이환신과 이용도. 이환신 목사는 1962~66년 감리교회의 수장인 감독을 지냈다.

"한 사람의 월급을 받으며 셋이 한 교회를 맡아 가지고 호빈 형님은 교회 운영, 용도 형님은 주일학교부, 나는 청년회 일을 하기로 생각했었다. 물론 졸업만 하면 곧 실천에 착수하려고 졸업 날이 오기를 손꼽아 기다리던 때도 있었다. 그러나 정작 졸업을 하고 나니 우리 셋은 떠나지 않을 수 없는 운명에 부딪쳤다."

■■■
1931년 3월 2일 월요일. 이 사진은 황해도 재령과 사리원으로 1,000장 이상이 팔려나갔다. 당시는 이용도 목사의 사진 한 장 정도 찬송가에 꽂아두지 않으면 신자 축에 끼지 못했다고…….

왼쪽부터 변종호, 이호빈, 김병순, 이용도, 박승걸.

"용도는 이단임. 남들은 세상 생각도 좀하고 저 볼장도 조금씩은 보는데 그는 이 세상은 온전히 버리고 남의 사정만 보고 하늘만 바라보았으니 이단이요, 남들은 땅 위에 좌정(坐定)하여 거기서 움찔거리고 물(物)만 가지고 노는데 그는 하늘에 입각(立脚)하여 하나님만 상대로 하고 그만 좋아하니 이단이었음. 그는 인중(人中)의 이인(異人)으로서 보통 신자보다는 한 단계 높이 살던 이단이요, 보통 목사와는 다른[異] 끝[端]을 보고 올라간 이단 목사로서 이단 중에서도 진짜 이단이었음."

— 변종호

■■■
이용도는 3년간 기도와 사랑으로 변종호를 살려냈고 변종호는 50년간 붓과 펜으로 이용도를 살려냈다.

■■■
평양에서 기도의 동지들과 함께. 뒷줄 왼쪽부터 김지영, 김익선, 이용도, 김영선, 김예진.

평양기도단원 김예진 전도사. 평양 노회가 이용도는 평양의 장로교회에 들이지 말자고 결의한 1932년 10월 7일, 한낮인데도 김예진은 노회 석상에 등불을 들고 나타났다. "이 어둠을 밝히겠다!" 하면서 말이다. 그는 독립운동가로, 기도의 용사로, 목사로, 전도자로 교회와 민족을 섬기다 공산당에 의해 순교했다.

이용도의 평양중앙교회 집회에서 살아계신 주님을 만난 뒤로 능력의 전도자로 거듭난 김영선 전도사. 만주 봉천(현 요녕성 심양)까지 전도를 나설 정도의 용맹한 전도자였다.

"내가 목사님을 알게 된 후 크게 얻은 것이 있다. 그것은 누구나 죄를 깨끗이 회개하고 씻어 버리면 다 주의 아들이 될 수 있고 주의 일꾼이 될 수 있고 큰 권능과 이적 기사도 행할 수 있다는 것이다. 그러나 마음 어느 한편 구석에 지저분한 잘못을 숨겨두고는 별 공부 다하고 별 짓을 다 한다고 해도 교회에 다닐 수는 있으되 예수를 따를 수는 없고 목사 월급을 받을 수는 있으되 목사의 직책을 감당하지는 못한다는 것이다."

— 김영선 전도사

"우리 몇 사람은 지난 봄에 특별한 은혜를 받은 후 각각 깊은 찔림을 받고서 우리 일생을 주를 위해서 희생하기로 작정하였나이다 … 같이 모여 기도하는 믿음의 동무가 되었습니다."

— 김예진 전도사

■■■
이용도 목사와 신학교 동기이자 신앙의 동역자이며 그 뒤를 이어 예수교회를 이끌고 나간 이호빈 목사.

■■■
이용도 목사와 이호빈 목사. 두 사람 사이에는 내 것 네 것이 없었다. 이호빈 목사는, "나를 가르치신 분도 많이 있었지만 이용도 목사가 가장 예수를 바로 따른 사람이었다고 저는 믿어지며 그러기에 예수를 믿되 이용도 목사처럼 믿어야 하겠다"고 했다.

박승걸, 이호빈, 이용도. 간도 용정감리교회 선생이던 박승걸은 이용도 목사를 통해 은혜 받고 이후 예수교회 복음사(전도사)가 되었다. 예수교회는 '목사'나 '복음사'의 '사' 자를 스승 사(師)로 쓰지 않고 부릴 사(使)로 썼다. 예수님께서는, 인자는 섬김을 받으러 온 것이 아니요 섬기러 온 것이라고 하셨다 (마가복음 10:45).

"우리 주님께서, 우리의 믿음의 조상들이 당하신 그 고생의 일부를 나도 좀 당해보아야겠습니다."

"대판에 못 가게 되면 서울 방면으로라도 가야겠지만, 다 되지 않으면 신구약을 싸 가지고 산으로 들어가겠습니다. 이것이 원칙이겠지요."

"12세 된 여학생 박의순(朴義淳)은 몇 달째 계속하여 밤, 새벽마다 나와 조르는데 수년간 낙심되었던 조모님, 어머님이 단단히 매를 맞아 불이 붙게 되었고, 지금은 또 아버지를 구해달라고 조르는 모양인데 아주 맹렬하외다. 울며 아버지 손목을 붙들고 예배당 가야 산다고 애원합니다. 머지않아 뿌리가 빠질 것이외다. 9세 된 그 동생도 나오는데 그들의 기도 소리는 보통이 아니외다. 당장 주님을 앞에 모시어놓고 드리는 말 소리외다. 옆에서 듣노라면 소름이 쭉쭉 끼치게 됩니다."

— 이호빈

■■■
1931년 8월 28일에서 15일까지 이용도는 강원도 세포군 삼방리에서 동지들과 기도하며 휴식을 취하였다. 뒷줄 왼쪽부터 감리교 부흥사 이석원 목사, 김교순 장로, 이용도 목사, 이호빈 목사. 앞줄 왼쪽에 한준명 조사.

1931년 9월 15일. 왼쪽부터 박승걸 선생, 이호빈 목사, 미상, 이용도 목사, 백남주 선생. 변종호는 사진을 찍는 것 같다.

■■■
1932년 10월 평남 안주 집회 중에는 성령의 불이 떨어져 회개와
찬송이 불같이 일어났다. 안주 동부(사진 위)와 서부(사진 아래) 교회.

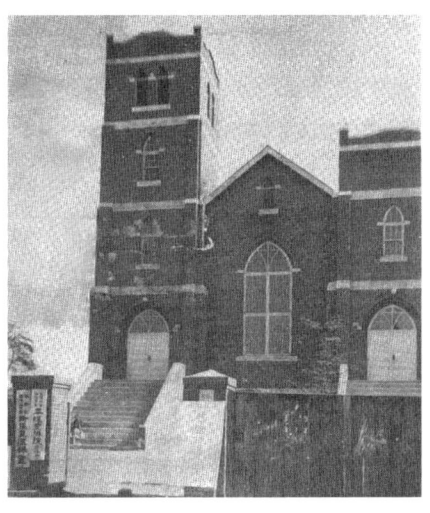

■■■
평양 신양리감리교회.

■■■
북간도 용정촌교회. 이용도의 간도 집회로 기도의 불길이 강렬하게 일어났다.

■■■
이용도 목사를 여러 차례 초청했던 인천 내리교회.

■■■
황해도 해주 남본정교회.

■■■
1931년 10월 15일 경남 사천 집회. 마당에 채양을 치고 바닥에 멍석을 깔고 말씀을 들었다. 강단 왼편으로 호기심 어린 아이들이 보인다. 경남의 장로교회들은 이용도를 초청하고자 남다른 열심을 내었다. 사천 집회 중 이용도가 드린 기도가 그의 일기장에 남아있다.

이곳에서는 주님께서 어떻게 영광을 받으시려나이까. 나는 나의 할 일을 알지 못하오니 이것이 아버지의 뜻에 합당하나이까. 나의 할 일이었다면 이것이 도리어 아버지의 성의(聖意)를 막음이 될 때가 많겠나이다. 아버지시여, 시시각각으로 나를 감동시키시고 나를 부리사 아버지의 뜻을 나타내어 당신의 자녀들을 건지옵소서. 이곳에서 나를 저들에게 내어주시겠나이까. 성의대로 하시옵소서.
1931년 10월 12일 (월) 일기

1930년 4월, 원산지방 통천구역 가평교회. 여자아이를 무릎 위에 올려 놓은 이용도 목사와 송봉애 사모가 보인다 (사진 중앙).

평양 명촌교회. 이용도는 1931년 겨울과 1932년 여름 명촌에서 성령의 커다란 역사를 나타내었다.

■■■
1933년 9월 9일 원산신학산. 이용도를 버리지 않음으로 교회에서 버림을 받은 무리들은 어떤 관사나 부사 등의 수식이 없이 이름을 '예수교회'라 하고 예수만 따르는 신앙을 전개해나갔다.

1933년 10월 이용도의 묘. 변종호는 10월 2일 이용도의 임종을 지키지 못했다. 연희전문학교(연세대학교의 전신)에서 학기시험 중에 있던 그에게 목사님의 죽음을 알리지 않았던 것이다. 변종호는 10월 5일 이 소식을 듣고 원산으로 달려갔다. '다 죽은 나를 살리신 목사님이 이렇게 가시다니……'

일러두기:

〔 〕는 단행본. 〈 〉는 잡지나 신문, 회의록, 회사명.

[ ]가 인용문 속에 나올 경우, 부드러운 독서를 위하여 글쓴이가 바꾸어 넣은 토씨. 혹은 옛말을 현대어로 바꾼 경우 원문과 비교가 필요할 경우 삽입한 한자.

문장 속 " "는 인용이나 대화. 혹은 설교 제목, 잡지/신문의 기사 제목.

문장 속 ' '는 강조. 혹은 시, 노래, 연극, 작품 등의 제목.

기도의 젖을 먹고 자란 아이
(1901~1918)

출생과 소년기

1. 한국교회사의 매우 특출한 인물인 이용도(李龍道)는 1901년 4월 6일 황해도 금천군 서천면 시변리 178번지에서 5남 1녀중 셋째로 태어났다. 어린 시절의 이용도를 말하려면 먼저 그의 부모에 대해 살펴 보아야 한다.

이용도의 믿음이 형성되는데 있어 가장 중요했던 사람은 어머니 양마리아 여사였다. 그녀는 시변리교회의 전도부인(Bible woman)이었다. 전도부인이란 전도, 교육, 조직, 사회활동 등에서 실제적인 지도력을 효과적으로 발휘했던 조선의 여성 교회지도자를 말한다.

이용도의 모친이 전도부인이라면 그의 부친은 대주가였다. 그는 인구 1,000명 규모 시변리에서 중개장사로 생계를 이어갔다. 술만 아니었다면 그의 가족들은 제법 넉넉하게 살 수 있었을 것이다.

부친은 술만 좋아하는 것이 아니라 가족들이 교회 나가는 것도 싫어했다. 늘 아내를 괴롭게 하여 그녀의 눈에서는 눈물 마를 날이 없었다. 부친은 때로 칼까지 휘두르며 교회에 가면 죽이겠다고 협박했다. 아이들은 아버지가 집에 있는 날에는 교회에 갈 수 없다는 것을 깨달았다.

하지만 어머니의 기도는 아버지의 매질보다 질겼다. 신앙의 고난이 불신앙의 으름장보다 설득력이 컸다. 어머니의 눈물과 기도는 용도가 올바른 길로 가도록 붙잡아주는 끈이었다.

2. 용도가 시변리에서 공립보통학교(초등학교)를 다닐 때의 일이다. 일본인

기무라 교장은 예수 믿는 아이들은 가르칠 수 없다고 엄포를 놓으면서 교회에 다니는 학생들을 몹시도 괴롭혔다. 어린 용도는 아버지의 박해만 아니라 학교장의 괴롭힘까지 당했다.

기무라의 짓거리가 도를 더해가자 아이들은 더는 교회에 나가지 않겠다고 약속했다. 용도만 여기에 굴하지 않았다. 그 대가는 눈물의 퇴학이었다.

신앙의 시험은 신앙의 수준에 맞게 주어진다. 시험의 때에 우리의 신앙은 화장이 벗겨진다. 시험이 올 때 신앙의 길을 선택함은 눈물과 고난인 것처럼만 보인다. 어린 용도는 가정과 학교에서 시험을 만나, 믿음을 따라 결정을 내렸다. 될 성싶은 나무는 어려서부터, 고난의 밭 위에 심겨 있는가 보다.

어머니의 입장에서는, 용도의 그 믿음이야 훌륭하다마는 그래도 어린것이 퇴학을 당하니 가슴이 적잖이 아팠다. 어머니가 눈물로 기도하기를 며칠째. 어느 날 기적이 일어났으니 기무라 교장이 용도에게만 예외를 두겠다며 아이를 학교로 돌려보내라 했다.

이렇듯 용도가 신앙을 포기하지 않음으로써 지불해야 했던 가정과 학교에서의 비싼 대가는 어머니의 기도를 힘입어 감당할 수 있었던 것이다.

어머니의 눈물과 기도에 감동을 받는 용도는 13세부터 기도에 남다름을 보였다. 예배당 종탑에 올라가 기도의 횃불로 밤사이를 환하게 밝히기도 하고, 주일학교 교사로 섬기는 동안에는 시작 전부터 아무도 모르게 1시간 이상 기도하곤 했다. 시험은 당시로써는 어느 것도 쉬운 것이 없지만, 믿음으로 고난을 인내한 뒤에 주어지는 선물은 비교할 바 없이 놀라운 것이다.

"인내를 온전히 이루라. 이는 너희로 온전하고 구비하여 조금도 부족함이 없게 하려 함이라"(야고보서 1장 4절).

3. 대주가의 집안이 대개 그러하듯 용도의 집안도 지독하게 가난하여 어린 용도는 살림을 거들어야 했다. 고명딸 막내인 순례가 태어났을 때는 어머니가 병중이시어 젖을 한 방울도 먹이지 못했다. 그래서 용도가 누이를 맡아

이 집 저 집으로 다니며 젖을 먹여 키웠다. 또한 마을사람들에게 물을 길어다 주고 절구질을 해주면서 집에 필요한 것들을 얻어왔다.

강도 높은 특별시험을 통과한 뒤에는 만만찮은 일상의 시험이 이어진다. 이때는 '환란', '결사적'이란 단어보다는 '지속', '견딤' 등이 요구되는 때다. 이렇듯 신앙인의 여정은 '생사의 촌각을 다투는 시험 약간'과 '꾸준한 충성과 인내가 요구되는 일상의 시험 대부분'으로 이루어져 있다. 큰 시험에 통과했다고 방심하면 밀물은 어느새 목까지 차올라 있을 것이고, 작은 시험들에 불충성으로 대답했다면 곧 닥칠 큰 홍수로 생의 낭패를 보게 된다.

위대한 신앙가가 될 용도의 어린시절은 엘리트적 사교육이나 안락한 생활과는 거리가 멀었다. 고난이었고 가난이었다. 그러나 어머니의 기도와 신앙이 그에게 더없이 위대한 교육과 믿음의 자본이 되어주었다.

4. 용도는 소년시절에 특별한 체험을 했다. 큰아버지의 심부름 차 캄캄한 밤길을 홀로 가고 있었는데 키가 구 척(2.7m)이나 되는 마귀가 나타나 길을 막으며 겁을 주었다. 용도가 침착하게 찬송가를 크게 부르자 천사의 날개가 하늘로부터 내려와 그를 보호해주어 무사히 길을 갈 수 있었다고 한다. 작은 시험을 통과할수록 더 큰 은혜가 주어진다. 그리하여 더 큰 시험을 견디게 되고 그러므로 더 큰 은혜를 받게 된다. 오늘 주어진 시험들을 믿음으로 이기는 중에 신앙의 지혜와 키가 자라가며 하나님과 사람에게 더 사랑스러워진다.

바탕재료 변종호/피도수, 〔이용도 목사 전집 4 전기〕, (서울: 장안문화, 2004), 20~6과 125~8을 재구성. 이후 〔전기〕로 줄여 씀.

▪기독교 민족학교에 입학

1. 용도는 1915년 황해도 시변리 공립보통학교를 졸업한 뒤 집에서 140리 떨어진 경기도 개성에 있는 한영서원에 입학했다.¹ 한영서원은 독립협회 활동을 했던 윤치호(1864~1945)가 초대 교장을 맡은 민족학교로, 1906년 개교 때부터 한국인들의 큰 기대를 받았다. 조선, 일본, 중국, 미국에서 교육 받은 지성인 윤치호는 경제적인 독립을 교육철학으로 삼고 실업교육을 내세웠다. 그리하여 목수, 인쇄, 가죽손질 같은 공업 기술과 딸기 재배 같은 농업기술도 가르쳤다.²

학창시절 용도의 언변은 유력한 민족지도자인 윤치호나 이상재, 양주삼 등을 감탄시켰다. 윤치호는 그가 설립한 학교에 용도가 다니니 만났을 것이고, 이상재는 윤치호와 가까우니 용도를 보게 되었을 것이며, 양주삼은 1916년부터 한영서원 부교장으로 2년간 봉직하였으니 이용도와의 앎이 여기서 이루어졌던 것이다. 민족의 큰 어른들을 만나는 경험은 어린 용도에게 민족에 대한 사랑과 독립을 향한 마음을 뜨겁게 북돋아주었다.

2. 신앙의 박해가 사라진 고등학교 생활에도 용도의 고난은 끊이지 않았다. 이전보다 더 강한 가난의 박해를 만난 것이다. 용도는 돈이 없어 항상 배가 고팠고 학비를 벌어 쓰느라 학업이 늦어져 고학생의 슬픔을 숨기고 지내는 고통까지 참아내야 했다.

그러던 중 위기가 찾아왔다. 아무리 일을 해도 식비를 낼 수 없는 극한의 상황이 온 것이다. 용도는 기숙사에서 나와야 했고 식사를 할 수 없다는 통지도 받았다. 둥지 잃은 새 신세가 된 용도는 와르르 식당으로 달려가는 동무들의 뒷모습을 바라보며 우두커니 서 있을 수밖에 없었다. 견디다 못한 그는 배고픔과 서러움을 두 팔로 헤치며 기숙사 뒤편 언덕 위로 달아 올랐다.

눈물로 끼니 때우기를 밥 먹듯 했던 용도에게는 누가 "밥 먹었느냐?"고 하는 인사처럼 무서운 것이 없었다. 그럴 때는 거짓 트림을 뱉으며 배를 쑥 내밀어 보이고, "잔뜩 먹었다"고 하여 위기를 넘기곤 했었다.

그러나 이날 용도의 울분은 격해졌다. 배고픔은 그것을 부채질했다. 식당에서 올라오는 쌀밥의 향기, 김치 깍두기 냄새가 그의 영혼을 어지럽게 하였고 접시와 수저의 입맞춤은 그의 귀에 아찔한 공명을 일으켰다. 순간 그의 목청에서 저주가 터져나왔다. 돈 있는 자들이 용도에게 퍼붓는 저주였다.

"죽어라, 이 불쌍한 놈아. 돈도 없는 놈아. 이 세상은 돈 있는 사람들을 위한 곳이야. 돈, 황금이 없으면 죽어야 돼."

'아, 한번 어디서 훔쳐볼까? 필요 이상 많이 가진 사람들도 많잖아? 그들도 먹어야 살고 나도 먹어야 사는데 그들은 돈이 있고 나는 없잖아…….'

이번 시험은 소년 용도가 감당하기에는 너무 벅찬 것이었을 수 있다. 용도의 마음이 더 참을 수 없는 절망과 회의의 수렁으로 추락하던 그때, 하늘의 은총이 용도 위에 임했다.

…

어렸을 적 기억들이 필름처럼 용도의 머릿속을 스쳐갔다. 고향 시변리에 살 적에도 집안에 먹을 것이 자주 떨어졌었다. 그때면 어머니는 배곯는 자식들을 모아놓고 머리를 숙이게 한 뒤 정성스러운 기도를 올렸었다.

"자비로운 하늘의 아버지, 우리에게 주신 약속에 감사를 드립니다."

기도가 끝나면 눈을 감고 성경 말씀을 낮은 소리로 되풀이하며 외우셨다.
"내가 너희를 고아와 같이 버려두지 않겠다. 모두가 버려도 나는 버리지 않으리라. 나는 함께 있겠다. 주여, 믿나이다. 주의 약속을 믿나이다."

세상이 용도를 버려도 하늘 아버지는 버리지 않으실 것이다. 어머니의 하나님은 시변리만 아니라 온 천지에 계시는 분이다. 잠시 배고플지라도 아버지는 영원히 계셔주신다. 곁에. 같이.

...

마음 깊은 곳에서부터 뜨겁게 피어 오르는 하나님의 '곁에계심'에 대한 확신과 감사에 어느덧 배고픔은 잊어버렸다. 용도는 뿌듯뿌듯한 걸음으로 언덕을 내려갔다. 더 이상 동무들의 시선이 부끄럽지도 두렵지도 않았다. 용도는 먹을 것 대신 하나님을 갖게 된 것이다.[3]

"기록되었으되 사람이 떡으로만 살 것이 아니요 하나님의 입으로부터 나오는 모든 말씀으로 살 것이라"(마태복음 4:4).

3. 용도의 영적 체험은 계속 되었다. 1916년 10월 성령으로 다시 태어나 새 사람이 되는 신생(新生, new birth)을 체험했다. 이러한 거듭남의 역사는 성령께서 사람 안에 이루시는 것으로, 이를 통해 하나님의 사랑이 그의 마음에 부어지고 죄에 대하여 죽고 의에 대하여는 산 새 생명이 주어짐으로, 옛 사람과 다른 새 사람의 삶을 살고픈 의욕과 그럴 수 있는 힘이 주어진다. 신생은 사람이 사모할 하늘의 축복으로, 행복한 구원의 시작점이다. 신생은 앞으로 용도에게 설교의 목표이자 중요한 주제가 될 것이다.

바탕재료 〔전기〕, 27~30과 128~30을 재구성.

민족의 수난 개인의 수난
(1919~1923)

몸 바쳐 독립운동

1. 탐욕의 마녀에게 노예가 된 일제의 서슬이 시퍼렇던 1919년. 개성의 대한독립 만세운동은 독립선언서를 배포한 여성 기독지도자 어윤희 선생에 의해 촉발되었다. 남감리교의 학교인 호수돈여자고등보통학교와 송도고등보통학교(한영서원의 새 이름) 학생들은 여기에 주도적으로 참여했다. 거리에서 독립가와 찬송가를 부르거나 태극기를 흔들고 나팔을 불며 행진하고, 일부는 파출소 창문을 부수기도 했다.4 송도고보의 용도는 경찰에게 당당하게 붙들려 개성소년형무소 유치장에서 2개월 동안 민족사랑을 더욱 달구었다.

열아홉 살. 풀려난 뒤에는 6월 4일 송봉애와 혼례를 올렸다. 신혼의 달콤함은 허락되지 않았던 걸까? 반년 뒤인 1920년 2월 11일 '기원절 사건'으로 잡혀 다시 반 년 옥고를 치르는 용도다. 기원절(紀元節)이란 일본의 초대 천황이 즉위했다고 일본인들이 믿는 날을 기념하는 공휴일이다. 용도는 이 날을 거부하여 고난을 받는다.

옥살이를 마치고 두 달 뒤인 1920년 10월 20일에는 첫 아들 영철을 얻었다. 득남의 즐거움도 아니 허락되었던가? 같은 해 12월 28일 이번에는 황해도 신계경찰서에 검거되어 있는 무리 중에 이용도가 있다. 대부분 기독교인으로 이루어진 이들은 조선독립주비단이라 칭하였다. 본 비밀결사단체는 황해도 황주에 여단사령부를 설치했고, 상해 대한민국임시정부가 발행한 공채 등으로 독립자금을 마련했다. 이들의 주 임무는 군사조직 구축과 무기구입을 위한 자금 모금이었다. 황해도 주비단은 조직이 발각된 뒤 체포된 이들만 400여 명에 이르는 의열적 성향의 대조직이었다. 이들에 대한 보고는 내각총리대신에까지 올라갔다.⁵

이듬해 1921년 11월 11일. 또 다시 개성 거리에서 시위를 이끄는 용도. 세계강대국의 대표들이 미국에서 군비를 감축하는 회의를 개최하고, 이때에 만주와 극동의 문제를 다룰 것이라는 사실이 알려지자, 대한민국임시정부는 이 회의에 한국독립청원서를 제출했다. 이에 송도고보 4학년 이용도는 김종필, 최마태와 함께 11월 11일을 정하여 동맹휴교(집단등교거부)와 만세시위를 전개하기로 했다. 거사 당일 백여 명의 학생들을 모아서 휴교를 전개하는 중 이들은 경찰에 붙잡혔다. 이용도는 심문 중 진술하기를,⁶

"나는 송도고등보통학교의 4년급 부급장인 바 동교 생도들이 동맹휴교를 한 것은, 내가 휴교해야 한다고 선동한데 기인하는 것이오 … 11일의 태평양회의에서는 극동문제가 나와 조선 독립에 관한 문제도 토의된다는 소문이 있으므로 이렇게 될 때는 조선인으로서는 그대로 방관하고 있을 수 없을 뿐 아니라, 정신은 그 회의에 달려가서 육체만이 재교(在校 : 학교에 있음)하고 있는 셈이므로 차라리 휴교하느니만 못하다는 것을 내세워 동맹휴교할 것을 의논하고 이를 선전하였소."

이로 인해 용도는 경기도 개성지방법원 개성지청에서 보안법위반으로 징역 6개월에 집행유예 3년을 선고받았다. 불복하고 경성 복심법원에 항소하였으나 1922년 3월 1일 패소하였고, 다시 고등법원에 상소하였으나 4월 24일 역시 패하여 옥고를 치렀다. 이때에 서울 서대문 형무소에 수감되었을 것이다.

독립운동으로 옥고의 신음을 3년, 옥로로 출입을 4회. 용도 속에는 민족독립에 대한 열의가 모든 것을 태워버릴 기세로 타오르고 있었다. 그의 20대의 첫머리는 자기를 돌보지 않고 민족을 위해 철저히 제 몸을 내어주는 경험으로 채워졌다.

이용도의 동지인 미국인 피도수 선교사는 이용도가 잡혀 있는 중에 "부활하신 주님이 직접 개입하신 것으로 믿어질 정도의 놀라운 일이 일어났다"고 한다. 한 관리가 용도를 동정하여 풀어주었다는 것이다.[7] 이것은 청년 용도에게 주님의 '계심'을 평생 잊을 수 없게 각인시켰다.

2. 용도가 서대문 형무소에 수감되었을 적의 행적은 같이 옥살이를 했던 이들로부터 몇 가지 알려진 것이 있다. 수갑을 밤낮으로 채워두는 사형수가 있었는데 추운 겨울날이 되자 그의 손목에 얼음이 맺혔다. 용도는 가끔 수갑과 얼어붙은 손목을 제 뱃속에 품어서 녹여주었다. 배고파하는 죄수들을 위해 자기 밥을 주고서는 고요히 주께 기도를 올리는 때도 있었다.

그밖에 용도는 유명한 모 애국지사를 같은 감방에서 만나 그를 스승이자 아버지로 모셨다고 한다. 먼저 출소한 용도는 돈암문 밖에 있던 그분의 집으로 찾아가 부인을 만나서 지사(志士)께서 감옥에 계시는 동안 어머니처럼 극진히 모셨다. 용도는 "한번 인연을 맺게 되[면] 그리 쉽사리 그 관계를 끊어 버리는 성격이 아니었다." 자기가 망할망정 동지들을 배신하는 일도 없었다.[8]

태평양회의 동맹휴교 사건으로 인한 형을 마친 뒤 이듬해인 1923년. 용도는 송도고보에 재입학 하였으니 그의 나이 스물 셋이었고, 이쯤에 개성거리에는 이용도라 하는 투철하고도 유망한 청년 독립운동가를 모르는 사람은 없었을 것이다.

바탕재료 [전기], 29와 130~2를 재구성.

독립운동 참여의 의의

1. 1919년부터 1922년까지 독립만세운동, 기원절 사건, 조선독립주비단원 검거, 태평양회의 동맹휴교 등으로 붙잡혀 옥살이한 것은 이용도의 인생에 어떤 영향을 끼쳤을까?

1919년 독립선언서에 서명하기를 거절했던 민족지도자 윤치호는 3.1운동에 대하여, "이 순진한 젊은이들이 애국심이라는 미명하에 불을 보듯 뻔한 위험 속으로 달려드는 모습을 보면서 눈물이 핑 돌았다 … 33인이 서명한 독립선언서는 매우 부실해 보였다"고 생각했다.9 3.1운동에 대해 회의적이었던 윤치호처럼 이 운동은 무책임하고 소득 없는 것이었을까?

이 사건은 한국인에게, 특히 젊은이들에게 애국심을 들끓게 했다. 20세를 전후한 시기에 나라를 위해 목숨을 바침으로 얻는 고난의 체험은 사람됨의 너비와 깊이를 크게 더하여 주었고 삶을 대하는 자세를 성숙하게 해주었다. 사물을 바라보고 인식하는 능력도 날카롭게 해주었다.

이로 보건대 비록 3.1운동이 기대만큼의 가시적, 현시적, 직접적 성과는 주지 못했다 해도, 그 운동을 통해 젊은이들이 부닥뜨렸던 충격과 경험은 이후 우리민족이 감내하게 될 고난에 앞서 그들을 준비시켜주는 역할을 하여 장기적으로는 큰 보탬이 되었던 것이다.

2. 이용도가 독립운동에 말 그대로 목숨을 걸었던 때는 송도고보 재학 시절로, 주 무대는 경기도 개성이었다. 잡혀오고 또 잡혀오는 마르고 약해 보이

는 한 청년에 대해 개성의 형사들과 주민들은 어떻게 느꼈을까?

이용도 전기를 쓴 변종호는 용도가 "경찰에 붙들리게 되면 문초를 당하는 것이 아니라 … 형사들을 권면 훈계하는데 그 말이 어떻게나 조리 있게 지당한 말인지 … 경찰관과 사법관을 감동시키고 그들에게 칭찬을 받았다"고 한다.10

3. 친구가 친구의 얼굴을 빛나게 하는 것처럼, 이용도가 수감 중 만났을 독립지사들도 생각해보자. 민족의 어른이나 동지들과 함께 고통을 견디는 경험은 육체의 신음에도 불구하고 정신적 사상적 인격적으로는 값을 따질 수 없었다.

용도가 젊은 날 민족의 고난에 온몸으로 동참했던 이 경험이 없었더라면 후에 그토록 열렬하고 뜨거운 부흥사로서 교회개혁을 위해 자기의 피와 살을 아낌없이 남김없이 내던질 수 있었을지 의문이다. 자기 아닌 누군가를 위해 대가를 바람 없이 가장 소중한 제 목숨을 내어주는 희생의 축복은 설명할 길이 없을 만큼 크다. 용도는 자기도 모르게 예수정신을 독립운동에서도 체득하고 있었다.

4. 오늘 우리는 무엇을 위해 나를 내어줄 수 있을까? 그러려면 나를 희생하게 될 것이다. 가난한 고학생 용도도 옥고를 수 차례 치르면서 그의 건강이 더욱 악화되지 않았던가. 그러나 대가 없는 자기 희생은 결국 자기에게 가장 큰 대가를 가져다 줄 것이다. 하나님의 나라와 의를 위하여 젊은 날 몸을 바쳐 보는 것은, 아니 사는 날 몸을 바쳐드리는 것은, 장기적으로 – 그것이 인생이든 영생이든 – 확실히 가장 유익하다.

교회 개혁자에의 준비
(1924~1927)

신학교로 잡혀가다

1. 민족의 독립만이 생의 목표요 삶의 의미였던 용도. 태평양회의 사건으로 인한 수감생활을 마친 1923년, 그는 송도고보로 돌아갔다. 당시 교장은 남감리회 선교사 왕영덕(王永德· A. W. Wasson, 1880~1964). 그는 같은 해 송도고보에서 협성신학교(현 감리교신학대학교의 전신) 실용신학부장으로 직임을 옮기게 되었고, 6월부터는 1903년 원산 대부흥의 주역이었던 하리영(河鯉泳· Robert Hardie, 1865~1949)을 이어 신학교 교장이 되었다. 왕영덕은 오랫동안 지켜본 용도를 설득하여 이듬해 협성신학교로 입학시켰다.

변종호에 의하면, 이때 용도는 고민이 많았다.[11]

> 조국이 독립을 하고 민족이 자유를 얻어야 살지 신학 공부 같은 것으로 어찌 나라와 민족을 구할 수 있을 것인가 하는 것이 용도의 생각이었다 … 독립운동을 하여 민족의 독립을 달성하는 것만이 자기가 할 일이요, 또 그것만이 조국과 하나님이 명하시는 일이라고 생각하고 있었다.

1924년, "도살장으로 끌려가는 소나 돼지"처럼 신학교에 입학한 용도는 신학보다는 신문, 잡지, 시가, 소설, 법률, 정치 서적을 탐독하고 이론 논쟁을 즐기며 괴상한 질문으로 선생님들을 놀려주곤 했다. 이는 독립을 향한 타는 열망을 진압해보려는 나름의 발버둥이었다. 그러다 보니 용도는 골치 아

픈 문제아, 반항아 행세를 하게 되었고 이론가, 논쟁가, 과격파 등으로 알려졌다.[12]

그러나 4년간 독립운동에 투신했던 용도는 차차 "우리 민족이 자주(自主) 인간으로서 바르게 살아가는 데는 종교의 힘이" 정치적 투쟁보다 더욱 필요함을 느끼게 되었다. "인간의 마음 바탕에서 우리 민족을 바로잡을 수 있는 것은 종교"라는 결론에 이른 것이 그가 신학교를 거절치 않는 한 이유가 되었다.[13]

2. 그 해 가을부터 용도와 가까워진 동창생 이호빈의 회고에 의하면, 용도는 "말도 잘 했고 글도 잘 썼고 음악도, 운동도 남에게 뒤지지 않았"으며 "두뇌가 명철하여 비판력이 비범"했다. 게다가 "극단의 정열병" 때문에 무슨 일을 일단 시작하면 자는 것도 먹는 것도 잊어버렸다.

어린이 주일학교를 맡았을 때는 입술이 마르도록 준비하며 힘을 쏟았다. 무엇이 중요한 일이라 생각되면 "소유도, 명예도, 지위도, 인정도 생명도 초개(草芥)같이 내던지고 대드는 열정의 사람"이었다. 뜨거운 피가 흐르는 독립투사의 기질이 새 방면에서 나타나고 있음을 확인할 수 있다.[14]

용도는 "금전에나 의복에나 모두 네 것 내 것이 없"었고 "없는 사람에게 주지 못해 애쓰는 별사람"으로, "일생을 구차하게 그날 그날을 살아나갔다." 그러면서도 호빈은 용도로부터 "물질에 대한 이야기나 걱정을 결코" 들어본 적이 없었다. 또, 용도의 옷 주머니는 항상 텅텅 비어있었는데 불쌍한 사람들에게 늘 꺼내주었기 때문이다.[15]

서울 거리의 병든 거지들을 보면 자기 일처럼 울기도 했다. "불쌍한 사람을 보면 그냥 지나쳐 버리지 못하고 눈물을 글썽거리면서, 그들을 돕지 않고는 견디지 못하는 아주 따뜻한 성품"의 소유자였다.

용도가 석교교회 주일학교 성탄연습을 하던 동안에는 늘 집에 늦게 들어왔다. 호빈이 이유를 물으니, 연습에 온 학생들을 하나씩 모두 집까지 데려다 주고 돌아온다는 것이었다. "제각기 돌려보내면 되지 않겠어?" 물으니, "글쎄, 어린것들을 그냥 돌려보내기가 어려워서……" 하며 말끝을 흐렸다.16

이후 용도가 부흥사로 전국을 누비며 교만한 교권자들을 신랄하게 비판하는 것도 신학교 시절에서 그 실마리를 찾아볼 수 있다. 이호빈은 그가 "인자한 사람이면서 지독한 사람"이었다면서, 단 아래에서는 "양 중에서도 가장 여리고 보드라운 암양"처럼 인자했지만, 단 위에서 "불의를 공격할 때는 사자보다 더 무섭고 사납게 지독한 사람"으로 변했다고 한다. 그래서 강단 위의 용도를 보면 가까이 가기가 무섭지만 강단 아래서 만나면 그처럼 순하고 착한 사람이 없다고 느끼게 된다. 강단에서 죄악과 불의를 공격할 때는 생사를 내던지는 독립운동가의 열혈성이 발휘 된 것으로 보인다.17

이호빈은 용도가 "법관이나 교육자나 문사(文士)나 연극가의 소질"이 가장 많았다고 한다. 용도는 예술과 법학 방면에 뛰어났고, 시, 노래, 연극 등에서 두각을 나타내며 타고난 사회성을 발휘했다. 피도수는 용도가 학교에서 "좋은 성적을 기록[하고] 교회 일에도 활동적이었고 특히 연극 제작에 열심이 있었다"고 한다.18

3. 그런데 늘어나는 사회, 예술활동과 학문, 사람들의 인정 가운데 생각지 못한 문제가 나타나기 시작했다. 기도생활이 약해지고 차가워지며 눈물이 메마르는 것이었다. 용도는 위기의식을 느끼며 눈물을 달라고 기도했다. 주님께서 기도에 응답하시어 용도의 마음에 역사하셨을 때부터 용도는 눈물의 사람이 되었다. 그는 이때를 '주님이 눈물을 주신 순간'이라고 피도수에게 자주 이야기해주었다.19

용도가 교회 주일학교 일을 맡아보는 동안 간혹 학생들끼리 다투는 일이 있었다. 그러면 서로간에 하는 말이,

"교장 선생님 오시면 또 우실 거라. 선생님이 오시면 또 우실 터인데 싸우면 안 된다."

자기들끼리 싸울 때 용도 선생님이 와서 책망하지 않고, "내 가르침이 부족해서 아이들이 싸운다"며 우는 모습을 몇 번 보았던 것이다. 그래서 아이들은 서로 싸우다가도 서로 말렸던 것이다.[20]

눈물과 함께 살아난 것은 기도였다. 자정이나 새벽이나 긴 시간 산기도를 드리기 시작했다. 시간도 거리도 날씨도 계산치 않고 한적한 곳으로 가 무릎을 꿇었다. 자기 안에 있는 육신의 정욕과 안목의 정욕과 이생의 자랑을 발견하면서 눈물을 흘리며 고난의 십자가를 갈구했다. 사회활동과 예술, 학문 생활은 주를 모르는 동포들을 위하여 몸을 불사르겠다는 열망으로 대치되었다. 동포애에서 촉발된 정치적 독립에의 타는 긴급함은 신학교에서 접한 사회와 학문과 예술의 세계를 통해 다소 달램을 받았으나, 하나님은 그 종착역(驛)이 예수를 따라 사랑의 십자가를 지는 골고다역(驛)이 되게 하시었다. 오, 이는 최상의 부르심이요 더할 수 없는 영광이였다.

...

4. 신학도 시절의 가장 중요한 만남은 '삼이(三李)형제'라 불리는 의형제 이호빈과 이환신을 만난 것이다. 셋은 의기투합하여 서울 인왕산 밑 현저동에 방 한 칸을 얻어 같이 먹고 같이 누웠다. 다들 형편이 좋지 못한 고학생들인지라 가끔 좁쌀죽을 쑤어 먹는 정도로 경제적 고통이 극심하였다.

그럼에도 이 집을 방문하는 이들마다 천사의 집이라 불렀고 찬송과 웃음이 끊이지 않아 마을 사람들도 혹 웃음이 그리울 때면 이들을 찾아오곤 했다. 셋은 함께 새벽 인왕산에 올라 기도하기도 하고, 물이 떨어지면 밤중 물을 긷기도 하고, 어쩌다 된장국서 고기 부스러기가 나오면 환성을 지르며 청춘 속에다가 신앙우정을 심어갔다.[21]

학교에서 이들은 동지생활의 모범이 되었다. 이들의 공통점은 성씨만 아니라, 젊음을 민족의 제단 위에 바치었던 애국청년들이란 점이다.

이호빈과 이환신은 1927년 13회로 협성신학교를 먼저 졸업했고, 용도는 이듬해에 졸업했다. 단명했던 이용도와 달리 이환신은 1902~1984년까지, 이호빈은 1898~1989년까지 살며 한국교회에 지대한 공헌을 하였다.

삼이형제는 신학교를 졸업하면 한 교회에서 사역을 하기로 계획했었다. 한 사람의 월급을 받으며 셋이 한 교회를 맡아서 호빈은 교회 행정, 용도는 주일학교, 환신은 청년회를 하기로 약속한 것이다.

먼저 졸업한 이호빈이 간도로 파송 받은 뒤 이용도가 따라가려 하였으나, 용도의 진가를 알아본 부라만 선교사가 용도를 극구 붙잡았기에 그 계획은 좌절되었다.[22] 하여 셋이 동역하는 모습은 볼 수 없게 되었지만 원산지방에서 이용도를 크게 사용하실 성령의 일하심을 생각할 때 실수가 없으신 하늘의 섭리가 있었던 것 같다.

강동 사건

∴

1. 동지들과 함께하는 행복을 비웃기라도 하듯 이번에는 죽음의 그림자가 용도를 덮쳤다. 의사들마다 용도가 건강상 몇 날을 살지 못할 것이라 진단했다. 용도는 자기의 가늘고 쇠약한 육체를 보면서 의기소침해졌다. 꽃을 피워보기도 전에 꺾이는 심정에 비통해진 용도는 몇 번을 노량진에서 밤새 서성이며 강 위로 몸을 던질까 고민했다. 폐병3기. 1925년 당시로써 이는 사형선고였다. 그렇다면 아파 죽으나 물에 빠져 죽으나 무엇이 다를 건가? 무거운 상념들이 용도의 깊은 곳으로 가라앉았다.

'이제 어찌 되는 건가? 동지들은? 가족들은? 동포들은?'

운명이나 혹은 인간 자신이 생사를 주관하는가? 아니면 하나님께서 주관하시는가? 하나님은 닥치는 대로 일하시는 예측불허의 힘인가? 아니면 뜻을 가지고 행하시는 분이신가? 그렇다면 하나님께서 뜻을 정하시고 보내신 일꾼을 이유 없이 하늘로 데려가시겠는가? 하나님은 당신의 일꾼이 더욱 하나님을 찾고 의지하도록 하기 위하여, 그래서 그에게 은총과 능력을 더하시기 위하여, 날벼락 같은 순간을 허락하기도 하신다.

용도도 이를 모르는 것은 아니었다. 그러나 식물인간처럼 되어 바닥에 누워 있노라니 어린 시절의 불길한 기억 하나가 되살아나 그의 앞에 유령처럼 드리워졌다. 황해도 시변리 고향에 있을 때 대구에서 온 어느 아주머니가 신이 들려 용도를 보고 말했었다.

"이 아이는 삼십을 넘기지 못합니다. 그런데 삼십이 넘어서도 살게 되면 알려주세요. 대단한 일을 하게 될 겁니다."

불길하고 불쾌한 기억이 무력하게 누워 숨을 뱉는 용도의 목을 졸랐다. 그러던 중 이환신의 고향인 평안남도 강동에서 이번 겨울 부흥회를 인도해 달라는 연락이 왔다.23 요청은 질겼다. 용도는 침상에서 죽든 강단에서 죽든 마찬가지라면 하나님을 섬기다 죽는 것이 낫겠다고 판단했다.

'일어나서 죽자. 죽어야 한다면 싸움터로 가는 길에 죽어지자.'

사형 선고가 붙은 몸을 일으키며 채비를 차리자 사람들은 용도를 붙들어 말렸다. 예루살렘으로 향하는 사도 바울을 붙잡는 전도자 빌립의 동지들처럼(사도행전 21:12~14). 그러나 바울처럼 하나님을 위하여, 그리고 하나님으로 인하여, 정하여진 마음은 무엇도 바꿀 수 없었다.

"바보처럼 여기에 누워 치욕스럽게 죽어야 하겠소? 이것은 십자가를 따르는 사람에게는 아름다운 길이오. 가다가 죽더라도 영광이오."

집을 나서니 이상하게 기분이 좋아졌다. 강동에 가까이 갈수록 힘이 생기는 것 같았다. 곁에는 든든한 환신 군도 있었다. 두려울 것이 무엇이랴? 주를 위해 죽고 주를 위해 살 수 있다는 기쁨은 죽을 날만 기다리던 환자를 살려내는 양약이 되었다.

막상 난생 첫 부흥회를 인도한다 하니, 아동설교나 청년 대상 인문학적 설교나 좀 해본 용도와 환신에게 두려움이 몰려왔다. 부흥회 전날, 둘은 인왕산에서 하던 것처럼 자연의 품으로 들어가 기도했다. 평남 강동군 원탄면(元灘面)의 얼어붙은 대동강 상류에서 어두워질 때까지 기도한 뒤, 다음날 새벽 일찍 다시 기도하였다. 집회는 저녁부터 시작될 것이었다. 시간에 맞추어 집에 온 그들은 밥도 먹는 시늉만 하고는 교회 옆에 있는 소나무 숲으로 들어가 다시 기도한다. 교회 종소리가 울린다. 둘의 마음은 떨린다.

첫날 저녁에는 환신이 설교하고 용도는 사회를 보았다. 용도가 첫 찬송을 부른 뒤 기도하고, 다시 찬송을 부르는데 2절을 시작할 때부터 눈물이 나오기 시작했다. 그 울음은 뜨거워져갔고 보는 이들도 여기 저기서 울음을 터뜨렸다. 눈물과 가사가 범벅이 되어 찬송이 반복되는 동안 예배당은 통곡의 마당이 되었다. 찬송이 그치고 환신이 설교를 시작할 때도 회중은 계속 울었다.

집회를 마친 뒤 환신은 용도에게 내일부터는 형님이 설교를 하시라고 강권했다. 회중도 그것을 바라는 눈치였다.

다음날, 100~200명이 예배당에 먼저 모여 찬송을 부르는 동안 용도와 환신은 밖에서 기도했다.

"주여, 나의 죄를 모두 벌거벗기신 후에 전할 말씀을 주옵소서."

아무런 응답이 없었다. 계속 기도했다. 회중의 찬송이 끝나고 통성기도가 시작되었다. 용도는 이때에 들어가 강단으로 올라갔다. 다시 무릎을 꿇었다. 아직 말씀이 오지 않았다. 목사님이 회중기도를 마무리 지었다. 이때에야 용도는 기도를 마치고 일어났다. 전할 말씀을 받은 것이다. 용도의 마음은 알 수 없는 열에 끓었다. 하늘과 잇닿는 순간의 영혼 속에 솟구치는 사명감이란 그런 것이렸다.

청중은 용도의 한마디에 통곡이요 한마디에 감격이었다. 용도 안에는 모인 이들을 위해 주의 말씀을 외치다 죽겠다는 결심만이 이글이글 타고 있었다. 이 결심은 열정으로, 열변으로, 그리고 열사의 외침으로 화하였다. 아무런 이해관계도 없는 사람이 자기 목숨을 드려 나를 위하려는 그 광경의 진실됨과 하늘을 닮은 사랑에 사람들은 몸둘 바를 알지 못했다.

다음날 교회는 앉을 곳이 없었다. 눈물에서 눈물로, 감격에서 감격으로 일주일이 지났다. 강동교회는 이런 일을 겪어본 적이 없었다. 용도도 새 힘을 얻어 아프고 맥없던 것이 가시고 주먹을 쥐어보니 기운이 펄펄 솟았다.

1925년 춥디추운 겨울. 1주일간 용도가 쏟았고 회중이 쏟았던 그 울음은 어디서 온 것이었는가? 나라 빼앗긴 설움, 가난의 노예 된 신음, 힘없는 백성들의 고역. 강동의 울음은 민족을 대신하는 울음이었다. 강동의 기도는 민족을 위하는 기도였다. 용도의 부흥회는 그가 젊었을 때 왜 수 차례 수감되어야 했는지를 잊지 않았다.

2. 서울로 돌아온 환신과 용도를 기다리던 친구들은 하나님의 살아계심과 일하심을 찬양치 않을 수 없었다. 언제 세상을 떠날지 모르던 환자가 세상 무서운 줄 모르는 장사가 되어 왔으니 말이다. 변종호는 용도가 이 사건 이후로 "부동의 신념과 확신을 얻은 중생의 사람"이 되었다고 전한다. 용도는 다시 경험하였다.

'바치라. 그저 완전히 바치라. 주님께 완전히 바치기만 하면 내 모든 문제는 주님께서 맡아 주관하시고 내 몸 전체도 주님께서 뜻대로 잘 맡아 사용하신다.'

그의 경험은 그 자신만을 위한 것이 아니다. '주님께 완전히 바치면 주님께서 뜻대로 잘 맡아 사용하신다'는 깨달음과 확신을 제공했던 그 값비싼 경험은 오늘 우리를 위한 것이기도 하니, 그의 어깨 위에 올라 우리도 주님께 '그저 완전히 바치는' 생활을 할 때 주님께서 맡아 가장 좋게 사용하실 것이다.

용도는, 주께서 하실 일이 있는 동안에는 그 생명을 거두어가심이 없으실 것이니 다만 그분의 뜻을 따르고 그 뜻에 복종하는 사람이 되기 위해서만 기도하고 힘쓰라고 말없이 말해온다.

3. 이후로 용도의 학교생활도 변화되었음을 예상할 수 있다. 그의 신앙과 신학은 더욱 깊고 신령하여졌다. 동시에 당시의 한국교회를 날카롭게 통찰하며 교회가 위태로이 병들었음을 간파하였다. 개혁자, 아니 혁명가로서 출전하는 때는 이제 너무 멀지 않았다.

바탕재료 〔전기〕, 31~3과 136~9를 재구성.

■주님이 들어오시는 문

1. 사랑하는 호빈 형님과 환신 군이 먼저 13회로 협성신학교를 졸업하던 1927년 3월 11일 금요일. 이 좋은 날 용도는 마음을 가눌 수 없었다. 딸애가 위급했기 때문이다.[24]

영숙이가 병세 위급하다는 소식이 벌써 두 번째 왔다. 아, 괴로운 일이다. 아픈 마음 진정할 길이 없구나.

오 주여, 나는 아무 능력이 없나이다. 일체를 주여 맡아 도우소서. 이리든지 저리든지 주께서 우리에게 좋은 것을 주시려고 하심을 믿으며 든든한 마음을 얻나이다.

선한 주님의 섭리를 믿은 이날로부터 이틀 뒤에는 위독하다는 전보가 왔다. 오후 4시, 용도는 급히 기차에 올라 개성 남성병원으로 갔다. 나흘 뒤인 17일 목요일 새벽 2시 15분, 아이는 하늘로 떠났다. 한 살밖에 못 살고.[25]

수의를 지으며
네가 성하였을 적에
끊어다 놓았던 감으로
수의를 지으니……

살아서는 못 입어본
옥양목 새감
너 죽을 줄 알았더면
숟가락을 팔아서라도
새 저고리 바지
그도 안되면
옥양목 새 버선이라도 한 켤레
기워 신겼을 것을……
아, 웃는 듯이 고이 잠든 내 아가.

2. 날이 가고 또 가도 용도는 딸 생각을 잊을 수 없었다. 주일이었던 27일에도 쏟아지는 눈물로 먼저 간 아기의 이름을 불러보았다.26

내 딸 어디 가 있노? 오 그리운 내 아기야, 너는 지금 어디서 무엇을 하고 있느냐. 따뜻한 부모의 품을 떠나 내 딸은 지금 어디 가 있노!
영숙아, 영숙아, 1년밖에 못 살고 갈 게 어째서 태어났더란 말인가. 동그란 머리통, 동그란 눈, 동그란 귀, 동그란 입, 동그란 코. 원(圓) 다섯이면 그려 놓을 수 있는 네 형상이 내 눈에는 그대로 살아 있구나.
거위 발 같이 꼬물거리는 그 손가락. 지금도 내 가슴에서 꼬물꼬물하고 있구나. 네 혼은 하나님의 따스한 품 안에서 재롱을 부리며 자라리라만, 그리도 곱던 네 몸뚱이는, 아, 원통하게도 흙 속에서 썩는단 말인가!

이날 용도는 주체할 수 없는 울음과 그리움을 꽁꽁 묶어다가 주님께로 가져가 보았다. 슬픔을 이겨보려 했다.27

주여, 글쎄 이를 어찌 하나요. 마음을 결심의 띠로 꽁꽁 묶어 주님의 제단에 바치고 정성스레 들어 올리노라면 어느덧 묶였던 띠가 끊어지고 모았던 마음이 산산이 풀어져 이 바람 저 바람에 날리고 마니 글쎄 이를 어떻게 하면 좋습니까. 얼마 후에는 또 흩어진 마음을 집어 모으느라고 눈물을 짜면서 애를 박박 쓰곤 하니, 주님의 제단에 한 번도 알뜰한 제물을 바쳐 보지 못하고 밤낮 이 노릇만 하다가 서산에 해가 떨어져 버리고 말면 어찌합니까.
주님이시여.

3. 딸이 먼저 세상을 떠났다는 아픔은 다음 달까지도 따라다녔다. 그러나 슬픔 속에서도 용도는 여전히 주를 붙잡으려 한다. 그리고 적극적으로 자기를 주님께 드린다.[28]

내가 죽는다고 낙심할 것은 없나이다. 다만 주를 믿으니 내 몸이 죽으나 사나 주는 나의 구주이시매.
주여, 이제나 저제나 한 번은 죽어 썩을 몸이오니 성하건 병들건 주께 이 몸을 바치오리다. 주여, 달리 무엇에 쓰오리까, 이 한 몸을!

가장 소중한 것을 상실한 뒤 이전의 고백들과는 다르게 하나님을 의심하고 원망할 수 있다. 그런데 용도는 딸의 죽음을 통해 주님을 부인하는 것이 아니라, 딸의 죽음을 통해 자기의 몸까지 주님께로 바친다. 인간의 몸은 하나님께 바쳐질 때 승리가 있다. 이 승리는 죽음을 이기는 부활의 승리다.

4. '이삭'(창세기 22:2)을 잃고도 오히려 주님께 자기를 더욱 바치기로 한 용도에게 주님은 1주일 뒤에 나타나주셨다.[29]

생의 승리

위로의 왕 그리스도.
기도를 올리려고
단 앞에 무릎을 꿇은즉
빌수록 주님 계심을 깨닫나이다.
보아라, 거기 서계신 이를
그리스도 빙그레 하시며
"두려워 하지 말라."

주여, 진실로 사망을 이길 수 있으시면,
이미 전날에 죽어간 자를
다시 살려주옵소서 하고
간절히 소원을 말씀 드리니
주께서 빙그레 하시며
"그는 죽지 않았느니라."

말씀과 같이 그러면
잠들었나이까.
덮은 그 눈
우리의 눈으로부터 격한 그 눈썹을,
주여 열어주옵소서!
주 빙그레 하시면서
"그는 잠들지 않았느니라."

만일 저가 눈을 뜨고
아름다운 달빛을 본다면
아파하는 내가슴에
돌려보내주소서!
주 빙그레 하시면서
"그는 자지 아니하니라."

아, 잃은 것도 너무 현저해서
죽음의 내를 건너기까지는
다시 만날 소망은 없는 게지요
주 빙그레 하시면서
"그렇지는 아니하니라."

사랑하는 이 곁에 있는 줄로 믿기는 하지만
가까이 있기를 간절히 빌 때는
더구나 먼 것 같이 생각이 되던데요
주 빙그레 하시며
"내가 여기 있노라."

주여 저희 눈에는
아무 것도 보이지 않습니다
주여 우리와 같이 행하시며
또 주무시지 않고
또 멀리 가지 않으심을
어떻게 알 수 있습니까

주 빙그레 하시며

"내 안에서 살아라."

...

아프고 슬퍼본 사람이 타인의 아픔과 슬픔을 알 듯 그리스도는 빙그레 하시는 위로의 왕이셨다. 그리스도가 곁에 계시고 그분 안에서 살아갈 때에는 아픔과 슬픔이 빙그레가 되나니 생의 승리 아니면 무엇이랴.

5. 그로부터 열흘 뒤, 주 안에서 확실한 소망과 의욕을 되찾는 용도를 볼 수 있다. 사랑하는 딸애와의 이별을 통해 깨달은 것이다. 생사는 주께서 주관하심을. 사는 동안에는 주 위해 몸 바쳐야 함을. 그리고 주 안에서는 죽음이 죽음이 아님을. 슬픔도 은혜였음을.[30]

주여, 내 마음 속에 다시 사소서.
그리하여 낙심해 돌아섰던 마음에 새 믿음을 주옵시고
슬퍼 돌아서는 마음 위에 새 기쁨을 주시옵고
두려워 돌아가는 마음 위에 새 담력과 용기를 주옵소서.
복된 사람. 오랜 옛날부터 전하여 오는 주의 깊은 말씀이 내게도 오도다.
"슬퍼하는 자는 복이 있나니 그는 위로를 받을지라"는.
정다운 주님이여, 점점 깊이 주를 알겠나이다.
슬픔은 주님이 들어오시는 문이온즉
나의 슬픔을 은혜로 깨닫게 하소서.

문제의식 1
: 교회의 성결

1. 개 혁 자. 이는 아무에게나 따라붙는 단어가 아니다. 이용도에게 이는 합당할까? 1927년 2월 9일, 협성신학교 졸업을 1년 앞둔 날 스물일곱 청년 용도가 쓴 일기를 꺼내어 펼치면 당대 한국교회에 대한 그의 평가 일면이 나온다.[31]

> 한국교회에 없는 것: 기도, 개인 전도, 열심, 사랑, 용기, 감사, 찬송, 협동, 성경공부, 구도심, 봉사, 가정 기도
> 있는 것: 잔말, 말질, 평론, 돈만 모으려는 생각, 게으름, 시비, 투쟁, 비겁, 공포, 불평, 근심, 걱정, 분열, 연[애]문학, 구금심(求金心), 탐욕, 이기, 가정 불안.

용도가 본 한국교회는 교회가 교회되게 하는 특성들을 던져버리고, 대신 교회가 아니 교회되게 하는 특징들로 가득한 상태였다. 일기는 다음날로 이어진다.[32]

> 성경에 나타난 하나님은 성결을 사랑하시고 죄를 미워하셨다. 성경에 나타난 악마는 죄를 사랑하고 성결을 미워했다.
> 오늘 교회 사람들은 하나님을 따른다면서 성결이란 말은 듣기도 싫어하고 죄의 소리를 듣기 좋아한다.

이용도의 눈에 "하나님을 따른다"는 교인들은 성결을 사랑하는 하나님과는 다르게도 성결을 싫어하고 죄를 좋아하였다. 그러한 특성은 "성경에 나타난 악마"와나 어울리는 것이었다.

용도는 요즘 날마다 이런 고민에 빠져 있는가. 이튿날에는 교회가 서 있어야 하는 기반에 대해 생각했다.[33]

> 성결(신령)과 세속은 2대 세력으로서 교회를 지배 조종한다. 세속이 우리 교회의 문을 두드린 지 오래다. 교회는 성서적 신령에서만 존립되는 것인데.

한국교회에 대한 이용도의 문제의식의 출발점은 성결 위에 서 있어야 할 교회가 1927년 당시 세속의 조종 아래 있다는 것이었다. 교회는 세속의 화려하고 안락하고 달콤한 소리에 헤픈 여인처럼 가슴을 열어젖히고 '세속'씨를 성소로 모셔들이고 있다. 그것도 오래 전부터. 그러니 어떻게 나오라 나오라 주께서 문 두드리시는 간곡한 소리를 들을 수 있으랴? 이럴진대 주의 신실한 일꾼들이 어찌 입을 닫고 있을 수 있으랴?

교회가 성결("성서적 신령", the scriptural holiness) 위에 서야 하는 이유는 전날 일기에 쓴 대로, 하나님께서 성결을 사랑하시는 때문이다.

이와 반대로 죄를 사랑하는 것은 악마인데, 하나님을 사랑한다 말하는 이들이 성결을 싫어하고 죄를 옹호하는 은연(隱然)한 혹은 공연(公然)한 생활의 깊은 속내는, 세속을 그의 지배인으로 모시고 있기 때문이다.

이용도가 교회 개혁자로 이끌림을 받아 죽기까지 봉사하였던 배경은 이렇듯 거룩해야 할 교회가 거룩하지 않다는 것이었다(베드로전서 1:15~16). 그리고 이런 모습이 "교회의 문을 두드린 지 오래"였다. 1927년 2월. 용도는 교회, 곧 "하나님을 따른다"는 사람들의 삶은 세속을 따르는 삶과는 다른 모습이 있어야 함을 말했는데, 이를 성결 혹은 성서적 신령이라 했다.

2. 거룩함을 잃은 교회를 향해 그가 제시한 '사는 길'은 다음날 일기에서 드러난다.[34]

> 웅변은 사람을 움직이게 한다. 그러나 기도는 하나님의 마음을 움직이게 한다. 웅변은 금전을 나오게 한다. 그러나 기도는 돈으로 살 수 없는 은혜를 내리게 한다.
> 밀실 부흥 후에 나오는 신앙과 열정으로 되는 기도는 만인이 칭찬하고 떠드는 연설 천회보다 목적을 달성하는 데 유력하다.

사는 길. 하나는, 기도였다. 인간적 웅변술은 인간적 수준의 힘을 발휘하나 성도의 기도손은 천상적 힘을 빌어온다. 용도의 근본적 교회 개혁안은 우선 "밀실 부흥"에서 오는 신앙과 기도에서 시작된다. 이는 만인이 칭찬하는 베스트셀러 서적이나 혹은 만인이 출석하는 공룡 교회보다 그 효력에 있어 우월하고 실제적이다.

사는 길. 그 다음은,[35]

> 회개하면 – 생명을 얻음(행11:15), 구원을 얻음(고후7:1), 죄 사함을 얻음[행2:38]
> 참으로 회개한 자 – 이스라엘 사람, 다윗, 므낫세, 욥, 요나, 베드로, 삭개오, 십자가 상의 도적, 고린도 사람
> 거짓 회개한 자 – 사울[삼상15:24~25], 아합(왕상21:27), 유다(마27:3~5)

성결과 이혼하고 세속에게 시집간 1920년대 한국교회가 살기 위해 기도와 함께 용도가 강조한 것은 회개였다. 회개는 "생명"과 "구원"과 "죄 사함"을 가져다 준다.

단, 용도는 성경에서 참 회개와 거짓 회개를 발견했다. 어리석은 생각으로 통탄할 죄를 범하여 하나님께 영광을 돌리지 못하였으나, 참 회개를 한 이들이 있었으니, 그 특징은 이후 성결이라고도 하고 성서적 신령이라고도 하는 새 삶을 살았다는 점이다. 반대로 거짓 회개는 회개 이후에도 악이 계속 된다. 그대로 옛 삶을 산다. 회개의 참과 거짓은 "그의 열매로" 알 수 있다(마태복음 7:20; 누가복음 3:8).

3. '밀실 기도'와 '열매 맺는 회개'는 용도가 제시한 한국교회의 개혁, 다시 말해 교회(의 성결)살려냄의 길이었다. 성서와 기독교회사가 보여주는 것은, 교회는 참된 기도와 참된 회개를 통해 그 믿음을 붙잡아왔다는 사실이다. 기도와 회개는 세속을 이기는 교회의 무기였다. 오늘날 한국 기독교의 재출발도 기도의 운동과 회개의 운동을 통해 시작될 것이다.

문제의식 2
: 목회자의 정체성

1. 용도는 1927년 3월 사람들이 목회자의 복장에 대해 이야기하는 것을 우연히 듣게 되었다.

"H와 M을 비교하면 H보다 M이 못하지 않은데 H는 늘 좋은 양복을 입기 때문에 M보다 퍽 낫게 보여."

"그래, 사실이야. 사람은 별 수 없어. 그러기에 목사 노릇을 해도 좋은 양복을 입어야겠더군."

"학생 중에도 늘 좋은 양복을 입는 이는 겉으로 얼른 보아 번질번질하여 보이는데……."

"옳아요. 물론 내용이 있어야겠지만 겉모양도 무시할 수 없어."

이 짧은 대화는 용도에게 심각한 위기의식을 안겨주었다. 목사의 정체성이 옷이 되어버린 현실! 용도는 주께 기도를 올린다.[36]

오 주님이시여, 세상이 이리 되었나이다. 좋은 양복을 입어야 등용이 되고, 교제를 잘해야 교회 일을 잘 본다고들 합니다. 외화와 외교술이 어떻게 하나님 나라 사업을 하는데 첫째 조건이 될 수 있사오리까.

다른 일에는 몰라도 교역(教役)에는 신앙이 첫째 조건이고 또 사랑이 그 수단이 되어야 할 것이 아닙니까. 믿음과 사랑이 목사의 절대 조건이 되어야 할 것이로소이다.

세상에 많은 일들이 있지만 교회일을 생의 업으로 삼은 이들은 외화나 외교술이 아닌 신앙과 사랑이 수단이며 조건이 되어야 한다고 용도는 생각한다. 믿음과 사랑에서 나오지 않는 목회자는 성대가 망가진 성악가, 다리가 부러진 육상선수다.

그런데 이상하다. 용도에게 비추이는 당시 한국교회는 목사의 외모를 보고 또 목사의 처세술로 그의 참됨을 마름질하는 것이었으니, 이는 교회가 성결을 잃고 세속의 지배를 받고 있다는 또 하나의 증거였다.

2. 용도의 '목회자론'을 살펴볼 수 있는 다른 대목은 신학교를 졸업한 용도가 강원도에서 사역하는 동안 감리교 중부연회에로 들어옴이 허락되던 1929년 9월 7일 일기에서다.[37]

> 직업 중에 가장 높은 것이 하나님의 사신 되는 것입니다 … 대사 된 자는 중대한 책임이 있다 … 경솔, 무력한 자를 대사로 보낼 나라는 없다. 하나님의 인선은 더 엄중하시다. 형제들에게 대사의 직임을 맡김은 인간 중에서 가장 높은 직업임을 알아야 한다 … 날마다 날마다 신앙과 지식의 수양에 힘쓰라 … 바울은 무엇에든지 당하면 다 잘 감당할 수 있는 든든한 사람이었다.

목회는 인간에게 주어진 "가장 높은 직업"이다. 이유는, 가장 크신 하나님의 대사 직임을 맡기 때문이다. 이 신성함과 영향력으로 인하여 목회자에게는 "중대한 책임"이 주어진다. 이를 특권이나 자기만족 혹은 자랑으로 잘못 읽어서는 곤란하다. 수많은 영혼들의 하나뿐인 생명이 담보되기 때문이다. 책임을 다하지 않으면 결국 책임을 다 지게 될 것이다. 고로 날마다 "신앙과 지식의 수양"을 경주해야 한다. 여기에 '안주'라는 결승선은 없다. 그러다 보니 날마다 하나님 나라에 쓸모 있는 사람으로 자라가지 않을 수 없다. 날마다 그리스도를 닮은 모습으로 바뀌어간다(고린도후서 3:18).

3. 일기는 이어진다.[38]

[바울은] 일하기 위해서만 준비한 것이 아니라 고생 당할 것에 대해서도 준비하였다. 이 고생은 하늘 영광에 비하여 아무 것도 아니라고 하였다. 위험이나 고생을 두려워하면 목사 될 자격이 없다. 교회가 잘 안 되는 것은 목사가 평안을 취하려는 데서부터 시작된다.

이날 용도의 뇌리를 차지한 단어는 "고생"이었다. 목사는 믿음과 사랑이 첫째 조건이지만, 이 터전 위에서 각종 고생과 희생을 당연한 것으로 포용해야 한다. 용도에게 목회자란, 고생자이다. 성도들로부터 가장 대접 받는 자가 아니라, 믿음을 조건 그리고 사랑을 수단으로 하여 섬김으로써 가장 고생하기로 다짐한 사람이 바로 목회자다(비교, 마가복음10:43~45). 용도식 '서번트후드'(servant-hood)다.

용도가 볼 때 현 한국교회가 "잘 안 되는 것" – 즉 '그러그러해야 하는데 그러그러하지 못한 것'은 목사가 '초심'씨를 내다버리고 '편안'씨로 고무신을 바꾸어 신은 배신에서부터 시작되는 것이었다. "위험이나 고생을 두려워하면" 다른 일을 하는 편이 낫다. 아니, 옳다. 목회 직임에 걸려 있는 중대한 영향력과 그로 인한 책임을 스스로 감당치 못함으로 말미암아 남의 귀한 영혼들을 주님의 이름으로 해치고 또 그렇게 함으로 주님의 이름으로 자기의 귀한 영혼까지 어둠에다가 던져 넣는 비극을 자초하면서도 자기는 주님의 위대한 종이라고 자처할 수 있기 때문이다.

4. 용도의 목회자론은 계속된다.[39]

목사가 군병같이 고생을 참고 나가면 그 교회는 승리한다. 바울은 언제든지 죽음을 각오하고 있었다. 나는 죽을 때가 가까웠다고 하면서도 두려워하지 않았다. 혹은 바울은 소에 비교하였다. 갈라면 갈고 제물이 되라면 되려고 언제나 각오하고 준비한 사람이었다.

목회자로서의 바울의 신앙에 크게 감명 받은 용도는 교회가 승리하는 길은 목사가 믿음의 군병으로서 고생을 참아내는 것이라 한다. 고생만 아니라 죽음까지 각오하니 고생 앞에 덤덤하다. 주 앞에 아끼는 것도 주장하는 것도 없다. 목회자가 그러할 때 승리는 교회를 사모하고 있다. 그러나 목회자가 고생을 싫어하고 성도들에게 "고생을 참아내라"고 할 때에는 먼저 영혼붕괴와 차후 공동체붕괴가 손톱을 뜯으며 대기하고 있다.

5. 여기서 용도의 개혁자 기질을 다시금 본다. 그는 한국교회의 문제를 적당히 외면치 않는다. 목사라는 중책을 그에 걸맞은 마음가짐과 몸가짐으로 감당치 않고 반대로 편안과 안전을 추구함으로써 '목사의 목사됨'을 망가뜨리고, 이로 인해 교회공동체의 신앙마저 해치고 있는 숨은 함정을 예리하게 갈파했다.

용도가 말한 대로, '잘 될 수 있는' 길은 목회자가 죽음을 각오하는 것이다. 이것에 대해 어느 목사가 반대하든지 욕을 하든지 뭐라 하든지 용도 자신은 이 확신과 결단을 따라 그의 인생을 태워갈 것이다.[40]

나라의 개혁은 먼저 요시야의 진정한 회개에서부터 시작되었다. 곧 왕의 신앙 부흥이 전국의 종교적 혁명이 되고 말았다. 교회의 부흥도 교직들의 신앙 부흥에서부터 시작될 것이다.

증인 1
: 피도수 선교사

1. 오늘까지 이용도의 생애에 대해 두 증인이 자세한 기록을 남겼다. 미국 남감리회 피도수 선교사와 변종호다. 먼저 피도수를 살펴보자.

피도수 (皮道秀·Victor Wellington Peters, 1902~2012): 미국 미주리주 칸사스시티 출생. University of California (현 U.C.L.A.), University of Southern California (U.S.C.) 영문학과 졸. Princeton Theological Seminary 신학과 졸. 1928~1941년: 남감리교 선교사. 1930년 9월 이용도와 함께 목사 안수. 1936년, 'Simeon, a Christian Korean Mystic'을 〈The Korea Mission Field〉지에 12회 연재. 1937년 김화읍감리교회 목회. 대구에서 만주, 중국 북경까지 부흥회 인도 및 성경학교 교수, 교회 개척. 미국 정부의 요청과 일경의 감시와 부친의 병환으로 1941년 미국으로 떠남. 1941~1982년: 한인감리교회, 트리니티 감리교회, 나사렛 제일교회에서 목회. Azusa Pacific University에서 물리학, 문화인류학, 성서해석학, 설교학, 선교사(史), 비교종교학, 교회학, 종말론, 소선지서, 사도행전 등 31개가 넘는 과목을 교수. '르네상스 인간'(The Renaissance Man)으로 별칭됨. 기독교 성화를 한국 풍으로 그린 최초의 화가. 시인. 작사가. 1999~2004년: Fuller Theological Seminary의 박사 과정 한국 학생들을 멘토링. 2012년 세상을 떠나실 때까지 이용도를 증언하였음.[41]

피도수는 18세기 말 미국에 전파된 감리교 운동의 뿌리를 따라 내려온 가문의 후손으로, 깊은 경건과 함께 최상의 교육을 받은 자이다. 철저한 감리교도가 장로교 신학교인 프린스턴신학대학원에 들어간 것은, 그의 손자 바이론에 의하면, 1920년대 감리교 신학교들에 팽배한 자유주의로 인해 갈 곳이 없었다는 것이다.

그는 한국식 예배당을 직접 도안하였고, "선교사측의 암묵리의 반대"를 물리치고 한인여성과의 국제결혼 1호이며, 가문과 개인의 역사를 방대한 분량으로 저술한 명민한 역사가이다.[42]

2. 1928년 8월 29일 부산으로 입국한 피도수는 1930년 10월부터 반년간 이용도와 한 방에 살며 많은 이야기를 들었고, 이는 훗날 최초의 이용도 전기라 할 수 있는 그의 작품 '시무언, 신비의 한국 그리스도인'의 한 토대가 된다. 그는 용도가 따로 거처를 마련해 그의 집을 나간 뒤에도 가까이 교제하며 용도에 대해 일어나는 교계의 반응들을 전달해주고 조심하도록 권고도 했다.

피도수가 거의 아흔 되셨을 때 용도를 회고하기를, "90평생을 살았지만 이용도 목사와 같이 짧았지만 그렇게 굵게 산 사람을 본 적이 없다. 이용도 목사는 100년에 하나 나타날 수 있는 한 위대한 크리스챤이었다." 또한, "이용도 목사만큼 예수님의 말씀대로 살다 죽은 사람"을 본 적이 없다고 했다.[43]

피도수가 기억하는 용도와의 일화가 몇 가지 있다.[44]

3. 어느 날 피도수는 집에 있고 이용도는 나갔는데 거지아이가 와서 동냥을 했다. 그때 이용도가 돌아와 아이를 보자 안으로 들어오게 해서 밥을 차려주었다. 그 밥은 이용도가 먹을 점심이었다.

4. 한번은 집에 쌀이 떨어져 이용도가 쌀집가게로 갔다. 얼마 뒤에 이용도가 돌아왔는데 빈손이었다.

"형님, 쌀은 어디에 있습니까?

쌀을 사서 지게꾼에게 지우고 집으로 돌아오다가 마침 며칠 굶은 부인이 생각났다. 그래서 지게꾼을 그 부인댁으로 보내고 빈 손으로 온 것이다.

5. 여럿이 식당에 가면 음식값은 항시 이용도 목사의 주머니에서 나왔다. 피도수는 이용도가 남에게 음식값을 떠맡기는 것을 본 적이 없었다. 그러나 이용도는 가난한 목사인지라 혹 주머니가 비어 있는 날에는 아예 먼저 이야기했다.

"내 주머니가 비었으니 피 목사님이 한턱 내시오."

6. 피도수가 이용도와 함께 지내던 1930년 10월~1931년 5월은 이용도가 원산지방을 너머 그리고 감리교단을 너머 전국으로 전교파로 끌려다니기 시작하는 때였다. 피도수가 보니 이용도 목사는 부흥회를 마치고 집에 오면 쉬지 않고 다시 기도하러 산으로 올라가는 날이 많았다. 어느 날은 부흥회를 끝내고 집에 왔는데 얼굴빛이 좋지 않은 것이 몹시 피곤해보였다. 피도수는 그 얼굴이 애처로워서,

"너무 무리하면 형님 죽어요. 오늘은 좀 쉬도록 하세요."

그러자 이용도는,

"오늘도 주님은 애써 땀흘리며 일하고 계시는데 어떻게 쉴 수 있어요. 머지 않아 죽으면 주님과 같이 하늘나라에서 쉴 수 있을 터인데……."

그러면서 그날도 뒷산으로 오르는 것이었다.

7. 부흥회를 끝내고 집에 와도 이용도는 쉬는 법이 없었다. 다음 집회 때까지 산에서 기도를 하는데 자지도 않고 먹지도 않고 기도하는 것이 예사였다. 물론 기도는 좋지만 피도수가 볼 때 잠도 먹는 것도 잊고 하는 기도는 지나친 것 같았다. 어느 날은 마음을 단단히 먹고 이용도에게,

"이 목사님, 이렇게 자지도 않고, 먹지도 않고 기도만 하면 오래 살 수 없습니다."

이용도는,

"죽으면 기도할 필요가 없으니 살아 있는 동안 열심히 기도해야지요."

하거나,

"죽기전에 한 사람이라도 더 구원받도록 전도하는 것이 먹고 자는 것보다 더 중요합니다."

"기도는 사람의 마음을 움직이는 것보다 하나님의 마음을 움직일 수 있습니다. 배가 고파서 슬픈 것이 아니요, 가난해서 슬픈 것이 아닙니다. 기도하지 않으면 괴롭고 슬픕니다."

이것이 이용도의 사상이요 생활이었던 것이다.

8. 피도수가 관찰한 이용도는, 집에서보다 산에서 기도를 많이 하고 집에서 자는 것보다 산에서 기도하는 밤이 더 많았다.

어느 겨울밤이었다. 이용도는 이날도 기도하러 간다며 집을 나서 산으로 올랐다. 그런데 밤사이 대설이 쏟아졌다.

피도수가 아침에 창을 열고 밖을 보니 천지가 눈으로 뒤덮여있었다. 깜짝 놀라 급히 따뜻한 옷을 챙겨 용도 목사가 늘 기도하던 뒷산으로 올라갔다. 그러나 태산 같이 쌓인 눈 때문에 오르기도 힘들었거니와 발자국이 남아 있으리라고는 상상할 수도 없었다.

너무 걱정이 되어 피도수는, "이 목사니임! 이 목사니임!" 목청껏 소리를 지르며 산을 뒤졌다.

간절한 목소리가 허공을 두드렸지만 설산은 목사님을 내어주지 않았다. 그래도 계속 "이 목사니임" 하면서 소리를 지르니 부스스 하는 소리와 함께 눈 속에서 하얗게 된 무언가가 일어서는 것이 아닌가. 눈으로 뒤덮인 이용도 목사였다. 어젯밤 눈이 내리기 전에 기도를 시작했는데 나중에 눈이 내리는 것도 모르고 밤을 새워 그 자리에서 줄곧 기도했다는 것이다.

9. 바리새인들과 헤롯당원들이 예수님을 시험하려고 "가이사에게 세금을 바치는 것이 옳으니이까 옳지 아니하니이까" 물었다. "바치는 것이 옳다"고 하면 유대 민족의 반역자가 되고 "바치지 말아야 한다"고 하면 로마 제국의 반역자가 될 판이었다. 진퇴양난의 순간 예수님은 "가이사의 것은 가이사에게, 하나님의 것은 하나님께 바치라" 하셨다(마태복음 22:15~22).

일제의 눈치를 봐야 했던 이용도 때의 정치적 현실은 예수님 당시 유대인들의 현실과 흡사했다. 일본 정부는 "교회에 연보를 바치는 것이 옳으냐 바치지 않는 것이 옳으냐" 하는 것으로 시비를 걸어왔다. 한국 백성은 일본의 신민이 되었는데 그럼 세금을 일본에다 바쳐야지 왜 교회에다 바치느냐는 조소와 위협이 담긴 시험이었다. 그래서 교인들은 괜히 이런 질문을 당하지 않으려고 조심하면서 연보를 했다.

피도수도 이 부분에 대해서 어떻게 판단하는 것이 좋을지 고민했다. 그러다 이용도가 어느 부흥회에서 조심조심 연보를 바치는 교인들을 향하여 설교한 내용을 듣고서는 탁 손뼉을 쳤다.

"영국 사람들은 영국에 세금을 바치는 것이 영국 백성의 의무이고, 미국 사람들은 미국 정부에, 일본 사람들은 일본 정부에 세금을 바쳐야 합니다. 그러나 여러분은 하나님의 백성들입니다. 그러니 하나님께 연보를 바치는 것은 당연한 일입니다."

한국 사람은 일본 국민이 아니라고 하면 경찰서에 끌려갈 시대였는데, 이용도 목사는 지혜롭게 한국 사람은 하나님의 백성이니 하나님께 드리는 것이 당연하다고 한 것이다.

▪폐병환자의 노래

1. 신학교 졸업반이었던 1927년. 11월이 반 정도 지나는 때 용도는 또다시 몸에 이상을 느꼈다. 고민 끝에 의사를 찾아가 몸을 보이니 의사는 그가 골병이 들었다고 했다.

"피도 부족하고. 고치려면 100원은 들겠구려."

100원! 새빨갛게 가난하던 일제시대.

'오늘부터 약을 먹어? 약을 먹으면 오래 살 수 있나? 주여, 다만 주의 은혜가 있을 따름이외다.'

돈이 없는 용도는 방도 없이 주님께 호소했다. 옛 생각이 나며 마음에 풍랑이 인다. 며칠 뒤에는 병으로 학교를 쉬어야 했다.

100원. 그 큰돈은 없었다. 아프면 아파야 했던 시절. 그러다 죽으면 죽어야 했던 시절. 오늘 병원비가 있는 모든 사람은, 그것이 없어 아프다 죽어간 이들의 꿈을 입양해야 한다.

지난 1925년 겨울 강동사건 이후로 분명 좋아지기는 했지만 그가 다시 아프게 된 것은 아픔 가운데 그의 신앙을 더욱 견고히 하고 주님께서 그를 완전히 차지하시기 위한 것이었을지도 모른다. 보통사람이었다면 병을 주셨다면서 주님을 향해 발길질을 했겠지만, 용도의 믿음은 병을 통해서도 더욱 주께로 나아가 거룩함을 입게 되는 것이었으니, 인간의 판단력 너머에 있는 주님의 선하심과 지혜는 용도가 단번에 완쾌되는 것보다 그때그때 필요한 만큼의 회복과 힘을 공급하셨던 것일런지 모른다.

  2. '다시' 죽음의 열차가 인생의 승강장으로 진입해왔을 때 용도도 '다시' 이 문제를 예수께로 가지고 나아갔더니 하나님 나라의 귀한 진리 한 조각을 얻게 되었다.[45]

> 피를 주소서
> 우리는 눈물도 말랐거니와 피는 더욱 말랐습니다.
> 그래서 무기력한 빈혈 병자가 되었습니다.
> 피가 없을 때는 기운이 없고, 맥없고, 힘없고, 담력 없고, 의분 없고, 화기 없고, 생기가 없습니다.
> 그 대신 노랗고, 겁 많고, 쓸쓸하고, 소망이 없습니다.
>
> 우리에게 그리스도의 피를 주사해 주소서.
> 그래서 우리는 새 기운을 얻고 화기와 생기 있고 기쁨이 있게 하옵소서.
> 우리는 죄에게 잡히어 죽어가되 그 죄와 더불어 싸울만한 피가 없습니다.
> 악마가 우리 인간을 유린하되 그것을 분하게 여기는 피가 없습니다.
> 주여, 우리에게 당신의 피를 주사해 주옵소서.
> 그래서 죄악과 더불어 싸우게 하여주옵소서.
>
> 우리의 영혼이 원수 마귀를 격파하게 하여주옵소서.
> 피가 있게 하소서.
> 피가 없으면 죽은 사람.
> 우리에게는 피가 없어요.
> 주여, 우리는 기어이 죽게 되었나이다.
> 당신의 십자가에 흘리신 피로서 우리에게 주사해 주옵소서.

피가 부족했던 용도는 주님께 피를 구한다. 기도는 어느새 한 편의 시가 되고, 직유는 어느새 은유가 된다. 물질적 차원은 신앙적 차원으로 옷을 바꾸고, 상징은 하늘로 올라가 진리를 퍼서 아래로 내려다 준다.

피가 부족한 용도에게는 수혈이 필요하다. 물질적 차원의 피도 필요하지만 용도가 구하는 것은 신앙적 차원의, 예수께서 "십자가에서 흘리신 피"다. 이 피를 자기 안에 채울 때 주님의 뜻과 힘을 얻는다. 이 속죄의 피가 있어야만 죄악과 싸워 이길 수 있다. "원수 마귀를 격파"할 수 있다.

구체에서 상징으로 상승했던 용도의 상상나래는 이제 개인에서 교회로 확장된다. 자기에게 피가 부족한 것을 통하여 현재 "우리"도 십자가의 피가 부족함을 깨닫는다. 이렇게 하여 개인적으로 그리고 공동체적으로 그 피를 요하게 된다.

동시에 용도는 눈물이라고 하는 사랑과 긍휼도 필요함을 느낀다.[46]

눈물을 주소서
오늘의 우리는 눈물이 다 말랐습니다
눈물 없는 곳에
되지 못한 것들만 무성하여 있습니다
눈물은 살균력(殺菌力)이 있습니다
원망 불평 이기 등은 전염병균과 같아서
자신을 죽이고 또 남의 가슴에
살촉을 받아 죽게 하는 악독한 병균입니다

이 모든 균들은 눈물로써 죽일 수 있습니다
동정의 눈물이 쏟아질 때
뜨거운 사랑의 눈물이 쏟아질 때

남을 원망하는 것이나
시기 불평 이기 행위 등
모든 불선(不善)의 병균은 다 죽어버리고 맙니다

그리고 따스하고 온유하고 미쁜 새 마음을 내어줍니다
마치 상처에 소독을 한 후 새살이 돋아 나오듯이!

현재 우리가 가진 전염병인 원망, 불평, 이기심. 이것으로 인해 남을 죽이고 자기도 죽는다. 눈물이 마른 사람은 이런 병에 대항할 면역력이 없다. 이제 모든 병균들을 뜨거운 사랑과 동정의 눈물로써 죽이고, 그 위에 따듯하고 온유하고 미쁜 새 살이 돋아나기를 기도한다.

육신의 질병에 매인 용도는 주님의 피로 신앙적 빈혈증과 마음의 전염병균을 죽이기를 갈망한다. 피도 눈물도 없는 세상이지만 교회에는 있어야 할 것은 피와 눈물이다. 죄악과 싸워 이기는 힘을 주는 피와 이웃을 위해 우는 뜨거운 눈물! 그러면 우리는 주님을 믿고 따르며 희생할 수 있다.

3. 1927년의 성탄절은 특별했다. 용도는 직접 '십자가를 지는 이들'이란 극을 쓰고 연출과 연기를 맡았다. 극중에는 먼저 다양한 사람들이 십자가를 지고 나타난다. 그들은 주를 위해 십자가를 진다고는 하지만 정작 저만치 낮은 곳에서 비틀거리며 오시는 예수님의 십자가는 보지 못한다. 용도는 주님의 십자가를 지고 갈보리 언덕으로 올라가다가 쓰러진다. 이 연기가 너무도 생생하여 흡사 예수께서 고생 당하셨던 것과 같았으니, 청중석은 통곡의 바다가 되었다. 그런데 누가 알았으랴? 이 연극은 앞으로 용도에게 펼쳐질 인생길을 미리 보여주는 것이기도 했으니.

인본주의 신앙에서
신본주의 신앙으로
(1928)

요약

1. 1928년을 이야기함에 있어 큰 아쉬움이 있으니, 1966년 변종호가 출판한 〔이용도 목사 일기〕에는 1928년치가 텅 비었다는 것이다.47

이용도 목사가 협성신학교를 졸업하고 1월 29일 강원도 통천 구역으로 파송되어 전도사업에 열중하던 일들이 기록되었으나, 안타깝게도 6.25사변 때 분실되었다.

변종호에 의하면, 1928년 일기는 이용도의 "일기책 7권 중에서 가장 신앙적 교훈이 풍부한 내용을 가진 가장 감격적인 책"으로, 그 내용은 "(1) 산촌에서 7구역을 맡아보며 고심고생하는 기록 (2) 학교 졸업 후 첫 목회라 이상과 현실, 신앙과 이성의 상극, 길항에 애쓰는 글 (3) 지식이 신앙보다 앞서고 하늘의 권능을 받지 못하고, 인간적인 방법으로 끌려 다니는 고민 고투 (4) 산기도 금식기도에 몰입하여 성령의 세례와 하늘의 권능으로 받는 [과정], 감격과 능력 얻는 목사로 활약하는 기록 (5) 그 당시에 한국에 습래한 유물론과 공산주의에 대한 사상적 신앙적 투쟁 (6) 봉사생활에 헌신하여 예배당 수리와 근처에 우물을 파주는 등 노역을 하며 병든 노인, 소아 등을 업고 병원에 다니는 등 육체적 노역에 심혈을 쏟는 기록 (7) 늦은 가을부터는 완전히 성령의 내주에 의한 권능 받은 일군으로 대 부흥을 일으킨 일 등 내용이 풍부하고 책도

페이지 수가 가장 많은 책이었다."48

2. 1월 28일 신학교를 졸업한 용도는 감격을 누릴 새도 없이 이튿날 파송지인 원산지방 내 강원도 통천 구역으로 향했다. 그곳은 몹시 추운 곳이었고 눈 덮인 강산이 그를 맞이해주었다. 용도는 대설을 바라보며 찬송 '너의 죄 흉악하나 눈과 같이 희겠네'를 떠올렸다.

교역초기의 용도는 강동사건 이전으로 돌아간 듯했다. 변종호는 이때의 그를 "이성적인 전도인이요, 문화적인 교역자"라 한다. 하나님을 붙잡으려고는 노력하였으나 "원체 이성적이고 예민한 지성"을 가지고 있기에 신앙생활보다는 문화활동이 앞섰다.49

또한 당시의 사조가 뜨거운 마음의 민족주의보다는 차가운 머리의 사회주의로 기울어지는 때여서, 용도도 조금씩 지성의 놀이터에서 홀로 인상 쓰는 "인본주의 신앙으로 전락하는 경향"을 보였다.

이리하여 초기 반년은 사상적 위기, 신앙적 퇴보의 시기였다. 하나님께 밀착되지 않은 상태가 길어졌고 그런 상태에서의 전도 활동이란 열도, 효과도 없는 것이었다. 용도는 긴급한 위기의식이 들었고, "신앙 혁명, 신앙 내용 개선에 착수"해야 함을 느꼈다.50

백정봉과 장룡포에서

1. 이때에 용도에게 길동무가 되어준 이가 있으니 통천에서 만난 박재봉(1904~1992)이란 청년이다. 재봉의 기도생활에 깊은 감명을 받은 용도는 자기의 신앙을 부흥시키고자 재봉과 날을 잡아 금강산으로 들어가기로 했다. 둘은 깊고 울창한 백정봉(百鼎峰)을 기도처로 잡았다. 이곳은 약 700년 전 왜구가 통천을 침략하였을 때 고려 군사들이 매복했던 곳이다. 당시 왜구는 뜻밖의 습격을 받은 뒤 고개를 넘어 동해로 부랴부랴 도망쳤다. 역사가 칠백 살을 더 먹은 뒤에는 용도가 백정봉으로 들어갔으니, 주님이 축복을 주실 때까지 날이 새도록 기도로 매복하기 위함이었다. 불빛 없지만 달빛 환한 밤. 용도는 재봉에게 당부했다.

"내가 들어가 엎드리거든 내가 일어날 때까지 나를 깨우지 말고 만일 여러 날이 걸려서 혹 집에서나 교회에서 찾아오는 일이 있어도 내가 일어나기 전에는 나를 누구든지 일으키지 못하도록 해주시오."

깊은 골짜기, 바위들 틈에 엎드린 두 청년은 기도하기 시작했다. 피 끓는 20대, 이용도와 박재봉! 이 두 사람의 기도와 성령 체험은 훗날 한국교회사의 물줄기를 새롭게 하고 세차게 할 것이다.

하루가 가고 이틀이 가고 일주일 그리고 열흘이 되었다. 시간이 길어지자 지인들은 둘을 찾으러 산으로 나섰다. 이를 아는지 모르는지 용도와 재봉은 그때까지도 그저 엎드려 금식하며 기도만 올리고 있었다.

흡족한 은혜를 얻은 뒤 재봉과 함께 산에서 내려온 용도는 이때로부터 "전과는 아주 다른 사람"이 되었다.[51]

신앙에 자신이 끓고 전도하여 다른 사람을 끓게 하는 열 있는 전도인이 되었다. 이에 그는 생활하는 사람이라기보다 기도하는 사람이 되었고 말하는 전도자이기 전에 기도하는 기도꾼이 되었다.

앞으로 용도는 예배당이 아니면 시외 산기슭이나 시냇가에서 만날 수 있다. 거기서 엎드려 몸부림치며 기도하는 그를 볼 것이다. 열세 살 적에도 기도에 남다름을 보였고, 스물다섯 적 강동에서도 변화가 있었고, 삼이형제와는 인왕산 산기도로 단련하였으나, 스물아홉 다시 기도에 철저하게 붙잡힘 받는 용도를 볼 수 있다.

박재봉에 따르면, 이용도는 산기도 후 "실생활에서는 손으로 예배당을 수리하며 동리에 우물을 파주며 걸인을 업고 다니는 등 어찌 보면 좀 지나친 듯한 생활과 실천"을 했다고 전한다.[52] 기도의 은혜는 사랑의 실천으로 이어질 때 안심의 미소를 띤다.

그런데 용도만 아니라 재봉도 이날 이후로 거의 60년을 부흥사역에 몸바치어 한국교회에 빛나는 이바지를 했음을 아는 사람은 그렇게 많지 않다. 그는 남북 분단 이후 남한 교회 재건에 초교파적으로 크게 쓰임을 받을 것이다. 한 연구에 따르면 재봉은 27세부터 74세까지 22,121회 설교했고, 300,033명의 결신자를 얻었다고 한다. 후손들 중 목사만 13명이 배출되어 세계 각지에서 복음 사역을 진행하고 있다. 이러한 놀라운 역사들은 하나님께서 하시는 일이나, 또한 은혜를 심절히 사모하는 기도를 통해 그 씨앗이 심기기도 하는 것이니, 성도는 뜨거운 심정으로 기도할 것이고 모든 찬송을 오직 하나님께만 돌릴 것이다.

2. 용도가 부임한 통천에서 40리 정도 떨어진 곳에 장룡포리가 있다. 통천 구역 안에는 돌보아야 할 지역들이 많았기에 장룡포에는 한두 달에 한 번 방문하는 정도였다.

용도가 오기 전에 복음은 먼저 이곳에 도달하였다. 앞서 말한 박재봉과 또한 박용구라는 청년이 그곳 동포들의 신앙을 지도하고 있었던 것이다. 하지만 아직 교회가 선 것은 아니었다.

이를 애석하게 여긴 용도는 통천에서 강대상을 만들어 그것을 등에 업고 40리 길을 걸어 장룡포까지 갔다. 그곳의 사립학교인 고흥사숙(박재봉은 여기서 선생 일도 보았다고 한다)을 설립한 전건하 씨의 집에 강대상을 내려놓고 예배를 드림으로써 교회가 시작되었다.

이곳 주일학교에서 크게 은혜 받은 아이가 있었으니, 박재봉의 이종사촌 동생이자 전건하 씨의 아들인 전덕일(1916~2016) 군이다. 용도는 아버지에게 덕일 군을 목사로 기르면 좋겠다고 권면했다. 이를 들은 덕일 군은 이때부터 뒷동산 바윗돌 위에 올라서서 솔나무를 향해 설교하는 연습을 했다.[53]

용도는 아내 송봉애와 함께 자전거를 타고 다니며 동네 아이들을 불러 모았다. 그리고 함께 기도했다. 그러면서 은혜 받은 아이들이 술집에 가서 한 노래를 불러댔다. 덕일 군도 물론 그들 중 하나였다.

> 아, 마시지 마라 그 술
> 보지도 마라 그 술
> 우리나라 복 받기는
> 금주함에 있느니라

그러면 막걸리 아주머니가 "요놈의 새끼들 때문에 술장사 못 해먹겠네" 하면서 아이들 뒤통수에 대고 부지깽이를 휘둘렀다.

다른 일화도 있다. 덕일 군의 동네에 몹시 앓는 한 아이가 있었다. 그런데 장룡포에는 병원이 없고 침놓는 사람만 있었다고 한다. 침을 맞으려면 논두렁을 하나 건너야 하는데, 어머니가 아이를 업고서 근처만 가면 아이가 용케 알고 무서워하면서 울기 시작했다. 이를 알게 된 용도 전도사는 그 아이를 자기 등에 업고 60리 길을 걸어서 병원으로 갔다는 것이다. 덕일 군은 그때로부터 85년이 지나 99세 어르신이 된 때까지도 그 장면을 잊지 못했다.

예수님께서 우리들의 죄악 때문에 달리실 무거운 십자가를 자기 등에 업고 골고다를 오르셨던 것처럼, 예수님의 은혜에 감사하는 이들마다 자기 등을 이웃 위하여 내어주는 가보다.

마귀격퇴

1. 용도가 부임한 강원도 통천은 원산지방을 구성하는 한 구역이었다. 그가 도착했을 때에는 통천 교회가 두 파로 갈려 있었다. 청년회장 유원복과 주일학교 부장 김석호가 세력을 형성하여 대립하였던 것이다.

용도가 금강산에서 기도의 부흥을 겪었다 하여 현실의 까다로운 문제들이 저절로 사라지는 것은 아니었다. 다만 제 어떤 문제라도 기도의 수레에 담지 못함이 없음을 다시 확인한 용도는 습관에 따라 새벽 2시 반~3시쯤 예배당으로 가서 기도했다.

아버지여, 나의 혼을 빼어버리소서. 그리고 예수에게 아주 미쳐버릴 혼을 넣어 주소서. 예수에게 미쳐야 하겠나이다. 예수에게 미치기 전에는 주를 온전히 따를 수 없사옵고, 또한 마귀와 싸워 이기지 못하겠나이다.

용도가 간절히 기도하고 있을 때 갑자기 "크고 까만 몸뚱이에 수족에는 삼지창 같은 검고 날카로운 손톱발톱이 있고 그 눈방울은 사발같이 큰 것이 둥글거리고 이빨은 사자의 이빨 같은 것이 앙상히 드러나고 머리에 큰 뿔 둘이 있는, 사람도 아니고 짐승도 아닌" 마귀의 형상이 나타나 용도를 내려다보며 웃음을 던지기도 하고 눈을 부릅뜨기도 하며 용도를 움켜잡으려는 시늉을 했다.

용도는 무서워 몸을 돌렸는데, 그때마다 놈은 용도의 눈앞에 나타나 마주

섰다. 마귀는 용도의 기도를 방해하며 집어삼킬 것처럼 위협했다. 어렸을 적에도 마귀를 보고 찬송으로 물리친 적이 있었지만 이놈처럼 끔찍한 형상은 아니었다. 용도는 "아버지!"를 부르짖었다.

성전을 둘러보니 마귀는 한두 마리가 아니었다. 또 예배당 밖에서 고개를 안으로 들이밀고 용도를 쏘아보는 놈도 있었다. "아버지"를 부르짖던 용도는 일어나 이들을 향해 주먹을 휘두르며 날뛰었다. 그러나 담벽과 유리창을 때릴 뿐이었다. 손에는 벌써 피가 흐르기 시작한다.

"사탄아, 물러가라! 이 집은 아버지의 성전이니 물러가라!"

그러자 마귀들은 예배당서 달아나기 시작했다. 마지막으로 남아 있는 한 마리가 교회당에서 도망치자 용도는 놈을 추격했다. 놈은 어느 권사의 집으로 쏙 들어갔다. 용도도 뒤따라 들었다. 아랫목 윗목을 휘저으며 훅훅 주먹을 휘둘렀다. 마귀는 교인들의 머리에 나쁜 생각을 넣어주는 것 같았다. 놈은 바꾸어 청년회장 유원복의 집으로 갔고 용도도 그곳으로 갔다. 그러자 놈은 주일학교 부장 김석호의 집으로 갔다. 용도는 계속 추격하며 온 통천 시가를 헤집으며 뛰었다. 놈들이 전부 물러가자 용도는 스스로 감격에 겨워 "할렐루야, 할렐루야!"를 외치며 집으로 돌아왔다.

2. 변종호는 이 사건 이후 용도가, "어찌 보면 정신에 이상이 생긴 것 같기도 하고 또 어찌 보면 몇 날 못 살 것같이 보이기도 하였다. 그러나 육체가 이렇게 되는 반면 심령에는 엄청난 능력과 권세가 있었다"고 전한다. "이 세상에 속한 사람"처럼 보이지 않고 "하늘의 사람"처럼 보였다고 한다.

용도는 영적 체험이 많았다. 체험 때문에 주님을 사랑한 것이 아니었음에도, 주님을 너무도 사랑하다 보니 체험도 많았다. 영적 체험은 이 땅과 하늘간의 은밀한 대화다.

바탕재료 [전기], 34~5와 147~50을 재구성.

조선교회사에 기록될 주요한 사건

1. 주님께서 영적 체험을 허락하실 때에는 이유가 있다. 1928년 마귀격퇴 사건을 통해 한층 더 용도를 강하게 하신 주님은 1929년 원산의 대부흥에 용도를 충분히 사용하실 것이다.

1929년 부흥역사에 대한 증인은 피도수, 변종호, 남감리회 연회록만 아니라 이용도의 일기가 있다. 그런데 일기가 자기에 대해 증인이 될 수 있는가?

일기의 특성을 생각하면 고개를 끄덕일 수 있다. 이용도는 보이기 위해 일기를 쓴 것이 아니었고 출판을 염두에 둔 것도 아니었다. 따라서 그 기록은 거짓된 가공을 할 유혹으로부터 자유롭다. 또한 일기는 자신만이 볼 수 있으매 가장 솔직하고 사실 그대로의 사실이 기록되기에 유리하다. 용도의 진실한 인격도 그의 기록을 신뢰할 수 있게 해준다. 일기에 기록된 부흥회의 반응도 기록자의 참됨에 기여한다.

2. 여기서는 먼저 1929년 대부흥의 목격자인 피도수의 기록을 살펴보자. 그의 증언은 짧지 않고 상세하며, "~일 것이다"는 예상 또는 다소 강한 추측 정도가 아닌, "~이다"의 단언적 진술이다.

"[1928년 11월 이후] 원산지방을 휩쓴 성령의 역사는 그 후 2년 동안 계속됐다"("Two full, two overflowing years witnessing the acts of the Holy Spirit throughout Wonsan district").

피도수는 1928년 11월의 "조선교회사에 기록될 만한 주요한 사건"에 대해 상세하게 기록했다. 이 사건이 도화선이 되어 1929년의 대부흥이 번져나 가기 때문이다.

1920년대 말 당시는 한 해의 사역을 의논하고 세우는 지방회(the district conference)가 열리기 전에 목사와 전도부인들이 모여 기도회를 갖고 부흥회를 한 다음 마지막으로 지방회를 보았다. 원산지방회가 열리기 전 3일간 기도회와 5일간부흥회를 먼저 하게 되었다.

1928년 11월 5일 월요일, 금강산 온정리에서 남감리회 원산지방의 지도자 15명이 부라만(夫羅萬· Lyman Coy Brannan; 1880~1971) 선교사의 인도로 기도회를 가졌다. 통천구역의 용도는 교회 청년 김창희를 대동하고 참석했다. 3일의 기도회가 끝난 뒤 원산지방 내 직분자들을 위한 5일간의 부흥회가 시작되었다. 선교 20년 차, 춘천지방에서 온 부라만 선교사가 직분자 부흥회도 인도했다.

부흥회가 열리고 있는 토요일에는 용도의 교회에서 유치원 교사 김채경, 그리고 고 씨와 청년회장 유원복이 도착했다. 용도와 함께 월요일부터 참석한 김창희와 이들 셋은 현재 두 파로 분열된 교회 내에서 같은 편이었다. 그러나 갈등의 상대편인 주일학교 측에서는 아무도 오지 않았다. 두 그룹을 화해시키고자 했던 용도는 안타까웠다. 거기다 이들은 부흥회보다는 금강산 관람에 기대를 두는 것 같았다.

토요 부흥회가 끝나고 주일이 되었다. 김채경 자매가 용도에게 와서 아침 예배에 가지 않고 산에 가겠다고 했다. 은혜를 통해 반목이 치유되기를 원했던 용도의 속은 타들어갔다. 그는 채경에게 산에 가지 말고 교회에 가는 것이 좋겠으니 기도해보라고 했다.

용도는 주님께서 채경만 아니라 통천교회의 다른 젊은이들도 산이 아니라 교회에 올 수 있게 해달라고 기도하면서 교회로 걸음을 옮겼다. 예배당 안으로 들어서니 감사하게도 채경과 다른 세 사람이 모두 앉아 있었다.

예배 중에는 은혜가 있었다. 그러나 부흥회 마지막 날인 월요일에는 채경 자매나 원복, 고 씨 등은 직장일로 통천으로 돌아가야 했다.

월요일 아침이 되었다. 주일학교 쪽에서는 아직도 오지 않았다. 용도는 그래도 한 쪽이라도 진실로 회개한다면 교회의 치유에 보탬이 될 것이라 자기를 달래보았다. 채경이 다시 용도를 찾아와서,

"저는 아침식사를 마치고 돌아가겠습니다."

용도는 아쉬웠다.

'청년 직분자들의 마음이 주의 은혜로 더 녹아져야 하는데…….'

"가능하면 가지 말고 여기서 더 큰 은혜를 받도록 하지요."

주의 은혜는 가장 사모할만한 것이다. 비록 통천교회가 내분으로 쪼개져 서로서로 노려보고 있지마는 그렇다고 신령한 은혜의 귀중함을 모르는 것은 아니었다. 채경도 모르지 않았다. 주의 은혜를 체험할 때 눈물과 회개가 나오고 마음이 시원해진다는 것을 말이다. 그러나 채경은 해야 할 일들을 내세우며 둘러댔다.

"제가 안 가면 유치원에 선생님이 한 사람 밖에 없는 걸요? 새 난로가 와서 그 선생님은 잘 모를 거에요. 오늘은 어머니회도 있는 날이고요. 그리고……."

용도는 채경의 마음을 꿰뚫어본 것인지 주께서 하시리라는 담대함인지 확신에 차서,

"모든 일은 하나님과 나에게 맡겨두시오. 자매가 새로워지는 은혜는 자매를 위한 일이오. 그리고 나서 돌아가 아이들의 참된 선생이 되어주시오."

채경은 여전히 주춤주춤.

조금 뒤에는 끄덕끄덕.

"그럼 그렇게 하겠어요. 은혜를 받고 난 뒤에 가도록 하지요."

용도는 기뻐하며 이 소식을 다른 통천 청년들에게 전하러 갔다. 먼저 눈

에 들어온 것은 청년회장 유원복이었다. 그는 면사무소에서 일했다. 그도 남으면 좋겠지만 도저히 빠지기가 곤란한 직장이었다. 그래서 용도는 그를 붙잡지는 못하였다.

"여기 있으면 아니 되지 않소. 돌아가도록 하고 가면서 기도하시오. 여기서 받을 은혜만큼 가면서도 은혜를 받을 수 있소."

그런데 이날 원복은 완고하던 전의 모습과는 좀 다르게 보였다. 큰 은혜를 갈망하는 얼굴이었다. 이윽고 원복은 눈물을 흘렸다. 용도는 좀 놀랐다.

'원복이 이토록 은혜를 사모하였던가?'

직장 때문에 부흥회에 늦게 온 이가 이제 부흥회 때문에 직장에 가지 않으려고 하는 모습에 용도도 같이 울 수밖에 없었다.

이때 김창희 청년이 지나갔다. 그도,

"저는 여기서 은혜를 더 받아야겠습니다. 오늘 가지 않으렵니다."

용도의 가슴에 '이때다'는 신호가 왔는지, 용도는 이들의 팔을 붙잡고 산으로 올라갔다. 살을 에는 강원도의 추위는 문제가 아니었다. 함께 기도를 시작했다. 자기의 사랑 없음과 편 나누던 것을 고통스레 뉘우치며 기도했다. 용도는 그래도 원복이 걱정되어 말했다.

"이제는 됐소. 어서 면청으로 가시오. 직장을 잃으면 어쩌려고."

그 좋은 직장도 지금은 원복에게 문제가 아닌가. 마음이 부드러워지고 은혜에 몹시 애타게 된 지금 그에게 중요한 것은 은혜를 받는 것 오로지 그뿐이었다. 원복은 법원에서 일하는 고 씨를 위해서도 기도하자고 했다.

산에서 내려와 숙소로 가니 고 씨는 아침식사 중이었다. 용도는 다가가서, "원복과 창희 형제는 오늘 가지 않고 머무르기로 했는데, 같이 머무르시지요" 했다. 그러자 고 씨는 숟가락을 급히 내려놓고는 몸을 부들거리며 굵은 눈물을 떨구었다.

"나도 남아야 합니다."

고 씨의 말에 용도는 주께서 지금 일하고 계시다는 확신이 들었다.

"식사를 마치면 다들 교회로 오시오. 놀라운 일이 벌어질 겁니다."

이렇게 하여 월요일 아침 집회로 여러 청년들의 눈물과 사모함이 한 방울 한 방울 모여들었다.

월요일에 있었던 네 번의 예배에 네 사람은 모두 참석했고 기대했던 대로 확실한 은혜를 받았다. 그리고 화요일은 부흥회 마지막 날이었다. 이들은 화요일에도 남았다. 이날 밤부터는 이틀간 지방회가 열릴 예정이었다.

이 마지막 날, 예상치 못했던 일이 벌어졌다. 주일학교 김석호 부장이 온 것이다. 드디어 갈등의 당사자들이 한데 모였다. 용도는 이 순간을 얼마나 기다렸던가.

저녁 예배 후에는 친목회가 열려서 자정쯤에 끝이 났다. 용도는 기도하기 원하던 유원복과 함께 산으로 올라가 기도했다. 원복은 그가 미워했던 이들을 위해 힘껏 기도했다. 새벽 2시경 내려와 각자의 숙소로 헤어지는데 원복은 더 기도하기를 원했다. 용도는,

"부흥회는 끝났지만 아침에 친구들을 데리고 교회로 오시오. 기도합시다."

그리고 용도는 숙소로 돌아왔다. 그러자 자고 있던 석호가 깨면서,

"지금까지 어디에 있었습니까?"

"친목회가 끝나고 원복 형제와 산에서 기도했는데 은혜가 컸소이다. 있다 새벽에 다시 기도하기로 했소. 그때 석호 군도 교회로 오면 좋겠는데."

석호는 의외로 흔쾌히,

"그러지요."

용도는 누울 수가 없었다. 주님께서 주무시지 않고 일하시는데 누울 수가 없었다. 다시 교회로 갔다. 기도소리가 들렸다. 휘장 맞은 편 여성 칸에서 나오는 소리. 전도부인이었다. 둘은 떨어진 자리에서 함께 하나님을 찬양하며

기도했다. 이때 누가 예배당으로 들어오는 소리가 났다. 분열의 주동자인 석호였다. 석호는 용도가 숙소에 왔다간 뒤 그를 따라 예배당에 온 것이다.

은혜를 받았던 걸까? 석호는 가슴을 치며 통곡하고 바닥을 두드리며 눈물을 쏟았다. 용도가 그에게 다가오니 그는 자기가 죄인임을 고백하고 하나님의 용서를 구했다. 그의 울부짖음이 얼마나 처절하고 커다랬는지 근처 숙소에서 자던 사람들이 깨어날 정도였다. 얼마 뒤 누군가가 또 예배당으로 들어왔다.

용도는 그가 원복이라는 것을 직감했다. 석호도 그것을 알아챘다. 눈물로 기도하던 석호는 일어나서 원복에게로 가 그의 팔을 붙잡았다. 서로를 원수같이 여기던 두 지도자들이 예배당에서 만난 것이다. 눈물의 얼굴로. 싸우기 위해서가 아니라 기도하기 위해서.

바로 그때, 마음의 앙금을 남김없이 불살라버리는 성령의 불길이 떨어졌다. 기도소리는 더욱 커지고 사람들은 교회당으로 더욱 몰려오니 기도소리는 다시 커졌다. 교회가 가득 찰 때까지 더욱 더욱…….

용도는 솟구치는 기쁨을 참을 수가 없어서 숙소에 남아있던 이들을 모조리 부르려고 뛰어나갔다. 가면서 큰 소리로 외쳤다 – 1919년 3월 개성거리를 진동시키며 "대한독립만세"를 외치던 그 포효로, 어쩌면 그보다 더 큰 포효로.

"성령강림만세! 성령강림만세! 빨리 오시오! 빨리 오시오!"

순간, 부라만 선교사는 다른 숙소에 있다는 것이 생각났다. 그 추운 11월에 맨발로 부라만의 숙소로 뛰어갔다.

"빨리 오세요. 일이 벌어졌습니다. 와서 집회를 인도하세요."

교회로 돌아가는데 이번에는 원산 이호빈 목사(삼이형제 이호빈과 동명이인)가 생각났다. 그도 부르려고 뛰었다. 그런데 잠시 마음이 술렁였다.

'내가 이렇게 요란 피우는 게 좀 주제넘은 일은 아닐까? 이런 일은 이곳

목사님이나 지방 장로사님께서 하시라고 해야 하는 게 아닐까?'

그러나 그런 것을 생각하기에 용도의 가슴은 너무 빨리 뛰고 있었고 너무 뜨겁게 끓고 있었다.

"오시오! 오시오! 성령께서 내리셨습니다! 성령께서 내리셨습니다!"

교회에 돌아오니 들어가기가 어려운 지경이었다. 가득 모인 이들이 울부짖으며 굵다란 죄악들을 토해내고 있었다. 아직도 캄캄한 새벽 4시, 5시. 기도의 열기에 새벽 추위는 녹아졌다.

마을에, 미쳤다는 소문이 퍼졌다. 새벽 6시, 7시, 8시. 날이 밝았다. 기도와 회개의 고백에 아침 먹을 생각도 잊었다. 용도는 부라만 선교사에게, 이런 시간을 중단할 수 없으니 지방회를 연기할 것을 부탁했다. 부라만은 이 말을 따랐다. 신중한 기록자 피도수는 이때를 두고 "오순절의 성령강림이 재현"되었다고 한다. 50~60명이 수요일 내내 기도하였고 철야로 이어졌다.

이튿날에도 교회는 가득 찼고, 들리는 것이라고는 기도소리 오직 기도소리. 이제는 인도자도 사라졌다. 성령께서 친히 인도하셨다. 성령의 불길은 교회당 너머로 퍼져나갔다. 이날 밤에도 죄의 회개와 성령의 권능이 나타났다. 용도는 다음 날 아침에도 기도하자고 광고했다. 불과 몇 시간 뒤인 새벽 2시, 교회에 가보니 이미 많은 이들이 울며 기도하고 있었고, 6시까지 이어졌다. 그리고 다시 아침 기도회. 그렇게 기도회는 밤낮 대엿새 계속되었다.

지방회는 예정보다 일주일이 늦추어졌으며 그것도 부흥회의 연장선이 되었다. 이때를 통해 여러 사람들이 거듭남의 선물을 얻은 것 외에도 다양한 열매가 맺혔다. 피도수는 다음과 같이 8가지 역사를 정리한다.

하나, 가까운 사람들을 전도하고픈 욕구가 생김. 부정적인 사람, 게으른 사람, 우유부단한 사람들을 담대하게 나아가서 설득함. 누구를 책망하지 않고 기도하기 시작함. 기적적인 치유와 성령의 불길이 임함.

둘, 지방전도계획에 대한 구상이 잡힘. 1,000명의 원산지방 교인들이 전도대를 조직하기 위해 1년에 1원씩 내기로 함. 이 운동을 위해 한국의 빌리 선데이라 불리는 정남수 목사가 회장이 되고 용도는 회계가 됨. 이 구상은 송도지방, 수원지방으로도 확산됨.

셋, 지방 내 청년들이 볼쉐비키 사상에 빠져들고 있었으나, 이 사건 이후로 그 불길이 수그러듦.

넷, 거듭남의 역사가 넓은 지역으로 확산됨. 원산지방에는 아이들 2,000명이 새로 주일학교에 등록함. 전도하지도 않았는데 사람들이 교회를 찾아오기 시작함. 불신가정들이 예수를 구주로 고백함. 온정리에서 100km 이상 떨어진 양양에까지도 성령의 능력이 드러났다는 소식이 들려왔음.[54]

다섯, 통천교회의 파벌이 사라짐. 1929년 봄에는 절친한 벗이 된 원복, 석호, 창희 등이 1개월 동안 교회에서 새벽기도회를 드림.

여섯, 1929년 4월 9일 화요일 밤 부흥회에서 많은 이들이 부모님을 그리스도께로 인도함. 50명을 수용하는 통천교회에 100여명이 차고, 들어오지 못한 이들이 창문으로 모여들었고, 불신자들도 와서 죄를 고백하고 신자가 됨. 이때까지 교회당 신축을 위해 100원 정도를 모았었는데 이날 밤에만 1,500원이 거두어졌음. 들어오지 못한 이들은 창문을 통해 바구니에 헌물을 넣었는데, 돈만 아니라 신발, 옷, 가락지 등이 들어옴. "나는 이 돈 때문에 지옥에 갈 텐데 이렇게 처분하게 되니 정말 좋습니다" 하는 사람도 있었음.

일곱, 어떤 여자아이는 새 신발을 갖는 것이 오랜 소원이어서 아버지가 그것을 사주겠노라 하였는데, 아이는 아버지에게 신발 살 돈을 주시라 하여 그것을 헌금함.

여덟, 몸이 좋지 않던 한 어린이는 부흥회를 통해 주님의 은혜를 체험하였음. 이후 아이의 생명빛이 사그라져갔는데, 죽음을 맞이하는 순간 교회 종소리와 찬송을 듣고 싶다고 함. 세상을 떠나는 아이가 환한 기쁨의 얼굴을 할 때 부모는 모두 교인이 되었음. 이 이야기가 퍼지자 감동을 받은 주민들이 교회로 몰려왔고 그날 밤 다시 성령의 불길이 내리셨음.

3. 1928년 일기장에는 늦가을부터 "대부흥을 일으킨 일"이 적혀 있었다. [전기]에서는 1928년 성탄절에 성령께서 크게 임하심이 있었다고 한다. 피도수는, "1929년 1월 원산지방은 부흥의 열기가 가득했다"고 전한다. 1929년에 대해 변종호는, 용도가 "신년 벽두부터 우선 담임한 구역 내 일곱 교회에 부흥회를 열었다"고 하며 "이르는 곳마다 불"이 떨어지고 "교회가 통회하고 갱생"하였다고 한다.

그렇게 하여 "근방 여러 곳에서 간절한 청빙"이 들어옴으로 용도는 1929년, "자기가 담임한 교회 이외의 20여 교회에서 부흥회를 인도하여 큰 역사에 접하"였다고 한다. 이 내용은 이용도의 1929년 일기를 통해 확인해볼 것이다. 피도수는, "부흥회는 1928년 11월 금강산에서 있었던 이후로 계속"되었고, "원산지방을 휩쓴 성령의 역사"는 그 후 "2년 동안 계속됐다"고 한다.[55]

이용도의 신실한 증인 변종호와 피도수는 1929년 용도가 활발하게 부흥회를 열었고, 성령께서 크게 역사하셨다고 동의한다. 피도수와 변종호의 증언 외에도 이용도의 일기는 1929년 성령께서 부흥의 불길을 이어가고 계심을 풍부히 보여줄 것이다.

4. 이렇게 큰 사건이 있었다면 이것은 피도수나 변종호, 이용도의 일기 외에도 공적인 기록이 남아있지 않겠는가? 1929년 남감리회 원산지방에 대하여 연회가 어떤 기록을 남겼는지 살펴보면 될 일이다. 1929년 9월 4일부터 9일까지 열린 연회의 기록을 보면 장로사(감리사의 옛말) 안지선 선교사의 원산지방보고가 나온다. 피도수, 변종호, 이용도 외에 그의 증언까지 받는 것으로써 한국교회의 부흥역사는 1903년이나 1907년만 아니라 원산의 1929년에도 활기차게 이어지고 있음을 확인하면서 본 장을 마친다.[56]

원산지방보고

장로사 안지선

지난 한 해는 본 지방에 대부흥을 가지고 온 성령께서 역사하신 많은 증거들로 넘쳐났습니다 … 지방회 동안에는 전도에 대한 관심이 늘 첫째 자리를 차지했고, 부라만 형제는 매일 삼 회 훌륭한 복음설교를 전했습니다. 이러한 모임들과 참석했던 이들의 마음과 생각 안에 역사하신 성령으로 말미암아 많은 이들이 전도사역을 위한 좋은 계획과 함께 그것을 이룰 수 있는 능력도 얻어서 가게 되었던 것입니다.

12월 27일부터는 본 지방의 두 구역을 제외한 모든 곳에서 밤낮으로 복음이 선포되었고, 오후에는 사경회와 주일학교 사역이 진행되었습니다. 이 모임들은 높은 출석률을 보였으며 참석했던 대부분의 사람들은 더 큰 사역을 위한 준비를 갖추게 되었습니다. 또한 아름다운 회심이 많이 이루어졌습니다.

이로 인하여 할 수 있는대로 최대한 많은 교회에서 부흥회나 특별 집회를 열기로 노력하게 되었습니다.

그러나 그 중에서도 특히 중요한 집회로 가장 광범위한 결과를 가지고 왔던 것은, 4월 1일 통천읍에서 열린 주일학교강습회였습니다. 예배당은 가득 찼고, 다른 지역교회에서도 약 백 명이 왔으며 그 중 절반은 부흥회에 대한 갈망 때문에 온 것입니다.

우리 지방의 주일학교 간사인 김 J. O. 목사와 지방사역 간사인 이용도가 몇몇 사람들의 도움을 받으며 이 시간을 준비하였습니다. 52명의 훌륭하디 훌륭한 청년 남녀가 수강하고 시험을 치뤘습니다. 저는 이곳에 온 뒤로 어떤 면에서 보거나 이들보다 뛰어난 일꾼들을 본 적이 없을만큼 이들은 최고로 유망한 청년들이었습니다.

정남수 목사가 부흥회를 인도하였고 이 집회의 결과는 말로는 도저히 설명할 길이 없는 것이었습니다. 이것은 제가 여태껏 참석해본 어느 집회보다도 가장 놀라운 것이었습니다. 죄인들은 가슴에 찔림을 느꼈고, 허다한 무리가 행복 가운데 주님께로 나아왔으며 또한 많은 사람들이 자기의 인생을 주님의 일에로 완전히 봉헌하였습니다 … 어느 예배가 끝날 때에는 모인 이들이 저마다 "여기가 바로 천국이로구나" 하였습니다.

이 부흥회가 끝날 무렵에는 약 400~500명이 참석하고 있었는데, 연보로 1,500원 이상이 걷혀서 통천읍교회를 새로 지을 수 있게 되었습니다. 또한 그리스도의 복음을 더욱 부지런히 전하기 위하여 123명의 설교대원들이 조직되었습니다. 이 전도단에 속하는 이름은 계속해서 늘어나고 있습니다.

통계를 보면 세례자가 349명 늘고 주일학교학생은 1,271명 증가했습니다. 부흥회에 참석한 총 인원은 3,500명이며 새로 믿은 사람은 565명이 넘습니다. 이 565명은 교회에 꾸준하게 출석하고 있는 사람들을 말합니다. 목사님들이 확인한 것만 해도 일련의 집회 중에 적어도 242명이 중생을 체험하였습니다.

가장 중요하게는, 하나님께서 우리와 함께 하셨고 우리는 그분께 영광을 돌리기를 원합니다.

본지방의 설교자들 사이에 있는 그리스도를 닮은 협력의 정신보다 아름다운 정신을 찾아볼 수는 없을 것입니다. 우리는 이리 된 사실을 알고 있고, 앞으로도 계속 많은 열매를 맺을 것도 압니다.

위의 내용은 안지선 선교사의 영문 보고서를 번역해본 것이고, 한글로 기입된 연회록을 보면 아래와 같다.

작년 연회 후에 성신의 역사난 본 지방에 공전미문의 대부흥을 니르키심이라고 한다… 참으로 이번 지방회를 기회하야 니러난 부흥회난 신의 역사와 능력을 모든 사람으로 하여곰 알게 하섯스며 또 차결과로붓터 본지방내 부흥에 방법과 또 능력까지 엇게 되엿고 따라서 교역자에 단결을 보게 된 것이다. 차에서 엇은 바 신의 능력을 가지고 각자구역으로 도라간 교역자들은 계속하여 구역적 대부흥회와 사경회를 개최하게 되엿는데 차에서도 신의 역사난 끈임이 업시 계속되엿다. 그래서 구역뿐안이라 각교회로도 부흥회가 자발적으로 니러남을 보게 된 것이다. 이러케 하야 지방내에난 어느 구역 어느 교회를 물론하고 부흥에 기분이 끈이지를 안코 화염과 갓치 니는 이때에 통천읍에서 주일학교강습회를 개최하게 되엿다 … 더욱 감사할 일은 차회를 기하여 정남수 목사를 청하며 부흥회를 인도케 한 바 천자이상에 신의 역사가 나타나 죄과를 통회하난 남녀청년과 중생에 입(入)한 교우와 헌신하기를 결심한 회우가 만히 니러나는 동시에 예배당을 신건축하기 위하여 자발적으로 의연(義捐)한 금액이 실노 일천오백여원에 달하엿다. 이것은 따라서 감사한 일이라고 한다. 금년도 본지방 동계 표상으로 나타난 것을 보면 교우에 삼백사십구인과 주교생수에 일천이백이십이인과 사경회회원수에 삼천오백여인과 신신자로 근실히 출석자에 오백육십육인이라는 대다수에 종가를 보개되니 이는 전혀 신의 섭리로 니러난 부흥에 결과라고 밋고 만혼 감사와 영광을 우리 하나님께 돌리는 바이다. 이럼으로 본지방은 장년인원간은 부흥년이라 안이치 못하게 되엿다. 바라는 것은 압흐로도 신의 역사가 갓치하심으로 이 부흥이 계속되기를 바라는 바이며 따라서 온 우리 연회내에 큰 부흥에 년이 되기를 바라고 기도하는 바이다.

바탕재료 〔전기〕, 36~50, 51, 59와 150~1을 재구성.

원산지방 부흥의 확산
(1929)

▪요약

1. 앞서 1929년 원산 부흥에 대하여 피도수, 변종호, 안지선의 기록에 접했다면 이번에는 가장 직접적이고 구체적으로, 부흥의 주역이었던 이용도의 1929년 일기장을 열고 들어가 그 안에서 부흥의 뜨거운 흔적들을 짚어보도록 하자.

1929년은 일기에 부흥회 장소가 잘 기록되어 있고 설교 본문과 제목, 내용 등이 다른 해보다 좀더 자세하다. 장소와 순서를 살펴보면 대략 강원도 온정리, 강원도 고성, 강원도 양양, 강원도 철원, 강원도 창도군, 강원도 통천, 서울, 강원도 세포, 강원도 북창, 강원도 철원, 함남 원산, 가평 대대리교회, 원산지방 내 통천교회,57 강원도 장용포, 함남 원산, 강원도 통천 방포교회, 서울 전도인 수양회, 강원도 통천, 강원도 고성, 강원도 회양구역, 서울 공덕리, 경기도 부천군 덕적도 등이다.

설교 내용만 써있고 위치가 적히지 않은 곳까지 하면 장소는 늘어나고, 집회하였지만 일기에 흔적을 남기지 않은 곳까지 하면 더더욱 늘어난다. 그러나 그 장소와 때를 가리는 것보다 중요한 것은 성령께서 1929년 한국교회에 어떤 일을 이루고 계신지를 확인하며 새 소망을 얻는 것이라 하겠다.

성령의 불이 다시 한반도에 임하시다

1. 이용도의 1929년 일기는 1월 1일 화요일부터 시작된다. 그런데 내용은 지난해 12월 29일 토요일의 것이다. 작년 11월에 성령께서 임하셨던 금강산 온정리 교회에서, 12월 29일 용도는 다시 부흥회를 인도하고 있다. 일기에는 이날 성령의 일하심이 기록되어 있다.

29일 밤 온정리교회에 성령의 불이 임하시고

다음날 아침 집회에서 용도는 진정한 크리스마스는 예수를 환영하는 것이라 설교했다.

"예수님은 남을 구하기 위해서는 말구유도 거절치 않으시고 거기에서 태어나셨고, 남을 위하여는 밤을 지새는 피곤도 무릅쓰고 기도하셨습니다. 자기 십자가를 지실 때는 쓰러지셔도 계속 다시 일어나셔서 끝까지 지고 가셨습니다. 골고다에서 못 박혀 죽으실 때에도 원수를 원망하지 않으셨습니다."

이 설교에서 예수는 철저하게 고생하는 사람이다. 갖은 고생을 다하는데 결국 죽기까지 고생을 당한다. 그런데 그 고생이 자기 때문이 아니라 "남을 위하여서"였다. 이 고생은 다른 말로는 '사랑'인데, 이 사랑은 불편함과 육의 아픔과 자지 못함에도 불구하고 남을 위해 기도하고 심지어 자기를 억울히 죽이는 이들까지도 위하는 사랑이다. 이렇게 사신 예수를 환영하는 것이 크리스마스다. 그렇다면 기독교인의 참된 삶이란 '메리 크리스마스'라기보다는, '매일이 크리스마스'다.

이날 새벽에도, "또한 성화 크게 내리"셨다. 지난 11월 촉발된 부흥은 계속되고 있다.

1929년 1월 1일 화요일 밤에는 강원도 고성교회로 가서 "과거를 통회하고 새 마음을 눈물로 반죽하여 예수의 피로 인을 치자"고 설교했다. 죄악을 애통해하며 성령께서 주시는 새 마음을 눈물로 간구하고 예수의 피로 정결함을 받아 나머지 인생을 철저하게 그분께 드리는 것 – 이 단순한 메시지가 1928년 11월~1930년 10월 원산 부흥의 성명서였던 것으로 보인다.

용도는 계속해서 기도 중이다. 그의 간구는 하늘을 향하고 성도들을 위한다.[58]

주여, 모인 모든 사람들 위에 성령의 불길이 임하시옵소서.

철저하게 성령님을 의지한다. 현명한 판단이다. 인간의 역사는 인간을 바꾸지 못하고 하나님의 역사만이 인간을 바꿀 수 있으니.

다 새 사람 되게 하옵소서.

성령의 역사를 통해 새 사람이 되는 것보다 좋은 것은 없다. 새 사람이 되는 것은 용도의 지속적인 기도와 설교이다.

주의 영광이 되고 그 앞에 자랑이 되게 하옵소서.

성령께서 임하셔서 죄인들에게 새 생명을 주실 때에 그들이 주님께 영광과 기쁨이 된다는 이 소박한 복음진리는 지난 2000년간 타락으로 자멸해가는 인류를 구원하는데 있어 위대한 일을 해왔다. 간혹 하나님은 자기가 다 섬긴다는 분들에 의해 혹은 하나님은 자기가 다 안다고 소리치던 선생들에 의해 이 진리가 뒷골목의 쓰레기통 옆으로 던져지고 그들의 생각과 지식이 복음이라며 선포되던 때도 있었다. 시대를 보면 그 내용을 알지니 교회의 거룩과 능력이 사라지던 시대에는 대개 그런 복음이 복음이라고 증거되고 있었던 것이다.

그러나 용도의 때에 이르러 성령께서 그 크고 능하심을 선한 은총으로 다시 우리에게 나타내주셨던 것은 용도의 기도와 마음과 삶과 선포에 소박하지만 가장 부유하고, 단순하지만 가장 오묘한 '그' 복음이 있었기 때문일 것이다.

1월 3일 목요일에는 새벽 2시 반 기상하여 기도하고 있다. 새벽 은혜로 무장한 뒤에는 예배를 인도하였다. 설교제목은, "예수를 바라보자!"

4일 금요일은 새벽 4시 반부터 기도했다. 장소는 원산지방 양양. 부흥회 인도 중이다. "죄를 떠나자"고, "주의 손목을 붙잡자"고 외쳤다. 그러자, "큰 불이 내리시다." 용도의 눈에, 성령의 불로 죄인을 태워 죽이는 환상이 오전 10시경부터 11시경까지 1시간 가량 계속되었다. 이에 용도는 전체를 온전히 주님께만 바치고 말씀만을 전하다 죽겠다고 다시 새롭게 다짐하였다.

용도가 부흥회에서 어떻게 기도하고 있는지, 무슨 메시지를 전하고 있는지, 성령께서 어떻게 일하고 계신지 등을 그의 일기장이 꼼꼼히 전해준다.

새 사람이 되는 신생(新生)을 위해 기도하고 외쳤던 용도에게 성령께서는 신생의 선물을 넘치게 내려주셨다. 신생은 사람이 바랄 수 있는 그 어떤 것보

다 가치있다. 18세기에는 웨슬리 목사가 이에 대하여 말하기를,[59]

명예, 재산, 친구, 건강을 내게서 빼앗아 가시더라도 오직 이것만은 허락해 주시옵소서. 성령으로 태어나게 해주시고 하나님의 자녀로서 받아주시옵소서. 나를 "살아 계시고 영원하신 하나님의 말씀으로 인해 썩어질 씨로서가 아니라 썩지 않을 씨로서" 다시 태어나게 하옵소서.

아이가 태어날 때 부모에게 큰 기쁨이 되듯 영혼의 산파인 주의 일꾼은 영혼의 출산을 가장 기뻐할 것이다. 그때부터 영적인 눈이 열리고 귀가 들리며 마음에 하나님과 이웃을 향한 사랑이 솟아난다. 이렇게 성령으로 거듭난 한 성도가 세속과 양다리를 걸친 교회 아흔아홉보다 하나님 나라에 실제적 유익이 있다.

"물이 올랐다" 아니, "불이 붙었다"고 밖에 할 수 없는 용도는 성령의 일 하심을 더욱 확신하면서, 성령께서 주시는 축복을 사람들에게 전하기 위하여 쉬지 않고 기도하며 설교하고 있다.

하루 이틀이 아니라 며칠씩 가는 부흥회. 하루 한두 번이 아니라 몇 번씩 하는 설교. 하루 한두 사람이 아니라 회중 전체를 위하여, 하루 한두 시간만 기도함이 아니라 한두 시간만 자고 어둠을 밝히는 기도. 그런 와중에도 용도는 틈틈이 일기를 기록해두었다. 그가 부흥회를 인도하던 것만 아니라 일기를 쓰도록 하신 것도 하나님의 선하심이었다. 후대들은 그를 부흥회에서 볼 수도 만질 수도 없지만, 그의 글은 남아서 우리에게 계속 말을 붙여오니 말이다.

1929년 2월 13일 수요일 밤 혹은 14일 목요일부터 일주일간 열린 강원도 북창 집회. 어느 날에는 설교 없이 기도만 드렸다. "성신의 크게 역사 하심에 감사." 거룩한 마음 위에 능력으로 역사하시는 성령은 기도든 설교든 찬송이든 무엇을 통해서든 당신의 뜻을 나타내셨다.

1929년 1월과 2월에 집중되었던 성령의 역사하심에 대한 일기 속 언급들은 잠시 얼굴을 감추었다가 12월 18일 원산지방 회양구역 부흥회에서 다시 등장한다. 본래 18일 월요일에 마치기로 되어 있었으나 "성신의 역사를 중단할 수 없었"기 때문에 집회가 이틀 더 연장되었다. 이때는 어린이들이 특별히 은혜를 받았다.

　앞서 본 안지선 선교사의 보고에 의하면, 4월초 이용도가 담임하는 원산지방 통천읍 교회에서 이용도와 김 J.O. 그리고 정남수 목사 등이 준비하고 인도한 집회는 "말로는 도저히 설명할 길이 없는" 결과를 가져왔고(words cannot express the result of this meeting), 그가 "여태껏 참석해본 어느 집회보다도 가장 놀라운 것"(the most wonderful I have ever been privileged to attend)이었다.[60]

　나라를 빼앗기고 신음하던 백성들에게 성령께서 뚜렷한 역사를 계속해서 나타내주신 것은 환란을 맞은 이들에게 때에 맞는 은혜를 내리시는 하나님의 사랑의 손길이었다고 아니치 못할 것이다. 아, 1929년 원산지방의 부흥이여!

내려가지 않으면 넘어진다

1. 부흥사나 목사 중 유명세를 떨치다가 결국 오만해져서 주님 앞에 낮아지기보다는 사람 앞에 높아지고자 힘을 썼던 이들을 한국교회사는 오늘에까지 불편하게 보여주고 있다. 이미 기도의 용사요 신령한 부흥사로 이름을 적잖이 떨친 용도는 1929년 8월, 지금까지 온 길에 안주하지 않고 다시 자기를 채찍질하며 주를 의지한다.[61]

방황하던 나는 이제야 나의 길을 찾았나이다. 이제는 모든 심력을 다하여 그 길로 달음질 할 따름이외다. 나의 기쁨은 거기 있겠나이다. 소망은 거기 있어요. 그 길이란 찾기 어렵다면 어렵고 쉽다면 쉬운 것인데 공연히 반생(半生)의 공(功)을 길가에서 낭비하고 있었던 것입니다.
그러나 늦게 지금이나마 찾은 것을 감사할 따름이지요. 그 길이란 곧 예수님이 밟으신 길입니다. 나는 그냥 믿고 그 길로만 따라 나가려나이다. 남이야 나를 가리켜 "시대에 뒤떨어진 자"라고 하든지, "케케묵었다"고 하든지, "못난이"라고 하든지, 나는 이제는 탓하지 않으려고 합니다. 나는 도리어 그런 소리 듣는 것을 무상의 영광으로 알겠습니다. 그것도 주님을 따르노라고 받는 욕이니깐.
나는 지금까지 너무나 남의 세상에 살아왔습니다. 너무나 남의 눈을 두려워했던 것입니다. 나는 이제부터 아주 '예수쟁이'가 되렵니다. 미치도록 믿으려 하나이다. 이렇게 되도록 노력하는 것이 곧 나의 생활이 되겠지요. 세상에서 똑똑하다는 칭찬을 받으면서 속으로는 무기력한 생활만 하니, 차마 못 견딜 노릇인 줄 압니다. 나는 힘있게 살려나이다. 주만 믿으며.

오 주여, 어느 지경까지든지 주만 따라가게 하옵소서. 아멘.

2. 21세기 대한민국. 제 얼굴은 드러내면서 주님의 얼굴에는 먹칠을 해드리는 어느 유명한 당회장 화백도 30대 40대에는 개혁자였다. 그러나 50대에 진입하여 사람들의 입에 오르내리며 제물의 향기와 명예의 본드내음에 취하면서부터는 개혁의 소방관으로 로비하는 것을 본다.

용도처럼 자리와 돈과 사람의 눈에 대한 소욕을 주 앞에 평소에 바치지 않았더라면 누군들 그리 아니 될 수 있겠는가. 높은 자리로 올라가려 하지 않았다 하여 '신앙인 됨'이 아니라 낮은 자리로 가지 않았기에 '신앙인 아니됨'이다.

용도 목사는 안정과 인정과 욕정과의 싸움을 피흘리기까지 멈추지 않는다. 주님 가신 길로 달음질하는 것 외에는 모든 관심을 끊어버리고, 그 달음질 가운데 사람들의 손가락질을 무한한 영광으로 받들기로 한 용도를 받들질 않는다면 그 미래가 퍽 알만하지 않은가.

인간은 조금만 자기의 이름이 높아지면 그 마음도 삼십 배 육십 배 백 배로 높아지니, 그럼 감당치 못할 많은 재력이나 권력을 쥐고 있는 사람은 얼마나 쉽게 타락하겠는가? 그것은 어제나 오늘이나 내일이나 '누워서 잠자기'다. 능력을 받은 사람이 이용도처럼 가난하고 겸손하게 자기 것 없이 죽지 않을 때 마귀는 어린애 같은 미소로 날짜를 고르고 있다.

▪회의냐 부흥회냐 순종함이 문제로다

1. 1929년 9월, 연회시험을 통과한 용도는 감리교회 중부연회의 회원이 되었다. 연회는 9월 9일 월요일 오후까지 계속되었고 다음날 오전 9시에는 교역자회의가 열릴 예정이었다. 그런데 그날에는 밤부터 함경남도 원산에서 성경학원 사경회 및 부흥회가 열릴 참이기도 했다. 용도는 교역자회의에 빠지고 부흥회차 원산에 갈 수 있도록 양해를 구했다. 주일학교연합회 김 총무는 펄쩍 뛰었다. 그래서 용도는 원산으로 가는 전도부인에게 첫날 저녁에는 갈 수 없을 것이라 전하기로 했다.

이튿날. 원산 가는 열차가 서울을 떠나는 오전 8시 35분. 용도는 어둔 얼굴을 입고 역전으로 걸었다. 그리고 어떻게 말할지 생각해보았다.

'오늘은 회의가 있어서 저녁 부흥회에는 가지 못하겠습니다. 내일부터 시작하도록 하시지요.'

그러자 수많은 성도들이 목을 빼고 기다리는 장면이 눈앞에 어슬렁거렸다. 마음은 저리도록 무거워졌다.

정거장에 도착하여 전도부인 김자선 아주머니를 만났다. 계획대로면 함께 원산으로 갈 것이었는데. 차마 오늘 못 가겠다고는 못 하겠고, 갈팡질팡하는 고민을 털어놓았다. 부인은 아무 망설임도 없이,

"나는 지금 가시는 게 좋을 것 같습니다."

'아, 이 부인만 아니라 원산에서 기다리는 모든 이들이 이렇게 대답하겠지.'

그러자 용도의 속에 뜨거운 불이 솟았다. 그리고 성령의 권고하시는 소리가 들렸다.

"그만두어라, 총무회는 될 대로 될 것이다. 그냥 원산으로 가자."

'그러나 구두도 옷도 안 가지고 왔고 세면도구도 없습니다. 김 총무에게 회의에 가겠다고 약속도 했는데…….'

용도는 당장 가기가 어려운 이유들을 늘어놓으며 타협안을 찾아보았다. 그러나,

"가자. 그 일들이야 될 대로 될 터이니."

성령의 권고하심이 계속 되자 용도는 마지못해 항복하고 차에 올랐다.

'어쩔 수 없지. 이건 내가 한 것이 아니요, 성령께서 끌고간 것이니 서울에서도 이해해주겠지.'

처음에는 야단났을 서울 생각에 마음이 뒤숭숭했지만 원산이 가까워질수록 그의 마음에는 밝은 해가 떠올랐다. 용도는 맡은 행정책임을 소홀히 하는 사람은 아니었으나, 성령의 말씀하심이 마음을 지배하매 사람을 의식하지 않고 성령께 순종한 것이다. 순종의 기쁨은 마음의 평화로 화답했다. 용도는 기차에서 정성으로 기도를 올렸다.

주여, 언제든지 주께서 원하시는 대로만 나를 인도하여 주소서. 내가 혹 앙탈을 한대도 주여, 그것은 성립되지 않도록 나를 이끌어 주소서. 내게서 주님은 강하게 되고 나는 약하게 되어야 하겠나이다. 곧 주는 흥하여야겠고 나는 망하여야 되겠나이다. 주께서 주인이 되시고 나는 노복이 되어야겠나이다. 나는 이제 당신에게 끌리어 여기를 왔사오니 어찌 하시려나이까? 나는 텅텅 비었는데 무엇을 내놓습니까? 주여, 당신이 이미 아시나이다, 나의 무력함을. 다만 당신의 감동대로 순종하려는 이 마음 하나밖에는 아무 자본이 없나이다.

2. 이렇게 하여 10일 화요일 저녁부터 부흥회가 시작되었으니, 강단에 서는 용도의 뿌듯함과 은혜를 사모하던 영혼들의 기쁨이 얼마나 컸을지 상상만 해볼 뿐이다.

반갑게도 이때의 설교 일부가 용도의 일기장에 남아있다.

본문: 마태복음 11장 28~30절

"우리는 무거운 짐 진 사람들, 마음의 안식이 없는 사람이다. 이 우리 짐을 벗기실 양으로 오라고 하신다. 가자. 주님 앞으로 겸손히 가서 나에게 관계된 모든 짐을 다 가지고 가자. 주 거기서 기다리시나니. 모든 근심덩어리, 걱정덩어리, 다 꾸려서 주께 바치자. 내 전신(全身), 내 전심(全心), 내게 속한 가족, 기타 문제 다 주께 맡기고 다만 주님의 은혜만 구하자.

'나는 온몸 전체를 주님께만 바칩니다. 주님의 뜻대로만 하옵소서' 하고는 또 도로 찾아내어 자기의 용무, 세상 사무에 돌려쓰고 만다. 그러다가 또 정신이 좀 들면 '주여, 받으옵소서' 그리고서는 또 제 마음대로 또 쓴다. 사람에게 주었다 빼앗았다 하면 골이 나는데 하물며 지극히 존귀하신 주님께 바쳤다 찾아냈다 하며 제 마음대로 써! 아나니아를 생각하라."

▪아이마음 학생마음

1. 주의 이름으로 일하는 자의 이름이 높아지면 그의 마음도 높아지는 것은 흔한 일이다. 계속 이름이 높아지던 용도는 이런 마음에 어떻게 대응했을까? 대답은, 아이마음이었다.[62]

주여, 저의 교만한 마음을 꺾어주시옵소서. 그리고 어린아이의 마음을 주시옵소서. 저 제자들이 세상을 버리고 모든 죄악을 다 끊어 버리고 주를 따랐습니다 … 그랬으나 저희에게 마지막까지 남아있어 주를 괴롭게 한 것은 높고자 하는 생각, 그 우월감 즉 그 교만이었습니다. 남을 시기하는 그것이었습니다. 오늘의 교역자, 은혜를 받았다고 하는 자에게 늘 이것이 남아있습니다. 주여, 이것을 끊어버리시고 아주 겸손하게 하여 주시옵소서.

주의 나라 위해 충성하는 것의 선함에 대해서야 뉘 반론을 제기하랴마는, 충성을 인정받아야 할 사람은 '바로 나'여야 한다는 나르시시즘의 목도리 두른 교만에 문제가 있는 것이다. 사랑, 열심, 전도, 봉사, 진리 등 모든 좋은 말들을 쏟아내고 실제로 일면 그것을 실천하여 하나님께 영광을 돌리는 교역자라도, 자기가 남보다 더 높게 보여야 한다는 절대신념과 부동의 욕망은 일반인과 일반인 경우가 많다. 종교적 질투는 연인의 질투보다 뜨겁고, 종교적 암투는 연인의 암투보다 무섭다.[63]

인간의 타락한 마음에 자리잡고 있는 이 경향을 용도는 순진하게 '설마 나는' 하고 넘기지 않았다. 죄의 뿌리인 교만이 자기 안에 있음을 주께 고하며 이를 제거하시고 대신 아이마음을 달라고 기도했다.

의인의 간구를 기뻐 받으시는 주님께서는 지체하지 않으시고 나흘 뒤에 응답하셨다. 주님께 쓰임을 받는 교역자가, '그대로 있으면 그냥 그렇게 되어버리는' 교만의 넓은 길이 아니라 겸손의 좁고 험한 길로 어떻게 갈 수 있을까? 주님은 두 가지로 가르쳐주셨다.

2. 첫째는, 희생심이다. 1929년 12월 18일까지 진행된 원산지방 회양구역 부흥회에는 성령의 역사가 계속되어 이틀을 연장 집회했다. 마지막 날 그가 남긴 기도시편을 보면,[64]

> 사람들이 나를 욕하면 그냥 가만히 있으면서 그 욕을 먹겠나이다. '나를 못났다' 하며 핍박하여도 나는 말없이 그냥 달게 받겠나이다. 혹 나를 죽이려 든다 해도 역시 아무 대항도 안 하려나이다. 그냥 맞아 죽으려나이다. 곧 희생이 되려나이다. 그 잘잘못은 내가 가릴 바 아니니이다.
>
> 나는 다만 주의 뜻만 품고 그냥 죽임을 당하려나이다. 주의 뜻을 품고 죽임을 당하면 그 피는 곧 의로운 피이지요. 아벨의 피같이 땅에서 불의를 향하여 영원히 호소하는 피가 될 것입니다. 나는 그러므로 가만히 주의 뜻을 품고 그냥 순종하려 하나이다. 아벨의 피같이, 이삭같이, 예수 우리 주님같이, 털을 깎이는 양과 같이.

교만의 뿌리에서 증오 어린 시기가 맺힌다. 그 열매는 맹독이 있어 사람을 해친다. 우월감은 반드시 내가 더 주목 받고 더 인정 받고 더 높이 앉힘 받아야 한다고 자기를 속이며, 그렇지 않을 경우에는 상대를 제거해야 한다고 설득하는 간사한 콧수염의 내시다. 여기에 속아 하나님을 따르지 않는 이들이 서로를 죽였었고, 하늘을 따른다는 이들까지도 서로를 죽여왔다.

용도는, 죽어주겠다고 한다. 잘잘못을 따지지 않고 희생이 되겠다고 한다. 단, 헛죽음은 되지 않을 것이다. 맞아죽는 그의 품에는 주님의 뜻이 담겨 있을 것이니까. 주의 뜻에 자기의 피를 뿌린다면 그것은 의로운 피가 되어 세상에 남아 불의를 향해 호소하게 된다.

희생당함은 털을 깎이는 양과도 같다. 깎이는 대로 그대로 깎인다. 예수님께서 그리하셨다. 용도는 자기도 그리해야겠다 한다. 바꿔 말하면, 교만과 우월감을 이기기 위해서는, 단단히 털 깎임의 각오를 해야 한다. 그러면 죽일 준비를 하는 교만에서 죽을 준비를 하는 겸손으로 바뀔 수 있다.

3. 주님께서 가르쳐주신, 교만을 이기고 겸손을 얻는 둘째 길은 학생심이다. 회양구역 부흥회 다음날 그가 쓴 일기에는 교만을 극복할 수 있는 결정적인 깨달음과 결심이 담겨 있다.[65]

> 종래는 선생의 마음을 가졌던 고로 나의 배우고 깨닫는 것이 극히 적었도다. 동시에 나는 교만에만 빠졌었노라. 이는 큰 마귀였도다. 나는 이제 깨달았노라. 저 어린애, 걸인, 천녀(賤女), 곤충, 금수, 초목, 이는 다 나의 선생임을 깨달았노라. 귀인과 지식은 물론이고.
>
> 나는 이제부터 교만한 선생이 아니로다. 다만 겸비한 학생이로다. 이제부터 배우는 마음으로 모든 것에 대하여 무릎을 꿇리라. 그리고 절하고 배우리라. 내가 저희를 가르칠 것이 아니라, 저희가 나를 가르치는 선생이로다.
>
> 선악이 개오사(皆悟師)라. 무식한 사람, 약한 사람, 선하고 귀한 사람, 다 나에게는 없어서 안될 선생이로다. 내가 선인 지인에게 배움보다 악인에게서 배움이 더 많았느니라.
>
> 가르치려던 교만한 마음을 버리고 이제부터 겸비하게 무릎을 꿇고 배우라. 지혜 있는 자는 배우기에 열중하고 미련한 자는 가르치기에 급급 하느니라.

이보다 더 명쾌할 수는 없다. 사로잡지 않으면 사로잡힐 교만을 사로잡는 방법은 간단했다 – 모든 것이 나의 선생이 됨이라. 만물 만인으로부터 배우려는 마음이 겸손이요, 지혜다.

배우려 하지 않음은 교만에게 터보엔진을 달아주는 것이다. 배우려 하지 않으면 교만을 이길 수 있는 다른 길이 없고 참된 배움도 얻지 못한다. 이런 의미에서 겸손은 말이 아니라 자세다. 배우고자는 자세.

교만을 이기고 겸손을 구한 용도는 앞으로 희생심과 학생심을 삶으로 구현해낼 것이다. 그를 대해본 이들마다 그가 보통 사람과는 다르다고 느꼈던 중요한 비결 하나가 여기 있다. 희생을 달게 받음과 학생의 마음이 그에게 '실제로' 있었기 때문이다.

4. 주님께서 임하시기를 간절히 소망하는 용도는 1929년 12월 23일 월요일, 여느 때처럼 예배당에 나가 기도를 시작하니 새벽 1시 40분이었다. 교회로 가는 길은 있는 옷을 다 껴입어도 덜덜 떨릴만큼 추웠다. 이때에 용도는 주님의 생활을 떠올리며 그것에 비하면 자기는 호강한다고 생각하면서 아파했다. 고생하셨던 주님을 향한 용도의 애틋한 애정은 신앙의 여물어감을 따라 더욱더 깊어져갔다.

피도수의 성령체험

1. 1929년 크리스마스를 며칠 앞둔 때였다. 그때의 겨울 어느 날이 춥지 않았느냐마는 유난히도 추운 겨울밤이었다. 이용도는 저녁을 먹고 따듯한 온돌방 아랫목에 누워 있었다. 그런데 갑자기 일어나더니 자기의 체온이 묻어있는 이불을 돌돌 말아서 보자기에 싸는 것이었다. 피도수는 생각했다.

'또 산에 가시려나. 그런데 웬 이불을?'

"이 목사님, 오늘은 몹시 추운 밤이니 나하고 같이 집에서 지냅시다."

이용도는 듣는 둥 마는 둥 그대로 이불을 들고 문을 나서려 한다. 피도수는 조금 이상한 기분이 들었다.

"나도 이 목사님이랑 같이 갈까?"

용도는 기뻐하면서,

"나하고 같이 가면 오늘밤 예수님을 볼 수 있을 걸."

"그럼 잠깐만 기다리세요. 옷 좀 갈아입고 같이 가십시다."

피도수는 '오늘 밤은 나도 산기도를 하겠구나' 생각하며 이용도의 뒤를 따라가는데 용도는 인왕산 쪽이 아니라 종로 쪽 길로 들어서는 것이었다.

'서대문 형무소를 이 밤에 방문하시려나?'

그런데 서대문 쪽도 아니고 계속 종로 쪽으로 향했다. 뺨을 할퀴는 바람이 미친 듯이 춤을 추고 거리에 사람이라고는 머리카락도 보이지 않는 밤거리. 이 목사는 어디로 가는가? 도착한 곳은 미국영사관 뒷골목이 분명했다.

그 뒤에는 음침한 굴 같은 곳이 있는데 가까이 가기도 좀 꺼림칙한 무서운 곳이었다. 용도는 거기로 척척 걸어가더니,

"OOO 있느냐?"[66]

부르자 죽어가는 소리로,

"네" 하며 거지아이 하나가 컴컴한 굴에서 나왔다.

용도는 어린애처럼 반가워하며,

"너 얼어 죽지는 않았구나. 참 잘 되었다."

그러고는 메고 온 자기 이불을 그에게 주었다.

"너 이것을 덮고 자면 얼어 죽지는 않을 것이다."

아이가 제 덩치만큼이나 큰 이불을 받고 서자 용도는 아이를 껴안고 기도해주었다. 이 아이는 거지, 그러니까 거지의 옷을 입고 계신 영광의 왕 예수셨다. 피도수는 몇 보 뒤에서 이 광경을 가만히 보고 있었다.

목사님의 기도가 끝나자 아이는,

"아저씨 고맙습니다. 안녕히 가세요."

예의 바르게 인사한 뒤 다시 굴로 가고 이용도는 돌아서서 집으로 가려는 순간이었다. 갑자기 피도수는 누가 자기 머리를 매트로 후려치는 것 같기도 하고, 펄펄 끓는 용광로 속에 뛰어들어가는 것 같기도 했다. 분간할 수 없는 기쁨이 마음으로 밀려들어왔다. 머리는 시원해지고 심장은 뜨거워졌다. 성령께서 피도수 위에 임하신 모양이다. 뜨거움! 기쁨! 감동! 감사! 사랑!

집에 돌아온 두 사람. 그날 밤은 이불이 없어도 춥지 않은 밤이었다. 성령께서 사랑의 열을 쏟아부어주셨으니 말이다.

"우리에게 주신 성령으로 말미암아 하나님의 사랑이 우리 마음에 부은 바 됨이니"(로마서 5:5).

바탕재료 〔전기〕, 60~5와 김영철, 〔세기를 넘어서〕, (서울: 시무언 이용도 목사 기념사업회, 2005), 23~5를 재구성.

원산을 너머 서부 북부 중부로
(1930)

요약

1. 1930년은 원산지방을 중심으로 진행되던 부흥회가 서부와 북부로 확대되는 시기였다. 여전히 원산지방 부흥의 열기는 뜨겁고 그곳에서 가장 많은 시간을 보내기는 하지만 부흥사 용도의 이름은 원산 너머로 퍼져나갔다.

1930년 10월 16일 교단의 지시로 강원도 통천을 떠나 서울에 있는 조선 주일학교연합회로 자리를 옮기기 전까지, 일기를 통해 확인되는 1930년의 부흥회는 경기 부천군 덕적도, 강원도 협곡면, 강원도 통천, 강원도 고성, 강원도 장전, 강원도 장용포, 강원도 염성, 평양 중앙교회, 평양 숭실전문, 경기도 가평, 벽산, 북창, 황해도 신천 등이다.

2. 이후로는 서울에서 주일학교 간사로 활동하면서 "괄목할 만한 업적을 남겼다".67 서울에서는 주일학교 연합회, 중앙전도관, 경성지방회, 수표교(감리)교회, 아현성결교회, 연동기독청년회, 배화여학교 등에서 집회를 인도했다.

이용도가 통천을 떠나 서울 주일학교연합회로 파송을 받는 것과 함께 원산지방의 부흥에 대한 기록도 끝난다. 하지만 이듬해부터는 전국적으로 최대의 활약을 하게 될 것이니, 원산지방의 부흥은 대한의 부흥으로 이어져나가는 디딤판이었다.

회개의 소리 사랑의 사도

1. 용도의 부흥회는 동해 반대편에 있는 서해 부천군 덕적도(현 인천시 덕적도)까지 확대되었다. 1929년 12월 30일부터 1930년 1월 6일까지의 덕적도 집회는 첫날부터 성령의 불이 임하시고 주께서 크게 역사하신 시간이었다. 성령의 불은 죄를 드러내고 통회의 눈물과 함께 그 죄를 태워버린다. 그 다음에는 가슴에 열을 일으켜 주님을 증거하게 만든다.

집회 중 용도는 "회개의 소리"요 "사랑의 사도"가 되기를 간구했다. 여기서 "사랑의 사도"는 이전의 일기에서는 좀처럼 볼 수 없는 표현이다. 그러나 1929년 성령의 역사하심을 반복적으로 경험한 것과 구약성경 아가서를 통해 주님을 더욱 알게 되면서,[68] 용도는 "사랑"도 힘주어 강조하게 되는 것 같다.

2. 사랑은 자기를 내어준다. 자기를 내어줌은 자기는 무(無)가 됨이다. 주님께서 죄인을 위하여 그리하셨는데 이용도는 자기도 그리해야 함을 느낀다.[69]

> 내가 만일 주께 은총을 입었사옵거든 내 생명이 다 할 때에 벌거벗은 몸으로 지하에 돌아가게 하시고 나의 소유라고는 생전에 다 주를 위하여 무(無)가 되게하여주시기 바라옵나이다.
>
> 주께서 나를 위하여 무가 되어졌사오니 나는 주를 위하여 무가 됨은 마땅한 일이니이다. 주께서는 세상을 떠날 때에 속옷까지 원수에게 주셨는데 그리고 벌거벗은 몸으로 십자가 상에서 운명하셨는데 내 어찌 감히 수의를

입고 세상을 떠나오리까.

3. 1월 3일과 4일 금/토에는 특별한 은혜를 받은 약 30명의 형제자매들이 산기도로 밤을 새우며 더욱 은혜를 간구했다. 그러자 "주의 신비하신 권능"이 나타났다. 죄의 자복과 새로운 은혜의 간증이 터져 나왔으며, 주님과의 친밀함, 친구간의 우정 회복, 부부간의 화목함을 얻는 시간이었다.

4. 집회가 끝나고 그해 여름, 덕적도 교회의 박정수 전도사가 용도에게 보낸 편지의 일부를 보면 선조들이 지녔던 고운 신앙빛깔이 드러난다.[70]

이와 같이 부족하고 변변치 않은 것을 버리시지 않으시고 뜻하지 않은 곳에서, 생각지 못한 때에 과연 주님의 자취를 꼭 그대로 따르시는 당신의 종을 만나게 해주신 그 은혜, 진정으로 감사, 감사할 뿐이로소이다. 허위와 가면의 탈을 쓰고 주를 따라가는 체하는 많은 속인 중에서 참 주의 사도인 그를 통하여 저도 주님의 형상을 밝히 보게 되었습니다. 주님의 음성도 듣게 되었습니다. 저의 걸어나갈 앞길도 눈앞에 밝히 전개되었습니다.

주를 따르려는 저의 앞길에는 많은 장애와 구속이 있습니다. 그래도 지금은 주의 손을 잡았습니다. 주께서 이끄시는 대로 어디든지 가려 하나이다. 주께서 두시는 곳이라면 어디든지 머물려 합니다. 기쁨으로, 족한 마음으로 모든 문제를 다 주께 맡기고 오 주님, 부족한 이것을 받아 주세요..

비판자들의 지문

1. 1930년부터 이따금 나타나는 한 특이점이 일기에서 발견된다. 덕적도 집회를 마치고 돌아온 뒤인 1월 13일 월요일에 용도는 기도했다.

> 오 사랑의 주시여, 주께서 저를 보시나이까. 하루 종일 욕을 먹고 핀잔을 당하여 내 작은 마음은 상하여 피가 흐르고 내 약한 눈에는 눈물이 흘렀나이다. 종일 단련을 받되 말이 없이 참게 하셨으니 이는 모두 주의 은혜이었나이다.

마음에 피가 흐르고 눈에 물이 떨어질 정도로 "하루 종일" 욕과 핀잔을 받았던 것이 분명하게 나타나 있다. 주님의 은혜로 입을 열지 않고 참았다고 한다. 이용도의 호인 '시무언'(是無言)은 가까이오고 있다.[71]

1929년 쉼 없이 원산지방에 부흥의 씨앗을 뿌리고 1930년 부천군 덕적도까지 다녀왔다. 그곳에서의 놀라운 역사는 앞서 보았다. 그런데 용도 주변에는 그를 욕하고 핀잔 주는 이들이 있었다.

2. 용도는 다음날 "새벽 일찍이" 아마도 2시나 3시경 예배당에 나가서 기도했다. 강원도의 겨울. 가는 길은 몸이 얼어붙도록 추웠다. 그러나 영의 소욕을 위해 육의 고난은 생각지 아니했다.

하루 뒤 협곡 부흥회가 시작되었다. 그는 자기로서는 다만 기계 노릇을 하고 주께서 조종해주시기를 기도하고, "하나님께로 돌아오라"고 설교했다.

다음날에는 "천하가 다 죄인임을 말하고 회개하고 구원을 받으라"는 설교로 이어졌다. 이날 20여 명이 철야하는 도중 "새벽 2시경에 성령의 불이 크게 내리"셨다. "죄를 자복하고 주께 새로 나가기로 결심하는 자 많았다."

"진정한 통회의 눈물과 간절한 기도"는 다음날에도 계속 이어졌다. 어느 청년은 10년 전에 생선 한 마리 훔쳤던 것이 마음에 걸려 그 값을 주님 앞에 내어놓고 애통 자복하였다.

이날 용도의 기도는 그가 주님을 얼마나 사모하고 있나 보여준다.[72]

> 성전은 주님과 나와의 특별 면회소요, 상담실이었느니라. 나는 슬픈 일을 당하여도 성전으로 가고 기쁜 일을 당하여도 성전으로 가노라. 거기서 주님으로 더불어 귓속말을 속삭이며 주의 품에 안길 때 모든 슬픔은 없어지고 기쁨이 새로워짐이라. 울어도 주님과 같이, 웃어도 주님과 같이, 노래를 불러도 주님과 같이, 오, 이는 나의 생활의 은비처(隱秘處)이었도다.
> 이는 나의 모든 문제의 해결처요, 판결 골짜기이었느니라. 나는 언제든지 때가 없노라. 성전에 출입하는 일정한 때가 없노라. 주님이 그리운 그때가 나의 성전행(行)의 때니라. 아, 성전은 나의 애인. 주님을 조용히 만나는 면회실. 나는 거기서 내 신랑 예수님 품에 내 전신을 맡기노라.

이튿날에도 성령의 크신 은혜가 넘쳤다. 특히 용서받음의 감격으로 다 큰 기쁨을 얻었다.[73]

오늘 나의 눈으로 20여 명이 참으로 구원 얻는 것을 보게 하심 감사하나이다. 다 흡족한 은혜, 죄 사함의 확실한 증거를 받게 하심 감사하옵니다. 이런 일을 처음으로 봅니다. 할렐루야. 아멘.

3. 이 와중에 용도는 또 비난을 받았던 것 같다. 주일이었던 다음날 그의 일기에는 이런 내용이 드러난다.[74]

> 나는 주님의 신부요, 주는 나의 신랑이었느니라. 나는 나의 주님 외에 다른 사람이 있는 것을 기뻐하지 않습니다. 주의 말씀이 제일 좋고 주의 얼굴이 가장 좋아요. 주의 말씀은 혹시 위엄 있게 날카로워도 그래도 세상 사람의 부드럽고 달콤한 말보다 좋아요. 세상사람의 손에는 향기로움이 있고 주님의 손에는 채찍이 있어도 그래도 나는 주님의 품으로 들어갈 터이에요.
>
> 저들은 자비하지 아니하고 교만합니다. 그러므로 무죄한 자를 정죄합니다. 저희들이 하나님의 자녀라고는 합니다. 예배당에는 와 앉습니다. 그러나 저희가 만일 "하나님께서는 자비함을 기뻐하고 제사는 기뻐하지 않노라" 하신 뜻을 알았으면 무죄한 자를 정죄하지 않았을 것입니다.

"저들"은 누구일까? 아직 협곡 부흥회 중이라고 생각하면 이곳은 원산지방이다. 가능성 있는 것은 용도가 속한 이 지방 감리교회 제직 혹은 사역자들 중 큰 역사를 나타내는 용도를 헐뜯는 이들이다. "저들"은 종교적인 지식과 예식은 있는지 모르나 "자비함"이 없어 함부로 누구에 대해 무어라 무어라 하는 "저들"이다. 이는 "교만"이었다. 용도는 "저들"에게 쫓길 때마다 "주님의 품"으로 도망친다. 거기는 '제일 좋음'과 '가장 좋음'이 있는 곳이다. 주님의 자비는 상처 받은 이들을 위하여 좋으신 품을 늘 열어놓아 두신다.

일기장에 적히지 않은 경우들도 더 있었을 것이다. 그러나 지금까지 최소 두 번의 기록들은 용도 주변에 적대자들이 있음을 보여준다. 이들의 특징은 두 가지로 말할 수 있다. 첫째로 교만하다. 둘째로 자비없다. 자기 눈의 들보는 보지 않고, 이웃의 눈에 자기 들보를 박아 넣으면서 이웃의 눈에 들보가 있다고 험담한다.

4. 이런 경험은 용도에게 참된 믿음이란 무엇인지 생각하게 만들었던 걸까. 4일 뒤 마태복음을 읽으면서 용도는 믿음에 있어 사랑의 필수성을 느꼈다.[75]

믿음이 사랑에서야 완전을 이루나니 사랑이 없이는 믿음을 완성할 수 없느니라. 사랑은 믿음의 생명이라. 믿음이 사랑에 들어간 후에야 비로소 결실하니 결실이 없는 믿음은 아직 미완성품이다.

그 믿음이 죽은 믿음인지 생명 있는 믿음인지는 거기에 사랑의 열매가 있는지를 통해서 알 수 있다. 그렇다면 믿는 자가 힘쓸 것은 사랑이다. 믿음은 사랑을 낳고 사랑은 믿음을 부양한다.

문제의식 3
: 예수님의 죽음

1. 동해 원산지방을 너머 서해 부천군까지 부흥사로 이름을 떨치던 용도는 1930년 2월 20일, 한국교회를 향한 무시무시한 선언을 일기장 위에다 퍼부었다. 그가 볼 때 한국교회는 예수를, 피살시켰다!

현대의 교인은 '괴이(怪異)한 예수'를 요구하매 현대 목사는 괴이한 예수를 전한다. 참 예수가 오시면 꼭 피살될 수밖에 없다. 참 예수는 저희들이 죽여버리고 말았구나. 그리고 죄의 요구대로 마귀를 예수와 같이 가장하여가지고 선전하는구나. 화 있을진저 현대 교회여!

예수를 교회당에서 쫓아내어 '예수 실종사건'을 일으킨 장본인들은 아이러니하게도 예수를 열심히 찾는다던 목사와 교인들이었다. 교인들은 예수가 어떠어떠하기를 바란다. 목사는 강단에 올라 예수의 허락도 없이 그런 예수를 제조하여 강단 밑으로 던져준다. 그럼 교인들은 달라붙어 그 고기를 뜯어 먹는다. 교인들은 목사만이 만들어줄 수 있기에, 그리고 목사는 교인들만이 삶의 자리를 제공해줄 수 있기에, 이들은 서로가 서로를 필요로 하는 종교적 내연 관계에 빠진다. 이런 상황에서 혹 예수께서 오신다면 이단의 칼을 맞고 살해될 판이다. 설교자들이 강단에서 참 예수 아닌 예수를 전할 때마다 그들은 예수를 앞에 세우고 그분을 매질하고 있다.

2. 문제는 여기서 끝나지 않는다. 예수는 맛이 쓰기에, 마귀에게 예수의 옷을 입혀서 그걸 예수라고 해주어야 육적인 교인들이 좋아하는 달달한 육포 맛이 난다는 것이다. 이러한 한국교회를 향하여 용도는 재앙을 선포했다.

하나님의 이름으로 주어지는 가르침이 성경의 예수와는 부합되지 않고 반대로 죄악과 어울리는 것이라면 이 얼마나 무서운 일인가? 그럼 용도는 무엇을 보고 한국교회가 그런 상태라고 판단했던 걸까?[76]

> 저희가 요구하는 예수는 육의 예수, 영광의 예수, 부유한 예수, 고상한 예수였고 예수의 예수는 영(靈)의 예수, 천한 예수, 가난한 예수, 겸비한 예수였나이다.
>
> 예수를 요구하느냐. 하나님의 아들 예수를 찾으라. 사람의 예수, 너희가 만들어 세운 예수 말고. 예수를 갖다가 너희 마음에 맞게 할 것이 아니라, 너를 갖다가 예수에게 맞게 하라.

교회강단에서 선포되는 것이 무엇인지 그리고 교인들의 생활강단에서 선포되는 것이 무엇인지 보면, 그들의 예수가 어떤 예수인지 알 수 있다. 일언, '괴이한 예수'였다. 용도의 눈에 한국교인들은 참 예수를 요구하지 않고 세상의 쾌락과 영광을 추구하게 해주고 부유함을 선사하며 사람의 눈에 근사하게 보이도록 만들어주는 예수를 요구하는데, 설교자들은 겁도 없이 이에 야합한다.

머리 둘 곳 없이 계시다 발가벗은 몸으로 돌아가신 예수님을 생각지 않고, 그를 따른다면서도 그가 따르지 않으셨던 세상의 영광과 부함과 높음을 추구하는 한국교회를 이용도는 질타한다. 그러한 예수신앙은 용도가 볼 때 인간들이 만들어 세운 예수 앞에서 절하는 것이지 하나님의 아들인 성경의 예수와는 얼굴도 본적 없는 외인이었다.

예수는 이렇게 설교강단에서 피살된 것이다. 그분이 '아닌' 것을 그분이라고 알려주는 방식은 노골적 반기독교운동보다 기독교 신앙을 쇄파하는데 있어 더욱 지능적이고 효과적이다. 이는 대개 예수를 말해야 할 시간에 '예수 아닌 어떤 좋은 것'을 말하는 방식으로 이루어진다. 니체는 철학적으로 신의 죽음을 말했지만 이용도는 교회를 향해 복음적으로 예수의 죽음을 고발했다. 예수의 살해자가 교회라는 역설! 참 예수를 강단 아래로 끄집어내고 인조예수와 예수의 탈을 쓴 마귀를 강단 위에 세워 절하고 있는 교회의 위태함이여. 어떤 생활과 어떤 가르침인지는, 어떤 예수인지에 대한 실증이다.

3. 용도는 몇 개월 뒤, 일기장을 앞에 놓고 다시 외칠 수밖에 없었다.[77]

> 예수는 죽이고 그 옷만 나누는 현대 교회여, 예수의 피도 버리고 살도 버리고 그 형식만, 의식만 취하고 양양자득(揚揚自得)하는 현대 교회의 무리여, 예수를 믿는 본의가 어디 있느뇨.

현대교회는 괴이한 예수를 전하는 것만 아니라, 제 목숨 바쳐 섬겨 마땅한 예수를 도리어 죽인 뒤에 그 옷을 취하여 자기의 자부심과 안전을 위한 자랑거리로 삼는 꼴이었다. 인조예수를 전하는 것에서 더 나아가 그렇게 함으로 자기가 이득을 취하고 힘을 얻고 자랑스러움 가운데서 살게 된다니!

교회는 예수를 위하여 자기를 희생에 처하게 드리는가? 아니면 예수를 희생에 처하여 자기의 힘을 키우고 옷술을 늘어뜨리는가?

괴이한 예수고기를 던져주는 설교자들과 그런 고기를 요구하는 교인들은 참 예수의 오심을 싫어할 수밖에 없고, 혹 슬쩍 와보셨다가 걸리시면 가만두지 않을 것이다.

4. 이용도가 1931년 2월 평양의 유력한 장로교회인 서문밖교회에서 한 설교는 이들의 다른 특징에 대해서 말해준다. 이들은 예수님에게서 겸비를 배

우지 못하였다. 예수의 예수가 아닌 부와 명예와 높음의 예수를 믿었으니 그런 겸비를 배울 수 없었던 것은 당연하다. 본 설교로 본 단락을 마무리한다.[78]

"우리가 은혜를 사모하면서도 받지 못한다면 이는 교만하기 때문입니다. 주님을 믿은 지 오래라고 하면서 교만한 자 참으로 화 받을 자입니다. 직분자는 평신도보다 겸비의 덕이 있어야 할 것이거늘 더욱 교만하니 가장 중한 심판을 받을 자는 목사, 장로, 권사, 속장일 것입니다. 가르치고 인도하실 이는 오직 하나님 한 분뿐이시니 우리는 그저 어린애같이 겸비하여 그저 받을 준비만 항상 계속하여야 하겠습니다. 환난, 고통, 고독의 낮은 자리에 처해 있어야 안위, 기쁨, 용기를 얻을 것입니다. 하나님의 성신을 힘입어 우리 속에 있는 교만의 사귀를 내어 좇아야 하나님 나라가 우리에게 임할 것입니다(마 12:28). 교만의 마귀가 역사할 때 우리는 꺼꾸러질 수밖에 없는 것이니 우리는 성신을 힘입어 겸비에 서서 배우고 받고 얻어야 하겠습니다. 유대교의 직분자는 하나님을 위해서 일하는 자이었지만 그들은 하나님을 위한다고 하면서 예수를 죽였습니다. 하나님을 위해서 예수를 죽이는 일, 이 일은 지금도 계속되고 있습니다. 오늘에 주님께서 이 땅 위에 오신다면 그를 죽이는데 앞장설 자들이 교인과 제자들일 것임에 틀림없습니다. 우리는 푹 수그러져 아주 무척 낮아져서 겸비하고 겸손해야겠습니다. 하나님을 볼 눈은 겸비의 눈뿐입니다. 물론 낮아지고 겸비하자고 하면 학자와 교리 신봉자는 그를 불러 비현대적이요, 비현실적이요, 이단이라고 할 것입니다. 그러나 진정한 의미의 신앙생활은 겸비의 생활임을 우리는 배우고 깨달아야겠습니다."

최초 평양 입성

1. 1930년 2월말에 이르러 용도는 처음으로 동방의 예루살렘 평양성에서 집회를 갖는다. 1929년 원산지방의 부흥소식이 알려지면서 평양 중앙(감리)교회에서 이용도를 초청하려고 했었던 흔적이 일기장에 남아 있다. 중앙교회는 1930년 1월에도 간청편지를 보내왔었다.[79]

1월 4일 평양서 온 간절한 편지를 다시 보다. 중앙교회 제직이 연서(連署)하여 간청하였다. 감당치 못할 일이다. (18인 연서)

용도는 기도 끝에 2월 24일 평양중앙교회에 전보를 보냈다. 짧고 간결하게,

26일에 평양 도착

2. 용도가 평양에 도착한 것은 26일 수요일 아침 6시였다. 이때부터 3월 9일까지, 약 2주간 평양 중앙교회에서 집회가 열렸다. 지금까지 강원도 통천구역을 중심으로 넓게 원산지방까지 확대되었던 용도의 부흥회는 서해 덕적도를 거친 뒤, 1907년 대부흥의 대지 평양에까지 이르렀다. 그러나 용도가 중앙교회를 처음 보았을 때는,[80]

외모는 화려하다만 내용은 쇠잔한 감이 든다. 기도가 없는 교회는 죽은 교회다. 그 영이 냉랭함이여. 인사와 치례에는 능하나 참 믿음에는 미흡하였구나. 아, 교만 강악(强惡)한 세대여, 주의 앞에 겸비치 않도다. 새벽기도회에는 그냥 기도만 하다.

평양 중앙교회는 위용 있는 건물이었지만 용도의 눈에는 기도 없는 시든 교회로, 겉으로는 살았으나 속으로는 죽은 교회였다. 영은 차가웠고 사람들은 겸비함이 없었다. "참 믿음"은 빠뜨리고 순서와 모양에 더 신경 쓰는 교회를 보며 용도는 계속 기도하였다. 그러자 주님께서 들으셨다.

역사하기 시작하신 주의 은혜 감사합니다.

3. 지금까지 용도의 부흥회에 대해서 성령의 권능과 주의 은혜가 컸다고 귀로만 알았는데, 이번에는 참석자가 남긴 생생한 증언이 있어 그때의 열기 속으로 들어가 볼 수 있다. 김영선 전도사의 회고다.[81]

동생의 태도를 보고 지나간 밤새처럼 또 오늘 하루 종일 곰곰이 생각하던 나는 상점을 동생에게 맡기고 중앙예배당으로 부흥회를 찾아갔다. 사람이 어찌나 모였는지 도무지 바람 들어갈 틈도 없다.
그러나 나는 있는 힘을 다하여 꿰뚫고 들어가서 강대상을 바라볼 수 있는 자리까지 들어가 앉았다. 시간이 아직 안된 모양이라 모인 무리가 찬송가를 부르고 있다.
얼마 후 어떤 청년 하나가 강대상으로 올라간다. 얼핏 바라보니 바람에 날아갈 듯한 가느다란 뺨에 살 한 점 없고 노란 그 얼굴, 그는 마치 아편쟁이로 보이는 것이었다. 나는 처음에 '저게 무엇 할꼬' 하고 업신여기고 또한 의

심하였다. 그 목사에게서 말이 나오기 시작된다. 인생과 죽음이란 것을 논하는데 비유를 든다.

"남도에 한 사람이 있어 외국 유학까지 마치고 집에 돌아와서 학교장, 면장 등을 지내고 각 방면으로 활동하며 칭찬을 받았고 돈 많고 큰 집, 좋은 실과, 밭 등이 있어 생활이 풍유하여 부자유가 없고 부족이 없어 그곳에서 가장 잘사는 집이라고 하였고 그 고을 전체가 부러워하며 우러러보는 사람이 있었습니다. 그러나 이 사람이 중병이 들게 되매 세상은 그를 아는 척도 안 하게 되었습니다. 그는 외로웠고 그는 서러웠습니다. 그러나 그의 병은 날로 더하여서 마침내 푸른 눈물 몇 줄기와 함께 인생의 끝을 맞이하였고 나중에는 청산에 한줌 흙이 된 것이올시다." 이 비유를 들고 나서는,

"인생의 결과가 무엇입니까? 그 사람이 죽어서 장사가 굉장했고 또 훌륭했습니다. 그러나 그 사람도 이미 썩은 지 오랜 것이올시다."

그리고는 나사로와 부자를 비유하셨다.

"산 사람이 못 먹고 못 입어 죽어 가는데 죽은 사람의 훌륭한 장사가 무슨 소용입니까. 사람이 제아무리 잘 살고 훌륭하다고 해도 결국은 죽어지는 것입니다. 죽는 때를 당하면 몇 줄 눈물, 시퍼런 눈물을 흘리고 마는 것이올시다. 인생들이 정신이 없고 철이 없습니다. 죽은 자에게 비단옷 입힐 줄은 알면서 산 사람이 죽어가는 데는 눈을 돌리지도 않는 것이올시다."

첫날 저녁에는 대강 이런 뜻의 설교를 하시었다.

둘째 날 밤의 설교는 '예수의 죽음'에 대한 것이었다. 이날 밤의 모든 광경과 사실은 벌써 땅에서의 것이 아니었다. 부르는 찬미 소리도 사람의 노래가 아니요, 천군천사의 소리였고 울려 나오는 그 음성이 모두 사람의 목구멍에서 나오는 것이 아니요, 하늘에서 내려오는 것이었다. 이날 저녁에는 별사람이 다 모였다. 일등부자, 관리, 변호사가 다 모였다. 말씀하시는 십자가의

설명은 사람의 배알을 갈래갈래 끊어내는 것이었다. '빌라도의 심판'을 설명하실 때 내 곁에 있는 변호사가 너무도 울고 있음에 내가 참 미안을 느낄 지경이었다. 1,000여 명 군중은 그저 울음이다. 수 천의 눈은 그저 눈물이다. 목석도 이 자리에서는 울지 않을 수 없을 것이다.

나도 울었다. 그저 울었다. 실컷 울다가 얼굴을 드니 강단에 선 이 목사는 보이지 않고 공중에서 있는 십자가와 거기에 달린 주님만이 내 눈에는 보이는 것이었다. 그리고 한 음성이 내 귀에 들려왔다.

"나는 이렇게 달리는데, 너는 무엇을 하고 있느냐?"

이때에 나는 기도도 되지 않고 울 수도 없고 다른 무엇이 보이지도 않고 입을 열 수도 없어졌다. 오직 귀에 들리는 큰 음성, "너는 무엇을 하느냐" 하는 소리뿐이었다. 한참 동안 어느 세계에 가서 어떻게 지냈는지 모르는 나의 눈에 곁에 있는 변호사가 마루창을 치며 떼굴떼굴 구르는 광경이 나타났다. 나도 기도를 하려고 무척 애를 썼으나 도무지 한마디도 나오지를 않았다. 집에 돌아오니 잠도 한잠 안 오고 밥을 먹으려니 밥이 목구멍을 넘지 못하였다. 낮에는 상점 때문에 가지 못하고 밤에야 또 가게 되었다.

셋째 날 밤에는 설교 제목이 무엇인지를 찾을 수 없고 어느 것이 제목인지 분간할 수 없었다. 그저 '예수님은 그렇게 사랑에 끓으셨구나' 하는 것을 알게 되었을 뿐이요, 예수는 사람을 저렇게 사랑하시었구나 하고 스스로 감사를 느낄 뿐이었다. 설교를 듣는 동안 나는 그저 눈물, 그저 울음에 잠기었다. 큰 장마 후에 개천마다 물이 가득 차는 것같이 이날 밤에는 눈물이 더욱 더욱 예배당에 차고 넘치었다. 설교를 마치신 후 통성기도를 시키시니 울음과 통곡 소리에 예배당은 부글부글 끓는 듯하였다. 나도 울었다. 그러나 기도는 또 나오지 않는 것이었다. 처음에 나는 기도를 한다고,

"주여, 어찌하여 저는 기도를 할 수 없습니까? 어찌하여 내 입은 말을 할 수 없습니까? 어찌하여 기도가 안됩니까?

이말 한마디를 가지고 약 1시간 가량 악을 쓰고 몸부림을 치고 졸라대었다. 내 가슴은 더욱더욱 막혀 오고 답답하여 오는 것이었다. 이렇게 애를 쓰기를 2시간이나 했을 때에 하늘에서 소리가 내 귀에 들려온다.

"이놈, 너 이놈, 기도는 하나님의 일이다. 네 맘에 죄를 그렇게 쌓아놓고 기도를 하겠다고?"

"주여, 내 죄가 무엇이오니까? 주께서 십자가 공로로 대속하여 주신 줄 믿사옵는데, 이제 내게 있는 죄가 무엇입니까?" 하고 졸랐다.

"내가 네 죄를 사해준다. 그러나 네가 너의 손으로, 눈으로, 마음으로, 발로 지은 죄는 네가 회개하고 자복하여야 사함을 받는다."

"주여, 이것은 용서함을 받은 줄 알고 있었는데요."

"아니다. 좀더 회개해라."

나는 이때에야 "주여, 나는 죄인이로소이다" 하고 통곡하였다.

전년 가을 배추를 사러 외성에 갔었다. 배추 한 오랑에 2원 50전씩 한다는 것 두 오랑을 캐어서 차에 실었다. 그 주인이 술을 먹고 있다가, 배추 값이라고 5원짜리를 내주니 2원 50전을 거슬러 주는 것이었다. 이때에 주일 학교 선생인 나는 가슴이 좀 두근두근하는 것을 참으며 그 돈 2원 50전을 받았다. 그러나 내가 속이거나 빼앗은 것이 아니라 주는 것을 받았으니 잘못도 아니요, 죄도 아니라고 억지로 해석하여 나는 그 돈을 받아 지갑에 넣었다.

더욱이 술 취하고 정신 없는 자의 돈은 다 긁어와도 좋다는 결론을 짓고 깨끗이 안심을 하고 있었다. 그러나 그 김장을 먹는 한겨울 동안 내 마음은 종종 흐리어지며 괴로운 것이 사실이었다. 이때에 이 돈 2원 50전이 눈 앞에 나타난다. 나는 곧 그 돈 3원을 내놓으며 그 죄를 고백하였다. 이러고 엎드리니 기도가 나온다. 약 1시간 동안 나는 기도를 할 수 있었다. 그리고는 또 기도가 꽉 막혀진다. 나는 또 지난 날을 회고하며 죄의 기억을 찾고 있었다.

촌에서 지내던 때다. 19살 때 숙부 되는 이가 사랑방에서 주무신다. 나는 돈을 쓰고 싶은 생각이 나서 숙부를 찾아 들어가니 다른 이는 없는데 숙부가 술이 취하시어 혼자 누워 잠이 드시었다. 나는 가만히 돈지갑을 훔쳤다.

들고나오다가는 걸음을 멈추고 우두커니 섰다가 다시 돌아서기를 몇 번 하다가 나는 결국 그 지갑에 있는 돈 2원을 훔쳐내고야 말았다. 그리해서 그 돈을 헛된 데 써버리고 말았다.

다음날 내가 김을 매노라니 숙부가 나를 향해 오시다가는 돌아서시고 돌아섰다가는 또 오시다가 또 돌아서시기를 몇 번 하신다. 나는 그 눈치를 짐작하고 나는 모른다고 대답하기로 작정하고 김을 그냥 매노라니 숙부는 결국 입술을 깨물고 말을 입 밖에 내시지 않고 돌아가시는 것이었다. 10년 전에 이 일이 문득 생각에 떠오른다. 나는 곧 2원 대신에 7원을 보내면서 숙부님께 글을 올렸다. "만일 술을 마시시면 모든 것을 다 잊으실 테니 그만두시고 저의 죄를 용서해달라"고 하였다. 이렇게 하고 나니까 또 기도가 터져 나오는 것이었다.

얼마 동안 기도를 시원히 했는데 또 기도가 막힌다. 나는 또다시 옛날의 흐린 기억을 더듬었다. 20살 때에 나는 어떤 일본집에 가서 두 달 동안 일했던 적이 있었다. 나는 힘껏, 정성껏 일을 보았다. 하루는 돈을 받아 오라기에 받아다가는 주인집 부인을 분명히 주었는데 받지 않았다고 고집한다. 그래서 나는 분개하여 싸우고 나왔었다. 그러나 얼마 후 나는 다시 그 집에 갔다. 다시 가서는 돈 20원을 저금하였다. 그런데 이 돈 20원 중 12원은 물건값 받은 것을 내가 가로챈 것이었다. 이 생각이 나서 나는 곧 그 노파를 찾아서 돈 12원을 내놓으며 나의 잘못을 말하고 당신도 예수를 믿자고 전도하였더니 그 노파도 감격의 눈물을 흘리었다.

이리하여 나는 어렸을 때 남의 참외 따먹은 것을 생각하여 그 돈을 교회에 내놓고 다른 작고 큰 죄를 생각되는 것은 다 고백하며 그 값을 내놓았다.

어느 때에 물건을 흥정하다가 김 집사가 내게서 돈 10전을 더 받아갔다.

그래서 가서 달라니 안 준다. 그래서 김 집사를 나쁜 사람이라고 미워하고 있었다. 나는 이것도 내놓기로 했다. 나의 심정을 김 집사에게 말한 후 우리는 눈물로 악수하였다. 나는 익선 씨와 말다툼한 일이 있다. 나는 이것도 풀어 버리고 그와 악수하였다.

이렇게 나는 한 가지씩 한 가지씩 아무리 작은 죄라도 생각되는 것은 다 회개하고 다 내놓았다. 이때에는 회개하는 것이 가장 기쁜 일이요, 원수를 푸는 일이 제일 기쁜 일이었다. 오직 이 일만이 나의 살 길이요, 나를 기쁘게 하는 것이었다.

나는 아내가 죽기를 바랬던 일이 있다. 어서 죽기를 바라는 마음으로 병이 들어도 약도 안 사다 주며 미워하였다. 첩은 얻을 수 없으니 다른 부인을 얻기 위해서는 아내가 죽어 주기를 기도하였다. 이것도 마음에 걸려서 곧 아내에게 이 말을 고백하며 용서를 구하였다. 아내도 기뻐 눈물을 흘렸다. 이때부터야 부부는 참으로 화평하게 되었다.

이만치 죄를 털어놓고 씻어 버리니 비로소 몸이 가벼워지고 참말 진정한 기쁨이 무엇인지를 맛볼 수가 있었다. 이에 천지가 다 나를 위해 있는 것 같고 만물이 다 내 것 같으며 해와 달 빛이 어찌 그리 명랑하게 보이는지 이때의 마음자리를 말로나 글로 표하기 어렵다. 그저 마음이 기쁘고 그저 어깨춤이 들썩들썩 나오는 것이었다.

4. 이때의 폭발적인 성령의 역사는 평양 중앙교회로 하여금 교우 전체가 강원도 시골 교회의 용도 '전도사'를 담임자로 모시기로 결의하기에 이르렀다.

평양 중앙교회에서는 오라는 청이 여러 번 왔다. 오랫동안 생각한 후 단념하고 갈 수 없다는 편지를 보냈다. 오후에 또 편지가 왔다. 연봉 1,200원을 작정하고 온 교우가 다 오기를 청한다. 아, 나는 어찌할꼬. 이는 나에게 유혹인가, 나에게 내리는 은혜인가. 물질의 명예와 영광이 내 앞을 가리우지 말게 하옵소서.

여기서 1,200원이면 어느 정도 액수일까? 1930년 봄 현재 고무노동자들의 연봉은 130~140원 수준이다.[82] 1931년 평양정의여고 학비는 한 학기에 4원, 식비는 한 달에 5원 50전이다.[83] 용도는 당시 통천읍의 목회자로 월 10원을 받고 있었다.

그렇다면 1930년 봄, 연봉 1,200원은 용도를 평생 그림자처럼 좇아다니던 가난에서 당장 벗어날 수 있는 해방구였다. 그걸 붙잡는다고 누가 흠을 잡을 것도 아니었다. 기회에 눈이 밝은 이는 "하나님이 하시네요"의 광고와 찬송을 올릴 상황이었다. 아니면, "그 돈으로 좋은 일을 하면 되지 않느냐"고 자기를 설득할 사람도 있었을 것이다.

그러나 용도는 현실적 조건이 아무리 좋아도 주께서 지시하심이 없는 것이나 세상의 자랑은 물리치는 그야말로 겁 없는 청년이었으니, 어제나 오늘이나 내일이나 동일하신 주님은 이런 사람을 쓰셨던 것이다.

평양기도단 1
: 태동

1. 이번 중앙교회 집회를 통해 앞으로 이용도의 이름을 늘 따라다닐 소위 '평양기도단'이 시작된다. 이들은 주로 장로교 청년들로 구성되었는데, 용도의 집회에서 큰 도전과 은혜를 받고 서로 함께 모여 기도하고 씩씩하게 주의 일을 해나가고자 했다. 그 중 하나인 김예진이라는 독립운동가요 이후 목사이며 복음전도자, 순교자가 되는 그가 용도에게 보낸 편지에서 평양에서의 충격을 다시 한 번 상상해볼 수 있다.[84]

하나님 아버지는 우리의 사랑하시는 이 목사님께 권능을 내려 덮으시기를 원하나이다. 목사님께서 작년 봄 중앙교회에 오셨을 때에 우리를 미치게 해주신 은혜는 우리가 측량할 수 없습니다. 그 후 금일까지 우리 평양 교회에서는 주님께서 허락하시사 이 목사님께서 한 번 다시 평양 오시어서 우리에게 큰 은혜가 내리게 해주시기를 갈망하고 있습니다. 우리는 이 일을 위하여 하나님께 기도도 많이 하고 여러 가지로 계획도 많이 했습니다. 지난 추기 부흥회에도 이 목사님을 모시려고 했으나 뜻대로 안되고, 또 지난번 산정현교회에서도 심히 원하였사오나 주님의 뜻이 아니신지 우리가 은혜 받을 그릇이 못되어서인지 결국 모셔오지 못하였습니다. 지금 우리들은 목사님을 한 번 뵈옵게 되기 위하여 간절히 기도하는 중이오며 우리 외에도 평양 각 교회에서 이 목사님과 같이 은혜 받게 되기를 갈망하여 쉬지 않고 기도하는 분이 많습니다 … 지금 이렇게 애원하는 우리 몇 사람은 지난 봄에 특별한 은혜를 받은 후 각각 깊은 찔림을 받고서 우리 일생을 주를 위해서 희생하기로 작정하였나이다. 그러나 함께 모일 기회를 얻지 못하였다가 수 삭(朔)전부터 우리 몇 사람은 같이 모여 기도하는 믿음의 동무가 되었습니다. 같이 은혜 받고 같이 할 일을 의논하면서 서로 붙들어주며 주를 위해 일하기로 작정하고 나오는 중이올시다.

2. 이들은 용도에게 자극되어 기도에 특심을 내었기에 '기도단'이라고 약간의 조롱조로 느슨하게 불렸다. 이들 "외에도 평양 각 교회에서" 용도를 바라고 있다는 것은 이용도의 첫 평양 부흥회가 얼마나 깊은 인상을 남겼는지 보여준다. 평양 출신도 아니요 황해도 출신의 강원도 목회자가 동방의 예루살렘이요 1907년의 성지 평양성을 요동치게 했다는 것은 보통사건이 아니었던 것이다.

용도와 뜻을 같이하는 동지들은 하나 둘 늘어났다. 지방도 교파도 장벽이 되지 못했다. 이들은 기도와 전도에 열심이 있고, 한국교회가 새로워지기를 갈망하는 대개 30대 초/중반의 청년들로 용도의 뜻에 동조하여 순수한 신앙을 추구하는 당시의 개혁세력들이었다. 이점은 앞으로 더 명확히 드러날 것이다.

개혁자의 자세

1. 1930년 5월 1일 목요일, 북창 집회를 마친 뒤 어느 날, 그는 한국교회를 보며 애통의 눈물을 흘리고 있다. 여기서 용도의 신학적 인생관을 엿볼 수 있다. 전까지도 그랬지만 앞으로 그의 삶은 더욱 그의 신학을 따라 전개될 것이다.

> 나는 저주를 받았노라.
> 이 무리들을 위하여 저주를 받았노라.
> 저주 받은 나의 눈은 눈물에 빠져 있노라.
> 저희들이 흘릴 눈물을 내가 흘림이로다.
> 저주 받은 나의 가슴은 아픔을 느끼노라.
> 가슴을 치고 나는 탄식하노라.
> 저희들이 아플 가슴을 내가 앓고
> 저희들이 쳐야 할 가슴을 내가 침이로다.
> 저희들을 인하여
> 내 피는 마르고 내 살은 떨리노라.
>
> 오 동포들아, 내 피를 마시라.
> 그러나 언제까지 마시려느냐?
> 오 동포들아, 내 살을 먹으라.

오, 그러나 언제까지 먹으려느냐?

나는 너희를 위하여 왔으니 먹고 마시라.

그리고 살아라. 영원히 충실하여라.

사랑하는 동포들의 회개치 않으려 함에 대한 가장 충정 어린 마음이 미적으로 표현되어 있다. 고백과 실천의 일치를 위해 누구보다 발버둥쳤던 사람의 고백은 내내 진솔하다.

용도는 피가 마르고 살이 떨린다. 삶과 죽음보다 뜨거운 복음적 열정과 동포사랑은 극도의 격정을 일으켜 육체에까지 강한 자극을 내보냈다. 그는 사랑하는 주님을 본받아, 동포를 위해 자기의 피와 살을 주겠다고, 자기의 몸과 목숨을 기어이 바치겠다고, 그래서 그들이 그리스도로 생명을 얻게 할 것이라고, 다시 다짐한다.

2. 잊을 수 없는 1919년의 그날부터 풀려나면 잡혀오고 풀려나면 또 잡혀오기를 수차 했던 이유인 동포사랑이 더 깊은 측면에서 고백된다. 어느 비판자는 용도가 독립운동 후부터는 민족심을 잃고 비사회적으로 흘러갔다고 하나, 용도의 외침 한마디 한마디는 동포사랑에 기인한 것이었음을 아직도 모르는가? 그 외침외침들은 즐겁고 가벼운 것이 아니라 살이 깎이고 피가 쏟아지는 고통고통이었다. 그럼에도 외쳤던 것, 그것, 사랑이었다. 용도는 주님의 사랑을 본받아 이웃의 목숨을 위하여 자기의 목숨 멸함을 힘껏 껴안아버렸다.

문제의식 4
: 무애신앙

1. 이용도는 1930년 9월 28일 감리교 중부연회에서 목사 안수를 받았다. 같은 해 10월에는 강원도 통천에서 서울의 주일학교연합회로 보내졌다. 이듬해 봄에는 경성(서울)지방 순회목사로 파송되고, 후로는 전국을 다니며 부흥회를 인도하였다.

그러면서 용도는 당시 한국교회의 감추어진 중병을 발견했다. 교리를 알고 교회에 출석한다는 것에 안전감을 느낌으로, 하나님 사랑에서 나오는 순종이나 이웃 사랑에서 나오는 열매가 없어도 안심하는 교인이 눈에 띄었던 것이다.[85]

악한 교회가 강단에서 교리와 신조를 설명하고 그것을 자랑으로 삼되 그리스도의 마음은 잊어버리었구나! 믿음이란 교리의 승인이나 신조의 묵인에 있지 않고, 예배의식을 집행함에도 있지 않고 연설에나 기도에도 있지 않고 '할렐루야 아멘' 하며 노래하는 데도 있지 않고 다만 그리스도의 마음이 내 마음이 되고 그 신이 나의 신이 되어서 하나님과 사람을 사랑하므로 죽음에서 나오는 것이거늘, 어느 교만한 교회가 알맹이는 빼어버리고 무엇을 말하며 사랑이라 하는고.

교리와 신조의 가치야 누가 부인하랴마는, 이상하게도 교리와 신조나 전통, 예배의식에 매달리다가 신앙의 "알맹이"인 '애천애인'(愛天愛人 : 하나님을 사랑하고 사람을 사랑함)을 잃어버리는 증상이 나타났다. 열매가 없어도 교인명단에 자기 이름이 올라가 있고, 예배 생활을 하며 신조를 외운다 하여 자기는 구원받은 것으로 자신한다면, 문제는, 이것이 구원의 믿음에 충분한가?[86]

아, 오늘 교회의 고갈함이여. 어찌 그다지도 심한고. 교리와 신조는 있으되, 참된 믿음은 없었구나. 사각(死殼 : 죽은 껍데기)된 교리와 고목된 신조에 만족이 없으면서도 그래도 그것으로 억지로 만족하려는 현대 교인들의 무지와 무신에 주는 슬퍼하시리다.

모든 교리를 알고도 참된 믿음이 없을 수 있다. 모든 비밀과 모든 지식을 알아도 울리는 꽹과리에 불과할 수 있다(고린도전서 13:2). 용도는 그런 믿음으로는 사람이 참된 만족을 얻을 수 없다고 본다.

그럼에도 불구하고, 용도가 보는 현대교회는 참된 믿음을 구하기보다는 차라리 교파의 자랑과 교리를 얻는 것으로 구원의 증거를 삼고자 애를 박박 쓰고 있다. 이는 껍데기를 얻으려고 알맹이는 버리는 시도다.

2. 그럼 용도가 생각하는 알맹이 즉 참된 믿음의 본질은 무엇이었을까?[87]

사랑은 곧 생명이라. 사랑 없는 신앙은 생명 없는 신앙이니라. 교리와 신조의 송독(誦讀), 교회 출입의 형식, 이런 신앙의 형식, 껍질로 신앙의 전부를 삼아 스스로 속는 자, 그 얼마나 많은 현대인고! 네가 신앙의 소유자냐. 그러면 너는 사랑의 소유자가 될지어다. 사랑이 없는 신앙은 불 꺼진 등이요, 맹인의 안경이니라.

신앙의 생명 – 사랑이었다. 그 믿음이 구원의 믿음인지는, 그 믿음에 하나님과 이웃에 대한 사랑이 있는지로 확인된다. 신앙의 알맹이는 사랑이요 이는 참된 믿음이 맺는 열매이다. 이것 없이는 인간의 높은 지식 혹은 천사의 말이라도 헛것이다. 헛것에서 그치는 게 아니라 상황에 따라 위선으로, 심하면 살인으로 나아간다.[88]

사랑으로 시작되지 않는 신앙은 허위의 신앙이니 이는 사람을 죽일 신앙이니라. 세상에 신앙에 사는 사람이라 하더라도 쟁투가 많은 것은 사랑에 근거를 두지 않은 신앙, 곧 무애(無愛) 신앙의 소유자가 많은 까닭이니라.

하나님을 따른다는 사람의 믿음이 사랑에서 출발하지 않을 때 그 종착역은 타살역이니, 무애신앙자는 하나님을 위하여 이웃 신자들을 미워하고 정죄한다. 그러면서 스스로가 하나님이 되어버렸음은 모르고 있다.

하나님을 자기편으로 끌어들이면서 획득되는 종교적 자부심보다 굳세고, 그런 판단보다 인정사정 없는 것은 없다. 만약 그에게 참 믿음에서 나오는 사랑이 있었더라면 겸손히 이웃을 향해 눈물을 흘렸을 것인데, 무애신앙은 이웃을 향해 교만한 칼질을 흘렸다.

용도가 생각할 때 믿음에 있어서 사랑의 열매가 본질적인 것은 요한과 바울 사도로부터 배운 것이다.[89]

하나님은 사랑이시매 우리는 사랑함으로써 비로소 하나님을 알지니라. 사랑하지 않는 자는 하나님을 알지 못하나니 하나님을 알지 못하고 저를 신앙하기 불가능하니라.

사랑하지 않는 믿음은 하나님을 알지 못하는 믿음이다. 참된 믿음에서 나오는 사랑의 열매가 없는 무애신앙자들의 근본적 위태로움은, 하나님이 누구신지를 모르고 있다는 점이다. 그들이 신봉하는 두꺼운 신학서의 '신론'은 그들의 '신모름'을 대치해주지 못한다. 이는 바울이 말한 '무엇'이 심각하게 결여된 상태다.

"그리스도 예수 안에서는 … 사랑으로써 역사하는 믿음 뿐이니라"(갈라디아서 5:6).

용도의 때, 한국교회는 무애신앙이라 불리는 죽은 믿음을 심어주고 그런 믿음으로 교인들을 안심시켜 주었다. 거듭남의 열매가 없음에도 교회 출석이나 특정 교리에 동의했다 하여 구원을 선포해주었으니, 거듭나지 못한 '교인'의 영혼은 자기의 죄악에 의해 멸망하겠지만 그 피값은 누구의 손에서 찾게 될 건가?

사랑으로 역사하는 믿음, 열매 있는 믿음, 곧 구원의 믿음이냐? 아니면 열매 없어도 교회의 출석과 신조의 봉독으로 구원을 받는 믿음이냐? "혹이 가로되 너는 교리가 있고 나는 사랑이 있으니 사랑이 없는 네 교리와 교회출입이라는 그 믿음을 나에게 보이라. 나는 사랑으로 내 믿음을 네게 보이리라."(비교, 야고보서 2:18). 이러한 용도의 신학은 당대 한국교회의 '헐한 은혜'를 향해 던져진 십자가의 귓방망이였다.

추방운동

1. 1930년 10월 16일 목요일, 용도는 3년간 눈물과 땀을 뿌린 원산지방 통천구역을 떠나 서울 조선주일학교연합회로 자리를 옮겨야 했다. 지난 시간 용도가 통천과 원산에서 주님으로부터 받은 은혜는 얼마나 컸던가? 통천구역과 원산지방은 용도로 인하여 얼마나 큰 축복을 받았던가? 회개의 기쁨과 중생의 능력이 많은 영혼들의 삶과 생활을 새롭게 바꾸어놓았다. 그런데 왜 갑자기 서울인가?

첫째로, 신학교 시절 용도가 보여주었던 예술적, 문학적 기량과 아이들을 향한 관심, 기독교 교육에 대한 열정과 재능이 그것을 기억하는 이들로 하여금 용도를 원하게 만들었을 것이다. 주일학교연합회에서 펴냈던 〈아희생활〉 사의 KPS씨는 전에 용도에게 입사할 것을 권유하기도 했었다.[90]

〈아희생활〉은 당시 최고부수를 기록하던 순우리말 어린이용 월간지로, 용도는 여기에 성극 '춘풍', '공주와 꽃팔이', '애굽의 이스라엘', '믿음으로 사는 화공' 등의 원고를 보내주었었다. 주일학교연합회가 볼 때 용도는 무척 탐나는 인물이었다.

2. 변종호는 좀더 깊은 사정을 전해준다. 1930년 평양의 충격적인 집회 후 용도 목사의 명성은 전국으로 퍼져나갔다. 첫 평양입성은 '대성공'이었다. 이것만 아니라 8월 26일~9월 1일까지 "예수를 철저히 따라가자"고 설교했던 황해도 신천에서 열린 집회 또한 (원산에서 그랬듯이) 황해도에 "성령의 불을 켜는

시초"였다.[91] 이 집회에는 평양에서도 많은 사람이 와서 참여했다.[92] 그런데 원산지방 너머로 훨훨 날아다니는 용도에 대해 이상한 말들이 들려 왔다.

"교회는 안 지키고 돌아다니기만 한다."
"제 구역이나 돌아볼 것이지 남의 구역에는 왜 다니는 거냐."
"여기 저기서 용도는 왜 끌고 다니느냐."
"제 교파 안에서나 다닐 것이지, 타 교파에는 왜 다니는가."
이것은 "염려해주는 말 같기도 하고 아끼는 말 같기도 하나" 실상은,[93]

> 원산지방 안의 동역자들의 눈치가 좀 이상해지는 것이었다. 용도를 대하는 그들의 태도나 모이면 저희들끼리 쑥덕거리는 눈치가 아무래도 이상히 느껴지는 것이었다 … 동역자들이 용도를 좋게 여기지 않는 마음에서 나타나는 현상을 이름이다.

원산지방은 1928년 11월부터 계속된 이용도의 부흥회로 인한 결실들이 상당히 맺혔다. 그러나 원산지방 교역자들 사이에서는 용도를 못마땅하게 여기는 분위기가 피어났다. 현장의 증인 피도수도, "이용도 목사를 서울로 파송할 수밖에 없는 사정"이 있었다고 한다.[94]

> 그 때 벌써 통천지방 교역자들이 이용도에게 반기를 들고 추방운동이 일고 있었던 것이다.

그리하여 감리교 선교부에서는 "교역자 이동의 시기"도 아닌 10월 16일에 이용도를 서울로 불러들인 것이다. 다른 구역, 다른 지방, 다른 교파까지 가서 부흥회를 잘 인도하고 있는 사람을 주일학교연합회 간사로 급파한 것은, 변종호가 보기에는 "영전 같으나 좌천"으로 "아주 부흥집회를 못하게 하려는 심보"였다.

피도수는 이와 달리 감리교 선교부에서 "이용도 목사를 돕고자 하여" 서울로 불렀다고 한다. 급히 불러놓고서 생활대책도 마련해놓지 않은 상태였는데, "이용도를 통천에서 떠나게 하는 일이 목적이었기 때문"이었다는 것이다.

선교부의 입장이 무엇이었든지 간에 분명한 것은, 용도를 떠나게 해야만 하는 사정이 있었다는 것이다. 그리고 이것은 원산지방 내 교역자들이 제 영역이 침범 받는다고 느끼거나, 저는 그렇게 하지 못하는데 아직 안수도 받지 않은 젊은 용도 '전도사'는 통천구역을 넘나들고 원산지방마저 넘나들다 아예 교파까지 넘나드는 것이 점점 꼴 뵈기 싫어졌던 것이다.[95]

3. 이용도의 덕적도 집회 이후 그가 "하루 종일 욕을 먹고 핀잔을 당하"는 일기는 앞서 확인했다. 일기와 같은 날 용도가 덕적도 박정수 전도사에게 보낸 편지를 보면 그의 아픔이 더욱 선명하게 드러난다.[96]

나는 오늘 종일 단련을 받고 풀이 죽어 돌아왔습니다. 욕을 당하고 구박을 당하였습니다. 나의 마음은 상하였고 나의 눈은 젖었습니다.

내가 종일 욕을 당하매
저녁에는 주께서 나를 위로하시나이다

이 편지를 계속 읽어나가면 용도를 욕하는 이들의 특징을 볼 수 있다.

저희들은 잘난 것같이 기고만장(氣高萬丈)하여 야단이나 저희의 불행이 저희의 죄과인 줄 깨닫지 못하는도다. 그리고 도리어 끝까지 저희의 행복을 위하여 애쓰는 공로도 모르고 그냥 발악으로 대하는도다. 내가 시비를 가릴

진대 저희의 죄과가 들어날 것이요, 따라서 저희의 수치와 거기에 따르는 저희의 고통은 비길 데가 없을 것이라.

그러나 모든 죄과를 다 내가 쓰려 하노라. 저희를 용서하려 하노라. 불쌍한 저희들. 잠잠한 양과 같이, 털 깎이는 양과 같이 저희의 모든 짐을 내가 지게 하옵소서. 이것이 주의 뜻에 합하나이다. 저희는 흥하여야겠고, 나는 망하여야겠나이다. 오 주여, 저희들을 불쌍히 여겨주세요. 아멘.

"저희들"이 누구인지는 편지 말미에 나오는 기도에서 힌트를 얻을 수 있다.

오 주여, 나는 구역을 맡아 교회정치를 한편으로 보고 전도를 한편으로 하는 이런 것은 나의 사명이 아니라고 느끼어집니다. 나는 구역 담임을 내놓아야 하겠나이다. 주께서 나를 사랑하신다면 한 은비(隱秘)한 곳―예수님의 40일 광야, 바울의 3년 아라비아 사막 같은―을 주어 얼마 동안이든지 주와 더불어 교통할 수 있게 하시겠지요. 나는 그것을 기다립니다.

성령의 불길이 원산지방에서 계속 타오르는 1930년 1월. 용도에 반대하는 세력들이 이미 존재하고 있는 것을 알 수 있다. 변종호와 피도수의 도움으로, 우리는 이들이 용도 주변의 "교역자들"이었다는 것을 알게 되었다.

4. 용도는 그들의 적대심에 직접 대항치 않고 가만히 있으면서 그 욕을 인내했었지만, 그때로부터 거의 1세기가 지난 오늘날 다시 배우는 교훈은, 주님의 일에 대한 가장 큰 반대자는 주님을 모르는 자가 아니라 주님은 자기가 가장 알고 주님은 자기가 가장 섬긴다고 느끼는 부류란 사실이다.

주를 위한다면서 주의 일꾼과 동료들을 가로막고 해치는 악습의 노예가 된 이들은 창의적 사악의 수완을 발휘하여 주님을 막아서고 주의 일을 망친다. 이들이 처음에는 넌지시, 나중에는 공공연히, 보여주는 악업에의 열심은 스스로 가룟 유다로부터 세례를 받고 그 제자가 되는 배역을 맡았다고 드러내는 격이기도 하다.

"무죄한 자를 정죄"하던 "저들"은 사심 없이 부흥회에 나서는 용도에 대해 이러쿵저러쿵 떠들어대며 비꼬고 욕하였다. 1930년 일기 중에 "저들"과 같은 인격을 지닌 인물들이 1월 이후로 다시 언급되지는 않지만, 기록되지 않았을 뿐 실제론 그런 인물들과 시도들이 계속 있었을 것이다. 덕적도에서의 성공에도 그런 이들이 포착된다면, 평양에서의 성공은 얼마나 더 속을 뒤집어놓았겠는가.

하여 선교부에서는 용도를 생활방도도 마련해주지 못한 채로 교역자 이동의 시기도 아닌 때에 급히 서울로 불러들였다. '주일학교연합회 간사'는 좋은 명분이었다. 실제로 그쪽에 능력도 있거니와 구실로 불러들일 수도 있었으니.

5. 용도는 한마디 불평이 없다. 피도수와 변종호가 말하는 그 "교역자들"에 대해 일언반구도 없다. 아무도 들추어볼 염려가 없는 일기장에는 한두 마디 할 수도 있었을 텐데 억울한 것에 대꾸하지 않는 것을 은혜로 여기는 강인함이 그에게 있었다. "저희의 모든 짐을 내게 지게 하옵소서" 하였다. 그런데 이번 사건은 앞으로 펼쳐질 일들의 예고편에 불과한 것이었다.

얄팍하고 탐욕스러운 소인배의 떵깡으로 하나님 나라의 일이 훼방을 당해야 하는 것은 하나의 원형처럼 예수의 때와 용도의 때만 아니라 오늘에도 반복된다. '자기' 교회당에 출석하는 성도를 '자기' 소유로 여기며 눈에 힘을 주는 담대한 눈빛들은 교인들에게 가장 정성스러운 말씀의 꼴을 먹이지 않으면서도 교인들의 '영원한 아비' 행세를 하고 있으니, 1930년 이용도를 질시하고 흉보았던 부류들 중에는 이런 분들이 적지 않았을 듯하다.

교인들을 정말 그렇게 아끼는 것이어서 소유권을 주장하는 것이라면 교인들 앞에서 큰소리를 치지 말고 큰 사역지를 찾지 말고 큰 건물을 좇지 말고

겸손하게 입을 다물고 한 영혼을 위해 죽어버리라. 용도처럼.[97]

나는 대중이 나의 상대가 아니요, 다만 한 사람이 나의 최선의 상대이었으니 대중을 위하여 나의 생명을 버리지 못하나 한 사람을 위하여는 나의 전체를 희생에 바치기 원하는 것이외다.

통천과 원산지방의 성도들은 울고 회개하며 거룩한 생활을 결심하여 하늘에다가 기쁨의 잔치를 열어드리는데, 어느 교역자들은 '내 교인들'이 너무 기도한다고, 내가 아니라 '용도'를 통해 은혜 받았다고 그걸 못 견디어 뒤에서 추방운동을 일으켰으니, 가인(Cain)을 닮은 '어둠 속에 찌그러진 얼굴'을 하고서는 하늘의 잔칫상을 뒤집어엎는 꼴이었다.

피도수에 의하면 1928년 11월 원산지방을 휩쓴 성령의 역사는 이용도가 서울로 오는 1930년 10월까지 약 2년간 계속 되었다. 진실하지만 연약한 한 동지를 여럿이서 힘으로 몰아 쫓아냈을 때, 성령께서도 같이 그 자리에서 떠나셨던 것일까?

서울로 좌천

1. 1930년 10월 16일 용도는 강원도 통천을 떠나 서울에 도착했다. 이때부터 그는 피도수 목사의 집에서 반년을 함께 지낸다. 이튿날 그는 주일학교연합회를 방문하여 총무 허대전(Rev. Gordon Holdcroft) 목사를 만났다. 그러고는 다른 직원들과 기도회를 가졌다. 전에는 이런 시간이 없었다고 했다. 용도는 속으로 기뻐했다.

'좋은 일이다. 여기서부터 부흥이 돼야겠다.'

허 목사는 용도에게 앞으로 직원 기도회를 인도하도록 부탁했다. '새장 안에 가두어진 멧새' 용도는 타는 심장을 기도회에 쏟아 부었다. 그러자 몇 직원들은 "이게 주일학교연합회냐, 부흥회냐?" 하면서 좋아하지 않았고, 용도는 더 기도회에 설 수 없게 되었다.

2. 용도는 10월 20일 월요일부터 출근했다. 며칠 뒤 허 총무가 그를 불러,

"평양 산정현교회 강규찬 목사님으로부터 연락이 왔소. 황해 은율교회, 재령교회, 그리고 경남 거창교회서도 용도 목사님이 좀 와달라는구려."

용도는 속으로 기도를 올렸다.

아, 저는 할 말이 없나이다. 제가 어찌 저희의 요구에 만족히 응할 사람이 옵나이까. 오 주여, 저희를 친히 긍휼이 보시고 은혜를 내리시옵소서.

피도수와 함께 설렁탕으로 점심을 해결한 뒤 사무실로 와 업무를 보는데 저녁에 있을 중앙전도관 집회가 생각났다.

주여, 어찌 하시려나이까. 오늘 모이는 저희들을 긍휼이 보시옵소서. 그리고 구원하여 주시옵소서.

서울로 오면서 용도는 본격적으로 지역과 교파를 초월하여 요청을 받는다. 서울에 자리한 기독교 기관들도 용도를 가만두지 않았다. 이러한 상황적 구조는 통천의 상황이 재현될 수 있음을 예고하는 것이었다. 변종호는 이용도의 "인기가 높아지면 질수록 그의 등 뒤에는 검은 손이 움직"였고, "주일학교연합회에서도 웬일인지 그를 좋아하지 않는 눈치"였다고 한다.

3. 장·감 연합기관이었던 주일학교연합회에서 일하면서 용도는 장로교 쪽 인사들과도 빈번히 접촉할 수 있었다. 행정업무를 보면서는 연합기구와 각 교단이 어떻게 돌아가는지에 대해서도 들을 수 있었다. 그는 한국교회라는 선박이 나아가는 방향에 대해 애끓는 근심이 들었다.[98]

조선 교회의 모든 기관, 모든 사업은 굉장히 확대되는 모양인데 전도와 부흥을 위하여는 아무런 열이 없다. 장·감(長·監)이 다 그렇다. 돈, 시간, 기타 많은 공을 드리지만 구령(救靈)의 결과는 매우 적다. 아, 이 실로 하나님을 기쁘시게 하는 일인가, 사람의 노름인가. 부흥전도 기관이 있어야겠다.

이용도는 교회의 존재목적을 "전도와 부흥"을 통한 "구령"(영혼구원)으로 생각한다. 다른 데 아무리 공을 들여도 영혼이 구원받는 일보다 하나님께 기쁨이 되는 일은 없다. 이것이 빠진 교회의 열심은 "사람의 노름"이다.

오늘날 한국교회가 가진 전도와 선교의 열심은 초대교회로부터 태동하여 용도의 고민을 거치며 계승되어오는 것이니, 유럽의 교회들이 축구 한 게임과 바꾸어먹고 미국의 교인들이 햄버거 한 세트에 팔아치운 전도에의 열심은 한국교회가 세상자랑과도 세상재미와도 바꿀 수 없는 것이라.

...

4. 11월에는 북창교회 김준옥 목사님의 중재로 용도가 미국으로 유학길에 오르는 이야기가 나왔다. 미국서 온 남감리회 감독과 면회한 뒤 내년 9월부터 남감리교대학교나 반더빌트 대학교서 공부하기로 선택되었다. 용도는 이에 감사하며, "나는 나의 일을 위해서 내가 운동할 것이 아니라 하나님께서 하여 주시기를 기다림이 복됨을 깨달았다"고 일기장에 썼다.[99]

송길섭 교수는, "용도의 비상한 재간을 평소부터 익히 알고 있었던 [왕영덕] 교장"이 용도를 적극 추천했다고 한다. 그런데 1931년 유학의 때가 되자 용도가 가지 않기로 했다는데 이유인즉, "내가 미국 가서 뭘 하느냐, 버터 먹고 며칠 더 살면 무엇 하느냐. 나는 그저 굵고 짧게 살기로 결정"했다는 것이다.[100]

변종호의 설명은 좀 다르다. 용도는 때를 기다리고 있었는데 그 약속의 때에 아무도 용도의 유학 얘기를 꺼내지 않아 없었던 일이 되었다고 한다.[101]

일단 1930년 11월의 이용도는 유학을 하나님의 인도하심이라고 생각하며 감사를 드리고 있다. 그러나 그가 유학길에 오르지 않은 것은, 유학을 떠나야 하는 1931년이 그가 부흥사로서 최정상에 있었던 시기인 만큼 유학 가는 것보다 부흥회를 하는 것이 하나님의 뜻이라고 느꼈을 수 있다.

그가 1931년 여름 한국을 떠나 가을부터 미국에서 공부했더라면 세계교회사를 풍요롭게 하는 축복이 있었을 것이나, 그만큼 1930년대 초의 한국교회사는 무척 초라하게 되었을 것이다. 그는 유학 길을 포기하였지만 그로 인해 한국교회는 활기찬 신앙의 길을 선물 받게 된 것이니, 하나님을 찬송치 않을 수 없다.

전국으로 번지는 불길
(1931)

요약

1. 오늘날까지 전해지는 이용도의 일기책 중 가장 많은 분량이 기록된 해가 1931년이다. 변종호는 이때를 "교역자로서의 생활에 가장 큰 빛을 발하는 해"요, "주님의 크신 역사를 나타내는 최고 절정으로 올라가는 해"라고 평했다.[102]

1929, 30년에도 활발한 부흥회를 인도하였으나 주로 원산지방과 강원도에 집중되었다면, 1931년에 이르러서는 진정한 '전국구' 부흥사로 비상하게 된다. 원산의 부흥은 용도가 서울로 가면서 전국으로 확산되었다.

이때 용도가 어떤 설교를 했는지는 참석자들의 기억이나 기록으로 일면 맛을 볼 수 있다. 이는 변종호의 공로다.

2. 남아있는 기록으로 확인되는 1931년 이용도의 활동은,

1월: 충북 영동(장로)교회(9~16).[103] 서울 광희문(감리)교회(18).[104] 서울 주일학교지도자 강습회.[105] 통천 집회(?~26~?).[106]

2월: 청년기독교강좌(3~7).[107] 평양 장대현교회/산정현교회/서문밖(장로)교회(15).[108] 평양 중앙(감리)교회(16~7).[109] 황해 재령 동·서부(장로)교회(2.18~3.3).[110]

3월: 재령 서부교회(~3.3). 경남 거창(장로)교회(5~13).[111] 황해도 사리원(14~??).[112] 서울 광희문(감리)교회(28 이전~30).[113]

4월, 5월[114]: 간도 용정(감리)교회, 국자가(감리)교회, 두도구(감리)교회, 간도 용정(장로)교회(4.19~5.3).[115]

6월: 조선감리회 제1회연합연회(10~19) 참석 중 경성지방 순회목사로 파송. 평양 남문내교회(11). 남문밖(장로)교회/광성고등보통학교(18~22).[116]

7월: 강습회(23~??).[117] 서울 광희문(감리)교회(26).[118]

8월: 함남 영무 수양회(3~7).[119] 황해 은율(장로)교회(11~18).[120] 황해 사리원(감리)교회(19).[121] 평북 선천(장로) 남·북교회(20~26).[122] 평양 남문밖교회(27).[123] 1932년용 〈장년 만국 통일 주일 공과〉 작업 완료. 강원도 삼방(8.28.~9.15).[124]

9월: 강원도 세포 삼방교회.[125] 서울 원동교회.[126] 경성성서학원 부흥회(24~27).[127] 아현(성결)교회(9.28~10.2밤).[128]

10월: 경남 통영(장로)교회(6~12).[129] 경남 사천(장로)교회(12~19).[130] 충북 진천(감리)교회(21~27).[131] 서울 삼청동(감리)교회(10.28~11.4 이전).[132]

11월: 서울 중앙전도관(4~8).[133] 평북 영변과 인천이 교역자회의 반대로 취소.[134] 경기 개성남부(감리)교회(23~30).[135]

12월: 강원 화천교회(3~10).[136] 평양 명촌(장로)교회(15~21).[137] 평양 산정현(장로)교회(24~28).[138] 서울 동대문(감리)교회(12.29~1932.1.2).[139]

어린 양을 만나다

1. 1931년 1월 9일 금요일 용도는 충북 영동에 있는 장로교회에서 주일학교 강습회를 8일간 인도하였다. 이는 용도에게 "주일학교연합회 간사로서의 최대의 활동이고 최후의 노력이었다."140

때는 1월로 기온이 영하 23도까지 떨어지던 날이었다. 너무 추워 예배당 안에서 말하기도 힘이 들었다. 둘째 날 집회를 마친 뒤, 살을 에는 겨울바람을 맞으며 겨우 발걸음을 옮겨 숙소로 돌아가는 길. 아이의 울음소리가 바람을 타고 용도의 귀를 두드렸다.

눈물도 얼 것 같은 밤. 아이는 뚜껑 없는 주전자를 손에 들고 있었고, 아이의 무릎 밑으로는 추위에 빨갛게 된 생살이 흔들리고 있었다.

용도는 아이가 이런 칼바람을 맞으며 살아있다는 것은 하나님의 보살피심이라고 생각했다. 자기 몸만 돌보고 불쌍한 이 아이는 돌보지 않는 세상의 죄악도 생각했다.

용도는 민망하여 자기가 머무는 여관으로 아이를 데리고 갔다. 도착하여 두루마기를 벗어 아이를 둘러싼 뒤에 그 위에 다시 이불로 둘러주었다. 순간 주체하지 못할 눈물이 흘렀다. 한겨울에 길거리로 내몰렸던 이 아이는 고작 여덟 살이었다.141

어제 저녁같이 추운 밤에 아무 것도 덮지 않고 밖에서 잤다. 밤에 물그릇이 땡땡 언 어제 저녁에. 아, 나는 너무도 호강스러웠다. 북풍한설(北風寒雪) 추운 밤거리에서 울며 떨고 있는 아이를 생각지 않고 나만 혼자 이불을 두 개씩, 포대기 깔고 편안히 자고 있었구나. 오, 나에게 화가 있으리로다.

"너 혼자 잤니?"

"네."

"아, 혼자서 어떻게 밤을 샜노. 엊저녁에 밥을 얻어먹었니?"

"네."

"무슨 밥?"

"찬밥이요."

"그래, 찬밥을 주더냐?"

"네."

아이의 눈에는 원망과 고독이 아직도 그치지 않았다. 나의 눈에도 참회의 눈물이 그칠 줄을 모르노라.

"아버지도, 어머니도 없니?"

"어머니는 아버지와 쌈하고 양잿물 먹고 죽고 아버지는 미쳐서 달아났어요."

아, 죄악이 관영하여 부모는 자살 발광하고 자식은 걸아로 만들었구나. 아, 부모의 죄로 엄동설한(嚴冬雪寒)에 거리에서 굶주림과 추위에 우는 걸아! 네게는 죄가 없다. 네게 무슨 죄가 있으랴. 눈물이 앞을 가리어 일기를 쓸 수 없어 수건을 눈에 대고 그냥 한참 울었다. 내가 너를 어떻게 도와주랴. 오 하나님, 어떻게 하시렵니까. 이 가련한 걸아를.

"이젠 몸이 좀 녹았니?"

"네."

"오, 그럼 조금 있다가 떡국이나 한 그릇 먹으면 괜찮지. 그런데 네 이름은 무에냐?"

"억성이에요."

"성은?"

"최가에요."

"오, 최억성이로구나. 그전에 너의 집은 어디 있었니?"

"중무요."

"여기서 몇 리나 되니?"

"20리."

"옳지. 영동서 20리라. 나는 여기에 손님으로 왔단다. 서울서. 너 예배당 아니?"

"알아요."

"예수 믿는 사람이 너의 동리에 있니?"

"많아요. 여기도 예수 믿는 사람이 많아요."

"오, 그래."

예수 믿는 사람은 도처에 많거니와 너를 긍휼히 여길 신자는 없었구나. 예수 믿는 것이 무엇인지도 알지 못하고 다만 자기의 욕심만 위하여 믿는 체 하는 현대 교인아, 너에게 화가 있을지어다.

예수 믿는 사람이 적지 않은 마을 영동. 그러나 얼어죽게 생긴 애를 긍휼히 여길 신자 하나 없던 영동. 죽게된 나를 살리기 위해 대신 죽으셨던 예수를 믿고 따른다는 사람들이 죽게된 이웃을 살리지 않으면 예수를 믿는다는 건 대체 무엇이냐?

긍휼하신 주님은 제사보다 긍휼을 원하시는데 현대교인은 긍휼보다 제사를 원하신다. 긍휼이 없어도 교회에만 가면 안심. 주님의 얼굴을 화끈거리게 해드린다. 긍휼이 빠진 제사, 사랑 없는 삶에서 나오는 예배란, "자기의 욕심만 위하여 믿는 체 하는" 것밖에 안된다.

그러나 성령을 힘입어 하는 긍휼의 행위(acts of mercy)는 "예수 믿는 것이 무엇인지" 우리에게 가르쳐줄 것이니, 긍휼의 학교는 하나님 나라의 명문대다.

여기서, 이용도의 개혁이 지닌 따뜻함과 인간미를 보게 된다. 용도의 개혁은 입에서 놀다가 끝나는 지성적 차원 이상의, 얼어 죽게 생긴 사람에게 옷을 입히고 먹여서 살려내는 사마리아인의 손이다.

개혁은 이상(理想)의 수갑에서 풀려난 뒤에 현실이 된다. 버림 받은 아이의 얼굴에 미소가 꽃피우고, 죽어야 될 사람이 회개하여 '살려내는 사람'이 되는 것은 개혁이다. 개혁을 두뇌의 미로 속으로 밀어넣음으로 사유화·독점화 하지 말고, 죽게 된 이들이 있는 곳으로 가서 사마리아인이 되라 한다. 사마리아인은 개혁자였다.

▪기독교의 현재의 위치 1931

1. 쓴 글을 수십 번씩 고칠 시간이 없었던 용도는 부흥회로 가고 오는 기차나 부흥회를 마친 후 방에서 편지와 일기를 썼다. 피 말리는 일정 속에서 편지와 일기까지 쓴 것은 놀라운 일이다. 상황이 그렇다 보니 일기는 주로 단편이나 단문으로 되어 있다. 간혹 정리된 장문이 나올 때도 있으나 그것도 한 편의 논문을 위하여 수개월을 바치는 학자들과는 달리 보통 하루 만에 쓰여지는 것이었다.

1931년 1월에 남긴 '기독교의 현재의 위치'라는 짧은 신학에세이는 1900년 기독교역사와 현재 그리고 미래에 대한 그의 통찰력을 보여준다. 용도는 가톨릭 교회와 프로테스탄트의 개혁은 그리스도를 이해하기 위해 통과해야 할 각각의 역사적 과정들이었다고 보았다. 가톨릭은 나름의 역할을 수행했고, 이후 프로테스탄트를 통해 "인류가 그리스도 이해를 향하여 진보"하는 하나의 신기원을 이루었다.

용도의 때는 그로부터 400년이 지나서, 종교개혁자들(The Protestant Reformers)의 신앙은 "그 형태가 남아 있을 뿐"이고, "초기의 생명과 힘은 잃어버"린 상태였다. 그러면서 현재는 "기독교계의 한 암흑시대"가 되었다. 그 상태에서는 복음으로 "세계를 정복"할 수 없다. 그래서 기독교는 "세상에게 져있고, 불신앙은 공연히 개가(凱歌)를 불러 승리를 자랑하는 시대"에 당면해 있다.

이러한 혼돈 속에서 세상과 불신앙을 이기기 위하여 필요한 것은, 400년 전 개혁자들의 신앙양식을 그대로 복원하는 것이 아니다. 그러기에는 세상이 너무 변해버렸다. "오늘의 세계를 정복하기 위하여는 오늘의 세계정세에 상응한 폭탄(복음)이 필요"하다.

그런데 현재의 영적 대혼란이 우리에게 전혀 불리함을 주는 것만은 아님은, 이것이 인간들로 하여금 "더 근본적인 무엇을 붙잡게 하시려는 하나님의 섭리"일 수 있기 때문이다.

2. 그럼 용도가 생각하는 "더 근본적인 무엇"은 무엇이었을까? 그는 "새 영의 양식"을 섭취해야 한다고 말한다. "그 영의 운동 그 생명의 활약이 마치 신약시대와 같음이 있기를 20세기의 오늘날에도 기대"한다고 했다.

용도는 여기까지만 기록해두었다. 이틀 전에 쉼 없이 8일간 집회를 인도했는데 이 정도나마 남겨둔 것에 만족하고 감사해야 할 것이다.

다만, 그가 "새 영의 양식", "영의 운동", "그 생명의 활약", "신약시대와 같음" 등이라 할 때, 사도행전과 같은 활발한 성령의 역사하심과 인도하심, 이루어가심을 사모하고 기대한 것으로 보인다.[142]

성령께 사로잡힘을 받을 때에 우리는 "생기를 얻으며 산 활동을 할 수 있"게 된다. 성령께서 성경말씀을 '나의 사건'으로 만들어주실 때에 "더 근본적인 무엇"에 접하게 된다. 거듭난 이후에는 성령의 충만함을 받아 그리스도를 본받음으로 하나님을 영광되이 할 수 있다. 그러한 삶은 어떤 고난에도 인내하고 어떤 결핍에도 충족을 누리는 행복이다.

그러한 매일을 경험하며 인(人)과 생(生)이 변화되는 것이 기독교인의 인생(人生)이다. 이는, "지금 이 날에서 깊이 아버지와 아들을 경험하는 생명"으로,[143] 내세만을 기다림이 아니라 이 땅에서 하나님의 나라를 사는 것이요 그 나라를 전파하여 인간을 널리 이롭게 하고 하늘 아버지를 공경하는 것이다.

3. 가까운 시일의 한 일기는 용도가 생각하는 "더 근본적인 무엇"에 대해

서 힌트를 주는 것 같다. 그것은, 소유의 역환이다.[144]

> 소유의 역환(易換)
> 주님의 생명을 얻기 위하여는
> 세상의 생명을 바쳐야 한다.
> 옛 것을 버릴수록 새 것은 온다.

"더 근본적인 무엇"은 세상의 생명을 바쳐 주님의 생명을 얻는다. 옛 것을 버림으로 새 것을 얻는다. 얻음을 위해 버림의 과정이 필요하다.
또한 같은 날 일기는,

> 회개의 진의(眞意)
> 자기 부정(否定), 포기(抛棄)
> 세상 표준 부정, 포기
>
> 신앙의 진의
> 예수 승인(承認), 신수(信受: 믿음으로 받음)
> 영의 나라 승인, 신수

"더 근본적인 무엇"은 자기나 세상에 얽매이지 않는다. 새 사람은 이제 주님께만 얽매여있을 뿐이다. 구주께는 자기도, 세상도 입을 다물어야 한다. 또한 "더 근본적인 무엇"은 예수를 믿고 받아들인다. 하나님의 나라도 믿고 받아들인다. 곧, '자기에서 예수'요 '세상에서 하나님 나라'로의 축이동이다.

중생 1
: 새로지음을 받으라

1. 오래 교회에 다녔으나 마음이 변화되지 않음으로 이전보다 성격은 약간 나아진 것이 있지만, 오랜 시간이 지나도 하나님과 이웃 사랑이라는 열매가 맺히지 않고, 삶의 방향과 내용에 있어 늘 자기가 주인이요 세상에 구애됨이 결정적임으로 여전히 습관적 죄악과 자기사랑과 세상사랑 그리고 교만 가운데 살고 있는 어느 '교회경력자'의 경우, 용도가 말하는 '참' 신앙이니, 신앙의 '진의'니 하는 것이 별로 듣기 좋을 리 없을 것 같다.

'참'과 '진의'를 요구하는 용도를 욕하고 반대했던 이들 중에는 그의 인기를 시기했던 이들만이 아니라, '믿음'이라는 버튼을 단 일회 클릭(click)함으로써 영원히 얻는 헐한 구원의 지푸라기를 간신히 잡고 있던 이들이 용도의 설교에서 제 벌거숭이가 빈약함을 보게 됨으로 크게 불쾌하여 그것이 증오로까지 확대되었던 경우도 있었을 것으로 판단된다.

2. 싸움은 단순히 '용도 vs. 시기하는 교역자들'이 아니라, '중생의 신앙 vs. 원클릭의 신앙'이라는 양상도 하나 포함된 것으로 보인다. 예수를 믿는다는 자부심의 뺨을 치는 이 중생의 설교는 역사상 그 주창자의 턱을 부수어 놓곤 했다.

용도는 회개를 강조했다. 그리고 성령의 역사를 받으라고 했다. 그래서 모든 인간은 새로 지음(=중생, =신생, =거듭남)을 받아야 한다. 용도는 일기에 중생의 역사에 대해서는 틈틈이 기록해두었다. 누가 새로 지음을 받았느니, 누가 새로운 변화를 일으켰다느니. 용도에게 있어 초유의 관심사는 중생으로 보인다. 부흥을 외치는 그는 회개를 통한 중생으로 부흥이 오리라 기대한다. 한국교회의 회복 곧 부흥은 회개를 통한 중생에서 시작 된다.

3. 중생의 설파는 손에 잡히는 열매를 요구한다. 참되게 거듭난 자는 내적 성령의 증거와 외적 성령의 열매를 나타내기 마련이다. 언제 어떻게 나타나는지는 각기 다를지라도, 마음과 삶에는 분명한 변화가 생긴다.

중생의 사건은 "사랑으로 역사하는 믿음"으로 증명된다. 중생한 사람은 필연적으로 "행함이 있는 믿음"을 가지고 있다. 아브라함과 같은 믿음은 행함이 없는 믿음이 아니라 행함을 낳는 믿음이다. 믿음이 빠진 행함으로 구원을 얻은 것은 아니나, 참 믿음이었기에 행함이 있었던 것이다.

용도의 중생 설교는 특히 잔치의 윗자리를 좋아하거나 자기가 좀 안다고 여기는 이들을 열나게 만들기에 충분했을 것이다. 은근하고도 미묘하며 때로는 잔인하고도 철저한 그들의 종교적 자부심은 용도의 설교로 철저히 부수어졌고, 이럴 때 인간은 대개 회개보다는 발악의 길을 택하게 된다. "네놈이 누구인데 그 따위 소리를 하는 것이냐?" 이런 점에서는 세례 요한으로부터 "독사의 자식들"이라 책망 받고도 잠잠했던 무리들이 목사증을 마패로 아는 현대의 암행어사들보다는 겸손한 듯하다(누가복음 3:7).

종교적 자부심이 약한 청년들이나 여인들은 용도의 외침을 통해 주 예수를 만나고 은혜로 충만케 됨을 경험했으나, 종교적 자부심으로 먹고사는 교권자들이나 어설픈 지식으로 교만함이 포만해진 골목대장형 진리의 교사들은 용도가 인기를 그렇게 끄는 것도 보기 싫었지만 또한 그의 선포에 담긴 회개의 요청 그리고 그 회개의 요청 안에 담긴 나의 구원에 대한 소유권과 나의 종교적 정체성 및 자존심의 상처 받음은 맹렬한 증오를 일으키게 하여, 비상식적인 주장들로 용도를 매장하려 하게 되는 것이었다(마태복음 12:14).

4. 이렇게 용도는, "나는 안전하다"는 교인들의 종교적 안전감에 구원의

망치를 들었다. '기독교 도시' 재령에서는 "이 예배당을 다 불태워버리고 그 잿더미 위에서라도 몸과 마음을 바쳐 참된 예배를 드려야 …"라는 말을 했고, 평양에서는 "직분자는 평신도보다 겸비의 덕이 있어야 할 것이거늘 더욱 교만하니 가장 중한 심판을 받을 자는 목사, 장로, 권사, 속장일 것입니다" 했으니. 그러면서 "진정한 의미의 신앙생활은 겸비의 생활"이라 하여, "주님을 믿은 지 오래라고 하면서 교만한 자"는 "참으로 화 받을 자"라 하였으니 말 다한 게지.

5. 회개를 외치는 부흥사들이 한국교회사에 있었다. 그렇다고 그들이 다 용도와 같은 욕을 당하지 않았고 보통 존경을 받았다. 그런데 용도는(앞으로) 정신적 공격과 트라우마로 회복불능의 지경에 떨어질 때까지 욕을 먹을 것이다.

지금까지 살펴본 것과 연결시켜 생각하면, 종교적 자부심이 대단한 분들의 자존심을 건드리고 건드려서 건드리고 건드린 것이다. 자기네 일파의 자랑스런 포만감의 풍선을 찔러 터뜨려버리고 예수만 바라보게 하고자 "사랑으로 역사하는 믿음"을 목사 타이틀이나 종교 조직보다 우위에 두었다. 중생의 설교. 누가 목사든지 장로든지 선교사든지 회장이든지 장로교든지 감리교든지 무엇이든지 그 자체만으로 신앙상 안심하거나 유세 떨 근거는 용도에 의해 절단난다.

6. 아아, 그런데 열매는커녕 교회가 사랑이 없고 미움과 암투가 가득하다고 한다.[145]

"신앙이라, 사랑이라고 하면서도 내용은 하나도 남아있지 않고 껍데기와 기관과 조직만 남아가지고 이것이 예수 교회라고 전하면서 남의 귀한 영혼을 해치고 망치는 죽이는 것이 현대 교회가 아닙니까?"

여기서 이용도가 말하는 "내용"은 바울이 말하는 "사랑으로 역사하는 믿음"이나 야고보의 "행함이 있는 믿음" 혹은 요한이 말하는 '형제를 사랑함이 있는 믿음'(요한일서 3:10, 23) 그리고 예수님의, '아버지의 뜻을 행하는 믿음'(마태복음 7:21; 비교 5:48)과 잇닿는다.

예수께서도 말씀하셨다. 서기관과 바리새인들에게, "교인 한 사람[이] … 생기면 너희보다 배나 더 지옥 자식이 되게 하는도다"(마태복음 23:15). 용도는 현대교회가 교인들에게 그렇게 하고 있다고 보는데, 이는 신앙의 핵심은 제쳐두고 "껍데기와 기관과 조직"만으로 이것이 "예수 교회"라 함으로써 결국 "남의 귀한 영혼을" 살림이 아니라 "해치고 망치고 죽이"기 때문이다. 제사장과 바리새인에 의해 고난과 죽임을 당하신 예수님처럼, 용도도 '죽을 설교'를 함으로 다르지 않은 대가를 치르게 될 것이다.

7. 종교적 자존심을 건드리는 행위는 가장 무서운 일 중 하나다. 예수님께서도 백성들의 인기를 독차지하는 것만 아니라 바리새인과 서기관들이 자기가 옳다고 철썩 같이 믿던 것들에 "진실로 진실로 내가 이르노니"하시며 새로운 해석을 가하셨던 것, 그리고 그러한 '새로운 해석' ─ 하나님의 독생자가 하시는 해석! ─의 새로운 지평에 의하면 자부심 가진 유대인과 바리새인들은 하나님 나라 바깥에 있고, 회개하는 세리와 창녀들이 하나님 나라를 차지하게 된다니! 심지어 사마리아인이나 이방인이 ─ 그 개나 돼지만도 못한 것들이 ─ 하나님의 백성이 된다니! 아브라함의 후손이요 택함 받은 백성이라 자랑하던 그들의 못된 귀에는 예수를 백 번도 더 쳐죽여야겠다고 다짐하게 만들기에 충분했다(누가복음 4:25~29). 용도도 '예수', '기독교', '교회'로 장사를 하는 음흉한 종교인들의 마음속에서는 백 번도 더 돌에 맞았다.

중생 2
: 나 죽고 너 살자

1. 교회가 인간의 구원을 위해 봉사한다면 사람들에게 회개를 요청하여 죄의 용서를 받고 성령으로 변화를 받아 새 사람이 되도록 할 것이다. 그런데 교회의 확장에 너무 관심한 걸까? 사람들의 구원을 걱정해주는 척하면서 구원 받지도 않은 이들까지 구원 받았다고 선언해준다. 성경에 기록된 대로 예수를 믿는다고 시인했으니 구원을 받았다는 것이다. 맞는 말 같지만 좀 이상하다. 분명 예수를 믿는데 왜 바뀐 것이 하나 없을까? 성령께서 나를 재창조하셨다는데 왜 나는 그대로일까(고린도후서 5:17)? 죽은 자를 살리시는 하나님의 능력(에베소서 1:19)이 고작 이 정도인가?

2. 그러나 교회는 말한다.

"믿는다고 시인했으면 성도님은 구원을 받은 것입니다. 그것도 영 – 원히. 이제 천국은 성도님의 것입니다. 대신 우리교회에 나와야 합니다."

꼭 종교개혁을 촉발시켰던 면죄부를 떠올리지 않아도 분명 좀 이상하긴 하다. 헌금과 머릿수로 하는 '교회장사'를 보노라니 용도는 예수께서 목숨을 주실 정도로 사랑하시는 귀한 영혼을 현대 교회가 해치고 망치고 죽이고 있다고 한 것이다. 원점. 다시 중생. 새로 지음을 받았는가? 종교적 자부심과 첨탑들을 의지하지 말고, 그것들에 눈가림을 당하지 말고, 그대는 회개하였는가?

3. 이렇게 '찬물'을 끼얹는 사람들의 대명사는 구약 예언자들이었다. 그

들 중 누가 장수하였는가? "너희 조상들이 선지자들 중의 누구를 박해하지 아니하였느냐"(사도행전 7:52). 선지자들은 "평안하다 평안하다 평안하다"를 바라는 이들에게 "그렇지 않다 그렇지 않다 그렇지 않다"를 전했다. 하나님은 의와 자비와 성결을 잃은 우리일지라도 기뻐하신다고 생각했는데, 하나님은 "너희를 기뻐하지 아니하며"(말라기 1:10) 하고 말씀하셨다.

현대 교회가 이런 식일 때는, 구원의 통로가 아니라 구원의 샛길 노릇을 하고 있는 것이다. 좁은 문 험한 길이 아니라 큰 문 넓은 길로 인도한다면 말이다.

이런 인식에 이르니 용도는 우리의 살길은 철저히 회개하고 성령으로 새로 지음을 받으며 기도와 사랑으로 주를 따라가는 것뿐이라고 전해야 했던 것이다. 오 설교자, 그대 하나님의 예언자여! '선의의 거짓선지자'가 되지 말아라.

...

4. 한 영혼의 소생은 얼마나 소중한가? 그러나 그것과 함께 욕도 따라온다. 이 욕은 처음에는 원산지방에서, 그 다음에는 주일학교연합회에서, 그 다음에는 더 큰 어떤 공격으로 이어질 것이다. 용도는 이 사실을 몰랐을까? 이미 예상하고 있었던 것으로 보인다.[146]

용도는 자기의 피가 마르고 살이 깎이는 것보다, 한 영혼이 새로 태어나 살이 돋는 것을 더 가치 있게 여겼다. 한 영혼을 천하보다, 심지어 제 목숨보다 더, 중요하게 여겼다. 이유는 소박하면서도 굳건했다. 사랑하는 예수님께서 그리하셨다는 것이다.

5. 회개와 중생의 설교는 오늘날에도 오래 믿은 자들이나 자기만 특별하게 보이는 안경을 쓴 이들, 심신이 뻣뻣하게 굳은 이들을 불편하게 만들 것이

다. 이때 겸손을 택하면 큰 은혜를 받을 것이고 교만을 택하면 원수역을 자청할 것이다. 구약의 선지자들과 예수님은 그럼에도 불구하고 말씀하셨다. 이용도도 그렇게 하였다. 회개의 외침을 듣지 않을 권리와 권위가 있는 사람 누구인가?

6. 거듭남의 체험을 사모하고, 거듭난 뒤로는 철저히 주를 따라감으로 넘어지지 않도록 할 것이요, 거듭난 것인지 모르겠다면, 믿는 자들에게 구원을 베푸시는 주님의 약속하신 말씀들을 소망으로 붙들고 의지하여 그분께서 내 마음에 역사하시기를 기도하고, 오늘 주님께서 비추어주시는 빛을 따라 사랑을 행하는 가운데 그분의 임하심을 바라고 바랄지어다.

7. 중생을 설교하면 욕이 따른다. 욕을 당하면 아프다. 하지만 그로 인해 새로운 생명이 탄생한다면 그런 아픔은 감사하게 받아들여야 한다. 용도는 아픔의 충격을 온몸으로 받아내었다. 주님께서 우리를 위해 그리하신 것 같이 그도. 중생의 설교는 나 죽고 너 살자는 것이다. 그래서 무섭고, 그래서 위대하다.

사랑사이

1. 위에서 말한 '용도의 싸움'에서 극단적 입장을 주의할 것은, "회개의 진의"와 "신앙의 진의" 다음에 이어지는 일기를 보면 용도는 새벽 2시 반 기도 중에 주께 죄를 고하며 간구하기를,[147]

> 오 주님이시여, 이 죄인을 용납하여 주시옵소서. 그 동안 주님을 신앙하는 생활이라고 하여도 사실은 아니었사옵니다. 세상과 자기를 의지하고서 기거동작한 자식이로소이다 … 주님이여, 나를 받으시옵소서 … 주님 앞에 있다가는 다시 떠나가고 가고 하는 교활한 탕자가 돌아 왔습니다. 세상은 나에게 참 힘이 안되며 참 위로가 안되었나이다 … 오 주여, 내가 아주 망하기 전에 주께서 나를 잡아당기시었습니다.

흥미롭다. 용도가 얼마 전에 쓴 "회개의 진의"에 의하면, "세상 표준 부정"만 아니라 "포기"도 있는데, 이어지는 일기에서는 자기가 세상에 끌려갔음을 주께 고하고 주님이 건져주심에 감사드리고 있다.

여기서는 '은혜의 관계'를 읽는다. 우리는 누구에게, "너는 세상 표준에 아직도 사로잡혀 있고 세상을 포기하지 않았으니 너의 믿음은 참되지 않다"고 쏘아붙일 수 없다. 사랑이 담기지 않았다. 용도가 참 회개와 참 신앙을 외칠 때에는 그 안에, 동포들로 "인하여 내 피는 마르고 내 살은 떨리노라"는 사랑이 후들대고 있다.

    2. 여전히 세상의 표준이 두렵거나 혹은 세상의 풍경이 매혹적으로 보일지라도, 때로 그 끓이 매우 거세고, 어리석게도 은혜를 의지하지 않음으로 돌아왔던 탕자가 다시 돌아나갔더라도, 이는 통탄할 일이지만 그럼에도, 백 번 염치없음에도 불구하고 다시 돌아와 주님을 향한 더욱 깊어진 갈망으로 자기를 의지하지 않게 된다면, 그 믿음은 여전히 살아있어 주님의 자비를 힘입을 수 있다.

    주님의 은혜로 시작되고 유지 및 완성되는 믿음이란, 차가운 공식이나 법칙이 아닌 사랑하는 분과의 정분 넘치는, 도저히 잊지 못하는 '사이'다. 주님을 전심 전신으로 사랑하고 그러므로 주님의 말씀과 그분에 대한 모든 것을 자기보다 더 사랑하는 자는 과거의 죄로 인한 고통에도 불구하고 하나님의 나라를 차지하고 거기서 뛰놀 것이다.

아우성 속의 엎드림

1. 1931년 1월 충북 영동 집회에서 돌아온 뒤 얼마 후 서울에서 주일학교 지도자 강습회가 열렸을 때의 일이다. 내로라하는 주일학교 강사들은 전부 모인 자리에서 용도도 어떤 과목을 맡아 참가했다.

집회 사흘째가 되는 날이었다. 강습생 전체가 "모 씨"의 시간에는 하나도 참석을 하지 않고 용도의 시간에만 열심히 참석하였다. 그리고 강습생 대표가 일어나, 용도 목사의 강의로만 일정을 채워달라고 요청했다.

주최 측은 당황하며, "주일학교 사업은 그 범위가 극히 넓어서 어느 한 면만의 연구나 활동만으로는 안 되는 것이어서 용도 한 사람의 강의만 계속할 수는 없다"고 한 뒤 용도에게 가서 말했다.

"이 목사님은 강습회에 나오지 말아주셨으면 합니다. 다른 뜻은 아니고, 이 목사님이 오면 다른 강사들이 다 그만둘 모양이고, 또 학생들이 이 목사님만 찾으니 그 강사들의 위신과 면목에 관계되는 바가 커서 말입니다."

용도는 원망이나 불평 한마디 없이 강습회가 요구하는 대로 자리를 떠나 주었다.

2. 이 사건 이후 용도는 '문제의 인물'이 되었다. 감리교단도 이 일을 우려하였다. 그러던 중 연회가 열리는 1931년 6월에 용도는 '경성지방 순회목사'로 파송을 받는다. 경성지방 감리사의 지시 아래 경성지방 안에서 집회를 하라는 것이었다. 전국도 좁은 사람에게 말이다.

차라리 교단에서 마땅히 이용도를 지지해주고 응원해주었다면 감리교단만 아니라 한국교회가 더욱 깨끗하고 강건해졌을 텐데, 교단 수뇌부의 지나친 염려와 간섭과 젊은이를 못 마땅히 여기는 경직된 심보로 인해 더 큰 진보를 얻지 못함으로 닥쳐올 환란에 대비치 못했으니, 현대 한국교회는 그러한 과거를 타산지석으로 삼아야 쓸데없는 똥고집과 똥배로 인한 손실과 고통을 또 당하지 않을 것이다.

3. 이리하여 경성지방만 순회하며 부흥회를 열고자 하니 다시 문제가 생겼다. 교단의 지시와 "전 조선 각 교회의 요청이 상충"된 것이다. "전 조선 각 교파의 각 교회가 좀 와달라고 간청 애원의 아우성"을 치고 "전국의 교회들로부터 요청이 쇄도"하여서 용도는 무척 난처하게 되고 교단본부도 걱정하게 되었다. 원칙상으로는 보내줄 수 없고 그렇다고 안 보내줄 수도 없으니.

4. 이렇듯 교단의 외부적 요인으로 용도의 마음은 어려웠으나 또한 내부적 요인도 있었다. 경성지방 내 감리교회 중에서 용도를 간절히 원하는 곳들이 있었지만, "그 꼴 보기 싫다고 빈정대고 비방하는 교회도" 있었던 것이다. 앞서 보았듯 용도는 자기를 향한 비난에 분노하거나 대꾸하지 않고 무언(無言) 가운데 주를 생각하며 인내해왔다. 그를 극히 사랑하는 이들과 극히 언짢게 여기는 이들의 사이에 낀 용도가 선택할 것이 무엇인지는 지금까지 그의 일관된 삶을 통해 알 수 있으니, 그것은 그저 엎드리는 것이었다.

"주여, 어찌 하오리까. 내 주여, 뜻대로 행하시옵소서!"

기도 중에 용도는 한 결심을 하였다. 어느 곳에서 집회를 할 것인지 며칠을 할 것인지 등의 일체를 "오직 기도를 통해서 내리는 주님의 지시"에만 따르기로 한 것이다.

그런데 이런 결심 또한 문제가 되었다. 주님의 뜻대로만 하려는 이것이 마치 상사나 교단에 순종하지 않는 것처럼 비추었기 때문이다.

이리해도 저리해도 마음이 편할 수 없는 용도는 괴로워하며 힘껏 주를 구하였다. 그럼에도 그에게 날아오는 편지와 전보들은 그를 가만히 놓아주지 않았다. 그 내용의 애절함과 요청의 집요함은 끔찍하여서 때로 한 교회에서 수십 통씩 날아오기도 했으니.

"내 주여, 주의 뜻대로만 행하시옵소서!"

용도는 울며 기도하고 울며 끌려갈 수밖에 없었다. 교단의 지시대로 '경성 안에서만' 그리고 '감리교회 내에서만' 할 수 있으면 오죽 마음 편했으랴. 하지만 너무 많은 곳에서 너무 간곡하게 원했으니, 모든 것을 주께 맡기고 인도하시는 대로 가기로 했다. '교단에 충실한 목사' 혹은 '규칙과 질서를 잘 지키는 목사' 등의 이미지를 박탈당하고 오히려, "저거 멋대로 한다"는 오해의 비난도 묵묵히 받아내야 하는 시험대에 오른 것이기도 했다.

5. 앞으로 자료를 통해 보겠지만 주님께서는 용도를 보내시는 곳마다 크게 역사해주셨다. 1931년 여름에 이르자 – 눈에 불을 켜고 용도를 따라다니던 변종호가 볼 때 – "이용도 목사라는 이름은 2,000만 동포(불신자도 포함)의 입에 커다란 화제"가 되고 있었다.

바탕재료 〔전기〕, 156~60을 재구성.

기독교의 재출발

1. 이용도는 1931년 1월 평양기도단의 간곡한 편지를 받고 2월 15일 주일 산정현, 서문밖, 장대현에서 총 3회의 설교를 하였다. 다음날은 평양 중앙교회에서 마태복음 28장 20절을 본문으로 "항상 너와 함께 있으리라"는 설교를 했다. 그러던 중 목이 거의 쉬어버렸다.

2. 평양 집회를 마친 뒤 2월 18일에 도착한 황해도 재령. 이곳은 어떤 곳인가? 월간지 〈개벽〉 1925년 6월 1일자의 "황해도답사기(黃海道踏査記)"에 의하면, "재령은 기독교 천하"라 하여,[148]

> 재령에서 기독교만 제하고 보면 별로 보잘 것이 업는 것이 사실이다. 종교방면은 무론 교육도 기독교, 상업도 기독교, 농업도 기독교, 고리대금까지도 기독교인이다. 평북에서 선천을 기독교국이라 함과 가티 황해도에서는 재령을 기독교 천하라고 한다. 황해도뿐 안이라 전선(전 조선)에서도 재령 이상으로 기독교가 치성(불 같이 일어남)한 곳은 아직 발견할 수 업다 …

황해도에서, 아니 1925년 6월 전 조선에서 가장 기독교가 성행하는 곳이 어디냐 물으면 재령이라는 것이다.

3. 용도는 한 시 반 차로 재령역에 도착했다. 재령 동부교회의 제직과 몇 신도들이 역전으로 마중을 나갔다. 차에서 사람들이 다 내렸는데 이용도 목

사는 보이지 않았다. 용도는 검은 무명주의에 중절모자를 눌러쓰고 성경과 찬송가가 든 책가방을 들고 내린 뒤 분명 출구로 나갔다. 그러나 그들은 보지 못했다.

왜 그랬을까? 용도 목사는,

"배가 나오지도 않았고 좋은 양복을 입지도 않았고 생각보다 앳된 얼굴에 걸음걸이도 뚜벅뚜벅 어른스럽게, 위풍당당하게 걷지 않았기 때문이었다. 그가 머리를 들고 의젓하게 나온 것이 아니라 마치 학생처럼, 아니 죄인이나 된 것처럼, 어린애같이 가슴을 웅크리고 나오는 모습이 목사 같지도 않았고 더구나 유명하거나, 위엄이 있거나, 당당해 보이지도 않았기 때문이었다."

용도는 먼저 가까운 교회로 가서 조용히 기도를 올렸다. 집회는 이날 저녁부터 시작될 예정이었다. 기도를 마친 뒤에는 숙소를 찾았다. 짙은 무명옷과 낡은 모자에 고무신을 신은 용도는 사람들에게 묵을 곳이 있는지 물었으나 시원찮은 대답만 돌아왔다. 골목을 따라 한 곳 두 곳 …… 다섯 곳을 다녀 보았지만 소용없었다. 그러다 여섯 번째에 언덕 위의 여관 하나를 찾을 수 있었다.

이 여관은 주인 부부와 아들딸이 함께 운영했다. 그들은 신앙을 떠난 아버지만 빼놓고는 전부 서부교회 교인이었다.

여주인이 용도에게 어디서 왔는지 묻자 용도는 시골에서 왔다고 대답했다.

"그래요?"

퉁명스러운 반응이었다. 그래도 방을 얻었으니 다행이다. 용도는 기차역에 둔 자기의 짐을 가져다 줄 사환이 있는지 물었다. 이곳에는 따로 사환이 없고 17~18세 정도 되는 아들이 이 일을 했나 본데, 그는 이 심부름을 언짢게 여겼다.

"짐이 어디에 있어요?"

짐표를 건네주며 기차역에 있다고 하니,

"무겁겠네요."

용도는 불만에 찬 아들에게,

"자네가 가기 싫으면 내가 직접 가도록 하지."

"그렇게 하세요."

역으로 가는 길에 이용도는 기도했다.

오 주여, 이런 짐을 져본 일이 없었는데 이제야 질 때가 되었습니다.

그의 짐상자에는 부흥회 기간 가르칠 책들이 담겨 있었다. 무거운 짐을 등에 지고 숙소로 돌아가는데 근사하게 빼입은 남녀들이 역전으로 향하고 있었다. 하는 이야기로 보아 목사님과 제직들이었다. 그들은 칙칙한 옷을 걸치고 큰 짐을 어깨에 메고 가는 용도 목사를 쓰윽 바라보았다. 그리고는 그대로 발길을 돌려 위대한 부흥사를 맞으러 걸음을 재촉했다.

"밤 집회를 인도하실 유명한 목사님이 지금에는 역전에 도착하셨을 거야. 어서 갑시다."

끙끙 짐을 메고 집에 온 용도는 숨을 내쉬며 방바닥에 앉아 주님께 감사의 기도를 드렸다. 저녁 식사 후 여주인은 숙박계를 작성해달라고 했다. 경찰들이 이따금 숙박계를 검문하던 시절이었다. 용도는 직업란에 '목사'라고 썼다. 여주인은 용도의 꼴을 보고는 목사 치고 너무 초라하다고 여기는 표정이었다. 용도는 숙박계를 돌려주면서 "신약의 요한복음 13장 7절을 읽어보시오" 하였다.

4. 용도가 교회 밖에 도착했을 때는 벌써 저녁이었다. 목사님과 직분자들은 강단에 앉아서 부흥사 목사님을 기다리며 수군댔다.

"왜 안 오시지?"

"몇 번 마중을 나갔는데 흔적도 없었답니다."

"못 오시면 미리 전보라도 주셔야 되는 것 아니야? 사람들이 이렇게 많이 모였는데."

용도는 교회 안으로 들어가고자 했다. 안이 가득 차서 들어갈 수 없었다. 용도의 이름을 듣고 모인 사람들이 대단히 많았다. 기다리던 그이가 입구에서 서성일 때 알아보는 이는, 말을 걸어오는 이는 아무도 없었다. 겨우 비집고 들어간 뒤에 용도는 강단 근처로 가서 엎드려 기도를 올렸다.

기도는 곧 나의 기쁨이요, 나의 의미요, 나의 생명이요, 나의 일이외다. 기도가 없어 나의 기쁨도 없고 나의 존재도 의미도 없고 나의 생명도 없고 나의 일도 없습니다. 기도는 곧 나의 생명이요 나의 운동이올시다. 기도보다 더 큰 일이 없는 것 같습니다. 그러나 나는 종종 기도를 못할 때가 있습니다.

아, 기도 못하는 나의 슬픔. 아, 기도 없는 나의 영의 가련함. 밥을 굶는 것보다 더 가련하고 옷을 벗은 꼴보다 더 불쌍한 것입니다. 오 하나님이여, 나에게 기도를 주시옵소서. 기도할 영의 힘을 주시고 기도할 말을 주시옵소서.

나의 중심에 기도가 없으매 나의 영은 신랑과 만나는 밀실을 갖지 못하고 쫓겨난 신부와 같습니다.

오 주여, 기도할 수 있게 해주옵소서. 나의 모든 것은 다만 기도에 있습니다. 기도를 마귀에게 빼앗기면 나는 모든 것을 빼앗기는 자입니다. 마귀는 나의 기쁨을 빼앗으려 하지 않습니다. 저는 지혜로운 놈입니다. 저는 나의 평화와 힘을 빼앗으려고 하지 않습니다. 나의 신앙과 열심도 저는 빼앗으려고 직접 손을 대지 않습니다. 저는 자기의 악의(惡意)를 대적하는 나의 모든 선을 빼앗으려고 애를 쓰도록 그렇게 무지한 자가 아니요, 그런 우맹(愚氓)이 아닙니다. 저는 무엇보다도 나의 기도 하나만을 빼앗으려고 하는 아주 묘한 자입니다. 기도만 빼앗으면 신앙도, 열심도, 기쁨도, 평화도 다 자연히 빼앗을 수 있는 것입니다. 나의 신앙으로 되는 생활의 전체가 모두 기도 위에 건설되어 있으며 기도 속에서 형체를 이루는 것이므로 저는 나의 기도를 상하고 무너뜨리는 것을 가장 큰 일로 삼습니다. 오 주여, 이 마귀의 간계(奸計)를 타파하고 나를 구원하여 주소서.

기도, 기도, 아 그리운 기도. 내 생명이 떠날 때까지 할 수 있는 기도를 주옵소서. 기도는 나의 알파요, 오메가가 되어지리다. 나의 생은 기도로 시작하여 기도로 마치게 하여 주옵소서. 아멘.

5. 시작종은 울리고 재종도 울렸다. 교회는 술렁였다. 제직들은 발을 굴렸다. 집회를 인도할 사람이 보이지 않았다. 시간이 너무 늦어지자 담임 목사가 단에 올랐다. "서울서 오신다는 목사님이 안오시어서 미안하게 되었다"는 말을 하려 했다.

이때 강대상 아래에는 납작 엎드려 있는 청년 하나가 있었다. 순간 그가 몸을 일으켰다. 이용도 목사였다. 그러자 이용도의 얼굴을 아는 한 사람이,

"아니, 이용도 목사님 아니십니까!"

순간 장내가 조용해졌다.

"네, 그렇습니다."

순간 장내가 뜨거워졌다.

사람들은 목을 빼고 기다리던 용도 목사를 역전에서도 교회에서도 알아보지 못했다. 큰 목사님, 훌륭한 목사님, 영력의 목사님은 비싼 양복을 걸치고

권위 있는 제스처로 주변을 압도하고 자기의 말과 손에 천국의 열쇠를 쥔 것처럼 거동하고 힘찬 발걸음으로 자기를 직립시켜야 하는데, 용도 목사는 이러한 '큰 목사' 관념 안에 담긴 세속적, 인간적, 압제적, 외형적 가치들을 전혀 배신했던 것이다. 중심을 보시는 하나님은 용도를 알아보셨지만 외모를 보시는 기독교인들은 용도를 알아보실 수 없었다.

이렇듯 비장하게 시작된 재령 집회는 첫날부터 심상치 않았다. "첫 시간부터 교회 마루는 눈물로 젖어 들었"다. 교회는 이날 집회 후 용도 목사를 교회 근처 좋은 숙소로 옮겨주었다.

다음날부터는 교인들 대부분이 가게 문을 닫고 부흥회로 몰려들었다. 성경학교 학생들은 학교에 빠지고 부흥회에 와서 야단을 맞았다. 어느 중학생은 집회에서 은혜를 받고 기숙사로 돌아가 밤을 새워 기도하다가 사감에게 들켜서 퇴학을 당할 지경이라는 얘기까지 돌았다.

언론인, 사회의 유력자들, 무슨무슨 주의자와 무슨무슨 운동가들도 교회를 찾아와 눈물을 흘리며 함께 기도로 밤을 새기도 했다. 재령에서 악명을 떨치던 배 모씨 등이 집회 중에 정신을 잃은 것처럼 네댓새를 마루를 치며 통곡했다. 이 일은 하나님의 기적이 아닐 수 없다며 재령 일대가 떠들썩해졌다.

이런 역사에 접하다 보니 집회가 끝난 뒤에 많은 열매가 맺혔다. 밤이면 꼭꼭 잠가두었던 예배당이 새벽 한 시나 두 시까지 기도소리가 끊이지 않게 되었다. 심지어 3시나 4시까지 통회의 눈물이 마르지 않는 날도 있었다. 죽은 듯이 고요하던 밤을 깨우는 재령 교인들의 기도와 찬송은 재령과 온 한국을 구원할 기세였다.

피도수도 이번 부흥회에 대하여, "놀라운 날들이 계속됐다"고 한다. 집회에 참석했던 사람들은 "오랫동안 젖어있었던 구습을 떨쳐버렸다 … 하루하루 지나면서 그들은 성령의 충만함을 위해 진리를 시인하고 스스로를 [바르]게 하였다."

6. 때로 교인들에게 큰 은혜가 주어지기 위해 설교자에게 아픔과 어려움이 허락되기도 한다. 이번 집회가 그랬다. 용도는 지난 2월 평양에서의 3일 집회 후로 목이 거의 쉰 상태였다. 재령 집회 11일째인 2월 28일 토요일 저녁. 목이 잠긴 용도는 이것에도 뜻이 있으심을 믿고 주님을 신뢰했으니, 주님께서 이것을 그의 의로 여기셨다.

오 주여, 옳소이다. 나의 음성을 아주 잠그시고 당신이 직접 역사할 때로소이다. 시간이 지날수록, 세월이 갈수록 나의 앞에는 기사와 이적이 있었나이다. 이번에는 또 어떤 오묘를 나타내시려나이까. 나는 엄숙한 마음으로, 두려운 마음으로 기다립니다.

강단에 섰다. 이 설교를 마치고 죽겠다는 각오로 설교하니, 손짓 발짓은 나왔다. 하지만 소리는 나오지 않았다. 사회자는 용도가 안쓰럽기도 하고 모인 사람들에게 미안하기도 하여 고민하다가 통역자를 세웠다. 용도 목사의 입모양을 보고 그것을 대신 선포하는 방식이었다.

이런 통변은 세계에 유례가 없는 것이었다. 운집한 회중들은 통역이 되는 것도 신기했거니와, 설교의 한 마디 한 마디가 천상의 보석과도 같았기에 강단에서 떨어지는 모든 말들을 가슴에 쓸어담았다. 통역자는 총알처럼 빠른 용도의 말을 신기하게도 놓치지 않고 회중에게 전달해주었.

그러자 "불을 토하게 되니 성신의 맹렬한 역사가 일어났다." 아, 그때 그곳의 사람들은 얼마나 복되었을까?

이때의 설교 일부가 일기를 통해 전해진다.[149]

"나는 말을 할 수 없노라. 입 밖으로 나오지 않는 하나님의 말씀, 곧 나의 설교는 나의 중심에 가득히 서리어 있노라. 중심에 있어서 나를 괴롭게 하노

라. 나는 말로 할 수 없어 눈물만 흘리노라. 이 눈물은 오늘의 나의 설교로다. 나는 중심에 있는 말을 다하지 못하여 전신의 힘을 모아 쥐어 손을 드노라. 든 손은 곧 나의 설교로다. 나는 말할 수 없으매 엎드려 기도하노라. 이는 곧 나의 설교로라. 나의 등에서 흐르는 땀은 여러분을 위한 나의 진실한 설교로다.

보라, 말이 없는 예수를! 그러나 그 말없는 위대한 설교를 들으라. 겟세마네 동산에서 흘린 피땀과 더운 눈물은 모든 인간의 영에 호소하는 예수의 진실한 설교로다. 골고다에서 지고 있는 그 십자가는 예수의 설교니 곧 모든 인간에게 외치는 하나님의 설교로다. 가시관을 쓰고 흘리는 이마의 피와 땀은 예수의 진실한 설교가 아닌가. 아, 이 설교를 들으라. 나의 말은 귀에 호소하는 설교다마는 예수의 십자가는 인간의 영에게 외치는 설교로다.

그 설교를 들어도 감격이 없는 자, 어찌 나의 설교에 감동이 있으랴. 쉬지 않는 예수의 설교, 이는 만대(萬代)를 통하여 만민에게 호소하며 외칠 영원한 하늘의 설교로다. 이 설교를 듣는 자 복될 것이요, 듣지 않는 자 영원히 저주를 받으리로다."

7. 다음날인 3월 1일 오전 10시까지도 이용도의 목은 그리 좋지 않았다. 그런데 이날에 특별한 만남이 시작되었다. 변종호가 아침 집회에서 용도 목사의 설교를 듣게 된 것이다.

변종호는 기독교 집안에서 성장했음에도 하나님을 원망하고 목회자를 "거룩한 기생물"이라고 여기던 스물여덟 청년이었다.

변종호가 그리 된 이유는 따로 있었다. 일어나지 못하는 중병을 9년이나 겪으면서 하늘을 향한 원망에 사로잡혔던 것이다. 모태신앙자요 망나니짓은 한 적이 없다고 자처하는 도덕가였으니, 그렇게 어린것에게 그렇게 무서운 벌을 내리신 하늘과 세상을 향해 울분이 터져 나올 법도 했다.

그런 그에게 "병을 복으로 여기어 기쁘게 받고 병상을 낙원으로 생각하라"고 한 목사님들은 죽을 병을 앓아본 적도 없고 볼에 살이 피둥피둥 찐 부류들이었다고 한다. 어느 신령하다는 목사는 안수기도를 해준다면서 구두를 신은 채 그의 깨끗한 방에 성큼성큼 들어왔는데, 변종호는 그를 쫓아버렸다. 변종호는 교회와 관계를 완전히 끊는 것이야 말로 합리적이고 올바른 선택이라고 확신하기에 이르렀다.

이렇게 의식 있는(?) 청년을 용도의 부흥집회로 끌고가기 위한 가족들의 방법은 논리가 아니라 눈물이었다.

변종호는, "요즘 목사란 사람의 입에서 무슨 신통한 소리가 나온단 말입니까?" 하며 저항했다.

그러나 가족들의 성화에 견디다 못해 옷을 챙겨 입었다. 교회에 도착한 그는 전혀 유쾌하지 않은 얼굴을 하고는 가능한 강대상으로부터 멀리멀리 예배당 입구에 있는 신발장 옆에 대강대강 앉았다. 고개를 들어 강사를 본 변종호는 어이없는 코웃음을 쳤다.

"허, 저런 사람이 무슨 말을 한단 말인가? 어디서 저런 것을 데려와서……. 아니, 무슨 정신으로 저기에 세운 거야? 교회가 노망이 들어도 단단히 들었지."

설교가 시작되었다. 한 마디 두 마디가 떨어지고, 그러면서 변종호의 가슴은 알지 못하게 울렁울렁거리고 머리는 아찔아찔하였다.

"벽돌로 담을 쌓고 울긋불긋하게 장식을 해놓은 것이 교회가 아닙니다. 이 예배당을 다 불태워버리고 그 잿더미 위에서라도 몸과 마음을 모두 바쳐 참된 예배를 드려야 그것이 바로 교회올시다."

"신앙이라, 사랑이라고 하면서도 내용은 하나도 남아있지 않고 껍데기와 기관과 조직만 남아가지고 이것이 예수 교회라고 전하면서 남의 귀한 영혼을 해치고 망치는 죽이는 것이 현대 교회가 아닙니까?"

10분 정도 지나자 지난 9년간 마음 깊이 박혀 있던 원망과 완고함은 온데간데없어지고 변종호는 완전히 꺼꾸러졌다. "오, 목사님!" 탄성이 나왔다. 태어나서 처음으로 그런 설교를 들었다.

그의 설교는 이렇게 부패한 교회의 내막을 폭로하고 주님의 일꾼들이 직업화되는 것을 여지 없이 공격하고 예수와 십자가를 재인식할 것을 주장하면서 조선기독교의 재출발을 역설하는 것이었다.

"조선기독교의 재출발"은 '파괴와 생성'을 통해 이루어진다. "부패한 교회"와 "주님의 일꾼들이 직업화되는 것"에 의를 선포하는 것은 파괴고, "예수와 십자가를 재인식"하는 것은 생성이다. 오늘날의 한국기독교는 불의와 교만과 탐욕과 거짓과 세상자랑의 장신구를 제거하고, 예수에게로 돌아가 자기 십자가를 지는 것으로 산뜻한 재출발이 시작된다.

용도의 열렬한 설교가 1시간 정도 지나자 말소리를 알아들을 수 없는 지경이 되었다. 변종호의 회고담을 들어보자.

오직 사력을 다해 외쳐보려는 몸부림만이 철저하게 보일 뿐 아무 말도 들리지 않았다. 나는 온 신경을 집중하고 귀에 손을 대고 들어 보려 안간힘을 썼다. 모든 사람들도 침을 삼키며 안타깝게 귀를 기울인다. 나는 무릎을 세워도 보고 곧게 앉아 보기도 하고 벌떡 일어서 보고 몸을 앞으로 굽히고 강대상을 향해 바라보며, 가슴을 졸이며 귀를 기울였으나 단 한마디도 들을 수가 없었다.
안타까운 2,000여 명의 졸아드는 가슴과 목을 찢어서라도 한마디를 토하고, 가슴을 깨쳐서라도 외쳐 보려는 단상의 목사님의 결사적인 노력과 최후의 몸부림, 이는 부패한 기독교의 마지막 몸부림 같았고 고민하는 기독교가 마지막 숨을 거두는 모습과 방불했다. 저렇게도 약하시고 꼭 잠긴 목으로 어째서 저렇게 몸부림을 쳐야 하고 누구 때문에 저래야 한단 말인가. 어느덧 목이 메인 나에게서는 눈물이 비오듯 쏟아지기 시작했다.

… 2,000여 명의 마음들이 부글부글 끓어 오른다. 본 교회 목사와 장로들은 어쩔 줄 몰라 발만 동동 굴렀다. 말 소리는 들리지 않은 지 오래건만 몸짓은 쉬지 않았다. 금방 쓰러질 것만 같은 안타까운 모습이다. 그러나 최후의 힘까지도 짜내는 듯한 그의 표정은 그러다가 죽더라도 단에서는 내려가지 않겠다는 비상한 결심이 엿보였다.

변종호는 "이 세상에 나서 처음 드리는 남을 위한 간절한 기도"로 목사님의 목을 열어주십사 간절히 기도했다. 그리고 밤 집회. 강단에 선 용도를 보자 자기도 모르게 눈물이 나왔다. 귀를 쫑긋 세우고 그의 입에서 나오는 한 마디라도 붙들어보려고 애썼다. 하지만 용도의 입은 꽉 막힌 채로 다시 손짓과 몸짓만 계속되었다. 집회장의 열기로 인하여 변종호의 온몸은 땀으로 젖고, 눈에는 눈물이 흥건히 고였다. 그러면서 마음은 바짝바짝 타들어간다.

'목사님, 거기서 죽으시렵니까!'

땀과 눈물과 속탐. 그렇게 얼마간의 시간이 흘렀다. 그러다가 이용도의 입에서 가느다란 말소리가 한 자 튀어나왔다. 한 자 또 한 자. 한마디 또 한마디. 그러면서 말소리도 점점 커진다. 그러다가는 폭포수처럼 철철철 열변이 터져 나온다. 목이 꽉 열린 것이다. 변종호는 주체하지 못하는 눈물을 쏟으며 주님께 감사를 올렸다.

8. 다음날 아침 변종호는 종이와 붓과 먹을 들고 이용도를 찾아가 앞에 꺼내놓으며 글을 한 자 써주시기를 부탁했다. 용도는 빙그레 웃으면서,

"이런 청은 받아본 일도 없고 또 평생에 이런 글을 써본 적도 없는데……."

변종호는 간청했다.

"목사님의 글씨나 어구의 아름다움을 보고자 해서가 아닙니다. 그저 몸과 마음이 모두 약한 나에게 힘이 되고 도움이 될 만한 글을 한 자든, 두 자든 좋으니 써달라는 것입니다."

이에 용도는 붓을 받아 조용히 눈을 감은 뒤, 종이 위에 술술 써 내려갔다.

無言
謙卑
祈禱

李龍道
一九三一年三月二日

"이게 무슨 뜻입니까?"

용도는 하나씩 설명했다.

"이 글은 형에게 드리는 글이나 또한 내가 영원히 붙들고 살다가 죽으려는 글이기도 합니다. 여태까지 나의 수양과 노력과 활동은 오직 이 세가지를 행하는 일이요, 실행해 보려는 노력이올시다.

무언(無言): 이 세상은 말이 많은 세상입니다. 하지 않아도 될 말, 또 남을 해치는 말이 얼마나 많습니까. 자기의 아름다운 뜻을 남에게 전하라고 하나님께서 주신 그 말을 가지고 얼마나 남을 해하고 세상을 망칩니까. 이 세상 사회의 모든 악, 싸움, 그리고 모든 분쟁은 다 이 말에서 시작되는 것입니다.

그래서 나는 말이 없기를 바라며 또 벙어리가 되기를 위하여 염원하는 바입니다.

겸비(謙卑): 세상은 또 얼마나 교만한 세상인지요. 못 되고도 된 척하고 또 좀 되면 되었노라고 남을 멸시하고 천대 구박하는 바람에 싸움이 생기고 야단이 나지 않나 생각합니다. 그래서 나는 가장 낮을 자, 가장 미욱하고 천하고 불쌍한 자가 되어서 더 배우고, 더 얻고, 더 받아들이기를 간절히 바라고 있습니다.

기도(祈禱): 기도의 필요성이야 여러 말할 것이 없지요. 나는 모든 부족과 고통과 설움을 주님께 내어 맡기는 길이 바로 기도에 있고 아버지에게서 그 큰 사랑과 위안과 힘과 빛을 얻어 오는 길이 또한 기도를 함에 있으니, 신앙생활에는 오직 기도가 있을 뿐이며 또한 기도 하나로 족한 것입니다.

기도 없이는 살 수도 없을 뿐 아니라 죽을 수도, 말할 수도, 잘 수도 없으니 주를 믿는 자는 그저 기도 하나가 생활의 전부가 되어야겠습니다. 물 없이는 고기도 살 수 없고 공기가 없으면 몇 분 동안도 우리의 육체가 살 수 없음 같이 기도 없이는 우리의 영이 1시간이나 몇 분 동안도 살 수 없음을 깨달아야겠습니다. 그리하여 어느 때, 어느 곳에서라도 우리는 그저 기도를 해야 하리라 생각합니다."

설명을 마친 뒤 용도는 조용히 엎드리며 변종호를 위해 기도했다.

"주여, 이 청년의 마음을 살피사 이 시간에 그를 붙들어 온전한 주의 종이 되게 하옵소서, 완전히 붙드사 당신의 포로가 되게 하옵소서. 그의 몸은 많은 고생으로 지치고 마음은 오래 동안 헤매었습니다. 그러나 주여, 지금 그에게 은혜를 베푸사 그 몸과 마음이 이 자리에 엎드릴 수 있게 하셨으니 이 시간에 그를 꼭 붙드사 아버지의 사슬에 영원히 매이게 하시고 이제 다시는 아버지를 멀리하는 길에 그 발을 들여놓지 않게 하옵소서. 인생이 몇 날입니까? 살면 얼마나 살겠나이까? 인생의 낙이 무엇이고 낙을 누린다면 그것이 몇 푼어치나 되겠나이까? 헛되고 헛된 인생의 꿈을 찾아 끝없이 방황하는 것보다도 주의 포로가 되어 주의 곁에서 하루를 사는 것이 진정한 행복이요, 은총임을 알게 하옵소서. 다 죽었던 그 몸을 살리신 주님께서 그를 살펴 쓰실 곳이 있을 것이오니 이제 그에게 당신이 세우실 장소를 알게 하시고 그로 하여금 아버지를 향하여 할 일이 무엇인가를 깨닫게 하옵소서. 벌써 죽어 흙이 되었을 그 몸뚱이, 또 내일 죽을지 모래 죽을지 모르는 그 몸이 주저할 것이 무엇이겠습니까. 통째로 얻은 그 몸, 통째로 주께 다 바칠 수 있게 하옵소서. 아멘."

9. 변종호는 이용도와 헤어진 뒤 사진관으로 가서 사진사를 데리고 이용도의 숙소로 가자고 했다. 사진사는,

"그 목사님은 사진을 찍지 않으시는데요. 다른 부인들도 목사님의 사진을 갖고 싶어서 며칠 전부터 사진을 하나 찍으려고 그렇게 졸랐대요. 그렇지만 끝까지 응하지 않으시어 못 찍었는데요."

변종호는 어디서 나온 배짱인지 그대로 사진사를 끌고 이용도가 있는 숙소로 갔다. 목사님이 나오자 변종호는 인사를 한 뒤 다짜고짜,

"어서 나오세요. 둘이서만 사진 한 장 찍읍시다."

이용도는 빙긋 웃으면서 사양했다.

"그럴 것 없어요."

변종호는 사진을 꼭 남겨야 한다는 무슨 사명감 때문인지, 대담하고 끈질기게 졸라대어 겨우 허락을 받아냈다. 그렇게 하여 사진을 한 장 남겼는데, 후에 사진사에게 들으니 이 사진은 500장 이상 팔려나갔다. "당시에는 성경 찬송 속에 이 목사님의 사진이 없으면 신자 축에 끼지 못하는" 정도였다고.

10. 3월 3일 화요일 오전집회가 끝나기 전에 용도는 처음 묵었던 여관을

방문하였다. 무관심에 신경질적이었던 가족들이 흥분하면서 용도를 맞이했다. 그들도 집회에 참석하여 큰 은혜를 받았던 것이다. 여주인의 딸이 꼬리를 흐리며 말했다.

"처음 오셨을 때, 누구셨는지 알았더라면……."

이 말을 듣고 용도는 속으로 생각했다.

'그래, 늘 어려운 사람들을 대접할 준비가 되어 있으면, 언젠가는 부지 중에라도 그리스도의 일꾼을 대접할 수 있을 것이다.'

기대했던 외모가 아니라 하여 기대했던 분을 알아보지 못했던 재령 집회에서 주님은 크게 역사하셨으니, 이는 외모와 외형으로 사람과 신앙을 평가하는 오늘의 신자들을 크게 부끄럽게 하는 일이었다.

11. '기독교 천하'를 떠난 용도는 폐병으로 입원 중인 동생을 보러 황해도 해주로 갔다. 그는 재령의 변종호와 평양의 김예진에게 편지를 띄워 동생을 방문해주거나 명의를 좀 알아봐주기를 부탁했다. 그 뒤에는 금식하고 산으로 들어가 기도했다. 그러나 오래 있을 수는 없었다. 이튿날 아침 서울로 가서 가족을 본 뒤, 그 다음날부터 한반도 남쪽 경남 거창에서 집회가 열릴 참이었다.

바탕재료 〔전기〕, 77~85와 변종호 편저, 〔이용도 목사 전집 5 추모집〕, (서울: 장안문화, 2004), 16~32를 재구성. 이후 (추모집)으로 줄여 씀.

증인 2
: 변종호

1. 변종호는 1931년 3월 1일 주일 오전 10시에 이용도를 만났고 이후부터는 용도 주변에 밀착하여 열렬한 애정과 관심으로 용도를 주목하였다. 그는 이용도가 결국 교계에 의해 희생될 것을 직감하고 있었고, 용도의 뒤를 따르겠다는 각오를 갖고 있었다. 누구보다 용도 주변에서 일어나는 일들과 그의 내면적 진실을 보고자 하였고, 또 볼 수 있을 만큼 가까이에서 머물렀다.

변종호(邊宗浩, 1904~1984). '기독교국'이라 불리는 평북 선천에서 출생. 폐병 투병 중 1931년 3월 1일 이용도 목사의 황해도 재령 집회에서 회심하고 치유. 1937년 연희전문학교(현 연세대학교) 졸. 1940년 일본 입교(릿쿄)대학 문학부 종교학과 및 성공회신학교 졸. 1940~1944년: 입교대학 조교 및 동경 왕자 한인교회 전도사. 1941~1942년: 평양요한학교 연구과 교수와 일본 입교대학 종교문화사 조교로 연구활동 계속. 1944년: 재령군 미력거리 장로교회 담임 목회. 1945년: 황해도 송화군 수교교회 담임 목회. 1945년 해방 후~1946년: 문광중학교 설립 및 교장. 신의주 학생사건(반소, 반 김일성 투쟁)으로 미국 스파이, 반공산정권자로 체포되기 직전 월남. 미군청 행정관 양성소 교수. 1946년: 이호빈, 전영택과 중앙신학교(현 강남대학교) 설립 및 교수, 교무과장, 학생과장 학감. 1947년: 문교부 성인교육국 재교육과장. 1948~1951년: 문교부 장학관, 서울대학교 문리대와 대학원에서 세계종교사와 종교문화사 교수. 서울 옥

인동 순화병원 결핵병실에 복십자교회 설립. 6.25 피난 중: 사회부(현 보건복지부) 거제도분실 선전계몽반장, 세브란스 병원 목사, 세브란스 간호학교 교목, 피난 중앙신학교 교수, 대광고등학교 거제도분교 교장. 1954년: 감리교신학교 교수. 궁정동교회 담임. 1958~1961년: 아현동 산 7번의 빈민굴 교회 담임. 1961~1966년: 서울시립요양소 요양원교회. 1966~1979년: 순복음신학교(현 한세대학교) 교수. 성역 사십 년간 교수, 목회, 병원전도, 치병사업. 이용도 연구 반세기로 〔이용도 목사 전집〕 10권 출간. 독보적인 이용도 연구 외에도 〔신앙. 기도. 사랑〕 (심우원, 1957), 〔님의 詩歌〕 (심우원, 1957), 〔한국기독교사 개요〕 (심우원, 1959), 〔勝利와 感激의 記錄〕 (신생관, 1960), 〔그리스도인의 경제생활〕 (기독교대한감리회총리원교육국, 1961), 〔(아무때나 어디든지)기도하며 찬송하며〕 (신생관, 1961), 〔是無言에의 思慕〕 (신생관, 1963), 〔병원전도 3-4〕 (신생관, 1965), 〔기독교회사〕 (기독교대한감리회총리원교육국, 1965), 〔Hann-Animism 강요〕 (신생관, 1970), 〔종교의 비교연구와 그 결론〕 (신생관, 1971), 〔오순절역사의 복음과 신앙〕 (신생관, 1971), 〔한국의 오순절 신앙운동사〕 (신생관, 1972), 〔주님의 일군들 상, 하〕 (신생관, 1972) 등을 저술했다.[150]

2. 변종호는 이용도에게 다양한 질문들을 던졌고 반응들을 가슴판에 기록해두었다. 용도의 집회에 참석했던 이들로부터 간증문을 부탁했고, 용도의 설교를 필사한 조각들을 수집했으며, 동지들로부터 회고담을 얻어서 자료를 정리했다. 용도가 교계로부터 매를 맞을 때에는 그 원인을 파악하고자 애썼다. 이용도를 향한 변종호의 열모는 용도 사후 50년간 식어짐이 없었다.[151]

… 나를 그렇게 붙들어 주시고 일으켜 주신 목사님 … 웬일인지 세상은 그를 몰라주고 구박하는 것이었습니다. 그러니 나로서는 놀람과 분함을 참을 수 없어 그들을 대항하여 일어선 것입니다. 이러해서 맞붙은 항쟁이 52년

간 계속된 것입니다. 이렇게 지내오는 동안에 세월은 흘러 어느덧 내 나이가 80을 맞았습니다 … 지나온 50여 년 동안에 이용도 목사님께 대한 세평은 구구하였습니다. 적어도 50가지 이상의 험구망담이 그의 시체를 매질하여 왔습니다 … 나는 50여 년간 이용도 목사님을 중심한 모든 비평, 모든 광경을 다 파악하기에 힘써 왔습니다. 40년간 신학교에서 교수를 하면서 그의 생애를 연구 검토해왔습니다 … 이 목사님에 대한 모든 비평, 모든 공경, 모든 연구발표들을 다 모아서 키 위에 올려 놓고 까불어 본 결과 다른 모든 것은 다 날아가고 불려나가 없어졌는데 오직 誠(정성 성)과 聖(성스러울 성)만이 남아 있었으매 나는 이 목사님을 誠의 사람, 聖의 사람이라고 결론지은 것입니다.

3. 누가가 예수에 관한 일들을 차근차근 미루어 살폈듯(누가복음 1:1~3), 변종호는 실제 목격자로서 용도의 생애를 반세기 동안 관찰, 연구하였다. 그는 용도의 가족과 가족 같은 사이이기에 용도 사후 모든 자료들을 열람할 수 있었을 뿐 아니라 그것들을 넘겨받았다.[152] 이렇게 하여 앞으로 이용도의 부활은 변종호의 어깨에 지워진 것이었다. 변종호는 이용도에 대하여 가장 방대한 지식을 가지고 있는 증인이다.

1981년 변종호의 고백은 그의 인생사명을 정확하게 보여준다.[153]

> 이용도 목사님의 생애를 알고, 그 신학사상과 그 생의 목표를 알고, 그 생활 전체를 바로 인식 평가하기 위하여 나는 50년간을 배우고 연구하며, 기도하여 왔다. 나의 노력의 중심은 이 목사님을 알아보려는데 있었다. 그래서 나의 알려는 노력은 바로 내 생활의 중심이 되었다. 나의 학구와 기도가 내 생활이 되었고 내 생활이 바로 나의 학구와 나의 기도가 되었다. 이 목사님을 그렇게 알아서 어쩌겠단 말인가? 좀 깊이 바로 알아가지고 세상의 오판, 망단, 험구를 비판 시정해 보려는 것이다. 오직 한국교회의 바른 신앙노선이 무

엇이며, 한국의 참된 신앙인을 발굴하여 세계 교회사상에 참된 한국교회의 진가를 현시해 볼 수 있기를 염원하는 생각에서이었다. 50년의 학구 기도로서도 아직 이 목사님의 정체와 진가를 잘 파악했다고는 생각지 않는다. 혹 70년, 혹 100년이면 어느 정도 연구가 끝나고 정평이 수립될런지! 결국 나는 그 일의 완전한 성과를 보지 못하고 나의 학구를 후진에게 물려줄 수밖에 없을 듯하니 생각되기도 한다. 제2기 50년의 노역을 맡을 자를 한편으로 찾아 보기도 하는 것은 이런 의미에서인가 한다.

변종호가 기억하는 일화들을 몇 가지만 소개한다.[154]

4. 변종호가 사진술을 익히러 서울로 올라갔을 때의 일이다. 그는 여관에 머물면서 주일학교연합회에서 일하는 이용도 목사를 만나러 종로에 있는 예수교서회 빌딩 사무실로 갔다. 이용도는 변종호를 보자 정다운 얼굴로 손을 꼭 잡으면서,

"아, 이게 어찌된 일이요. 그래 그 동안 잘 지냈소? 부모님과 누이 동생들은 다 잘 있고? 언제 왔소? 어디에 계시오?"

"어제 왔습니다. 여관을 잡았고요."

"아니 그런 법이 어디 있소. 당장 우리집으로 오시오. 지금은 내가 여기 자리를 비울 수 없으니 '현저동 산 12의 15호'로 가면 될 거요."

집을 찾아가는 길을 설명해준 뒤에는,

"내가 집에 있는 시간은 저녁식사 후나 조반 전이니 그때 오면 좋겠네."

변종호는 그날 저녁 현저동으로 갔다. 성냥을 한 통 사서 집집의 문패를 확인해보았다. 1시간 정도 찾으니 '현저동 산 12의 15'란 집이 나왔다. 그런데 문패에는 호주가 송봉애라고 써 있는 것이 아닌가. 이상하여 문틈으로,

"말씀 좀 물읍시다. 이 댁에 이용도 목사님 계시지 않습니까?"

"오, 이제야 왔구먼."

목사님이 마루에서 뛰어 나오면서 변종호의 손을 잡았다. 알고 보니 송봉애는 이용도 목사님의 부인이었다. 나중에 변종호가 물었다.

"왜 호주를 송봉애 씨로 하고 저렇게 크게 써 붙였습니까?"

이용도 목사님의 대답이다.

"나는 이 집 식구라기보다 주님의 종이라고 하고 싶습니다. 끄시는 대로 그저 끌리어 다니다가, 이따금씩 서울에 오게 되면 이 집에 와서 여장을 풀어 놓고 밥 끼나 얻어먹곤 하는 사람이외다. 그래서 이 집 주인을 송봉애로 정했습니다. 그뿐 아니라 사실상 봉애가 혼자 집에 있으면서 어려운 살림살이를 도맡아 하고 거기에다 손님대접에 이르기까지 많은 고생을 하니 나는 봉애를 동정하고 존경하고 대접하는 의미에서 사실상 호주로 모시고 또 문패까지 그렇게 써 붙였어요."

5. 변종호는 그날 밤 여관에서 하루를 더 자고 이튿날 새벽에 짐을 챙겨 이용도 목사의 집으로 들어갔다. 아침을 준비하는 모양이었다. 석유상자 하나가 들어온다. 조금 후 하나 더 가져오더니 두 상자를 붙이고 그 위에 신문지를 깐다. 그 위에는 김치 한 그릇, 된장찌개 한 냄비, 숟가락, 젓가락, 밥통, 공기 그릇이 하나씩 들어선다.

'이걸 밥상이라고. 저 밥을 어떻게 먹나……'

찬이 다 들어오자 방과 부엌에서 사람들이 모여들었다. 찬송을 부른다. 그 다음에는 돌아가면서 성경을 몇 구절씩 읽는다. 그리고 기도를 드린다. 기도가 끝나는데 변종호는 이상하게 배가 고파지며 식욕이 돋는 것이었다. 그래서 "그 한심하게만 보이던 밥상이 그렇게 아름답고 둘러앉은 사람들이 그렇게 행복해 보일 수가 없었다."

밥통을 여니 흰밥보다 좁쌀이 훨씬 많았다. 하지만 아무리 초라한 식찬도 찬송하고 성경을 읽고 기도하고 먹으면 산해진미보다 더 맛이 좋았다.

6. 이용도 목사는 피도수와 살 때만 아니라 현저동으로 이사하여 가족들과 살 때도 계속 산으로 기도하러 올라갔다. 이용도의 집에서 살게 된 변종호는 어느 가을밤 산기도에 따라가 보기로 했다.

밤 10시경, 대문을 나선 두 사람은 험한 비탈길을 넘고 골짜기를 건너 한강의 마포 쪽이 훤히 보이는 큰 바위에 이르렀다. 용도 목사는 바위 위에 조용히 엎드렸다. 변종호는 바위 다른 쪽 끝에 앉아 머리를 숙였다. 변종호의 기도는 얼마 지나지 않아 끝났다. 그는 기도하는 목사님을 한 번 쳐다보고 어스름한 산등성이도 한 번 쳐다보곤 하였다. 목사님의 기도소리는 높아졌다 낮아졌다 하며 1시간, 2시간, 3시간 계속 되어 벌써 새벽 1시도 넘었을 것이었다.

변종호는 손발이 시리고 추워서 언제 목사님이 일어나시나 수십 번 곁눈질을 했다. 기다리다 못해 혼자 일어나니 허리가 아프다. 길을 더듬어 집에 돌아오니 새벽 2시가 넘었다.

이불 속에 들어가 누웠다. 추운 새벽 바위에 엎드린 이용도 목사님이 눈 앞에 떠올랐다. 담요를 들고 기도하던 곳으로 갔다. 목사님은 그대로 엎드려 기도를 계속하고 있었다. 변종호는 그 위에 이불을 덮어드리고 집으로 돌아와 누웠다.

이튿날 아침식사가 한창일 때 목사님이 돌아왔다. 대문이 열리면서 웃는 얼굴로,

"숨이 답답하고 등에서 땀이 나길래 봤더니 웬 담요가 덮여있지 않겠나. 변 선생이 그랬구먼."

7. 1931년 가을이었다. 원동교회에서 집회를 인도하던 중 이용도는 김OO 씨의 가족이 끼니를 굶고 있다는 것을 들었다. 김 씨는 만주에서 독립운동을 하다 순국했고, 유족들은 서울로 와서 살길을 찾으려 했던 것이다. 이용도가 이들을 심방하니 대여섯 식구가 차가운 냉돌방에 그냥 눈만 뜨고 먹지도 못

하고 지내고 있었다.

어느 날 이용도는 오후에 집에 오더니 다급히 어디로 가려고 했다. 변종호는 궁금해서,

"어디 가시는지 저도 같이 갈까요?"

"아니야, 혼자 얼른 갔다 올게."

변종호는 이상하게 따라가고 싶어져서,

"웬만하면 저도 데리고 가세요."

"왜 꼭 따라가겠다는 건지 모르겠네."

"왜가 아니라 내가 가도 괜찮을 곳이면 목사님과 함께 좀 다녀보고 싶어서 그러는 거에요."

이용도는 빠른 걸음으로 앞서 가고 운니동의 2X번지에서 멈추었다. 조용히 고개를 돌려 뒤를 보더니 변종호에게,

"저기 서있는 저 양복 입은 청년이 형사지요."

일경은 독립운동가의 유족들을 감시하였던 것이다. 그러나 이용도는 용기를 내는 듯,

"자, 들어 가자고."

목사님은 가족들에게 변종호를 소개시킨 뒤에 눈물을 흘리며 간절히 기도했다. 기도가 끝난 뒤에는 한참 이야기를 주고받다가 변종호에게 기도를 시켰다. 그리고 하얀 봉투 하나를 미망인에게 건넸다.

집을 나온 뒤 이용도는 김 씨의 가족에 대해 설명해주었다. 이들은 청산리대첩으로 일제를 격파한 김좌진 장군의 유족이었다. 1931년 겨울 이용도에게 들어오는 돈이나 물건은 거의 다 장군의 유족들에게 전달되었다.

8. 이용도가 살던 '현저동 산 12의 15'는 서너 사람이 겨우 살아갈 정도의 작은 집이었다. 그러나 이용도 목사의 사모자들이 언제나 서넛, 많으면 일여

덮까지 투숙하고 있어서 늘 비좁고 답답했다.

서울에 사는 동지와 동료신자들도 밤낮으로 늘 찾아왔는데 감리교인, 장로교인, 성결교인 가릴 것 없었고 신학생, 성경학생, 전문학생, 중학생이 그칠 새 없이 찾아왔다. 오면 인사만 하고 가는 법이 없고 찬송, 기도, 설교, 통곡을 하여 결국 이 오막살이집은 늘 부흥회장이 되었다.

그런데 이렇게 사람이 많이 오는 것은 목사님이 집에 있을 때의 일이고, 부흥회 인도로 여러 주 집에 돌아오지 않을 때는 쓸쓸하고 스산한 적막에 찬 집이 되어 초상집 같기도 하고 과부 살림살이처럼 쓸쓸했다는 것이다.

9. 이용도 목사님이 어느 날 새벽 수풀을 헤치며 무악산을 너머 신촌으로 가는 길에 변종호에게 부탁한 말씀이다.

"변 선생에게도 기회가 있으면 한번 조용히 얘기를 하려고 했었는데 오늘 마침 기회가 생겨서 말하는 것이외다.

첫째, 우리는 좀더 경건해야겠고, 둘째, 전체를 오로지 주께 바치는 생활이 있어야 하겠고, 셋째, 참된 사랑과 뜨거운 신앙 속에서 살아야겠어요.

내가 많은 사람을 사귀고 또 많은 사람이 내 집을 드나들기도 하지만 내가 그들을 사귀는 것은 그들을 가까이 해서 덕을 보려거나 사업에 욕심이 있어서 그러는 것이 아니지요. 그저 마음이 외롭고 배가 주려 찾아오는 그들이매, 나는 눈물로 동정하고 사랑하는 것이외다.

변 선생, 나는 변 선생을 누구보다도 더 사랑하지요. 그러나 그것은 변 선생이 잘났거나 재주가 있다거나 앞으로 크게 될 희망이 있다고 해서 그런 것이 아닙니다. 그저 내가 보기에는 외롭고 불쌍해 보이기에 나는 손을 마주 잡고 동거동락하기로 생각한 것이오.

지금 변 선생을 가장 사랑하는 나의 마음이 변 선생을 향해 부르짖는 것은 '우리는 좀더 경건하고 전체를 주께 바친 후 사랑과 믿음 안에서 살자'는 것이외다. 나도 잘 먹고 잘 입고 몸이 편하면 좋은 줄은 아는 사람이오. 그렇지만 오늘날 이 형편에서 차마 양심이 허락하지 않아 그런 생활을 못하는 것이오.

내가 만일 집안이나 처자를 생각한다고 해서 몇 푼씩이라도 저축할 마음이 있었으면 벌써 한 돈 만원은 모았을 것이오. 그러나 어느 책갈피에 돈 1원이라도 넣어두고서는 사람 앞에서 사랑을 말할 수가 없고 양심상 어쩔 수 없어서 이렇게 돌아다니는 것이외다.

이제 변 선생께 부탁하는 바는 '우리는 좀더 경건하게, 좀더 참되게, 좀더 깨끗하게 살아가자'는 말입니다."

이 말씀을 마친 뒤 이용도는 변종호의 손을 꼭 잡았다. 그리고 계속,

"우리는 무슨 사업 때문에 무슨 준비를 해야겠다거나 또는 무슨 자선사업을 하기 위해서 돈을 벌어야 되겠다는 어리석은 생각도 해서는 안됩니다. 옛날 프란시스가 빈 지갑 속에서 돈을 꺼낸 이적을 나는 확신하고 있어요. 꼭 굶어 죽게 된 사람에게 정말 그 사람을 살리고 싶은 뜨겁고 참된 사랑으로 준다면 물 한잔이 밥 몇 그릇보다도 그 사람에게 더 큰 힘을 줄 것을 나는 확실히 믿어요. 꼭 주려고 하는 지극한 사랑으로 프란시스가 호주머니에 손을 넣었을 때 없던 돈을 주님이 있게 하셔서 프란시스의 손이 그 돈을 들고 나가 쓰게 된 것이에요."

그러면서 자기 손을 지갑에 넣었다가 돈을 꺼내는 시늉을 하였다. 변종호는 이때 들은 이 말씀을 그의 일생에 잊을 수 없는 가장 중대한 의의를 지닌 말씀이라고 했다.

용도를 사모하는 사람들

1. 지난 1930년 2~3월의 '평양 사건'은 멀리 한반도의 끝에 있는 경남까지 마음을 흔들어놓았던 것일까? 이번에는 200~300명이 모이는 거창교회다.

이 집회 동안에 용도는 여러 곳으로부터 편지를 받았다. 그중에는 서울 배덕영 목사, 평안북도 의주 홍하순 교장, 경상남도 진주 이약신 목사와 거창 주남고(주남선) 목사, 경기도 개성 이석원 목사, 평양 광성고보의 김태열 선생, 황해도 재령의 변종호. 그밖에 조응준, 정해용, 박창옥 등이 있다.

지역을 보면 서울, 평북, 경남, 경기, 평양, 황해 등 한반도 각 지역에서 거창에 있는 용도에게로 편지가 발송되었다. 이 편지들은 1934년 변종호가 출판할 〔서간집〕에 모두 빠져 있다.

2. 변종호는 이용도 사후 용도가 보냈던 편지들을 수집하러 삼천리를 헤집어야 했다. 그러나 용도가 '받았던' 편지들은 구하기가 훨씬 수월했는데, 이것들은 용도의 유족들이 가지고 있었고 이들과 가까운 변종호는 그 편지들을 열람할 수 있었다. 1934년 〔서간집〕 초판의 서문에는 이용도가 받은 편지 중 변종호의 손에 있는 것만 300여통이 된다고 썼다.

3. 이렇듯 이용도는 300통이 넘는 편지를 받았지만 일기장에 "내신"(받은 편지)으로 표시해놓은 것은 거창집회 중 딱 두 곳에만 나온다. 그런데 그 인물들이 심상치 않다.[155]

주남고: 독립운동가, 장로교 경남노회 목사, 신사참배반대운동, 고려신학교 설립

배덕영: 서울 주일학교연합회 간사, 감리교회 총리원 간사, 해방 후 평양 성화신학교 설립자, 평양형무소에서 총살. 순교

홍하순: 장로교 목사, 양실학교 교장, 1950년 공산당에 의해 순교

이약신: 장로교 경남노회 목사, 제37회 경남노회장, 신사참배반대운동, 장로교회 총회장 역임

이석원: 감리교 목사, 감리사

김태열: 일본 가가와 도요히코의 제자, 평양 광성고보 성경 교사

변종호: 목사, 이용도 연구자, 교수

여기에 더해, 그가 일기장에 기록해 놓은 "은혜를 사모하는 영들을 위하여 편지를 쓰다"를 보면, 이번에는 그가 편지를 받은 것은 아니지만 이용도를 통하여 "은혜를 사모"하고 있는 이들이 누구였는지를 일부 확인할 수 있다.[156]

화천 홍순관: 독립운동가, 감리교 목사

안동현 박인도: 현 요녕성 단동의 목사

진천 방훈: 감리교 목사, 감리사, 납북되어 정치범수용소에 끌려감.[157] 순교자 반열

사천읍 지수왕: 장로교 경남노회 목사

통영 진종학: 장로교 경남노회 목사, 제34, 35회 경남노회장

통영 박시순: 장로교 경남노회 장로

이날 이용도가 "은혜를 사모하는 영들"에게 쓴 편지는 이들이 보냈던 편

지에 대한 답장이었을 것이다. 편지를 쓴 뒤 용도가 드린 기도의 내용은 이들이 용도에게 부흥회를 간청하였음을 확인시켜준다.

> 주님의 크신 은혜를 경험할 때가 이때로소이다. 주여, 그러나 나는 아무 것도 아니로소이다. 이 일들을 생각하면 내 마음이 무거워 견딜 수 없습니다마는 주께서 나를 부려주실 줄 믿고 바라는 마음 깊고 간절하옵니다. 주여, 당신이 일해주시옵소서.

4. 여기까지, 극히 일부이기는 하나 이용도를 사모하여 편지를 보내왔던 이들을 살펴보았다. 이제 이 자료들을 분석해보자. 그 다음에 변종호는 왜 1934년 〔서간집〕에서 이들의 편지를 생략시켰는지 생각해보자.

위의 명단을 볼 때 장로교와 감리교 인물들이 많고, 소속이 확인되지 않는 경우도 있으며, 목사만 아니라 교육자와 장로도 나타난다. 일제에 저항한 독립운동가와 공산당에 저항한 순교자도 있다. 지역은 서울, 경남 거창, 평북 의주, 경남 진주, 경기 개성, 평양, 황해 재령, 강원도 화천, 중국 안동, 충북 진천, 경남 사천, 경남 통영 등으로, 남북을 아우르고 멀리 중국에까지 닿고 있다. 현 대한예수교장로회(고신)의 전신 격인 경남노회 인물들이 주남고, 이약신, 지수왕, 진종학, 박시순 다섯으로 눈에 띈다.

강원도와 서울, 부천군, 황해도, 평양 등을 휩쓴 이용도를 향해 경남의 장로교인들이 열심을 내었고, 그들의 관심은 – 아직 평양기도단 만큼은 아닐지라도 – 상당했음이 확인된다.[158] 앞으로 경남 통영과 사천에서 집회가 열릴 1931년 10월은 시기적으로도 용도를 받아들이기에 어려움이 있었을 것인데(이유는 후에 나온다), 그럼에도 용도를 모셔서 집회하였다는 것은 서북 장로교회들과 남동 장로교회들이 용도에 대해 퍽 다른 이해를 가지고 있었다는 것을 보여준다.

5. 변종호가 1934년 〔서간집〕을 출판할 때는 이용도가 '보냈던 편지들'을 위주로 했기 때문에, 용도가 받은 300통의 편지 중에서는 일부의 일부만을 원고에 포함시켰다. 왜 변종호는 그 많은 받은 편지들 중 방금 살펴본 쟁쟁한 인물들의 편지는 뺐을까? 저들이 이용도를 얼마나 사모했는지를 공개했으면 이용도의 이름에 득이 될 것이라 판단하지 않았던 걸까?

먼저, 〔서간집〕의 완성도를 위해 뺐을 수 있다. 자기가 보여주려고 하는 이용도의 모습, 자기가 본 이용도의 진실을 알리기 위해서는 굳이 필요 없다고 느꼈을 수 있다. 지면의 제약을 받는 편집자는 출판의 목적에 따라 내용을 취사선택하는 것이 당연하다.

다음으로, – 이것이 더 중요하다고 보는데 – 1934년 이용도에 대한 욕이 하도 심하여 당시 활발하게 활동하고 있던 이들 중 용도를 사랑했던 '과거'를 공개하는 것이 그들에게 피해가 될 것을 걱정했을 수 있다. 물론 장로교의 김인서, 송창근, 김예진처럼 〔서간집〕을 출판할 시점에도 계속 활동을 하고 있지만 이용도를 알리기 위해서 꼭 필요한 인물들의 편지는 공개하였다.

그러나 이외에는 가능한 특정 교단과 깊이 관여된 인물들의 편지는 넣지 않았음을 알 수 있다. 이용도가 받은 편지들은 다양한 교파의 교인들로부터 왔는데, 교단에서 중요한 일을 맡고 있는 이들과의 서신은 – 진실을 위해 꼭 필요한 경우가 아니면 – 넣지 않았던 것이다.

6. 1931년 3월 현재, 원산지방에서는 어느 교역자들로부터 추방운동을 받아 쫓겨나는 신세가 되었었지만, 전국에서 용도를 원하고 있다. 그에 대해 듣기만 한 이들은 보고 싶어하고, 그를 떠나 보내야 했던 이들은 다시 보고 싶어 한다. 이러한 배경 아래 용도는 처음으로 남쪽을 방문하는 것이었으니, 경남 거창의 장로교회였다.

진리의 심판

1. 1931년 3월 5일 목요일 아침 7시 서울을 떠난 용도는 오후 6시가 되어서야 거창에 도착했다. 서론은 길지 않았다. 곧 밤 예배가 시작되었다. 요한복음 14장 14~31절과 16장 31절로 설교하였다. 그런데 용도는 주님께서 주시는 감동이 없는 것을 느꼈다. 그는 곧 이유를 알아챘다.[159]

> 온전히 성의(聖意 : 하나님의 거룩한 뜻)의 인도대로 저희가 이용되려고 하지 않고 저희 계획, 저희 방법 다 만들어 놓고 성신을 이용하려고 하였으매 여기에 저희의 착오가 있고 나의 감흥이 없었음이라. 이는 나의 불만뿐 아니라 성신이 슬퍼하시는 바이었도다. 저희들이 인위적 계획, 방법 다 버리고 온전히 성의에 맡길 때에 저희가 전에 경험해 보지 못하던 은혜에 접할 수 있음을 깨닫지 못하였음이라.
> 생명과를 버리고 선악과를 먼저 따는 패역한 세대여, 너희에게 화가 있으리로다. 다만 무(無)가 되라, 공(空)이 되라. 그 위에 우리 주가 역사하시느니라.

예리한 안목의 용도는 거창교회가 성령께 이용을 당하려 하지 않고 자기들의 계획과 방법으로 성령을 이용하려 한다고 느꼈다. 이는 성령께서 슬퍼하시는 것으로, 은혜 받는 길을 스스로 막는 것이었다. 그래서 주님의 임재와 능력은 드러나지 않았다. '인간적인 최선'은 성령의 뜻에 한참 '이하'였던 것이다.

2. 상황을 손 안에 가두어 조종하고픈 것은 인간의 기본적인 욕구다. 인간은 다른 인간을 제어하여 자기 뜻의 울타리 안에 가두어두고 싶어한다. 목회자는 교인들을 그렇게 하려 하고 오래 다닌 교인들은 막 나온 교인들에게 그렇게 하려 한다. 상황과 타인을 통제하려는 인간의 욕구는 성령마저도 제 손에 가두려는 주제넘음으로 나아가곤 한다.

조종자들은 '돌발상황'을 우려한다. 성령의 역사조차도 자기들의 '심의'를 거쳐야 한다. 숨막히는 이런 공동체는 성령께서 떠나신다고 하기보다, 이들이 성령을 참새 쫓듯 쫓고 있는 셈이다. 이들은 예측할 수 없는 상황들을 억누르고 성도들의 눈물을 진정시키고 기도의 열을 식힌다. 너무 뜨거운 것보다는, 차지도 덥지도 않은 편이 좋다고 설득한다. 인위와 인간적 수법과 인간적 감언이설을 힘입는 자기의 설교로는 신생의 선물이 주어지지 않음은 스스로도 알고 있는데, 그래서 용도처럼 철저하게 자기를 죽인 설교자를 통해 그런 역사가 일어나면 그것을 질시하고 통제하고자 든다.

한국교회의 개혁자 용도는 계획과 방법에서 전적으로 하늘의 인도하심을 의지하고자 하였다. 교회의 주인은 통제권을 가진 어느 사람이 아니라 그리스도시요, 교회를 움직여 하나님 나라의 사역을 이뤄가시는 분은 시스템이 아니라 성령이시다. 울긋불긋한 예배당이나 치밀한 보고서나 모두 부흥도 개혁도 가져오는 힘이 없다.

그러나 몸과 마음을 온전히 주께 내어 맡기는 것에는 결정적인 힘이 있다. 무엇을 따르겠는가? 불안한 시대를 사는 '불안한 현대인'의 약점을 달래고자 총동원된 인간적인 방법론을? 아니면 이용도 목사의 말씀 - "저희들이 인위적 계획, 방법 다 버리고 온전히 성의에 맡길 때에 저희가 전에 경험해 보지 못하던 은혜에 접할 수 있음" - 을?

3. 용도의 이름을 듣고 찾아온 사람들로 셋째 날 저녁도 교회는 크게 붐볐

다. 용도는 엎드려 기도드린 뒤 강단에 섰다. 시간이 된 것이다. 그런데 입에서 아무 말도 나오지 않았다. 재령 때처럼 목이 막힌 것인가? 아니다. 그럼 무엇이었는가? 성령의 뜨거움과 감동이 주어지지 않았다.

말하지 못하고 끙끙대는 용도를 보는 주남고 목사와 모인 이들의 이마에는 뜨거운 땀이 한줄기 흘러내렸다. 구경삼아 온 이들 중에는 용도의 소문이 부풀려진 것이라느니 구시렁거리는 자도 있었다.160

저녁에 사람은 많이 왔었지만 나는 아무 설교도 하지 못하였다. 나의 중심에 불이 없고 감동이 없음이었다. 나 자신에게는 큰 망신임이 확실하다마는 열심 없는 것을 지껄이고 있는 것보다는 오히려 편안하였다. 주께서 나에게 나타낼 오묘를 나는 기대하였다. 반드시 무슨 성의(聖意)가 계실 것을 믿는다.

그날 밤, "성의"는 나타나지 않았다. 용도는 끝내 입을 열지 못하고 설교 시간을 마쳤다. 떠나갈 사람은 떠나가고 40~50명 정도 기도할 사람만이 예배당에 남았다. 함께 기도하는데 성도들이 용도 목사를 위해 간절히 빌었다.

"오 주여, 어찌하여 우리를 버리시나이까. 주여, 저희들의 죄악을 긍휼히 여기시고 돌아보아 주옵소서. 우리들의 죄 때문에 당신의 사자의 입을 봉하지 마소서."

다음날 새벽, 주님은 성도들의 기도를 들으셨다. 용도의 말문은 열렸고 성도들의 눈물샘도 열렸다. 이후 "주님의 사랑의 운동"으로 설교한 아침 예배와 오후 유년 예배 그리고 "인생의 기갈과 생명수"로 설교한 밤 집회에는 성령의 확실한 인도하심이 나타났다.

이날에도 은혜를 사모하는 이들은 남아서 기도했다. 그리고 구하던 것을 얻는다.

예배 마친 후 40명 가량 남아 있어서 기도하는 중 나는 해산의 수고와 생산의 기쁨을 맛보았다. 나는 스스로 기쁨을 금치 못하였다. 이는 저희들의 기도가 진리를 향하여 나아감이 있고 또 간절함이 있었기 때문이었다. 그 중 장용주 군과 여자 청년 6~7명은 주의 돌보심이 컸다. 그들에게 더욱더 성신의 역사가 계속되기를 기다렸다. 이러한 신생의 지경에 들어가는 광경을 보는 나의 기쁨은 말로 다할 수 없다. 주는 의외로 저희들을 특별히 돌보셨나이다. 나의 악함을 생각지 않으시고 은혜를 베푸셨습니다.

집회 닷새째인 다음날은 한마디로 "불타는 날"이었다. 아가서 강해와 주일학교 교사들을 위한 시간, "진리의 심판"을 역설한 밤 집회에 크신 은혜의 불이 내렸다.

이날 밤은 전날의 두 배가 넘는 100여명이 남아서 기도하고, 50여명은 동이 터올 때까지 기도의 자리를 사수했다. 그의 설교 "진리의 심판" 일부로 보이는 내용이 일기에 보존되어 있다.[161]

"이 땅에 마귀는 꽉 찼다. 어두움의 권세요, 밤의 권세로다. 미워하고 죽이고 시기하고 음란하고 패역하며 교만한 이 악마의 세계! 아, 이는 싸움의 밤이로다. 창과 칼이요, 포연탄우(砲煙彈雨)로다. 살인자를 진리라 하고 큰 도적을 의인이라 하도다. 아, 불의 시대, 진리가 감춰진 시대, 전쟁의 밤이다.

모든 인간들은 근심과 걱정과 탄식이다. 눈물이요, 한숨이다. 두려움이요, 신음이다. 나는 꿈을 꾸노라. 아, 전쟁의 밤은 지나가고 돌아올 평화의 나라의 꿈을 보노라. 어두움의 세력은 지나간다. 악마의 의기는 꺾인다. 모든 죄악의 인간은 불의 세례를 받는 것이었다. 인간의 모든 소유와 모든 건물은 자취도 없이 돌 하나도 돌 위에 놓이지 않고 무너지도다. 밤은 지나갔다. 아, 그 두려운 전쟁의 밤은 지나갔다. 이제 평화의 나라는 온다. 왕은 등극하신다.

아, 과연 아침 같은 나라요, 햇빛 같은 임금이시다. 꽃과 같은 백성들이다. 그 왕은 어린 왕이다. 금 면류관을 쓰시고 평화롭게 웃으시며 나아오신다. 고요한 나라다. 잔잔한 나라다. 모든 악과 불의는 다 밤과 같이 영원히 지나갔다. 아, 평화의 나라다. 고요한 나라에 임금이 오시니, 어린 왕 예수시다. 모든 성도들, 상함을 입고 핍박을 받은 성도들 고요히 그 발 앞에 나와 엎드리도다. 순결한 백성이로다. 만유의 주 삼고 진리로 법을 삼자. 사랑의 나라, 진리의 나라, 영원한 나라.

> 예수의 이름 권세에 엎드리세 천사들
> 금 면류관을 드리고 만유의 주 삼세
> 주께서 당한 고생을 못 잊을 죄인아
> 네 귀한 보배 바쳐서 만유의 주 삼세
> 이 지구상에 있는 온 지파 족속들
> 장하신 위엄 높이어 만유의 주 삼세
> 저 모든 성도들 함께 발 아래 절하고
> 무궁한 노래 불러서 만유의 주 삼세
> 아멘. 할렐루야.

평화의 나라에서 성도들은 겸비하게 머리를 숙이고 있고 임금은 손을 들고 승리를 기뻐하고 있으니 그 손은 못에 상한 손이로다. 아침 같은 나라에 햇빛 같은 임금, 만세(萬歲)나 사옵소서. 진리의 나라는 오고 있다. 진리의 심판을 받으라."

집회 칠일째에도 "신의 크신 역사가" 있었는데, "한 집사 부인, 이 선생, 이희순 선생들 사이에서 일어난 일, 한 씨 부인은 큰 변화를 일으켰다." 중생을 통하여 새 사람이 된 것이다.

다음날에도 은혜는 계속되었다.

최후의 승리는 오늘밤에 있다. 한 부인도 소생하였다. 이 양의 최후 승리는 통쾌하였다.

신생의 역사가 있을 적마다 용도는 가능한 일기장에 기록해두고 있다.

4. 이튿날 용도는 거창을 떠나 서울에 도착했다. 아마도 인왕산에 올라 밤 기도를 드린 뒤 그 다음날 황해도 사리원으로 출발하니, 그곳에서도 예수신앙운동의 전파가 필요하였다.

기도동무 어깨동무

1. 황해도 사리원에서의 집회는 3월 14일부터 시작되었다. 집회 전날에는 어느 사람이 사리원서 50리(20km) 길에 있는 재령에 와서 변종호가 이용도와 찍었던 사진 500장을 인화해갔다.[162] 사리원에서도 이용도를 대단히 기대하고 있었던 것이다.

이번 집회가 언제 끝났는지는 기록이 없다. 그런데 이상하게도 집회 중 용도는 이곳을 떠나고 싶은 충동을 느꼈다.[163]

아, 오늘 저녁 나는 괴롭다. 나의 등에는 땀이 흐르지 않았고 나의 눈에는 눈물이 고이지 않았다. 땀 없음. 눈물 없음. 이는 나에게 괴로운 일이다. 땀에 젖음. 눈물에 어림. 이는 나의 기쁨이요, 만족이다. 육이 편하여 나는 기쁘지 못한 자로다. 십자가의 고난을 당함이 나의 영광이요, 복이요, 기쁨이로다. 새벽 2시에 귀숙(歸宿 : 숙소로 돌아옴). 이곳을 그냥 가버리고 말까, 떠남이 성의일까, 그냥 참고 있음이 성의일까?

오 주여, 나에게 지시하여 주옵소서. 나는 내일까지 기다리고 싶은 마음 있사오나.

2. 이용도가 집회 중간에 떠났는지는 기록상 알려진 것이 없으나, 그렇게

하지 않은 것이 분명하다. 오히려, 이곳에서도 은혜의 역사가 있었다는 선명한 증거가 있다. 사리원 집회가 끝난 뒤였을 3월 24일과 25일에 용도가 사리원으로 보낸 편지를 보면 마치 '사리원기도단'이라도 태동된 것 같기 때문이다.

편지에는 "이태순, [김유순], 이정호, 우성일, 오동식, 배준복" 등의 이름이 나오고, 이태순 아주머니의 딸 "이종규"와 "OOO, … O선, O실" 등이 열거된다. 1931년 4월 20일에는 이태순, XYZ, 안두화 씨가, 6월 11일에는 이태순, 종규, 원섭, 원회서, OO가 한 편지에 나온다. 사리원 집회 후에 다양한 사람들이 뭉쳐져서 언급되는 편지가 반복되고 있다. 그럼 그 내용은 어떤 것이었을까? 부흥회 직후 이태순과 그의 딸 종규에게 보낸 편지 두 통의 일부는,[164]

은혜의 생활은 곧 기도의 생활에서부터 시작 됩니다. 기도가 없을 때 신앙도 없는 것이고 신앙이 없을 때 은혜도 깨닫지 못하는 것입니다.

① 기도의 생활은 용기의 생활입니다.
연약하고 겁 많은 때라도 간절히 외쳐 기도하고 난 때에는 큰 용기가 생기는 것입니다.
② 기도의 생활은 위로의 생활입니다.
아무리 슬프고 외로운 때에라도 주께 엎드려 간절히 눈물을 흘리며 기도를 하고 난 때에는 마음이 시원하고 큰 위로가 오는 것입니다.
③ 기도의 생활은 거룩한 생활입니다.
여러 가지 옳지 못한 생각이 끓어 오르고 입으로 악하고 더러운 소리가 자꾸 나올 때에 애통하는 마음으로 기도를 하게 되면 모든 불평과 원망도 다 없어지고 거룩하고 깨끗한 생활이 됩니다.

기도의 생활은 한편으로 자기의 죄와 허물을 찾아서 참회하는 동시에 주님의 십자가 공로와 그 사랑을 우러러 보며 감사하는 생활입니다. 자기의 죄만을 볼 때에는 괴로우나 주님의 십자가를 우러러 볼 때에는 기쁘고 감사한 것밖에 없는 것입니다.

　항상 기도하시오. 신앙에 관한 이야기 외에는 쓸데없는 세상 이야기나 남의 비평은 일절 하지 마시오. 그리고 늘 침묵. 입을 열지 말고 마음 속으로 주를 사모하는 가운데서 지낼 것입니다.

　그대들은 나의 '기도의 동무'가 되어지사이다. 사리원에서도 기도의 동무들이 많이 생기기를 바라노라. 그리하여 우리는 힘을 합하여 모든 마귀를 물리치고 신음하는 영혼들을 건져낼 것이로다. 이 글을 어머니와 같이 읽기를 바라고 또 기도의 동무가 있으면 같이 읽기를 바라노라. 그리고 기도할 지어다. 아멘.

　1931년 3월 14일 사리원 집회 후에 보낸 이 편지를 포함하여, [서간집]에서 용도가 황해도 사리원의 이태순 아주머니에게 보낸 편지는 13통이나 된다. 이는 [서간집]에 실린 총 112통의 10%가 넘는 수다.[165] 둘의 신앙관계가 상당히 깊었다는 것을 보여준다.

　평양에 평양기도단이 있듯, 사리원에는 사리원기도단이 있다. 평양기도단이 주로 장로교인 남성들이라면, 사리원기도단은 남녀가 골고루, 혹은 자매들이 우세하다.

　3. 이태순 외에 또 하나의 사리원기도단인 김유순 집사에게 역시 사리원 집회 얼마 뒤 보낸 편지로 이 단락을 정리하고자 한다.[166]

　예수 그리스도를 사랑하는 마음이 변치 않는 자에게 더욱더 은혜와 평강이 있기를 바라노라. 아멘.
　주의 이름이 하나님과 인간을 친합(親合)하게 하고 사람과 사람을 친애하게 하였나이다. 우리가 예수를 사랑함으로 하나님을 사랑하게 되고 또 사람을 사랑하기에 이르렀나이다. 그러므로 주님은 평화의 왕이시요, 사랑의 임금이십니다. 이런 주님을 심중에 영접하여야 되겠나이다. 주님은 겸비를 자리로 하시고 그 위에 앉으시며 마귀는 교만을 용상(龍床: 임금이 정무를 볼 때 쓰던 평상)으로 하고 거기 오는 것이었습니다. 고로 항상 겸비하지 않으면 주님은 들어와 계시기 어렵습니다. 겸비하소서.

 마땅한 일이면 충성을 다하여 수고할 것이외다. 마귀를 대적하라. 그리하면 물러갈 것이오. 하나님을 가까이 하라. 그리하면 가까이 하시리라고 하심을 기억합니다.

 마귀를 대적하시오. 마귀는 사람을 잘 압니다. 그래서 그가 여러 가지 방법으로 유혹하고 시험하는 것입니다. 혹은 슬픔으로, 괴로움으로, 기쁨으로, 세상 재미로, 두려움으로, 병으로, 가난으로, 부로, 명예로, 칭찬으로, 여러 가지로 유혹하여 어떻게든지 하나님 앞에 가까이 나가지 못하게 하나이다. 그러므로 주의 도움을 구하여 마귀의 유혹을 이기고 더욱더 주 앞으로 가까이 나가시기 바라나이다.

1931년 4월 6일

▪간도 위에 임하소서
: 용정과 연길 집회

　　1. 이용도는 1931년 4월 16일 목요일 서울에서 밤기차를 타고 함경북도 회령으로 향했다. 삼이형제 이호빈이 사역하는 북간도에서 집회가 열릴 참이었다.

　　호빈은 다시 용도를 봄이 그저 반가운 것만이 아니라 잔뜩 기대 되는 이유도 있었으니, "1930년 겨울에 벌써 그 명성이 전국에" 퍼진 용도 목사가 "침체해 가는 교회와 메마른 심령에 뜨거운 불과 새로운 원기를 불어 넣어준다는 소식을" 간도에서 그도 누차 들었기 때문이다. 그래서 여러 번 용도를 졸랐으나 원체 다른 일정들이 빠듯하여 기회가 없다가 계속 기도하며 졸라대어 뜻을 이루었으니 1931년 4월이었다.

　　2. 이렇게 하여 이용도는 한반도 너머 북간도까지 진출하기에 이르렀다. 북간도는 오늘날 '연변조선족자치주'로 불리는 땅이다. 간도의 역사적 특성은, 한반도에서 뉴스가 되는 것은 즉시 간도에서도 화제가 된다는 것이다. 가령 1919년 대한독립만세 운동이나 20세기 중엽 신탁통치반대 운동은 간도에서도 열렬하게 일어났다. 이는 오늘날도 마찬가지인데, 한국에서 이슈가 되는 것은 곧장 연변에서도 큰 이야깃거리가 된다. 조선에서 유명한 용도는 벌써 간도에도 그 이름이 퍼져 있었던 것이다.

　　3. 이용도는 용정에서 20리에 있는 동성용(東盛湧)역으로 마중 온 이호빈을 만났다. 둘은 기차 안에서 서로의 손을 꼭 잡고 나란히 앉아 용정역으로

향했다. 오랜만에 용도를 만난 호빈은 어딘가 용도가 전과 다른 것을 느꼈다. "그리도 맵시를 잘 내던 샛치꾼"은 "아주 어수룩한 산골 서방님"이 되어 언어와 동작에 매무새까지 딴판이 되어 있었다. 또 그리도 말 잘하던 용도는 호빈 형님의 손만 힘 있게 쥐고 있을 뿐 그의 입은 돌처럼 봉해져 열릴 줄을 몰랐다.

용도의 콧김이 이따금 거칠게 부르르 떨려 나오고 굳게 다문 입술로 차창 너머의 먼 산을 때때로 응시할 뿐이었다. 용도는 "왜 여기까지 나오셨습니까? 다들 평안하신지요?" 외에는 별다른 말을 하지 않았다. 그럼에도 서로의 숨소리와 눈가에 고인 눈물만으로 일생에 주고받을 말을 다한 듯했다. 용도는 숨결과 눈물 한 방울로 자기가 할 말을 모두 호빈에게 전하였고, 호빈은 넉넉한 신앙인격으로 그 의미를 해독했던 것이다. 많은 말보다 꾹 잡은 손, 뜻 없는 웃음보다 눈물 한 조각이 더 많은 것을 말하고 있었다.

창밖의 풍경을 내다보던 용도는 궁금한 것이 생겼다. 양의 우리 같은 것이 계속 보였기 때문이다.

"형님, 저것들이 무업니까?"

"저 큰 집은 중국인 지주가 사는 집이고, 작은 것들은 우리 형제가 사는 농막이지."

당시의 만주 한인들은 중국인 대지주 밑에서 어렵게 일하며 살아가고 있었다. 동포들의 고생을 눈으로 접하면서 용도는 용정역에 도착할 때까지 애타는 울음을 그치지 못했다.

호빈은 이렇게 변한 용도에게서 "전에 맛보지 못하던 뜨거운 맛"을 느꼈다. 용도가 "본래 뜨거운 맛을 가진 사람이었지만 전에 비하여 그 질과 정도가 훨씬 달라져" 있었다. "말 잘하던 달변가"는 "무언의 침묵자"로 변했고, "애교만만한 사교적인 활동가"는 "눈물 많은 기도자"로 바뀌었다. 가장 크게 변한 것은 "신앙"이었다. 호빈의 눈에 용도는 "인본주의(人本主義) 신앙에서 신본주의(神本主義) 신앙"으로, 두뇌의 신앙에서 가슴의 신앙으로 바뀌었던 것이다.

4. 용도의 집회에는 믿는 자들만 아니라 구경꾼에다가 불신자들까지 몰려들었다. 집회 정각 전에 예배당은 물론 문밖까지 만원이었고, 집회가 끝나도 은혜에 겨운 사람들은 돌아가려 하지를 않았다.

용정 감리교 예배당에서 열린 첫날 밤 집회는 시작부터 충격이었다. 사회자가 개회를 시작하여 찬송을 부르는데 용도는 강단에 납작 엎드려 기도만 하는 것이었다. 얼마 후에 일어나서는 성경을 읽고 긴 기도를 시작했다. 듣는 이들은 가슴이 격해져 목이 메여왔다. 한참 계속되는 기도에 장내는 용광로처럼 달아올랐다.

첫날 저녁 용도가 한없이 부른 찬송은 오는 길에 보았던 동포들의[167] 아픔과 관련 있는 곡이었다. 쏟아지는 눈물과 함께 일동의 찬송이 시작되었다.

멀리 멀리 갔더니 처량하고 곤하며
슬프고도 외로워 정처없이 다니니
예수 예수 내 주여 지금 내게 오셔서
떠나가지 마시고 길이 함께 하소서

예수 예수 내 예수 마음 아파 울 때에
눈물 씻어 주시고 나를 위로 하소서
예수 예수 내 주여 지금 내게 오셔서
떠나가지 마시고 길이 함께 하소서

다니다가 쉴 때에 쓸쓸한 곳 만나도
홀로 있게 마시고 주여 보호하소서

예수 예수 내 주여 지금 내게 오셔서
떠나가지 마시고 길이 함께 하소서

　타지에 나와 농노처럼 고생하는 동포들을 생각할 때 울음을 그치지 못하였다. 용도는 "헐벗고 가난하고 버림받은 사람을 향해 늘 아픈 마음을 안고 산 사람"이었고, "그들 때문에 울고 그들 때문에 피를 쏟은 사람"이었다.[168]
　이날 부흥회의 풍경은 여태껏 보았던 그런 것이 아니었다. 용도의 기도는 "불을 퍼붓는 듯" 뜨거웠고, 설교는 "폭포같이 쏟아져" 나왔다. 설교에는 원고도, 시간이란 관념도 없었다. 설교가 시작되자마자 용도는 기관총을 쏘아대듯이 불을 뿜어댔다. "설교 내용의 절실함과 표현의 적절함, 중심서 끓어 넘치고 폭발하는 충정의 권면, 설득, 경고, 책망, 위로, 격려의 말은 마디마디 사람의 가슴을 흔들고 찔렀"다.
　설교는 어느새 1시간을 넘기고 2시간이 되어도 누구 하나 지루하게 여기는 이는 없고 "그야말로 취한 듯이, 얼빠진 듯이 황홀하게" 설교에 빨려 들어갔다. 어느 사람은 "하늘에서 주님의 말씀을 듣기까지는 전혀 그런 설교를 들을 길이 없을 것이다"라고 고백했다.[169]
　용도의 설교가 "어찌도 열렬하고 권위가 있으며 생명의 불길이 뿜어나왔던지, 구경꾼에 불신자까지라도 사람의 말 같지 아니하다고 놀래"었다. 그것은 "성령에 끌리어 불타는 애통의 간증"이요 "천군(天軍)이 호령하는 뇌성(雷聲)"이었다. 청중은 울었고, 무서워 떨었고, 그러다가 다시 울면서, 자기도 모르게 가슴이 시원하게 됨을 경험하였다. "회중의 마음을 휘어잡아 흔들어 태울 건 태우고, 씻을 건 씻고, 쨀 건 째고, 싸맬 건 싸매"며 "아프고도 시원한 맛"을 주었던 것이다.[170]
　설교의 중심점은 '현 교회에 기도가 없음을 책망하는 것'과 '가슴에 피로 받아야 할 신앙'을 두뇌로 따지어 받으려고 철없이 덤비는 오늘의 신자를 꾸

짖는 것'이었다. 특히 교역자들을 향해 격려하였다.[171]

"머리의 부분으로만 따지고 꾸며 교회를 먹이려는 교역자들이여, 가슴에 피를 쏟아 생명으로 먹이시오. 교제(交際)에 동분서주(東奔西走)하는 일이 있기 전에 먼저 골방에 들어가 기도하시오."

한국교회를 이끌어가는 교역자들은 사람들과 일을 꾸미기 전에 먼저 홀로 기도를 통해 주님과의 사이를 꾸며야 한다는, 자기의 머리나 힘으로 교회를 어찌해보려 해서는 아니 되고 가슴에서 나오는 생명을 쏟아내어 양떼를 돌보아야 한다는 말씀이었다. 믿음의 일에는 교제보다 먼저 기도이고, 머리보다 먼저 가슴이다.

여느 집회처럼 이때도 용도는 제대로 먹지도 않고 충분히 자는 것도 아니었다. 설교가 끝나면 다시 기도. 예배가 끝나면 혼자 기도. 그렇게 밤을 지새우며 2주간의 싸움을 해내었다. 그러니 삐쩍 마른 몸이 더 쪼그라들 것처럼 땀과 눈물이 내내 쏟아졌다. 땀은 어찌나 많이 나던지 솜옷 겉으로 배어나올 정도였다. 집회마다 수건 4~5개도 모자랐다.

5. 용정 집회가 끝난 뒤에는 이호빈이 목회하는 근처의 교회로 자리를 옮겼다. 호빈과 용도는 이 시간을 얼마나 기다렸던가! 이용도가 온다는 소문이 퍼지자 사방에서 이호빈 목사의 교회로 사람들이 몰려들었다.

첫날 저녁, 집회가 시작되었는데 용도는 강단에 엎드려 있으면서 호빈에게, "형님, 찬송을 인도하시지요" 하고는 일어나지 않았다. 이호빈은 할 수 없이 찬송을 계속 반복해서 불렀다. 용도는 성령님의 허락하심이 없어서 설교를 할 수 없겠다면서 찬송과 기도로만 그날 집회를 마쳤다.

예배당을 가득 채운 사람들은 내일을 기약하고 떠났다. 그러나 이튿날 새벽에도 용도는 강단에 서지 못했다. 낮 설교, 저녁 설교에도 한 마디 하지 못했다.

성령의 지시가 없었던 것이다. 그러자 한 나이 많은 교역자가 호빈에게 와서 야단을 쳤다.

"아니 어디서 저 따위 부흥사를 데려와서 교역자 망신을 시키는 거요? 여기 2~300명이나 모여서 마당에 들끓는 것 못 보시오!"

다음날 오후 집회에서는 기다리던 성도들을 놔두고 용도는 가방을 챙기면서 호빈을 불렀다.

"형님 좀 들어오시오. 형님 전 떠나야 갔시유. 어떻게 된 건지 허락이 없습니다. 형님 교회에 와서 내가 설교 한 번도 못한다면 내 마음은 얼마나 아프겠소."

이 말을 하는 용도는 눈물을 뚝뚝 떨구고 있었다. 잔뜩 기대하던 형님의 교회에서 한 마디도 못하고 용도는 울며 그대로 떠나갔다. 그러자 은혜 받겠다고 왔던 교인들은 이게 웬일인가 멍하니 쳐다볼 수밖에 없었고, 이전 용정 집회에서 은혜 받고 따라온 50여 명은 허탈하게 돌아갔다.

하나님의 은혜는 용도가 떠난 뒤에 나타났다. 이호빈은 간도 각지에서 몰려든 이들을 앞에 두고,

"나 같은 은혜 없는 담임자를 두고 설교를 할 수 있겠나!"

하고 통곡하며 회개하였다. 그러자 모인 이들도,

"제가 죄인이어서 설교를 못하게 했습니다!"

"저의 죄 때문에 부흥사가 설교를 못한 것입니다!"

하며 함께 회개를 올리는 것이었다. 그러자 마루를 치며 우는 통곡이 거세어졌고, 용도가 떠난 뒤 삼 일간 자체적인 부흥회처럼 분위기가 흘러 모든 교인이 간증을 하며 울었고 기도했는데 그 모든 시간에 은혜와 진리가 넘치게 된 것이다.

이호빈의 교회에서 기이한 방식으로 은혜가 주어지고 있을 때 용도는 연길에 있는 교회에서 집회를 인도했는데 성령의 "불이 떨어져서 대대적인 부

흥회가 되었"다. 이것은 성령님께서 말씀하라고 하시는 때와 내용만을 전하기 위하여 이용도가 철저하게 순종하고 있음을 보여주는 것이었다.[172] 또한 하나님의 역사는 인간이 작위적으로 만드는 것이 아니라 거룩과 사랑 안에서 자유로이 일하시는 성령님의 뜻임을 보여준다.

6. 은혜와 감격이 충만했던 간도 집회를 마치고 이용도가 용정역을 떠날 때는 30명 이상의 교우들이 울며 용도를 배웅했다. 호빈은 함경선(함남 원산~함북 상삼봉)의 종점인 상삼봉(上三峯) 역까지 따라갔고, 어느 사람들은 더 남으로 함북 회령(會寧)까지 동행했다.

떠난 뒤에는 그가 방문했던 예배당들로부터 기도의 불길이 뿜어져나와 냉랭한 불신앙의 대지를 삼키어나갔다. 사람들은 밤을 새워 기도하고 통회 자복했는데 어느 때는 기도가 지나치게 격렬해서 집에 돌아가지 않고 예배당에서 밤을 새려고 하여 문제가 되기도 했다.

새벽에도 예배당마다 기도소리가 끊이지 않았고 산에 오르거나 들판에 엎드리는 기도자들이 크게 늘었다. 이들의 표어는, "우리의 무기는 오직 기도다!"로써, 이들은 기도가 믿는 자의 "호흡이요, 생명의 원동력"임을 보여주었다. 간도에 떨어진 '기도폭염경보'는 봄부터 겨울까지 발령되어 "간도 일대가 기도단으로써 큰 변을 낼 듯 굉장하게" 들끓었다.

7. 이용도가 간도를 방문하고 떠난지 1년 반이 지난 1932년 10월에 이호빈은 용도에게 편지를 보내 당시 간도의 상황에 대해 전했다. 이때의 편지를 그대로 옮겨 놓는다.[173]

구사평 자매들의 소식

매일 여전히 불은 붙고 있소이다. 사람 수는 점점 늘어가고. 반면에 적군의 세력도 점차 강력[漸强]. 세상의 권력 밑에 압박을 당하고 있는 저들의 정경은 세간의 안목으로는 실패하는 것 같으나 영안으로 본다면 승리를 얻고도 남음이 있는 것이외다.

가정에서 욕을 먹고 매를 맞고 동네의 험구는 다 받으면서 천치 모양으로, 바보 모양으로, 무골충 모양으로, 새벽마다 밤마다 그대로 나와 엎드리는 일을 계속하며, 남이야 웃거나 말거나 욕하거나 말거나 부끄러운 줄도 모르고 대성통곡, 발광, 마루를 두드리고, 심지어는 교회에서까지 견책함을 듣지만 아무 변명도 없이 수그리고 나오는 어린 저들 앞에서 나는 울 때가 많소이다.

저들은 미친 자들이외다. 미쳐도 단단히 미친 자들이외다. 성경 읽다가 울고, 찬송하다가 울고 울며, 기도하다가 울며 찬송하고, 꼭 미친 자들이외다. 문 창구멍으로 구경꾼들이 둘러서 보는 것도 문제 삼지 않고 그냥 미친 일을 계속! 20[명] 내외의 어린이들이라 애처로운 불길들이외다. 어쩔 줄 모르고 애쓰는 정경, 천지가 아울러 긍휼히 볼 수밖에 없을 것입니다.

12세 된 여학생 박의순은 몇 달째 계속하여 밤, 새벽마다 나와 조르는데 수년간 낙심되었던 조모님, 어머님이 단단히 매를 맞아 불이 붙게 되었고, 지금은 또 아버지를 구해달라고 조르는 모양인데 아주 맹렬하외다. 울며 아버지 손목을 붙들고 예배당 가야 산다고 애원합니다. 머지않아 뿌리가 빠질 것이외다. 9세 된 그 동생도 나오는데 그들의 기도 소리는 보통이 아니외다. 당장 주님을 앞에 모시어 놓고 드리는 말 소리외다. 옆에서 듣노라면 소름이 쭉쭉 끼치게 됩니다.

여기까지, 용도의 집회 후에는 기도의 불길이 활화산처럼 붙게 됨을 알 수 있다. 이는 이호빈처럼 경험 있는 목회자만이 아니라 피 끓는 청년들, 심지어 열 살이 막 넘은 학생들이나 더 어린 아이들까지도 그리 되는 것이었다.

이렇게 자연적이요 자생적으로 형성된 각처의 '기도단'들은 각자의 자리에서 전투적으로 기도하며 전도했다. 그렇게 자기 지역의 부흥을 위한 밀알이 되어 선한 열매를 맺어갔다. 간도 기도단의 독특점은 어린아이들이 소름 돋게 – 예수님을 앞에 모셔놓고 말하는 것처럼 기도한다는 것이다. 하나님의 능력이 얼마나 크고 분명하게 사람들 앞에서 나타나고 있는지, 그 나날들이 심히 부러움에 우리도 오늘 당장 기도를 시작해야 할 것 같다.

8. 이호운 교수는 모든 주의 백성들이, 특히 교역자들이 사모할만한 '용도의 비결'을 가르쳐준다. 이 중 한 가지라도 '나의 것'이 된다면 현대 한국교회는 오래지 않아 아름다운 빛을 회복할 수 있을 것이다. 이것을 마지막으로 '간도 사건'을 정리하려다.[174]

> 그의 설교와 성경강해가 많은 사람과 나를 그토록 강하게 감동시킨 것은 단순히 그의 말재주와 지식과 타고난 문학적 웅변적 소질의 소산만은 아니었다. 우리는 모두 그에게서 꼭 같은 무엇을 느꼈다. 그것은 바리새 교인들이 예수에게 대해 말한 것처럼 일반 설교자나 교수들이 가지고 있지 못한 영적 능력을 지니고 있었다. 그는 영력의 사람이었고 기도의 사람이었다. 분명히 기도의 힘과 성령의 힘이 그의 말을 힘있게 해 주었다. 능력 있고 감동하는 말씀으로 만들어 주었다. 주 앞에서는 겸손한 태도, 주님의 영광과 뜻만을 받들어 살려는 간절한 마음, 깨끗하고 거짓없이 살려는 일편단심, 주님의 진리와 사랑을 더 깊이 알려는 소원이 그를 그렇게 만든 것 같다.
>
> 나는 일찍이 그의 말에서 거짓이나 꾸밈을 찾아보지 못했고 그의 태도에서 교만이나 미움을 발견하지 못했다. 그 부드러움, 그 자애로움, 그 겸허함이 나에게 큰 위안과 격려와 교훈을 준다 … 성경대로 살아보려고 몸부림치던 그의 열심이, 주님의 뜻만을 위해 살고 주님만을 위해 살려고 발버둥치던 그의 소원이 아직도 수없이 많은 영들 속에 살아있다.
>
> 영들을 아끼는 애타는 마음, 그리스도를 위하는 뜨거운 마음은 완전히

자신의 괴로움, 생명까지 잊고 필사적으로 있는 것 전체를 바쳤다. 편(便), 불편(不便), 이(利), 불이(不利)가 안중에 없고 죽고 사는 것도 문제 밖이었으며 오직 그리스도의 뜻이 무엇이며 그를 어떻게 기쁘게 해드릴까 하는 것이 유일한 관심사이었다. 그리스도에게 취하고 미친 사람이었다.

거지가 오면 거지와 겸상을 해서 같이 식사를 하고 고학생이 있으면 데려다 먹이고 재우고 했다. 그래서 좁은 집에는 언제나 식객이 우글우글했다. 양말이 째졌으면 양말을 주고 내의가 해졌으면 내의를 벗어주었다. 자기가 신고 입을 것이라도 그대로 집어 주는 것이었다.

내가 식객이 되었을 때에도 너덧 사람의 식객이 상주하고 있었다. 한때는 쌀이 떨어져서 우리들은 저녁과 조반을 굶었다. 부인은 우리 얼굴을 바라보며 오히려 미안해서 어쩔 줄을 몰라 했고 장인 영감은 건너 방에서 못 마땅해서 얼굴을 찌푸리고 무엇인가 중얼거렸다. 그런데 그는 얼굴에 희색이 만면하여 성경책과 찬송가책을 가져다 놓고 자기는 거문고를 타며 기도회를 보자는 것이다.

우리는 처음에 맥없이 찬송을 불렀다. 그러나 차차 열심과 힘이 생겨서 참 놀라운 은혜를 받은 일이 있다. 점심 때쯤이나 되어서 쌀 가마가 들어와서 식사를 할 수 있었다. 그러면서 그 동안의 사정을 알게 되었는데, 사실인 즉 단골 쌀집이 있었는데 김좌진 씨 유족 가정을 심방 가셨다가 모두 굶고 앉아 있는 것이 딱해서 자기 집에 가져올 쌀을 그 집으로 배달시켰기에 굶어야 했다는 것이었다. 이런 일은 가끔 있었다. 남몰래 하는 일이 더 많았다.

자기 부족에 대한 통회의 기도, 진리를 깨달은 때에 희열에 넘치는 환희, 남을 돕지 못해서 애타하는 모습 등은 잊을 수 없는 그의 모습이었다.

▪의인의 피와 살

1. 간도에서 서울로 돌아온 용도는 5월 5일 화요일에 반년 이상 함께 산 피도수의 집을 나와 새집으로 들어갔고, 이틀 뒤에는 강원도 통천에 머물던 가족들이 서울로 올라왔다.

6월 18일 목요일부터 22일 아침까지는 평양 남문밖교회에서 여름 아동성경학교 강습회가 열렸다. 남문밖교회는 장대현교회에서 1903년 분립해나갔는데, 평양에서 두 번째로 세워진 장로교회이기에 제2장로교회라 불렸다.

2. 이용도는 6월 10~19일까지 개성에서 열린 연합연회에서 경성지방 순회목사로 파송을 받았다. 경성지방의 감리교회만을 순회하라는 것이었다. 하지만 파송 후 첫 집회는 서울의 감리교회가 아니라 평양의 장로교회에서 열리고 있다(그것도 연회도 끝나기도 전에!).

3. 남문밖교회 집회에 관해서 변종호는 집회의 배경을 말해주고 이용도는 설교 일부를 전해준다. 변종호에 의하면, 지난 2~3월 재령 교회에서의 엄청난 역사가 "일부분의 사람들" 필히 교역자들로부터 "시기나 질투의 마음을 일으키게" 했다. 원산지방에서 일어났던 감리교회 교역자들의 질투가 황해도 장로교회 교역자들의 시기로 이어지는 것이 포착된다.

재령에 집이 있는 변종호는 황해도의 분위기를 금새 파악할 수 있었고, 용도와 관련되는 것에는 특별히 귀를 기울였다. 그는 재령 집회의 "엄청난 역사"로 인하여 "이용도는 무교회주의자라는 소문이 떠돌기 시작"했다고 전한다. 그런 용도가 황해 재령, 경남 거창, 황해 사리원, 만주 간도의 교회들을 휩쓸고 이제는 평양에 입성한다 하니 이 소문은 순식간에 평양성을 흔들었다. 그리하여 남문밖집회에는 "은혜 받으려는 사람도 많았지만 염탐하고 책잡으려는 사람들도 상당히 많이 있었다."[175]

4. 왜 갑작스레 이용도가 - 흡사 교회를 부정하는 것처럼 들리는 -무교회주의자라는 걸까? 그는 통천에서 삼 년간 충실하게 교회를 섬겼다. 부라만 선교사는 간도로 가겠다는 이용도를 극구 붙잡아 원산지방에서 일하도록 하였다. 이용도는 순종했다. 3년 뒤 감리교단은 통천에 있던 용도를 갑작스레 서울로 불러들인다. 주일학교연합회로 가라는 것이었다. 이용도는 순종했다. 반 년 뒤 오락가락 교단은 용도를 순회목사로 파송했다. 이번에도 순종했다. 이런 그가 어떻게 '무교회주의자'가 될 수 있을까? 용도가 재령에서 했던 설교의 일부분이 트집잡기 좋아하는 이들에게 빌미를 제공해주었던 걸까?[176]

"벽돌로 담을 쌓고 울긋불긋하게 장식을 해놓은 것이 교회가 아닙니다. 이 예배당을 다 불태워버리고 그 잿더미 위에서라도 몸과 마음을 모두 바쳐 참된 예배를 드려야 그것이 바로 교회올시다."

이런 식으로 설교했던 용도가 마음에 들지 않았다면, 그래서 용도를 '무교회주의자'라 몬 것이라면, 그들의 '교회론'이란 가장 저급한 건물 혹은 장소의 수준임을 스스로 드러내는 꼴이다. 이러한 교회론으로 인해 교회건축을 신성시하게 되고 한 영혼보다 건물 한 채를 더 귀히 여기는 신앙변이가 일어났던 것 아닌가!

오늘날 한국교회는 매년 이자빚을 갚는데만 5,000억씩을 성도들의 주머니에서 헌금의 삽으로 퍼내고 있다고 한다.[177] 눈덩이처럼 불어난 이 빚은 대부분 광인적 열정의 무리한 교회건축 대출로 인한 것이다. 피로 모아진 헌금이 숨도 못 쉬고 말도 못하는 벽돌을 위해 죽어지고 있다니 숨이 막히고 말이 안 나온다. 그런 교회론을 가진 이들은 오늘날 이용도가 나타났을 때 또 그를 무교회주의자로 찍을지 모르겠다. 오, 우리의 위대하신 대장 무교회주의자 예수시여! "돌 하나도 돌 위에 남지 않고 다 무너뜨려지리라" 하시나이까?(마태복음 24:2)[178]

5. '무교회주의자' 용도에게서 어떻게든 꼬투리를 잡고자 했던 이들이 동방의 예루살렘 평양의 제2장로교회인 남문밖교회로 속속들이 모여들었다. 이때 '감찰자'들과 함께했다가 이후 '용도파'로 전염되었던 이의 증언이다.[179]

    6월 초이었습니다. 길선주 목사 등 7~8명의 목사는 무교회주의자 이용도의 집회를 감찰하고 책을 잡기 위하여 나섰는데 나도 같이 따라갔습니다. 회색주의(周衣 : 회색 두루마기)를 입고 하이칼라 머리로 깎은 청년이 강단에 올라서는데 얼른 보기에는 아편쟁이같이 밖에 안보였습니다. 그런데 이상한 것은 척 나서면서 '다 같이 기도합시다' 하면서 두 손을 드는데, 웬일인지 가슴이 두근거림을 느꼈고 그 기도의 말이 하도 유창하고, 비장하고, 아름답고, 심각함에 정신이 빙빙 도는 것이었으며 요한복음 6장 1절에서 59절까지를 읽는데 그 성경 읽는 데서 벌써 만장의 군중은 감탄, 환홍, 통회, 체읍(涕泣)하는 것이었습니다. 설교를 하시다가는, '토마스 목사의 피와 살을 먹은 평양 성아, 네가 언제까지 의인의 피를 요구하며, 얼마나 더 많은 의인의 피를 요구하느냐' 하는 말에 이르러 만장이 통곡을 하게 되자 책잡으러 갔던 목사들이 모조리 거꾸러져 자복, 회개, 통곡하는 광경은 참으로 성신의 크신 역사인 동시에 사람 눈으로 보기에는 참으로 장한 일이었습니다.

이용도를 확인하기 위해 방문한 길선주 목사는 용도를 모르는 것이 아니었다. 이용도의 1930년 2~3월 평양 중앙교회 집회 이후 결성된 평양기도단을 후원하고 있었던 길선주였다.[180] 그러나 이용도 또한 길선주를 모르는 것이 아니었으니, 송도고보 시절 길선주 목사의 학생 부흥회에서 기억에 남을만한 경험을 하여 기도에 더 힘을 얻었었던 용도였다.[181]

그런데 길선주는 이번 용도의 평양 집회에서 꺼꾸러지면서 큰 은혜를 받게 되었으니, 어렸을 적 용도에게 은혜를 끼쳤던 그 어른을 이제는 청년 용도가 은혜 가운데로 인도하는 감격스러운 장면이었다.[182]

이때의 설교 "그리스도의 피와 살" 일부가 일기장의 품을 통해 오늘까지 전해진다.[183]

"예수님이 모든 인간을 보시매 너무 완악하고 교만하였다. 이 무리들은 말이나 연설이나 기사나 이적으로 구원을 얻을 그런 무리들이 아님을 깨달으셨다. 이 무리들은 보아도 깨닫지 못하고 들어도 깨닫지 못하는 무리들이라고 탄식하셨다. 예수의 말씀과 같이 그 행하심이 진실함과 거룩함을 보고 저희는 회개할 만도 하였지만 저희의 교만한 마음은 예수의 전도와 이적에는 구원되지 않을 것임을 깨달으셨다. 그리하여 마침내 자기가 죽지 않으면 안될 것을 각오하셨다.

'저희들이 나의 살을 찢고 나의 피를 흘린 후가 아니면 안될 것이었으매 오 하나님 아버지시여, 이는 당신의 살이요, 당신의 피오니 이 살을 찢어 저희에게 먹여주시고 이 피를 흘리어 저희들에게 마시게 하옵소서' 하셨던 것이다.

예수의 살과 피를 보기 전에 저희가 회개하고 믿었던들 좋았을 것을 저희는 그럴 만큼 겸비한 자들이 아니었다. 십자가에서 살을 찢기시고 피를 흘리신 후에야 오순절 다락방에서 참으로 회개하고 예수의 사람들이 되었다. 이제야 저희는 예수의 피요, 살이 되었느니라.

모든 인간은 지금까지 많은 의인의 살을 먹고 피를 마시었느니라. 모든 선지자들의 피와 살을 먹었고 세례 요한의 피와 살을 먹었으며 예수의 피와 살을 먹었다. 그 후로도 여러 사도들의 피와 살을 먹고 살아왔느니라.

오 평양성아, 너는 일찍 토마스의 피와 살을 먹었느니라. 의인들은 피와 살로 새 언약의 표를 삼았느니라. 이것을 먹고 마시고 영생을 믿으라. 그렇지 아니하면 멸망하리라. 의인들의 피와 살은 염가의 것이 아니니라. 이는 귀하고 또 엄격한 것이다. 이것을 먹고 마시고도 회개치 않는 인간은 영원한 지옥으로 갚아줌이 마땅하니라. 이 멸망을 막고 이 죄인을 건지기 위하여 의인들은 살과 피를 내어 놓을만한 것이었느니라."

본 설교에는 용도 신학이 잘 담겨 있고 그의 삶을 그대로 비추어주고 있다. 구약의 선지자들, 신약의 세례 요한과 예수님, 사도들의 시대에서 보듯, 인간은 겸비하지 않고 너무나 교만하여 보아도 보지 못하고 들어도 듣지 못하기에 결국 의인들의 "피와 살"이 필요하게 된다.

예수를 따름은 예수께서 그리하셨던 것처럼 죄인의 "멸망을 막고 … 건지기 위하여" 자기의 "피와 살"을 내주는 것 – 죽는 길이다. 하나님으로부터 의롭다 하심을 받은 성도들은 세상의 회개와 구원을 위하여 자기의 "피와 살"을 저들이 먹고 마셔서 살게 해야 한다.

이용도는 완악하고 교만한 마음들을 향하여 회개를 외쳤고 피와 살을 내놓는 하루씩을 살았다. 그가 '무교회주의자'라는 소문은 그의 피와 살을 먹고 마심이었다. 시기와 질투, 적대감, 저항, 덮어씌움, 이름 붙임 등은 그의 살을 갈기갈기 찢었고 그의 피를 땅에 쏟아 부었다. 용도는 자기의 피와 살이 다하는 날, 죽는 그날을 완성의 날로 보며 자기의 십자가 길로 핏빛 발자국을 남기며 성큼성큼 걸어간다.

그럴수록 하나님께 열심 있다는 이들은 그 걸음을 저지하고자 교권의 회

초리를 휘두른다. 용도의 비장한 표정과 걸음은 변함이 없다. 그러자 자칭 진리의 수호자들은 그 숨겨둔 본성을 좀더 솔직하게 꺼내어 사랑의 박멸자로 자처하며 좁은 길로 가는 용도를 추격한다. 용도는 울며 예수의 길 쪽으로 발버둥친다. 아직 그들이 못과 망치를 쥔 것은 아니다. 그들의 손은 지금까지는 용도의 뒷덜미만 움켜쥐고 있을 뿐이다.

6. 용도가 자기의 "피와 살"을 내어놓고, 받은 사명을 다하는 것은 스스로의 힘으로 되는 것이 아니었다. 설교가 적힌 일기의 다른 부분에는 그 비결이 숨어 있다. 모든 힘과 확신과 능력은 주님과의 비밀스런 '사랑'으로부터 오는 것이었다. 일기는 이어진다.[184]

> 주여, 내가 주를 사랑합니다. 그러나 얼마나 사랑하는지 내가 나의 일을 알 수 없는 미련한 자로소이다. 오 주여, 내가 주님을 얼마나 사랑하는지 알게 해주소서. 물론 사랑의 정도가 낮은 것만은 사실이겠지요. 내가 주를 사랑하는 정도를 나에게 알게 해주시고 내가 어떻게 주를 더욱더 사랑할는지도 또 가르쳐주소서. 주를 제일로 사랑하기 원하옵고 온 천하보다도 내 생명보다도 더 사랑하기 원합니다. 아멘. 아멘. 아멘.

세상의 전부를 준다 해도, 제 피와 살이 뜯겨 죽는다 해도, 주의 사랑에는 비할 수 없고 주의 사랑만 있으면 그는 행복하려는 것이다. 그것도 세 번의 "아멘"으로 말이다. 누군가 일회의 인생 가운데 선한 일들을 해보고 싶다면 자기의 목숨보다 더, 세상의 발명품들과 장난감들과 장신구들보다 더, 주님을 사랑해보는 편이 확실하다.

7. 이번 집회 중에는 의료선교사인 홀(Dr. Hall, 1860~1894)이 세운 광성고보에서 학생들에게 전한 3번의 설교도 있었다. 이때의 설교로 크게 감명을 받아 주의 일에 투신하여 신학교 진학을 택한 이들이 많았다고 한다.

이때의 설교 한 토막이 존재한다. 이것으로 본 장을 마무리한다.[185]

"주일학교 연합회의 월급을 받아 먹는 자로서 거기 제정된 내용의 말을 하지 않고 딴소리를 한다는 것은 쫓겨날 일일는지 모르겠으나 주일학교 선생들이 무슨 심리학이나 무슨 교육학을 배우기 전에 먼저 회개하고 죄에 빠지지 않도록 하여야 할 것이라고 나는 믿습니다. 믿음 없는 청년남녀들이 모여서 무슨 사업이니, 무슨 활동이니 한다는 것은 죄악의 기계 노릇이나 하고 마귀의 밥 노릇이나 하는 결과를 내기 쉬운 것이올시다. 그러므로 먼저 예수의 피 공로를 배우고 주님의 사랑을 통해서 남녀가 사귀고 성신의 역사로서 아동들을 잘 기르기 위한 기도를 배워야 할 것입니다.

내가 송도(松都)고보에 있을 적에 주일학교 일을 맡아 본 일이 있었습니다. 거기서도 역시 남녀가 섞이어서 일하고 있었는데 어떤 뻔뻔하게 생긴 여자 하나가 나에게 매우 친절하게 굴게 될 때 그의 '선생님' 하는 소리가 피아노 소리보다도 더욱 나의 마음을 뒤흔들었습니다. 그러자 매 주일에 한 번씩 만날 때마다 늘어가는 정은 늘어갈수록 고무줄과 같아서 빵빵하여 질수록 점점 더 큰 무엇이 잡아당기는 것이었습니다. 보이지 않는 줄은 더 끌려서 선생님이라는 말을 삼켜버리고 누님이라 오빠라 부르게 하면서 죄악의 줄은 한마디의 매듭을 맺게 하였습니다.

그리하여 주일학교에 대한 정성은 점점 없어져 동한다는 것은 육신의 정만이 동하고 실상은 그저 누님을 만나기 위해서만 가는 것이었습니다. 그 누님만 만나면 주일학교의 사명은 다 한 것 같이 생각을 하게 되면서부터 전에는 눈에 뜨이지 않던 나의 신발이 새삼스럽게 나타나게 되었습니다. 그전에는 뒤축 나간 양말과 꿰어진 짚신도 만족하던 것이 웬일인지 세세히 그놈이 들여다 보였습니다. 여기서 또 사치의 마귀가 눈짓을 하는 것이었습니다. 부끄러우나 가자. 누님이 보고 싶으니 가자. 여기서 아담과 하와가 풀잎으로 몸을 가리웠던 것이 드러난 것이었습니다.

이렇게 되자 한 주일에 한 번씩 주일학교에서나 만나는 것으로는 성이 차지를 않아서 핑계를 만들고 이유를 꾸며 가지고서 한 주일에 세 번, 네 번씩 딴 곳에서 만나게 되니 애정은 기하급수적으로 확대 심화되어 누님을 놓고는 잠시도 살 수가 없을 듯이 애가 타게 되었습니다. 하나님도 내던지고 예수님도 좀 있다가 보기로 하고 그저 그것만 붙들고 매달려 허덕이게 되어서……. 비로소 이것 큰일났다. 무엇이 나로 하여금 이 괴로움에 몰아넣는 것인가를 생각해보게 되었던 것입니다.

'오 주여, 이놈이 이 구렁에서 벗어날 수 있게 해주소서' 하고 부르짖을 때는 벌써 시기가 늦어 나는 죄악의 큰 세력에 꼼작할 수 없이 되었던 것이었습니다. 나는 잠을 잘 수가 없고 밥을 먹을 수도 없어 차라리 자살을 해보려고도 했습니다. 이렇게 못된 것이지만 죄인의 친구이시며 또 구주이신 주님께서 구원의 손을 내미시어 겨우 그 함정에서 뛰어나올 수가 있었습니다. 여러분들은 이런 무용한 고생을 하지 말기를 바랍니다."

증인 3
: 이호빈

1. 지난 봄 이용도의 간도 부흥회 이후 이호빈은 더욱 기도해야겠다는 결심이 생겼다. 하여 29명의 동지들과 함께 간도 용정 삼합 건너편에 있는 함경북도 회령 백천사에서 산상기도회를 가졌는데, 마침 멀지않은 함경남도 영무에서 용도의 집회가 있다는 소식을 듣고는 한걸음에 그리로 달려갔다.

집회 4일째. 밤 12시쯤 이호빈은 숙소에서 눈을 감고 잠을 청하려 했다. 누군가 걸어오는 소리가 났다. 소리는 문밖에서 멈추었다.

"형님, 주무십니까?" 용도였다. 호빈이 밖으로 나가니 용도는, "저기 좀 갑시다" 하고는 잽싼 걸음으로 해변가로 갔다. 깊은 밤중 바다를 곁에 놓고 모래사장에 둘은 주저 앉았다. 용도는 아무 말 않고 엎드려 기도하기 시작했다. 용도를 보며 호빈은 '나를 위해 특별히 기도해주려는가?' 생각했다.

엎드린지 한 15분이 지나고 용도는 호빈에게,

"형님, 나를 위해 기도해주시지요."

자기가 기도를 받을 줄 알았는데 부흥사가 기도를 해달라고 하니 뜻밖이라고 느꼈다. 그 뒤에 둘은 그동안 "은혜 받은 경험담이며 각처에서 이상한 큰 역사를 보던 이야기며 장래 … 합심하여 기도해야 할 것" 등을 이야기했다.

이때 용도는 호빈에게 "수년 간 입다물고 내놓지 않던 말을 전부 쏟아놓"았다. 이용도는 자기를 비난하는 이들 앞에서는 바보로 보이리만치 인내하며 대꾸하지 않지만, 믿는 벗에게는 속을 털어놓기를 주저하지 않는다. "수년 간 입다물고 내놓지 않던 말"은 피도수나 변종호도 듣지 못한 것이다. 보통 사람보다 배나 빠른 말씨로 "밤새도록 쏟아 놓은 이야기" 중 이호빈이 세상에 내놓은 몇 가지만 보면 다음과 같다.[186]

① 부흥목사가 절대로 자기의 원이 아니라는 이야기를 여러 번 하였다. 자기의 진정한 소원은 종교교육사업이었는데 웬일인지 자기도 알지 못하게 부흥회를 인도하게 되고 피할래야 피할 수 없이 끌리어 다닌다고 하는 말을 나는 유심히 들었다. 그리고 자기가 강단에서 현 교역자를 너무나 지나치게 공박한다는 평을 듣고 있는데 평을 듣는 것이 두려운 것이 아니나 중심으로 남을 공격하려는 생각을 가져본 일은 절대로 없고 가끔 그런 일을 하지 않게 해달라고 기도도 드리고 있는데 웬일인지 강단에 나서면 자기도 깨달아 알 수 없는 말을 말하게 된다고 하였다.

그리고 설교에 대해서 말하기를 설교의 원고를 써가지고 나가는 일은 끊긴지가 오래라고 하고 물론 맨손으로 나선다는 일에 큰 실패가 많은 것도 사실이나 실상은 빈 그릇으로 강단 위에 엎드려 울며 졸라 얻어지는 설교가 사람 지각 위에 뛰어나게 되고 승리를 가져오게 되더라고. 그래서 자기의 경험으로 큰 실패를 여러 번 당하였는데도 빈 그릇을 가지고 조르다가 주시는 것이 없을 때는 회중을 그냥 돌려보내는 일도 여러 번 있었노라고.

이런 일 등 몇 가지 이야기를 종합하여 보면 군이 얼마나 솔직하게 순종하는 생활을 원하며 지냈음을 짐작할 수 있으며 성능(聖能)의 힘에 붙들린 생활로 괴로우나 즐거우나 원하는 일이나 원치 않는 일이나 주께 맡기고 십자가에 죽어지는 생활로 지내왔음을 짐작할 수 있었다. 신자는 누구나 그렇게 살아야 하겠지만 더욱이 교역자의 생활은 더욱 그래야 할 것을 느꼈다. 성능에 붙들리어 일터에 나서야 할 것이며 설교는 주님의 명령을 그대로 전하여야 할 것이며 성역은 자기 뜻으로 택할 것이 아니며 설교는 자기의 말로써

토해낼 것이 못 된다. 자기도 알지 못하게 성신의 힘의 불림을 당하는 그때가 가장 큰 역사를 감당하는 때라는 것이었다.

② 수도원 같은 기관을 허락해 달라는 기도를 그날부터 시작하기로 약속하였다 … 구도자들이 모여 육을 위한 노동을 할 수 있고 심령을 위하여는 기도할 수 있는 기관을 두자는 것이었다. 전도자들도 가슴에 불이 식어지거든 들어와 엎드려 기도하다가 다시 불이 생기거든 뛰쳐나와 외칠 수 있도록 조용한 곳에 자리를 정하여 집과 땅을 준비하자는 것이었다. 현대식 신학교도 아니고 또 수도원도 아닌 그 어떤 것으로, 성경 읽고 기도하고 노동함으로 육과 아울러 심령의 훈련을 받다가 주님의 명령이 가슴에 떨어지거든 누가 오라거나 말거나 뛰어나서지 않을 수 없는 불타는 가슴을 가지고 사람의 거리로 나서게 하자는 것이다. 또 고요한 기도의 처소를 갈구하는 자를 위하여 하루바삐 그러한 기관을 만들기 위하여 기도하자고 하였다.

2. 대화는 시간 가는 줄을 몰랐다. 동해가 기지개를 켜는 소리에 잠들었던 해님이 눈을 비비며 일어났다. 둘은 자리를 떠나기 전에 기도를 올렸다.

"지난 밤 저희 두 형제가 주고 받은 이야기 가운데 불필요한 것이 있사옵거든 남김없이 거두어 주시옵고 만일에 주의 뜻에 합당한 부분이 있사옵거든 저희의 생명으로 이루어지게 하옵소서. 아멘. 저희가 원하여 조르는 일이 주님의 뜻에 합하는 일이옵거든 속히 이루어 주시옵소서. 아멘."

백사장을 따라 숙소로 돌아가는 두 형제의 가슴에는 예수의 꿈이 서려있었고, 해님은 영문도 모르는 채 두 사람의 씩씩한 걸음거리에 조금 쑥스러워 하다가는 곧 더 밝은 햇살을 동해의 머리 위로 부어놓는 것이었다.

덫?

1. 1931년 8월, 이번에는 황해도 서북부에 위치한 은율로 갔다. 이곳도 기독교가 우세를 보이는 지역이었다. 이용도가 이곳의 장로교회에서 집회를 하게 된 것은 그가 1930년 10월 주일학교연합회로 이직되자마자 은율 교회가 이용도를 보내달라고 간청했었던 때문이다. 용도는 거의 10개월이 지나서, 8월 11~18일까지 은율에서 집회를 연다.

이로 인해 용도는 황해도에서만 신천(1930년 8~9월), 재령(1931년 2~3월), 사리원(3월)에 이어 네 번째로 은율에 오게 된 것이다. 용도의 고향이 황해도이니 이점도 그가 호감을 사는 이유로 작용했을 것이다. 용도가 3년간 활약했던 원산지방을 제외하면, 현재까지는 황해도가 가장 많이 이용도를 불러 세웠다. 사리원에는 든든한 기도단이 형성되어 있다. 재령과 사리원에서 그의 사진이 도합 1,000장 이상 팔려나갔다. 황해도에서 용도의 이름은 참으로 크게 되었던 것이다.

2. 그런 용도가 온다기에 은율 주변의 황해도 송화, 신천, 장연에서도 사람들이 몰려들었고, 직전에 집회하였던 함남 영무에서 은혜 받은 성도가 은율까지 1,600리를 따라오는 장관을 연출하였다.

용도는 '거지의 친구'로 불리는 은율의 성자 이찬영(1870~1950/1) 장로의 집에서 투숙했다. 이찬영은 품을 팔아 그날그날 연명하는 가난 속에서 성장하였으나 예수교인이 된 뒤로 정직한 장사를 하면서 점점 부해졌다. 그리고 가진 것으로 거지들과 교회와 민족교육자들을 지원하였다. 그 집에 용도가 묵고 있다.

용도는 대부분의 시간을 교회에서 기도하며 보냈을 수도 있지만, 이찬영 장로와 마찬가지로 거지들을 예수님으로 모셨던 그이기에 이 장로로부터 큰 감명을 받고, 또한 예순을 넘긴 이 장로도 청년 이 목사로부터 감명을 받는 교제가 있었는지 모른다.

은혜를 사모하는 간절함의 불씨들이 각지에서 모여들었던 이번 집회는 시간이 흐르면서 차차 능력이 나타나기 시작했다. 그러다 다섯째 날에는 "주님의 특은"(특별한 은혜)이 임하였고, 그 다음에는 "성령의 큰 불"이 내리는 역사가 일어났다. 그러자 약 100명이 철야기도에 임했다. 황해 재령만 아니라 은율에서도 성령의 거룩한 불이 떨어짐으로 성도들의 기도에 쉬이 꺼지지 못할 불길이 붙었던 것이다.

용도는 부흥회에서 하루 3~4회씩 집회를 인도하니, 7일간의 집회에는 21~28회의 설교/강해/강습회 등이 진행되는 것이다. 나머지 시간에는 개인기도와 공동기도, 안수기도, 때로 밤기도와 철야기도로 이어진다.

그런데 용도는 당시 "극도의 빈혈증"을 앓고 있었다. 의사들마다 "그렇게 피가 없고 어떻게 사느냐?"고 했었다.[187] 용도는 마치 죽음의 바다를 코앞에 둔 해변에서 제 몸이 그대로 쓰러져버려도 상관없다는 듯 - 주의 명을 따르는 일이라면! - 소리치는 것 같다.

오 주여, 할 수만 있사오면 나에게서 이 짐을 좀 덜어주시옵소서. 그러나 내 뜻대로 마옵시고 아버지의 뜻대로 하옵소서.

주님의 교회를 위하여 무거운 십자가를 어깨에 멘 용도는 겟세마네의 예수님을 따라서 아버지의 뜻에 자신을 밀착시켰다.

3. 이렇게 기도를 드린 다음날은 집회의 마지막 날이었다. 예수신앙운동을 위해 헌신하는 용도의 설교는 이어졌다.

"교파의 이름으로나 어떠한 의식으로 구원을 얻을 것이 아니라 다만 예수의 이름으로만 구원을 얻을 것인즉 장로교인 중에도 구원을 얻을 자 있고 못 얻을 자 있고 천주교인 중에도 얻을 자 있고 못 얻을 자도 있는 것입니다."

그러자 몇 사람이 수군대기 시작했다. 웅성거림이 점점 커지더니 한 사람이 변론을 일으켰다.

"천주교에서도 구원을 얻을 수 있다면 그리로 갈 사람이 있겠으니 문제가 아닙니까?"

용도의 강조점은 교파의 이름이 아니라 예수의 이름이었다. 장로교든 천주교든 예수를 참되게 믿는 것으로만 구원을 얻는다는 말이 그렇게 문제될 소지가 있는 걸까? 그는 전에 천주교에 대해, "인간의 우매의 그지없음을 나타내"었다고 했고, 프로테스탄트 신앙을 통해 "인류는 더 높은 신앙을 가지게 되고 성령은 더 높은 뜻으로 저희의 영혼에 일하게 되었다"고 하였다.[188] 그 자신이 개신교회의 지도자였다.

여기서 그가 말하려는 것은 교파주의가 굳어지는 당시, 교파의 이름으로 구원을 얻는 것이 아니고 오직 예수만이 신앙의 처음과 끝이 되시니 예수의 이름만을 의지하라는 것이었다. 장로교회에서 집회 하면서 이런 선포가 지혜롭지 못했다는 평을 들을 소지는 혹 있을지라도, 그렇다고 어렵게 모신 부흥사를 면전에 두고 "변론"을 일으키는 것은 더더욱 지혜롭지 못한 행동이 아니었을까? 또, 이 변론은 신학적 차원이 아니라 "그리로 갈 사람이 있겠으니 문제"라 하는 다분히 정치적이고 인간적인 반동이었다.

4. 왜 은율교회 지도자들은 1년 전부터 용도를 보내달라 조르다가도, 은혜

를 사모하는 이들이 각지에서 몰려들었음에도, 교인들은 성령의 불을 받아 밤새워 기도하고 있었음에도, 갑자기 이렇게 반응했던 걸까?

변종호가 주는 힌트는, 이들은 용도를 질시한 무리로서 "교회에 충실치 못한 무능에 속하는 교직자들"이었다는 것이다. '무능하신 교역자들'은 '유능한 용도'로 인해 성도들이 회개하고 기도에 불이 붙는 역사 위에 소화전 주둥이를 갖다 댔고, 이렇게 하여 교회를 자기들 수준의 '무능' 안에 가두어두려 했던 것이다.

5. 용도는 8월 18일까지 모든 일정을 마치고 그날 밤 이찬영 장로의 집에서 묵은 뒤, 19일 아침 9시 사리원을 향해 떠났다. 그곳의 기도단원들을 만나기 위해서였다. 은율을 떠난 기차에는 황해도 신천에서 온 일곱 자매들이 함께했다.[189]

용도는 저녁 6시 반에 사리원에 도착하여 감리교회로 갔다. 기도하는데 은혜가 컸다. 그리고 장소를 이동하여 "사리원 서부교회"로[190] 가서 다음날인 20일 목요일 새벽 5시경까지 머물렀다. 이날 새벽에는 몸이 무척 피곤함을 느꼈다. 오후 1시 41분 차로 사리원을 떠난 용도는 오후 6시 50분 목적지인 '기독교국' 평안북도 선천에 도착했다. 쉴새없는 사역이었다. 주님이 일하시니 어찌 쉼이 가하랴.

그들이 찾던 목사

1. 평안북도의 대표적인 기독교중심지인 선천은 '기독교국'이라고 불렸다. 당시 전 조선에서 가장 기독교가 강세를 보이는 지역은 평양, 황해도 재령, 그리고 평북 선천이었다.

선천역에 내린 용도는 조금은 너절한 회색 두루마기에 굵은 베바지를 입고, 고무신을 신고 있었다. 때는 더위가 기승을 부리는 8월인데 겨울 모자를 그대로 쓰고 있었다. 그는 플랫폼에 서서 마중 온 이들을 기다렸다. 벌써 저녁이 다 되어서 함께 교회로 이동해야 했다. 분주히 누군가를 찾는 이들이 보였다. 용도는 그들을 한눈에 알아보았다. 그런데 그들은 용도를 알아보지 못했다.

"가만 내가 저 앞에 가는 그럴듯한 이를 보았는데……."

한 사람이 같이 온 이에게 말하고 달려갔다. 그는 깔끔한 회색 양복에 구두를 신고 도시적인 가방을 들고 있는 사람에게로 가서,

"혹시, 이용도 목사님 되십니까?"

"아닙니다."

"아, 나는 서울서 오시는 손님을 맞으러 나왔는데 실례했습니다."

그는 조금 쑥스런 얼굴로 일행이 있는 곳으로 돌아왔다. 용도 목사는 바로 곁에서 이 광경을 보고 있다.

'지금까지 나는 저들의 옆에 서 있었으나 나의 남루한 꼴이 저들의 눈에 목사 같지 않았던 까닭으로 알아보지 못하였도다.'

서울에서 오는 유명한 부흥사라니 분명 "말쑥한 양복에 하이칼라 가방을" 들고 있으리라 기대했던 것이다. 이들을 바라보며 용도는 만감이 교차하는 중 여러 가지 진실에 접하게 되었다.[191]

저들은 외모로 사람을 취하는도다. 하나님은 속을 보시는 하나님인 줄 아직 깨닫지 못하였도다. 그 말을 입으로 외우고 머리로 기억하고 있으되 그 진의는 몰랐도다. 세상의 사람은 겉모양을 단장하고 하늘의 사람은 속마음을 장식하건만 저희는 세상의 사람과 같이 겉모양을 단장한 자 중에서 목사를 찾았으니 어찌 하늘에 속한 자를 찾을 수가 있었으리요.

세상이 환영하는 목사가 되자면 나의 마음을 단장하는 시간과 모든 노력을 다 가져다 몸을 단장하는 일과 사교술을 닦는 일에 써야 할지라. 그리고 겉모양으로 보여가지고 꾸미는 생활을 할지라. '있는 것 같되 없는 생활.' 아, 이는 바울이 말한 바 '없는 것 같되 있는 사람'과는 전연 딴 종류의 사람이로다.

당시 선천의 교인들은 초대 한국교회사와 민족사에서 보여준 높은 정신과 신앙은 온데간데 없고 세상의 눈에 멋진 목사를 찾고 있었다. 세상이야 그런 사람을 요구하는 것이지마는 이제 교인들까지 요구하고 있으니 목사들은 마음대신 몸을 단장하고 능력보다는 사교술을 기르며 없는 것 같되 있는 사람보다는 없을 지라도 있어 보이는 사람이 되어야 했다. 이는 다시 그러그러한 목사 아래서 그러그러한 신자들이 자라나게 하니, 이 악순환은 서로가 서로를 뭉개주는 당찬 비극이었다.[192]

선천. 그 이름은 이미 높은 바 있었다마는 그 실상은 어떤고. 한 일을 보아 모든 일을 가히 짐작할지라. 이는 사업의 이름이요, 수효로의 이름이었고 신앙으로의 이름이 아니었구나.

아, 이 굳고 교만한 선천이여, 목사로부터 평신도까지 다 생명이 죽지 않았는가. 내 마음 심히 괴롭도다. 선천의 사람들아, 너희가 나의 피와 살을 먹고 마실만하도다. 주께서 허락하시면 나는 줄지라. 그러나 나의 그것들이 어찌 너희에게 생명이 되랴. 주여, 저희에게 생명이 되도록 나를 신조(新造)하여 나의 고기를 저희에게 던져주소서. 나의 피를 뿌리시고…

용도는 선천 남교회의 "정상인 목사를 만나는 위로가 … 있을 뿐이고 그 외에는 다 … 영을 아프게" 함을 느꼈다. 그 아픔을 어깨에 메고 기도했다.[193]

오 주여, 나를 죽이시어서라도 저희에게 새 생명을 주시옵소서. 새벽에 회당에 나가서 기도하려 하였으나 얻지 못하였으니, 오 주여, 연약한 나를 도우소서. 이러고서야 어찌 주의 뜻을 성취할 수 있으오리까.

2. 8월 21일 금요일 북교회 집회에는 오전 예배시간이 다 되었는데도 몇 사람이 모이지 않았다. 거의 삼십 분이 지났음에도 사람이 없었다. 용도는 설교를 파하고 기도하자고 했다. 그러나 회중은 소리 내어 기도도 하지 못했다.

'선천의 자랑이 어디 있는고. 영의 생명은 다 죽었다. 죽어 없어졌다. 한심한 바 적지 않도다.'

그나마 이날 밤에는 "주의 은혜를 사모하는 무리들"과 함께 새벽 2시까지 기도할 수 있었다. 용도는 뒷방으로 들어가 계속 기도하였고, 50여명이 남아서 철야하였다.

"사업의 이름"과 "수효로의 이름"에서는 대형이었으나, "신앙으로의 이름"에서는 할 말이 없었던 선천교회 집회는 많은 이야기 없이 막을 내리게 되었다. 은혜는 아이처럼 겸손한 발이 달려서 갈망하는 이에게로 간다는 영적 진리만 다시 확인할 뿐이다.

대한의 심장 서울에 떨어진 불

1. 이용도가 감리교회 경성지방 순회목사로 파송되었다는 점은 그가 서울에서 활발히 활동할 수 있는 계기를 놓는 것이었다. 불덩이가 서울에 놓였으니 서울에 불이 붙지 않을 수 없었다.

1931년 9월 24일 목요일. 경성성서학원에서 이용도를 모셔서 27일까지 집회를 열었다. 용도가 설교와 찬송과 기도를 맡고 진행은 사회자가 보는 방식이었다.

이번 4일간의 부흥회에서도 "영의 큰 움직임"이 나타났다. 기도에 불이 붙게 된 것이다. 용도 목사가 설교를 마치고 학생들과 기도를 시작하자 그 기세가 너무도 열렬하여 사회자가 당혹스러움을 느낄 만치였다. 이렇게 폭발적인 기도는 학생들도, 사회자도 처음이었다.

예배가 끝나자 사회자는 용도 목사에게 와서 살며시 귀띔을 던졌다.

"학생들이 너무 기도를 합니다. 기도를 조금만 하고 좀더 간단히 해주시기 부탁 드립니다."

그리고 다음 예배가 시작되었다. 찬송과 설교가 끝나고 기도 시간이 되었다. 사회자는 긴장한 눈빛으로 장내를 둘러본다. 그러나 학생들의 기도는 폭발한다. 기도 때문에 야단야단.

저녁 집회가 끝났다. 학생들은 총총 기도실로 들어갔다. 기도실은 밤10시면 닫았다. 밤새워 기도할 기세였으나 선생이 와서 그들을 숙소로 돌려보냈다. 끌려가면서 우는 이들은 도살장으로 끌려가는 양들과도 같았다.

"그렇게 크게 기도하면 지금은 잠잘 시간인데 다른 학생들의 잠을 방해하는 것이 아니냐? 학교의 규칙에 순종하는 법을 배우거라. 기도도 너희 몸을 돌보면서 하는 거야."

방으로 돌아온 학생들은 기도의 불씨가 행여 꺼질세라 그대로 있는 것이 불안했다. 규칙도 규칙이지만 도저히 안 되겠서 숙소를 몰래 빠져 나와 뒷산으로 올라갔다. 이 사실을 안 선생은 그들을 뒤좇아 산으로 갔다.

"내일 집회가 있지 않은가! 잠을 자야 내일을 힘차게 맞이할 것 아닌가!"

겨우 학생들을 데리고 온 뒤에는 문밖에다가 지키는 사람을 세우고 기숙사 입구를 열쇠로 채워버리는 것이었다. 그러자 방에 갇힌 학생들은 들창문을 열고 뛰쳐나갔다. 다른 이유는 없었다. 반항도 원망도 아니었다. 다만 기도의 불길이 수그러들까 두려웠다. 기도의 맛이 황홀하였다. 세상에서 가장 좋은 음식이나 가장 멋진 관광지나 가장 예쁜 여인이나 가장 높은 자리도 지금의 이 기도 맛에는 미치지 못하는 것이었다.

뛰는 심장보다 빠르게 학생들은 무악산 꼭대기로 뛰어올랐다. 거기서 기도로 밤을 흔들어 깨웠다. 사랑하는 여인과 밤새워 대화하는 것보다 더 달콤하고 유쾌하고 뿌듯한 흡족함이 주님과 밤을 지새울 때에 넘쳐났다.

학생들이 하나 둘 숙소를 빠져나가자 사감 선생은 각 방을 조사했다. 허다한 방이 텅 비었다. 뒤통수를 맞은 것 같은 선생은 학생 하나를 붙잡고 다른 애들이 어디에 있는지 캐물었다. 무악산이라는 것을 알아낸 뒤에는 학생을 앞에 세우고 그 산으로 들어가 잠든 야밤을 흔들어댔다. 그러나 하나님께서 신학도들의 기도를 은밀한 날개 아래 감추어주심으로 사감은 학생들을 찾지 못했다. 차마 눈 뜨고는 볼 수 없는 장면이었다.

성령의 임재를 체험한 학생들은 기도욕구를 주체할 수 없었다. 집회마다 찬송과 설교로 기도의 화약이 장전되고 기도시간에 성령의 화염이 무서운 힘으로 치솟았다. 저녁 집회 후에는 기도실에서 기도를 먹고 마시다가 10시가 되면 사감의 눈을 피해 무악산으로 가서 다시 밤새 기도를 먹고 마셨다.

2. 경성성서학원의 4일 집회는 이런 식으로 끝이 났다. 그런데 학생들의 기도열에 대한 소식을 접한 가까운 곳에 있는 "성결교회의 본부이자, 현대 교회 중에 가장 복음적이요, 성결한 은혜에 산다 하는" 아현성결교회가 용도를 막 강권하여 붙들어다 강단에 세웠다. 쉴 틈도 없이 다음날 새벽부터 아현교회에 서게 된 것이다.[194]

아현 집회는 9월 28일 월요일부터 10월 4일 주일 밤까지 예정되어 있었다. 강단에 서니 낯익은 무리들이 보였다. 기도에 불 붙은 성서학원 신학생들이었다. 이들은 학교의 허락도 받지 않고 기도하러 간다는 쪽지만 사무실에 남겨놓고 성결교회에 와서 다시 기도로 밤을 새우려 했다.

학교 측에서는 이를 심각하게 받아들였다. 선생들은 분통을 터뜨리며 이튿날 아침 학생들을 호출했다. 하나씩 학교로 불러들이는데 그 기세가 심각했다. 학교규칙에 복종하지 않으면 학교에서 퇴출을 시킨다는 것이었다. 이용도는 이를 두고, "가관입니다. 찬송할 일입니다. 울 일입니다"라고 했다.[195]

찬송할 일이었다. 하나님께서 이 신학도들에게 얼마나 크게 역사하셨으면 이렇게 기도에 미쳐버릴 수 있단 말인가? 울 일이었다. 선생은 학생들을 위한다면서 막 타오르기 시작한 기도의 불씨 위로 물대포를 들었으니.

3. 그런데 문제는 경성성서학원만이 아니었다. 아현교회도 심상치 않았다. 기도에 한 맺힌 신학생들의 눈물은 기도의 불 위에 붓는 기름이었다. 기도의 불은 성결교회 청년들에게까지 옮겨 붙었다. 용도가 못 이겨낼 정도로 "간청"하여 용도를 단 위에 세운 "교회 주임전도사"는 이런 현상에 당혹감을 느꼈다. 신학교 집회 때의 사회자처럼 말이다.

용광로처럼 뜨거운 집회가 닷새째를 맞이하는 날 밤이었다. 이용도가 하루에 3~4회의 설교/강해와 일반사람보다 3~4배 빠른 말씨, 일반설교보다

전국으로 번지는 불길 (1931) *245*

3~4배 많은 분량을 설교하니,[196] 이때까지 아현교인들은 일반주일설교를 135회~320회 가량 듣는 것과 맞먹는 설교를 들은 셈이다. 이는 약 2년 반~6년치 주일설교를 들은 분량이다! 이 정도로 기도와 설교와 찬송이 집중적으로 휘몰아치니 아현교인들도 기도의 불길에 삼켜지지 않고는 배길 수가 없었다.

금요일 밤 집회 중 용도는 즐겨 부르는 찬송을 제창했다.

> 인애하신 구세주여 내 말 들으사
> 죄인 오라 하실 때에 날 부르소서
> 주여 주여 내 말 들으사
> 죄인 오라 하실 때에 날 부르소서
>
> 자비하신 보좌 앞에 꿇어 엎드려
> 자복하고 회개하니 믿음 주소서
> 주여 주여 내 말 들으사
> 죄인 오라 하실 때에 날 부르소서

장내의 일동은 회개와 소망의 찬송을 목청껏 불렀다. 성도들의 가슴은 아팠고 또 시원했다. 집회가 끝난 뒤 용도는 숙소로 돌아왔다. 그러고는 아현성결교회의 부흥을 위해 자기의 피와 살을 내어줄 수 있기를 간구했다. 12시경에 누군가가 그를 찾아왔다.[197] 주임전도사였다. 그의 안색에는 전에 용도를 모시기 위해 "간청"할 때의 겸손함과 간절함이 더 이상 없었다.

"오늘 왜 그런 찬송을 부르셨습니까? '죄인 오라 하실 때에 날 부르소서' 말입니다. 신자는 예수를 믿고 죄 사함을 받아 의인이 되었는데 왜 다시 죄인이라고 하는 것입니까? 이는 성결교회의 교리와 맞지 않습니다. 목사님의 집회는 여기까지만 해주십시오."

용도는 따지지 않고 모든 것을 주님의 뜻으로 받아들이며 짐을 싸서 무악산으로 들어가 기도를 드렸다. 기도의 바위는 이상하게 뜨끈뜨끈했다. 며칠 전 성서학원 학도들이 뿌렸던 눈물 때문이었다. 용도의 눈물이 떨어진다. 그러자 며칠 전 떨어졌던 신학도들의 눈물이 그 자리에서 일어난다. 용도의 눈물과 신학생들의 눈물은 서로를 부둥켜안고 울기 시작했다. 그리고 손을 꼭 잡고 밤이 새도록 '눈물의 왕'께 기도를 드렸다. 기도가 기도를 만나고 설움이 설움을 만나니 이날 밤은 외롭지 않았으리라.

하루가 지나고 새벽 동이 트자 용도는 산에서 내려와 집으로 돌아갔다.

4. 이튿날 새벽 아현교회에는 난리가 났다. 이 목사님이 사라졌다니! "목사님이 쫓겨났다"는 말이 돌자 장내는 더욱 술렁였다. 교인들은 "통곡하며 옷을 찢고" 교회가 망해간다는 듯 가슴을 두드렸다.

속타는 성도들은 걸어서 반 시간 거리에 있는 현저동으로 달려갔다. 그들의 심장에는 교회를 향한 애절함의 피가 거세게 유통되고 있었다. 교인들이 속속 용도의 집으로 모여 울며 기도하니 그곳이 부흥회 터가 되었다.

주일인 다음날 오후에는 한 제직이 용도의 집으로 와서 인사도 없이 그대로 바닥에 엎드리며 통곡했다.

"오 주여, 죄인의 무리(無理)를 용서해 주옵소서! 성결교회란 단체가 의인을 못 박고 멸시하였나이다."

그는 성별회를[198] 인도하던 중 도저히 마음이 아파서 기도 중에 그대로 이용도의 집으로 달려왔던 것이다.

이후로도 경성성서학원 학생들과 성결교회 청년들이 기도에 목이 말라 용도의 집을 찾아오니 자연발생적으로 부흥회가 열렸다. 그런데 이것이 어느 사람들에게는 "위험분자들의 밀회"요, "교회의 난적"들의 작패로 보이기도 했다. 어쨌든 성서학원과 아현교회 사건은 성령께서 이용도를 통하여 서울에다가 어떤 일들을 하고 계신지 보여주는 장면이었다.[199]

5. 한 맺힌 사람의 기도는 무섭다. 식욕보다 강한 기도욕을 억눌림 당했던 성서학원 학생들이 용도의 성결교회 집회에 참여했다. 그들의 기도가 얼마나 뜨거웠을까? 이어 아현교인들과 청년들도 그 불길을 이어받아 전에 없었던 정도로 기도가 폭발했다. 그래서 신학교의 사회자처럼 성결교회 전도사는 성도들을 진정시키고 싶었고, 이것이 불가능해 보이자 최후의 수단으로 교리를 들먹이며 용도를 쫓아냈다. 우스운 해프닝이었다.

그럼에도 이용도의 기도운동은 서울 곳곳으로 퍼져나갔다. 종로의 피어선성경기념학원(현 평택대학교)에도 적지 않은 수의 기도자들이 일어났다. 이들은 한국을 아래서부터 위로 흔들고자 하는, 신앙의 새 능력을 갈망하는 개혁세력들이요, '기도단'이었다. 용도의 부흥회 중 성령의 역사를 체험하면서 기도에 불이 붙은 뒤로 기도와 전도에 전념했던 이들은 고난의 시기를 지나던 한국교회에 얼마나 큰 보탬이 되었겠는가!

6. 여기까지, 이용도의 부흥회 뒤에는 평양기도단이나 사리원기도단, 간도기도단만 아니라 경성성서학원 기도단, 성결교회기도단 등이 만들어지고 있는 것을 볼 수 있다. 문서자료가 남지 않은 곳에서도 그런 역사는 더 있었을 것이다. 이용도는 이것을, "큰 싸움은 시작되었소이다"라 한다. 기도의 싸움이 시작된 것이다. 울며 기도하는 자들이 이길 것인가, 말리며 반대하는 자들이 이길 것인가. 이용도의 기도전술을 들으면서 본 장을 마친다.

> 우리의 전책(戰策)은 기도에 있고
> 우리의 무기는 무언의 눈물에 있을 따름이외다.
> 조선은 지금 여기저기 아래서부터 위에 끝까지
> 흔들흔들 움직이려 하고 있음을 우리가 봅니다.

올 것이 오다

1. 황해도에서는 재령, 사리원, 신천, 그리고 "성령의 큰 불로써 역사"하신 은율 집회까지 총 4회 모두 은혜가 임한 시간이 있었다. 그런데 놀라운 일이 불쑥 일어났다는 것이 후에 가서야 용도에게 알려졌다.

1931년 10월 19일 이전의 어느 날 평양의 김인서 장로는 급히 이용도에게 편지를 날렸다. 그는 편지에서 그가 계획 중이던 〈신앙생활〉이라는 기독교 월간지에 대해 설명하고, 용도에게 한 지면을 맡아줄 것을 부탁했다. 그러나 더 중요하고 급한 내용은, 황해노회가 이용도에 대해 내린 결의안이었다. 용도의 답장에는 김인서의 편지 일부가 인용되어 있다. 그렇게 하여 김인서의 편지를 엿볼 수 있다. 내용인즉, 황해노회 소속 모든 장로교회들은 이용도를 초청하지 말라는 것이었다. 이유는 이용도가 '무교회주의자'이기 때문이라고.

너무 기가 차면 긴 말이 필요 없는 법. 이용도는 김인서에게,[200]

> 나의 무교회주의설에 있어 나는 변호하고 싶지 않습니다. 변명할 여지조차 없지요. 교회 안에 있는 자는 벌써 무교회주의자는 아닐 줄 압니다. 나는 내 교파의 상부에서 파송하는 대로 순종하기로 하고 또 지금도 그대로 하고 있는 사람입니다.

"변명할 여지"조차 없는 사실을 살해시키고 거짓을 사실로 바꿔치기 하였으니 이는 이용도 '목사'가 '무교회주의자'라는 것이었고, 또 하나 놀라운 것은 이것이 일개인이 아닌 노회라는 집단에서 나왔다는 점이다.

지난 6월 평양 남문밖교회에서 집회가 열렸을 때에도 이용도는 무교회주의자라는 소문이 있었음을 앞서 보았다. 그러다가 10월 19일 무렵, 용도는 무교회주의자이기 때문에 황해노회의 장로교회들은 그를 받아들이지 말기로 했다는 귀띔을 평양의 장로교회 장로로부터 듣게 된 것이다. 그럼 그 이유들이나 들어보자.

① 재령교회의 불영접(不迎接)을 비방한다.
② 사리원의 자매들이 평양 집회에 참석했고 용도와 서신을 주고 받는다.
③ 집회를 할 때에 불을 끄고 기도를 한다.
④ 교직을 공격한다.
⑤ '성서조선'이라는 잡지를 선전한다.

그러므로 이용도는 무교회주의자니 황해노회 경내에는 들이지 말자고 한 것이다.

2. 그럼 이 주장이 타당한지 살펴보고, 주장이 이루어진 시점에 대해서도 생각해보자. 이때 가장 공평하고 확실한 방법은 본인의 말을 들어보는 것이다.

① 재령교회의 불영접(不迎接)을 비방한다.

"재령교회의 불영접(不迎接)을 비방한다"는 것은 흠을 잡으려는 편에 말거리가 된 듯도 합니다. 나는 그 교회를 비방하는데 본의가 있지 않고 오늘날 온 세상의 교회가 외형으로만 사람을 보는 것과 형식에는 능(能)하되 의(義)

와 인(仁)에는 먼 것을 경계하여 거지라도 주님과 같이, 아이라도 선지자 같이 대접할 겸비에 들어가서 진실로 의와 인에 움직이어 살기를 바래서 일례를 드는데 불과한 것이었습니다.

무교회주의자와 이것이 무슨 상관인가? 그럼 교회가 "외형으로만 사람을" 보고 "형식"만 번드르르하되 하나님께서 더 중히 여기시는 인과 의는 버리는 것이 '정교회주의'란 말인가?

② 사리원의 자매들이 평양 집회에 참석했고 용도와 서신을 주고 받는다.

사리원 자매들의 무고(無告), 평양 집회와 서신 왕복에 관하여는 잘 알 수 없고.

용도는 사리원의 감리교회만 아니라 장로교회 신자들과도 유대가 깊었다. 사리원의 기도하는 무리들은 남·녀, 장·감 등으로 이루어졌다. 황해노회가 문제 삼는 사리원 자매들은 장로교회 소속으로, 이들은 지난 6월 평양으로 가서 용도의 남문밖(장로)교회 집회에 참석했다. 이것이 무교회주의와는 또 어떤 관계인가?

노회는 이들이 평양까지 가서 용도의 집회에 참석한 것만 아니라 용도와 서신을 주고 받는 것도 문제 삼고 있다. 그럼 이용도가 사리원으로 보낸 편지들의 내용을 실증적으로 살펴보면서 이용도를 '비판'해보자.

1931.3.24 이태순, 김유순, 이정호, 우성일, 오동식, 배준복 등 제씨에게: 항상 기도하시오.

1931.3.25 이종규와 그의 어머니와 기도의 동무에게: 그대들은 나의 '기도

의 동무'가 되어지사이다.

1931.4.6 이태순 씨에게: 은혜를 사모하고, 지극히 작은 자 하나라도 주를 대접하듯이 하옵소서.

1931.4.6 김유순 씨에게: 주의 도움을 구하여 마귀의 유혹을 이기고 더욱더 주 앞으로 나가소서.

1931.4.20 이태순, XYZ, 안두화 제씨에게: 중심에는 다만 예수님만이 계시게 하옵소서.

1931.6.11 이태순 씨에게: 항상 기도하고 육신으로는 부지런히 일하여 가족들을 잘 돌볼 것입니다.

1931.8.20 이태순 씨에게: 주께서 믿음의 식구들을 위해 기도하시니 넘어지지 않을 것입니다.

1931.9.23 이태순 씨와 친애하는 모매님들에게: 주를 따라 살려면 먼저 그와 같이 죽어야 됩니다.

1931.10.14 이태순 씨에게: 사리원 믿음의 식구들을 위해 기도합니다.

황해노회는 주장하기를, 이러한 편지들 때문에 이용도는 무교회주의자라는 것이다. 용도의 편지는 받은 사람들이 주변 사람들과 돌려보았기에[201] 일부가 유출 되었을 것이다. 황해노회는 어떻게 이런 편지들을 무교회적인 내용으로 읽을 수 있었는지 하나님도 깜짝 놀라 당황하실 독법이다.

③ 집회를 할 때에 불을 끄고 기도를 한다.

무교회주의자는 소등 기도하나요? 대개 강설을 마치고 은혜에 대하여 간절성이 없는 자는 다 가게 되고 특별히 열의 있는 이가 남아 있어 개인이 기도할 때에 흔히 그러하였던 것인데, 그것은 기도 자리에 남아 있는 자 중에는 체면상 돌아갈 수 없어서 앉아서 시간이나 채우려고 하는 자가 있었는바, 그들은 그냥 꼿꼿이 앉아서 남의 기도하는 모양만 보고 또는 이야기하고 기도하는 태도에 대하여 비평거리를 찾고 있는 것이 있었음에 그들을 위하여 차라리 그 눈에 아무것도 볼 수 없어지면 혹 눈을 감고 기도를 하게 될까 하는 바람에서 그리하였고, 또는 연약한 자들은 옆에서 사람이 보고 이야기하는데 끌려서 용감스럽게 기도하지 못하는 것 같은 때가 많이 있었음에, 저희에게 도움이 되기 위하여 그리하였고, 또 나는 나의 경험상 어두운 가운데 나가서 늘 기도하는데, 그 어떠한 기괴한 공포와 싸우다가 이를 이기는 성령의 힘을 얻는 경험이 있었고, 또 눈감고 기도하는 데서 더욱 주님을 한마음으로 바라볼 수 있었습니다 … 소등은 눈뜨고 겉으로만 도는 자로 하여금 눈감고 암실에 들어가게 하는 일이었던 것입니다. 그러나 이 모든 이론도 지금에 와서 이유를 말하라니까 이런 듯하다는 것이지, 그때는 그저 즉각적 어떤 움직임에 따라서 그리했던 것밖에 아무 것도 없으며 무슨 계획적 방법은 아니었습니다. 그래서 이것이 나에게 있어서는 조금도 문제가 아니 됩니다. 그러나 소등 기도 한다고 해서 무교회주의라고 하는 그 미련함에는 일소(一笑 : 한 조각 웃음)와 일루(一淚 : 한 방울 눈물)가 없지 못합니다.

④ 교직을 공격한다.

이것은 전에 이호빈과 영무 해안에서 나누었던 대화와 관련될 것이다. 먼저 이용도 자신의 말을 듣고, 이호빈과 나누었던 '비밀 대화'를 재확인해보자.

아, 나는 개인적으로 겸비하여 저희에게 배울 바를 찾고 그들의 수고를 존경합니다. 그러나 주의 의편(義便)에 있어서는 진리의 칼로 심판치 아니치 못할 것이니, 이는 나의 일이 아니요, 주님의 일임으로써외다. 죄와 회개라는 말까지도 싫어하는 현대이니 책망을 달게 받을 줄 아는 겸비가 어디 있으리요. 오, 교만한 시대여.

이용도는 목회자들의 수고를 존경하지만, 주님께 속한 종으로서 죄를 지적하고 회개를 외치지 않을 수 없었는데, 황해노회는 이것을 "교직 공격"이라 규정한 것이다. 그럼 이용도가 신뢰하는 벗 이호빈에게 털어놓았던 사정을 보면,

> 자기가 강단에서 현 교역자를 너무나 지나치게 공박한다는 평을 듣고 있는데 평을 듣는 것이 두려운 것은 아니나 중심으로 남을 공격하려는 생각을 가져본 일은 절대로 없고 가끔 그런 일을 하지 않게 해달라고 기도도 드리고 있는데 웬일인지 강단에 나서면 자기도 깨달아 알 수 없는 말을 말하게 된다고 하였다.

이 정도면 황해노회가 "교직 공격"이라 추궁한 것에 대한 설명은 충분히 되었을 것이다. 그러나 한걸음 더 나아가, 왜 이용도가 교회의 지도자들이라는 "교직"을 공격했는지 이호빈의 설명을 듣고 알아야 온전할 것이다. 이는 오늘의 교회에서도 여전히 반복되고 있기에 용도도 여전히 외친다.[202]

> [용도 목사]는 버림받은 사람들, 병약하고 가난한 소외당한 사람들을 현실 교회가 받아들이지 못하고 있다고 보았습니다. 그래서 현실 교회를 신랄하게 비판한 것입니다. 사치스럽고 호화로운 교회, 거기서 일하고 있는 하나님의 종이라는 사람들을 향해 "당신들의 눈에는 저렇게 못 먹고 굶주린 사람들이 보이지 않느냐"고 물었던 것입니다.

⑤ '성서조선'이라는 잡지를 선전한다.

〈성서조선〉은 김교신이 1927년부터 1942년까지 펴낸 기독교 월간지다. 진리면 누구의 것이든 배우려 했던 용도는 김교신이 '무교회주의자'라지만 배울 것이 있는지 신중하게 살폈고, 분명 배울 것도 있음을 알게 되었다.

그것을 선전이라 할까. 그들이야 흠 잡으려니까 그러겠지, 그것이 어떻게 되어 내 손에 들어온 것이기에. 나는 … "좋은 것을 취하고 나쁜 것을 버리라"는 부탁과 함께 2~3청년에게 보여주었던 것입니다. 그것도 몰상식하여 또는 편협하여 어떤 새 것이 올 때 그냥 무턱대고 유혹을 받을 그런 자에게가 아니요, 소화기가 웬만한 자로 인정한 자에게이었으며 조선복음운동에 있어서 한 새로운 역할을 하고 있는 그것을 참고해보라고 한 것이었고 또 김경하(金京河) 목사는 이해성이 있을 줄 알고 그에게 한 권 주었습니다.

이용도가 무교회주의자가 된 것은 무교회주의자 김교신의 책을 신앙이 튼튼한 2~3청년들에게 보여주었고, 은율교회 목사에게 한 부 건네주었기 때문이었다. 당시 '무교회주의자'라는 것은 "무교회주의자가 무엇이냐?"는 의미도 제대로 정의되지 않은 채 사람들의 얼굴에 던져지면 그 순간으로 교회의 배반자요 역적으로 만들어주는 신기하게 무서운 '똥'이었다.[203]
김교신을 배척하지 않음으로 얼떨결에 감리교회의 유망한 목사가 장로교 황해노회로부터 '무교회주의자'가 된 것이다.

3. 그런데 질문이 든다. 정말 황해노회가 이용도를 무교회주의자로 보았기에 이런 결의가 나온 것일까? 아니면 다른 동기가 있었을까?
1931년 9~10월 현재 평양에서 기도단원들과 함께 지내고 있는 변종호는 황해노회의 이번 결의에 다른 동기가 있었다고 '단정'짓는다.[204]

지난 봄 재령 교회의 집회에서 너무도 굉장한 역사가 일어나고 은혜가 크게 내릴 때 일부 사람들은 시기의 눈으로 보았으니 그것은 교회에 충실치 못한 무능에 속하는 교직자들이었다. 남들은 은혜에 푹 빠져 감격의 생활을 하는 동안 일부의 사람들은 감찰 행동을 취하여 트집을 잡을 연구를 항상 계속하고 있었다.

그러다가 8월 12일부터 은율교회에서 1주간 집회를 할 때에는 좀더 감찰의 눈을 날카롭게 하여 별 것을 다 꼬집어 보고 들추어 보는 것이었다. 그리해 가지고 꾸며낸 것이 황해노회의 이용도 매장 결의이었다.

변종호에 의하면, 용도의 집회를 통해 교인들이 큰 은혜를 경험하고 기도 모임들이 생겨나는 상황에서 무리하게 황해노회가 이용도 처리안을 결의한 것은, 주의 일에 충실하지 못한 "무능" 교역자들이 용도를 시기하고 미워하여 꼬투리를 잡기에 혈안이 되었기 때문이라는 것이다.

이것은 최소한 두 가지 이유로 지지를 받는다. 먼저, "이용도는 무교회주의자이기에 황해노회에 들이지 말자"는 주장에 대한 다섯 근거들이 무교회주의와는 관계가 없거나 부자연스럽다. 주님께 충실치 않은 교역자에게 회개를 외치면 무교회주의인가? 사리원 자매들이 본교회에 말하지 않고 용도의 평양 집회에 참석해서 이용도가 무교회주의자인가? 자매에게 목회서신을 보내서 무교회주의자인가?[205] 불을 끄고 기도하면 무교회주의인가? 〈성서조선〉지를 몇 사람에게 주었다고 무교회주의인가?

다음으로, 변종호는 노회의 어느 사람들이 감찰의 눈을 하고 별 것을 다 들추고 꼬집어 보았는데, '은율 집회 이후' 이용도 매장을 결의했다고 한다. 이는 집회의 마지막 날인 8월 18일에 일어난 변론을 설명해주는 단서가 된다.

은율 집회가 어떤 집회였는가? 1년 전부터 교회 측에서 간청해왔던 집회였다. "주님의 특은"이 있었고 "성령의 큰 불로써 역사하심"이 있었던 집회였다. 100명이 밤을 새워 기도하는 집회였다. 이렇게 은혜롭게 진행되다 마지막 날에 변론이 일었었다. 이용도가 '장로교나 천주교나 교파의 이름이 아니라 오직 예수의 이름으로만 구원을 얻는다'고 한 것에 대해, 어느 사람이 신학적보다는 정치적 측면에서 문제를 제기했었다. 변종호가 말하는 "감찰행동"의 하나가 아니었나 생각하게 만드는 대목이다.

4. 여기서 '때'에 관한 반론이 제기될 수 있다.

"1931년 황해노회가 이용도에게 금족령을 내린 것은 8월 12일입니다. 이용도의 은율집회 마지막 날은 18일입니다. 그럼 적어도 이 두 번째 근거는 성립되지 못하는 것이 아닙니까?"

1931년 8월 12일 장로교회 황해노회는 이용도의 금족령을 결정했고

박용규 교수는 이용도가 8월 12일에 금족령을 받았다고 한다.[206] 그런데 이용도를 곁에서 보고 교제했던 변종호는 금족령의 시점이 '은율 집회 이후'라고 한다. 여기서는 황해노회가 언제 금족령을 내렸는가가 사건 이해에 적잖은 영향을 미치기에 박용규의 '8월 12일' 혹은 변종호의 '8월 18일 이후'는 중요한 사항이 된다.

박용규의 말처럼 8월 12일이라면, 이는 세계교회사에 감추고 싶은 한국교회사의 창피스럽고 수치스러운 한 장면이 아닐 수 없게 된다. 생각해보자. 1년 전부터 타교파 목회자에게 집회를 간청하였고, 은율 주변 여러 곳에서 은혜를 사모하는 영들이 몰려들었고, 심지어 함경도에서 1,600리를 헤쳐 왔으며, 아무 대가 없이 눈물과 땀과 피로 봉사하였고, "주님의 특은" 가운데 성령의 "큰 불로써 역사하심"에 100명이 철야기도를 할 정도로 은혜가 충만한 은율 집회였다. 그런데 8월 12일이라면 그 집회 중인 기간이었다!

전국으로 번지는 불길 (1931) *257*

만약 황해노회 소속 은율 교회가 멀리 있는 사람을 간청하여 세운 뒤, 그 다음날인 12일에 노회끼리 모여 그를 무교회주의자로 규정한 뒤 황해노회 장로교회들은 그를 초청할 수 없게 결의해버렸다면, 이 비린내 나는 정치성을 어떻게 설명할 수 있는가? 그리고 이 사실을 이용도가 거의 두 달이나 더 지나서 들을 정도로 숨겼다면, 이는 또 무슨 뜻이란 말인가?

도의적, 상식적 차원에서도 8월 12일은 아니기를 바라고 있다. 그럼 황해노회록을 보면 알 수 있지 않을까?

1931년에 열린 제40회 노회는 "여름"에 개최되었다고만 쓰여 있다.[207] 또한 이용도에 관한 기록은 남겨놓지도 않았다. 어느 발악적 회의자는 "변종호나 이용도가 거짓말을 만들어내고 있는 것은 아니냐?" 할지 모른다. 그러나 이용도가 '황해노회의 처분설'을 들은 것은 장로교회의 유력한 김인서 장로로부터였다.

혹은 다른 질문을 던지기를, "변종호가 이용도의 이 답장을 꾸며내서 조작하여 썼다고 할 수는 없겠는가?" 흡사 예수의 복음서를 부정하는 비판자들이 사용하는 수준의 질 낮은 의심을 던져본다 해도, 이것이 불가할 것은 〔서간집〕이 출판된 1934년에 김인서는 두 눈을 뜨고 살아있었기 때문이다.

왜 제40회 노회록에는 이용도에 대한 언급이 빠져 있을까? 자신의 행동에 자신이 없었던 걸까? 그러면서도 용도를 막기 위해 밀어붙였던 걸까?

첫 공적 공격의 의미

1. 황해노회의 이 결의는 이용도에게 어떤 영향을 끼쳤을까? 비록 황해노회가 이용도 금족령을 처음부터 공개적으로 밝히지 못하고 감추어두었지만, 이 소식은 큰 이슈가 되어 일파만파로 퍼져나갔다.

이 사건 후로 용도는 서울을 중심으로 집회를 갖게 된다.[208] '하늘의 대장'께서는 용도를 이제 한국의 중심에서 좀더 쓰시려고 하신다.

이용도가 황해도 지방의 장로교회에 오지 못하게 되자, 황해도 송화의 장로교인들 중에는 목마름 속에 고통스러워하며 기도하는 이들이 생겨났다. 이들은 매일 200~300명씩 교회당에 모여서 용도를 보내달라고 눈물로 기도했다. 그리고 용도에게, "만약 송화에 오시면 일대에서 다 모일 것입니다"며 간청했다.[209]

2. 이 사건 후 주목할 것은, 이제부터 용도에 대한 비난이 본격 거세진다는 점이다. 황해노회는 이용도 공격의 공식적 포문을 열어주었고, 후로 용도의 가슴에는 더 많고 깊은 상처자국이 패이게 된다. 황해노회의 결정은 용도가 속한 감리교회 경성지방에도 영향을 주었다.

한때 원산지방 부라만 선교사의 간청에 의해 간도행이 좌절되었던 용도는 이때 다시 이호빈이 있는 간도로 가려고 시도했으나 감리교회 경성지방은 이를 허락하지 않았고,[210] 황해노회의 결의 후에는 평북 영변과 인천 등지에서의 집회도 중지하도록 명령 받은 것으로 보인다.[211] 용도는 "오 주여, 내

약한 영혼을 붙들어 주소서. 나의 원수가 벌떼 일 듯 사방에서 나를 쏘는 소리 요란하오이다"고 동지 변종호에게 편지했다.

3. 이때 변종호는 평양에서 기도단원들과 시간을 보내는 중이다. 용도는 황해노회의 공격을 받은 뒤 변종호가 그리워졌는지 서울로 올라올 것을 부탁했다. 황해노회의 공회적, 집단적 공격에 비록 그가 맞대응 하지 않고 기도로 인내하고는 있으나 분명 큰 아픔을 통과하고 있다. 그럼에도 그는 가만히 있을 수 없었다.[212]

> 삼청동 집회를 마치고 지금은 중앙전도관에서 다음 주일까지 약조하고 복역(服役) 중. 가만있으려도 가만있을 수 없는 신세. 말을 안 하려도 안 할 수 없는 팔자! 내가 원하고 안하고에 있지 않고 오로지 주님 임의에 있으니 나는 온전히 포로의 상태.
>
> 서울로 올라오구려. 서울밥은 맘놓고 먹을 수 있으니 올라오시오.

서울의 각 교회와 기관들이 그를 가만두지 않았던 것이다. 주님은 마음이 심히 복잡하고 괴로울 용도를 계속 부흥회로 불러내셨다.

4. 용도가 잘못한 것이 무엇인가? 그가 '무교회주의자' 김교신을 함께 욕하지 않은 기독교적 인격이 잘못인가? 5일에서 10일씩 피와 땀과 눈물을 쏟은 것이 잘못인가? 소외되던 여성도들에게 기독교적 사랑으로 순수한 목회서신을 보낸 것이 범죄인가? 양떼에 충실치 않은 교역자들에게 회개하시오 외쳤던 것이 신성모독이었나?

황해노회의 정죄 이후 어느 날 방 안에서 홀로 기도하던 용도는 울적함에 거의 삼켜지려 했다. 슬픔이 잡아먹을 듯 그를 둘러쌌다. 원산지방서 추방당하고, 주일학교 연합회서도 눈총 받고, 양복과 구두를 신지 않아 사람들의 알아봄 받지 못하고, 성도들이 뜨겁게 기도한다고 축출 당하고, 소속 교단은 의

심근심의 눈으로 바라보고, 황해노회는 입국불허라 하니 그는 세상으로부터 버림을 받는 경험을 참 많이도 했지.

지난 일들이 떠오르자 아픔이 밀려왔다. 그러자 애통하는 심령을 찾아오시는 주님은 홀연히 말씀으로 나타나 그를 부르셨다. 용도는 깜짝 놀라면서도 잠잠히 그 소리에 귀를 기울였다.[213]

"오 내 아들아, 왜 네 마음이 슬프냐? 나는 네가 죄인 되었을 때에 너를 위하여 속죄 제물이 된 것이 아니냐, 그런고로 너는 '죄인 오라 하실 때에 날 부르소서' 하는 겸비와 신뢰만이 있어 족하니라. 세상이 너를 버린다 하여 너는 슬퍼하느냐? 그러면 너는 세상의 환영을 받아 거기서 영생을 얻을 줄로 생각하느냐? 네가 세상에서 버림을 당할 때에 그것이야 세상이 악하여 그리 했던지, 네가 악하여 그리하였던지, 나는 너를 찾는 것이 아니냐. 나는 잃어 버린 자를 찾아 구원하러 온 구주임을 네가 알지 못하느냐."

이는 예수 그리스도께서 용도에게 내리시는 말씀이었다. 하늘의 말씀은 계속 되었다.

"너는 지금 무엇을 생각하고 있느냐. 나를 바라고 나를 믿어 담대할 것이 아니냐. 너는 담대히 내 앞에 나와 너의 가련한 사정을 고할 것이니라. 나는 나를 찾는 자에게 후히 갚아주는 여호와 너의 하나님이니라. 너는 너의 생각도 이를 버리고 계획도 이를 물리치라. 네가 털이 희어지고 얼굴에 주름이 잡히기까지 생각하고 설계하여 얻은 것이 무엇이냐. 혹 지금 네가 그로 말미암아 얻었다고 생각하는 것이 있다면 그것이 진실로 영원히 너의 얻은 것인 줄로 생각하느냐? 오 나의 소자야, 너는 너에게서 떠나 내게로 와서 내 생각을 묻고 내 설계를 배울 것이니라. 나는 너를 위하여 꾀함이 이미 있었고 베풂이 벌써 있었던 것이 아니냐. 오 나의 소자야, 너는 너의 육과 육의 생각의 포로에서 뛰쳐나와 나에게 와서 온전히 순종하는 생활을 하는 것이 마땅하니라. 나는 너의 하나님이요, 너의 구주로다."

떠밀린 등으로 절망과 아픔의 나락에 떨어졌던 용도는 '말씀하시는 하나님'을 체험함으로 마음의 지옥에서 벗어나와 다시 한 번 절대순종의 길로 들어설 수 있었다. 하나님께서는 필요한 때에 필요한 은혜를 망설이심이 없으시니, 하나님은 아픔을 겪지 않게 하시는 것이 아니라 아픔을 이길 수 있게 하셨다.

5. 용도의 내적 현실이 이렇게 강인해져 가는 동안 외적 현실은 그렇게 잔인해져 갔다. 사람이 그리워졌던 걸까? 1931년 11월 19일 목요일 밤에 용도는 사랑하는 피도수 선교사의 집을 찾아갔다. 신중한 성격의 피도수는 용도에 대하여 떠도는 이야기들과 본인의 생각을 들려주었다. "교계의 왕자들"이 용도를 "가시같이" 여기고 있으니 조심하라는 것이었다.

용도는 "교계의 왕자들"에게 눈엣가시다. 워낙 성도들이 원하니 초청하지 않을 순 없지만 용도가 강단에만 서면 죄의 책망과 회개가 선포되고, 내 성도들이 내 목회 가운데서는 그런 적이 없었던 열렬한 기도에 빠지게 된다. 게다가 용도의 눈앞에서는 인위적 행동이 통하지 않는다. 가식과 위선을 숨길 수 없다. 고로 주목 받고 섬김 받기 좋아하는 "왕자들"은 용도를 싫어한다. 용도가 부흥회로 끌려 다니고 있는 배경은 이러하였다.

그런데 당시 "교계의 왕자들"이라던 그분들을 오늘 우리는 이름도 모르는 것이로구나. 오히려, 한때 교계의 왕자들은 현재 하늘의 거지가 되어 있는 것 같아 딱하구나. 그렇다면 오늘 교계의 왕자들도 영원한 하나님 나라에서는 바닥의 거지들이 될까 딱하구나. 높은 자는 낮아지고 첫째는 꼴찌가 되는구나(누가복음 13:30). 딱한 교계의 왕자가 되지 말고 안심만점 예수의 노복이 될지어다.

황해노회 사건은 이용도를 향한 공회적 공격의 구체적 첫 시도로, 의인을 무고히 공격함으로 당시에는 승리 같았으나 역사상 큰 오점을 남긴 패배가 되었다. 현대 신자는 이를 경계삼아 되지 않는 말이나, 물량과 수량 공세로 남을 억압하고 해치는 열정을 극히 두려워해야 할 것이다.

오늘날 과거의 신사참배를 회개하듯 고인 이용도에 대해 황해노회는 잘못을 인정하고 사죄하는 것이 평화를 이루는 자가 되는 길이다. 버티면 버틸수록 금족령의 다섯 사항들이 발목을 놓아주지 않을 것이니, 자기들이 놓은 덫에 자기가 붙들리는 셈이다. 그러나 21세기는 화평을 이루어가는 세기가 되기를 소망한다.

복된 선택을 할지어다. 세상에서는 잠깐 어느 쪽이 이기는 것 같을지라도 그리스도의 심판대 앞에서는 세상에서의 승자가 하늘에서의 패자가 되고 세상에서 패자로 낙인 찍혔던 자가 하늘에서의 승자가 되어 있기도 하니, 이는 십자가의 승리법칙이다.

▪복음 전하는 자의 상급

1. 11월 23일 월요일 저녁부터 30일까지는 개성 남부교회 집회를 인도했다. 이곳은 1899년 개성에 첫째로 세워진 교회였다. 또한 개성은 남감리회의 주요 선교거점이었다.[214] 용도가 개성에서 보낸 시간만 9년에 달하고 독립운동으로 이름을 떨치던 곳도 개성이었다. 그러니 개성에서 집회한다는 것은 용도에게 특별한 의미가 되었을 것이다.

개성 남부 감리교회. 첫날부터 400여 명이 모였다. 그런데 설교 후 남아서 기도하겠다는 사람은 10여 명뿐이었다.

> 아, 이 생명이 끊어진 영들 위에 주여, 불을 내리소서. 성의대로 나를 부리시사 당신의 영광을 삼으시옵소서.

다음날 새벽기도회는 설교 없이 기도만 하였는데 성령님의 도우심이 나타났다.

그리고 8시부터 시작된 저녁 집회. "그리스도의 사랑의 운동, 기도의 운동, 피의 호소"를 설교했다. 이날도 예배당에 남아 기도할 사람은 10명 내외였다.

2. 숙소에 오니 용도는 오른쪽 가슴이 결리면서 호흡 곤란이 일었다. 가뜩이나 폐병이 있는데 몸을 돌보지 않고 부흥회에 전력하다 보니 신호가 온 걸

까. 그런데 언제는 이런 신호가 없었던가. 용도는 기도했다.215

오 주여, 가슴이 아픔. 이것이 복음 전하는 자로서 받을 바 상급이었나이까. 주여, 이 아픔까지라도 주께서 주신 것이라면 감사로 받겠나이다. 나의 심장이 터지는 지경에 이른다 할지라도 주여, 나로 하여금 이 복음을 전하게 하시겠나이까. 뜻대로 하시옵소서. 오 주여, 나를 약하게 하시든지 강하게 하시든지, 아버지를 영광스럽게 할 수 있도록만 하시옵소서. 아버지시여, 나를 받아주시옵소서. 아멘.

죽도록 충성하여 복음을 전한 상급은 호흡 곤란이었다. 이용도 목사는 그 아픔도 주님의 뜻 안에 있다면 감사로 받으려 한다. 심장이 터져버릴 때까지 감사로 복음을 전하는 것은 주님의 뜻과 아버지의 영광 때문이다. 오늘날 기독교는 외적 성장을 상급으로 여기나 용도의 기독교는 아픔을 상급으로 받았다. 세상에서 잘 누리다가 하늘에서 거지가 되느니 세상에서 고생하다가 하늘에서 위로 받는 편이 똑똑하다.

용도의 '제2의 고향'인 경기도 개성 집회에서는 기대한 만큼의 역사가 일어나지 않았다.216 이용도는 이미 '개성의' 혹은 '남감리회의', '감리교회의' 등의 형용사로는 담아지지 않는 인물이었다. 선지자는 고향에서 환영을 받지 못한다는 주의 말씀이 개성에서 이루어졌으니, 어제나 오늘이나 선지자는 외롭다.

평양기도단 2
: 〈신앙생활〉지

1. 변종호는 한 달 정도 평양에 머무르며 평양기도단과 어울렸다. 그는 기도단에 대해 중요한 사실들만 간략히 전해준다.[217]

> 1930년 3월 평양 중앙교회에 와서 씨를 뿌리기 시작한 후부터 계속해서 평양의 각 교회에 용도 목사의 피와 땀을 통한 복음의 씨는 많이 뿌려졌다. 이 씨가 한 좋은 싹으로 돋아났으니, 평양기도단의 출현이란 것이 그것이다.
> '단'(團)이란 말은 조금 잘 어울리지 않는 말 같지만 그렇게 부르는 것이 가장 적절함으로 결국 그렇게 이름이 붙은 것이다. 기도의 불덩이들이 모였으니 기도단이고 또 그들이 무엇을 해낼 것 같으니 청년단, 독립단을 연상하면서 기도단이라고 한 것이다. 이 기도단은 평양 서문밖교회를 중심으로 생겨나 자라고 있었다. 기도단은 그저 실컷 기도하고 싶은 사람들이 모여 오락가락 하다가 지어진 호칭이지만 이 기도단원들이 평양성 안의 기독교회의 핵심적 존재인 것이 사실이었다.

2. 평양기도단의 출현에 대해 민경배 교수는, "김인서를 중심하여 1931년부터 평양 서문밖교회에 모이기 시작"했고 "후에 이용도 계 인물 몇이 가담"했다고 한다.[218] 그러나 1931년 1월 23일 김예진 전도사가 이용도에게 보낸 편지를 보면 이 주장은 사실이 아닌 듯하다.

지금 이렇게 애원하는 우리 몇 사람은 지난 봄에 특별한 은혜를 받은 후 각각 깊은 찔림을 받고서 우리 일생을 주를 위해서 희생하기로 작정하였나이다 … 수 삭(朔)전부터 우리 몇 사람은 같이 모여 기도하는 믿음의 동무가 되었습니다. 같이 은혜 받고 같이 할 일을 의논하면서, 서로 붙들어주며 주를 위해 일하기로 작정하고 나오는 중이올시다.

평양기도단은 김인서가 시작한 것이 아니라 이용도의 평양 중앙교회 집회("지난 봄")로부터 태어났음을 들을 수 있다. 김예진은 같은 편지에서, "우리 밖에도 평양 각 교회에서 이 목사님과 같이 은혜 받게 되기를 갈망하여 쉬지 않고 기도하는 분이 많습니다"라고 한다. 이용도로 인해 평양에 기도의 불씨가 놓인 것이다.

김예진은 계속, 이용도가 평양을 "왔다 가시기를 간청하옵니다" 하면서, 함께 모여 기도하던 이들이 누구인지 밝힌다. "믿음의 벗, 김익선, 이조근, 김지영(金志永), 김영선, 김용진(金龍鎭), 김예진 올립니다."[219]

이러한 초기 여섯에 이후 평양신학교 출신 김인서가 합세하여 칠인기도단이 된다. 칠인기도단은 점차 확대되어 이종현, 이정심, 박윤선, 김상철, 이도근, 배중락, 김용진, 유봉상 등도 참여하게 된다.[220] 이들은 주로 장로교회 남성으로서, 20대인 평양신학교 학생들과 30대 초중반인 전도사, 장로, 집사로 구성되어 있었다.

3. 평양기도단은 〈신앙생활〉이란 잡지와도 관련이 깊었다.[221]

이 기도단의 첫 사업이 시작되었으니 그것은 '신앙생활'이란 잡지가 발간된 것이 그것이다. 필자에게 알려지고 기억되어 있는 한도 안에서는, "용도 목사는 외치고, '신앙생활'은 글로써 조선 천지를 복음화하자"는 데서 탄생되었다. 1932년 정월 어느 날 새벽에 서문밖교회 아래층 기도실에 창간호를 한아름 안고 나와서 눈물을 흘리며 '신앙생활'에 대한 설명을 하시던 김인서 장로님의 모습을 지금도 나는 내 눈 속에 그리고 있다.

평양기도단의 목적은 "조선 천지를 복음화"다. 이를 위해 용도는 목으로 외치고, 〈신앙생활〉지는 글로 외치자는 것이다.222
변종호는 서문밖교회 아래층 기도실에서 〈신앙생활〉의 초판을 안고 감격에 겨워 울던 김인서 장로를 떠올리며,223

목놓아 우는 그분을 둘러싸고 있던 사람들도 눈물을 흘리고 있었다. 이 사람들이 바로 새벽기도로 모인 '기도단'이었다 … 이 '신앙생활' 역시 이용도 목사가 평양을 다녀가신 후 생겨났고 또 그 창간호가 '용도파(派)'라고 지목 받는 평양 기도단의 모임 속에서 눈물과 함께 출발됐음을 얘기하고자 할 따름이다.

정리하면, 평양기도단은 이용도에 의해 씨앗이 심겨졌고, 그것이 장로교회 청년들에 의해 자라나면서 김인서가 참여하게 되고 이후 〈신앙생활〉지가 열매 맺게 된 것이다.

평양을 흔들다

1. 불과 몇 개월 전 황해노회의 이용도 매장 결의가 있었음에도 불구하고 평양의 장로교회들은 이용도를 초청하고자 열심을 냈다. 지난 1월 김예진 전도사로부터 받은 편지는 용도에 대한 평양의 사정을 이렇게 설명한다.[224]

> 지난 추기 부흥회에도 이 목사님을 모시려고 했으나 뜻대로 안되고, 또 지난번 산정현교회에서도 심히 원하였사오나 … 지금 우리들은 목사님을 한번 뵈옵게 되기 위하여 간절히 기도하는 중이오며 우리 밖에도 평양 각 교회에서 이 목사님과 같이 은혜 받게 되기를 갈망하여 쉬지 않고 기도하는 분이 많습니다.

1931년 7월 용도에게 보낸 '김O선 씨의 편지'는 평양의 모 장로교회 장로와 집사, 신학교수와 목사 그리고 청년들이 이용도를 어떻게 생각하는지 보여준다.[225]

> 다과회를 열어놓은 후에 제일 노인 장로님이 하시는 말씀이 이용도 목사는 신이더라는 말을 꺼내 더이다. 그러니 어느 유력한 집사는 이 목사는 사람의 심령을 뒤집어 놓는다고 하였소. 또 신학교수 한 분은 하시는 말이 이 목사는 세례 요한의 성품을 가졌더라고. 또 다른 목사는 이 목사는 꼭 예수의

형상으로 나타난다고 하더이다 … 거기 모인 모든 목사, 장로, 집사님과 일반 청년들이 다 "이 목사는 육에서 떠난 분이라"고 말하더이다. "또 신의 말이요, 신의 기도요, 신의 동작이라"고 하더이다.

황해노회와는 달리 평양의 장로교회들은 이용도에 대해 알뜰한 흠모의 정을 가지고 있음을 알 수 있다. 1931년 12월에 이르러 용도는 대대적 환영을 받으며 다시 평양을 방문하니, 명촌교회의 초청에 응답한 것이다.

2. 변종호는 집회에 참여하기 위해 평양으로 올라가 기도단원 김지영 집사의 집으로 갔다. 변종호의 회고를 통해 그 분위기를 느껴보자.[226]

> 어느 날 밤에는 시계가 7시 반을 가리키고 있을 때 시작한 목사님의 기도가 10시에 끝나기도 했다. 한번 엎드려 그 빠른 말씨로 2시간 반이나 기도를 드린 셈이었다. 집회는 보통 3~4시간이 걸렸다. 집회가 끝나면 겹겹이 남아 있는 사람들에게 일일이 안수기도를 해 주신다. 이 안수기도가 거의 1시간이나 걸렸다. 그것이 끝나면 겨우 침실로 돌아오신다.
>
> 예배당을 나와 숙소인 전도실에 들어설 때면 겨울 셔츠가 땀에 푹 젖고 솜저고리가 땀에서 건져낸 것같이 젖어 있었다. 심지어 겉의 조끼와 주의(周衣 : 두루마기)까지도 땀에 흥건했다. 그때의 모습을 어떻게 짧은 필설로 다 표현할 수 있을까. 그러나 만일 그 광경을 직접 목격한다면 누구도 얼굴을 바로 들고 보지 못할 것이었다. 모두 고개를 뒤로 돌리고 혀를 끌끌 찰 것이다. 아마 한번이라도 명촌교회 앞방 전도실인 숙소에 들어서는 목사님의 모습을 본다면 나의 이야기가 조금도 과장이 아님을 알 것이다.
>
> 그는 추운 겨울에도 이렇게 땀을 많이 흘렸다. 하물며 삼복더위에는 어떠했으랴. 가히 짐작할 수 있을 것이다. 그렇게 땀을 흘리고 1시가 넘어서 나오시면 침실에는 소위 사모한다는 사람들과 따르는 사람들이 10명이나 20

명, 많을 때는 30~40명까지 진을 치고 앉아 있었다. 말이 앉아있다고 하지 사실은 그 좁은 방에 한데 뭉쳐 있다고 하는 표현이 옳을 것이다. 그들은 조금이라도 목사님께 가까이 있어 보고 싶어하는 사람들이요, 단 한마디라도 목사님과 얘기하기를 바라는 사람들이었다. 이렇게 기다리던 이들은 목사님이 나오시기를 기다렸다가 나오시기만 하면 겹겹이 에워싸고 이리 밀고 저리 미는 통에 방안은 사람의 김에 숨이 콱콱 막힐 지경이 되고 만다. 여기에다 이 사람, 저 사람 할 것 없이 모두 한마디씩 하는 동안 별 얘기가 다 나온다 …….

이렇게 또 2~3시간을 시달리다 보면 벌써 새벽 4시가 넘는다. 그러면 또 새벽기도회에 나갈 시간이 되는 것이다. 그때 새벽기도회 시간이 5시였는지 5시 반부터였는지 분명히 기억할 수는 없지만 목사님은 항상 정각 전에 나가서 엎드리셨다. 말하자면 그에게는 새벽 3시나 4시라는 시간 관념은 안중에도 없는 것이었다. 시간만 허락하면, 언제나 집회가 시작되기 1시간이나 2시간 전에 나가 준비기도를 하고서야 단에 서셨다.

한마디로 그의 집회 인도의 생활은 불면(不眠), 불휴(不休), 불식(不食)이었다. 그래서 그저 엎드려 기도, 단에 올라 설교, 그러다가는 찬송, 땀, 눈물, 오직 이것뿐이었다.

'내 교회'도 아닌데 '내 목숨'을 아낌없이 주려 함은 내 교회 네 교회 모두 주님의 교회이고, 한 영혼이 거듭나 새 생명을 얻는다면 내 한 목숨이 아깝지 않다고 여긴 까닭이니, 이러한 사랑은 어느 시대에나 그리운 사랑이다.

3. 변종호는 설교를 한 자라도 받아 적어놓아야 한다는 무거운 사명감을 느꼈다. 두근대는 가슴으로 받아 적었을 설교 일부가 보존되어 있다.[227]

어록

- 우리의 기도보다 주님의 기도가 먼저 있었다.
- 신자에게는 용기가 필요한바 그 용기는 예수의 용기이어야 할 것이다.
- 세상이 무어라든지 내 눈을 띄워준 것이 사실이거든 증거해야 된다.
- 그러므로 신앙에는 결단과 용기가 필요하다.
- 그런데 신앙은 용감하면서도 또 겸비함을 요한다.
- 겸비하지 않으면 강퍅하여지므로 우리는 겸비하여 뉘에서든지 배울 수 있어야겠다.
- 속죄함을 받은 확신은 의심이나 비애를 축출한다. 그러므로 근심걱정이 있는 자는 신앙이 없는 자다.
- 신앙이 있으면 세상의 부귀영화를 분토같이 버린다.
- 참된 신앙은 죄 사함을 받은 체험에서만 생기는 것인데 오늘의 주일학교선생, 교역자, 제직들 중에 이 속죄 경험 없는 자가 많다.
- 미국의 교회는 태엽 없는 시계와 같다.
- 지금은 우리의 신앙을 검토할 때다. 나는 죄인, 주는 속죄, 나는 속죄함을 얻었다는 계단에 올라야 참된 신앙이다.

설교

인간이 이 세상에서 지옥을 경험하는 것과 같이 천당도 경험할 수 있습니다. 사랑과 진리의 평강과 평화가 그것입니다. 지옥이 마음에 있듯이 천당도 심중에서 경험됩니다. 성령의 불로 죄와 지옥을 멸해버리면 천당에 사는 듯한 감격과 감사를 느끼나니 이것이 분명히 천당의 일면을 이 세상에서 알 수 있게 하는 것입니다. (찬송 117장)

참으로 속죄를 얻지 못한 자는 죽음을 두려워하며 그리스도를 얻지 못한 자 또한 죽음을 두려워합니다. 불신자에게는 지옥밖에 없고 믿는 자에게는 천국문이 열리어 있습니다. 그러니 지옥으로 향할 것이냐, 천국문으로 들어갈 것이냐는 신(信)의 유무에 있는 것입니다. 신앙은 예수의 살과 피로 맹세하여지는 것임에 믿는다는 일은 예수의 보혈을 믿고 의지하고 마시는 것입니다. 예수의 피와 성신의 감화만이 우리로 신앙생활을 하게 하며 천국으로 가게 하나니 우리는 믿어야겠습니다. 십자가는 죄보다 크고 강한 것입니다."
(121장 찬송)

4. 명촌교회의 집회는 "너무도 유명했고 평양의 인기를 집중"시켰으며 "너무도 성신의 역사가 크심을 평양성 내의 각 교파 모든 교회가 다 알게 되었"다고 한다. 그러자 강규찬 목사의 산정현교회도 용도를 강권하여 강단에 5일간 세웠다.[228] 5일이면 용도는 대략 20회의 설교/강해/강습회를 하였을 것이고, 그의 말이 보통 사람보다 3배 빠르고, 설교도 3배 이상 긴 것을 감안하면, 산정현교회로 모여든 큰 인파는 5일간 적어도 주일설교 180주 이상의 분량을 들은 것이 된다.

산정현 집회는 "첫 시간부터 초만원"을 이루어 시작 30분 전에 벌써 예배당 속이 보이지 않을 정도였다. 그래서 한 시간 전에는 가야 겨우 자리를 잡을 수 있었다. 그러나 하도 앞뒤에서 밀어대는 통에 폐병에서 회복중인 변종호는 "가슴이 답답하고 호흡 곤란과 현기증"을 느끼게 되었다.

산정현 교회에는 "지식계급의 신자와 생활이 유족한 신자"가 많았는데, 특히 이번 집회에는 평양의 "지식인, 신학생, 숭실전문 학생들 중의 유력한 정수분자가 다 모였다." 말인즉, 산정현 교회에서의 1주일 집회는 "평안남도 각 교회를 1년 동안 순회하는 것과 비슷한 정도의 효과"를 낼 수 있다는 것이다. 게다가 이용도는 모든 땀을 쏟아부으며 결사적으로 설교했다.[229]

변종호는 미래를 내다보는 혜안이 있었던 걸까? 이때의 설교도 일부 필기해두었다.[230]

예루살렘 성. 복잡한 거리에서 사욕을 위하여 눈이 벌개서 헤매던 모든 사람이 잠들고 하나님을 공경하노라, 모세의 율법을 저 혼자 아노라 하던 제사장과 서기관들의 발걸음조차 끊이고 황금의 노예가 되어 웃음을 팔던 무리도 다 화려한 집 속에서 단 꿈을 꾸는 때에 고요한 이 성을 뒤로 두고 안타까운 가슴을 부둥켜 안고 감람산 깊은 골짜기로 향하는 장년 하나가 있었으니 그는 우리에게 피땀을 흘려주실 예수님이었습니다.

깊고 깊은 감람산 험한 길을 외로이 쓸쓸히 걷는 주의 걸음은 참으로 고적한 것이었습니다. 마지막 전날 밤이었습니다. 성만찬도 끝난 지라 사랑하는 제자들도 거의 다 가고 겨우 두세 사람이 남아 있다가 끄덕끄덕 졸며 피곤한 다리로 뒤를 따를 뿐입니다.

병을 고쳐 주고 복을 빌어 주고 떡을 먹여 주고 다시 생명을 받았다 하여 따라다니던 그 많은 무리는 그림자도 찾아볼 수 없고 쓸쓸히 걸어가는 그 뒷모양을 보는 이는 누구나 비장(悲壯)을 느끼지 않을 수 없는 것입니다. 인간 세상을 내려다 보시고 가슴이 아프신 주님은 이 무리를 위하여 아버지를 부르짖지 않을 수 없어 겟세마네 골짝 가시가 무성한 그곳을 혼자 가서 엎드려 피땀을 쏟으시며 기도하신 것이올시다.

주님께서 이런 고생을 하신 것이 다른 사람을 위하여 하신 것이 아니올시다. 오직 여기 앉으신 형제자매님들을 위하여 그러신 것이올시다. 이 참경(慘景 : 참혹한 모습)을 상상할 수 있는 우리는 주님의 애타시는 가슴을 살펴야 하겠습니다. 그리고 또 우리는 주님의 가슴을 조금이라도 시원케 해드리도록 힘써야겠습니다.

2000년 전 겟세마네 동산에서 흐르던 그 피땀이 지금도 이 강산에 흐르고 있습니다. 만일 우리가 주를 사랑한다면 우리는 다같이 겟세마네로 달려가 주님 앞에 엎드려 통곡하여야 마땅할 것이올시다. 그리고 우리도 우리 교회를 위하여 이 강산을 위하여 피땀을 흘리며 기도하여야겠습니다. 피땀을 흘리는 기도가 있는 곳에야 생명이 있습니다. 또 이 세상은 악하여 우리를 넘어뜨리려는 무리가 많습니다. 그러므로 우리는 시험에 들지 않기 위하여 힘써 기도하여야겠습니다.

우리는 주님의 행적을 한 편의 사기(史記)로만 보아서는 안되겠습니다. 우리는 주님의 피땀이 우리에게 어떠한 관계가 있는가를 알아야겠습니다. 이 강산에서 자란 우리는 이 강산을 겟세마네로 삼고 피땀을 흘리며 간절히 기도함이 있어야겠습니다. 우리의 겟세마네는 우리의 피땀을 부르고 있나니 마음을 같이하고 힘을 같이하여 겟세마네 동산, 주님 계신 성산(聖山)으로 나가십시다.

겟세마네 동산까지 주와 함께 가려 하네
피땀 흘린 동산까지 주의 뒤를 따라가려네

5. 너무 몸을 돌보지 않은 걸까? 신도들과 밤을 새워 기도하던 어느 날에 용도는 맥박이 다 끊어지게 되었다. 그는 자기의 숨이 곧 끊어지리라는 불길하고도 익숙한 예감에 사로잡혔다. 그때 한 부인이 그에게 나아와 말했다.

"목사님, 제게 안수 기도를 해주세요."

그러나 용도는 숨도 쉴 수 없었고 말할 기력도 없었다. 웃지도 울지도 못하고 겨우 팔만 뻗어 그의 머리 위에 손을 얹어두었다. 막 숨이 넘어갈 것 같은 용도에게는 기도할 힘이 바닥났던 것이다. 그런데 용도의 마음속에 한 가지 생각이 떠올랐다.

'내 숨이 끊어지려는 순간에 남을 축복할 수 있다니! 내가 숨이 끊어지더라도 그 부인은 축복을 받을지니 나는 죽어도 내 대신 주님께서 그를 축복하실 것이라.'

이러한 생각에 사로잡히니 용도의 심중에는 큰 감격이 솟아났다.

'주여, 나는 남을 도울 힘이 없이 없사오니 주 친히 축복하옵소서.'

얼마 후에는 새 힘이 생기고 말문도 열리게 되어 용도와 부인은 함께 기도를 할 수 있었다.

6. 높고 힘찬 열변이 쏟아지고 기도가 약동했던 산정현 집회에서 은혜를 받은 수많은 이들 중에는 17살 남학생도 있었다. 그는 2012년(!)까지 주님의 교회를 섬기다가 하늘로 갈 분이었다. 그는 훗날, 벌써 고인이 된 이용도 목사와 산정현 집회를 이렇게 회고했다.[231]

때는 1931년 12월 말경이었다. 산정현(山亭峴)교회에서 부흥회를 한다는 말을 들었으나 처음에는 우습게 생각하고 안 나가다가 친구의 강권에 끌리어서 갔던 나는 첫 시간에 거꾸러졌다. 교회에 들어가서 설교를 몇 마디 듣는 동안에 곧 나도 모를 이상함이 내 몸에 와서 부딪쳐서 나는 울기 시작하여 밤새도록 울고 나서 마음이 거뜬함을 느끼게 되었는바, 이 역사가 언제나 내 마음에 남아 있어서 나를 일깨워주고 채찍질하고 있으므로 이것을 나는 성신이 내게 역사하심이라고 믿는다.

그는 가장 완전한 인격자요, 종교가요, 신앙가이었다. 참말로 우리나라 교회를 부흥시킨 이용도 목사님의 빛나는 생활과 공적은 만민에게 새 생명을 넣어 주었다. 그런 그를 이단자라고 비난 공격하는 자도 있었으나 그것은 오로지 못난 인간들의 시기와 질투와 음해의 마음에서 그리했던 것이라 확신한다.

이러한 욕설이 들릴 때 나는 혼자 외치기를 이용도 목사는 성자라고 하였다. 세상에서 바울, 루터, 웨슬레를 성자라고 한다기에 나는 우리 목사님을 성자라고 부르는 것이다. 이용도 목사! 그는 참으로 주님께서 가신 길을 꼭 그대로 걸어 나가신 분임을 분명히 믿기에 나는 그를 불러 우리의 성자라고 명언, 단언하는 바이다. 그는 말로써 사람을 많이 감동시켰지마는 그 생활이 그의 말보다 더 큰 교훈을 주었으매 나는 성자라고 부르고 또 경배한다.

이 기록을 남긴 분은 명관조 목사님이시다. 그분께서 향년 99세로 별세하시기 전까지 또랑또랑한 정신으로 외쳤던 메시지를 들어보면, 용도의 단순한 예수복음과 사랑의 실천신앙이 유유히 이어지고 있음을 확인할 수 있다. 98세에 CTS기독교TV와 나누신 인터뷰에서 말씀하신다.[232]

"예수님의 삶을 주로 핵심으로 해서 설교하는 거죠. 세상의 소금과 빛이 되라. 예수 그리스도의 사랑을 실천하라. 예수 그리스도의 종 된 자의 신분을 지키자. 의롭고 진실하게 살자. 다른 사람을 유익하게 하며, 그리스도를 존귀하게 하자. 이런 부분을 일관하죠.

사나 죽으나 예수 그리스도를 존귀케 하는 것이 목회자의 사명 … 오직 십자가를 지고 예수 그리스도를 따르는 것이 주의 종의 삶 … 살아서나 죽어서나 내 몸을 통해서 그리스도를 존귀하게 하는 삶이 되어야겠다는 결단을 가지고 목회하시기를 바랍니다."

창조주의 은총 속에 태동되어 있던 그 복음은 이용도를 통해 그리고 명관조를 통해 이어지고 있다. 빛 바램 없는 이 복음정신과 예수신앙에 교회는 목이 마르다. 기독교 역사 2000년간 힘겹게 간직해온 그 복음에, 기독교가 기독교 되게 했던 그 복음에.

그런데 오늘날 이것이 다방면에서 외면을 당하고 있다. 성경의 권위는 다 제게 있다는 열심당원들이 활개치고, 예수님도 골치 아프실 성경해독으로 자기 만족을 얻고, 제 쾌락을 위해 성경을 코에도 걸고 귀에도 걸고 지갑에도 거는 자들이 하나님도 좀 부려보고자 하고, 온 세상이 검은 음모에 의해 주도된다면서 이웃을 떨게 만들기 좋아하는 이들이 등장하여, 결과적으로는 우리가 '바로 그 복음'을 배우고 누릴 기회를 박탈당해왔던 것이다. 아무리 선한 의도에 그럴싸한 명분이라도, '예수'에게로 돌아가는 신앙운동만이 세월의 마모를 견딜 것이다.

7. 산정현 집회를 마치고 역전으로 가는 용도 목사 주위로 허다한 신도들이 몰려들어 길을 함께했다. 12월 끝자락 평양의 밤 추위는 마음의 기쁨 때문에 문제도 아니었다. 정거장에 다다른 이들은 헤어짐을 애달파하였고, 용도 목사에게 주고 싶은 것이 많았지만 그는 과일 하나도 받으려 하지 않았다. 하여 슬그머니 변종호에게 선물들을 건네주었다.

교회는 서울로 가는 용도 목사에게 침대권을 사주었다. 기차에 오른 용도는 편안한 침대칸을 놔두고 좌석칸에 앉아 가는 변종호와 같이 있으려 했다.

"목사님, 왜 여기 있어요. 침대칸에서 쉬세요. 너무나 피곤하실텐데요."

"아, 글쎄 걱정 말아요. 침대차에 혼자 가서 누워있는 것보다는 변 선생과 함께 앉았다, 누웠다 하는 것이 얼마나 편하고 좋은지 모르겠어."

다음 날 아침. 서울에 도착하여 내릴 준비를 하다가 산정현 교인들이 변종호에게 건네준 선물들이 용도의 눈에 들어왔다.

"아니, 변 선생, 이게 무슨 일이요? 이것을 들고 어디를 가겠소?"

선물은 짐꾼을 불러 손수레에 실어 집으로 보낼 만큼 많았으니 과일 하나도 받지 않으려는 용도는 크게 당황했던 것이다. 결국 이 많은 선물들은 귀신같이 알고 찾아온 손님들에 의해 이틀 만에 동이 났다.

1931년 12월 29일 오전 7시경 서울역에 내려 현저동 집에 도착하니 8시가 되려고 했다. 용도는 집에까지는 왔지만 안으로 들어가 앉아보지도 못하고 선 채로 몸을 돌려 길로 나섰으니, 이날부터는 동대문교회였기 때문이다. 그 뒷모습을 바라보던 변종호와 가족들의 눈에서는 벌써 눈물이 흐르고 있었다.

8. 황해노회의 결의 후 용도에 대해 점점 커지는 "교계의 왕자들"의 비난 가운데서 용도가 쓴 시편을 마지막으로 1931년을 마무리하고자 한다.[233]

여호와여 어느 때까지 나를 잊으시고
어느 때까지 나를 돌아보시지 않겠나이까

어느 때까지 나의 원수로 자존케 하며
어느 때까지 나의 맘으로 근심케 하겠나이까

여호와여 나의 하나님이여, 나의 하나님이여
내 눈을 여시어 죽음의 잠을 자지 말게 하옵시고
내 등에 채찍을 얹으사 음부에 머무르지 말게 하옵소서

여호와여 나의 원수가 나를 이기었다 자랑하지 못하게 하옵시고
나를 괴롭게 하는 자가 나의 슬픔을 보고 좋아하지 못하게 하옵소서

저희에게 자랑할 바 승리가 없을 것이요
저희가 좋아할 바 실패가 나에게 있지 아니하리니
이는 주께서 나와 같이 하심으로소이다

세상이 혹은 병기(兵器)로 자랑하고
혹은 말로 자랑하되
오직 우리는 여호와로 자랑하리로다

병기를 의지하는 자 넘어지고
말을 자랑하는 자 쓰러지되
오직 여호와를 의지하는 자는
일어나 곧게 서리로다 아멘

여호와여, 나의 원수가 많아졌사오니
모두 나를 치려는 자들이로소이다

많은 사람이 나의 영혼을 가리켜 말하되
그리하면 네가 구원을 얻지 못한다 하옵나이다

여호와 나를 호위하시니
주는 나의 방패시오
여호와 내 머리를 들게 하시나니
주는 나의 영광이로소이다

나를 둘러치는 자가 비록 천이요, 만이라도
내가 조금도 두려워하지 않으리다
주여 내가 불러 알릴 때에
성산에서 내게 응락하시고
일어나사 원수 중에서 나를 건지소서

내가 누워 자는 것은 주 나를 재우심이요
내가 다시 일어남은 주 나를 붙드심이로소이다

나의 하나님이여 나의 하나님이여
내가 불러 아뢸 때에 나에게 응락하시고
자비로서 나의 기도를 들어 주소서

사람들아 너희는 어느 때까지

내 영광을 변하여 욕되게 하겠느냐
어느 때까지 너희는
헛된 것을 좋아하며 거짓 것을 구하겠느냐

나의 영혼아 나의 영혼아
세상이 좋아하는 것 좋아하지 말고
세상이 구하는 것 구하지 말자

나의 영혼아 나의 영혼아
세상에 끌리어 주를 멀리 하지 말고
사람을 두려워하여 주를 섭섭하게 말자

나의 영혼아 나의 영혼아
세상이 싫어해도 그 기도 그치지 말고
사람이 욕을 해도 그 눈물 감추지 말자

네 기도 주 앞에 향내와 같고
네 눈물 주의 눈에 진주와 같으리라

영광과 고난과, 그리고 몰락
(1932)

▪요약

1. 1931년부터 본격화된 용도를 향한 화살은 1932년으로 이어져 절정에 다다른다. 일개인이 감내하기에는 벅찬 압박이 시간을 두고 계속되고, 시간이 흐를수록 강한 세기로 용도를 옥죄올 것이다. 이와 함께 용도를 향한 애달픈 집회 초청도 끊이지 않고, 기도하는 '용도파'들도 늘어난다.

용도를 애타게 원(願)하는 이들과 용도를 불타게 혐(嫌)하는 이들이 한 교회 안에 있었으니, "사람의 원수가 자기 집안 식구리라"는 주의 말씀이 응한 것이다(마태복음 10:36). 교계는 이용도로 인하여 들끓고 있다. 한 쪽에는 은혜를 받아 들끓고 다른 쪽에서는 그가 미워서 들끓고. "주님의 뜻은 어디에 있나이까?" 외칠 수밖에 없었던 1932년이었다.

2. 교회개혁과 부흥을 꿈꾸었던 청년은 이제 한국 교계에서 가장 인기 있고 능력 있는 부흥사의 자리에 올랐다. 그 자신은 바라지도 생각지도 않았지만 말이다. 그럼 그의 개혁은 어떻게 나아갈 것인가? 교계는 흔들리고 변화될 것인가? 아니면 버티고 싸울 것인가? 무엇보다, 성령께서는 어떻게 일하실 것인가? 1932년에도 성령께서 역사하신 흔적들이 곳곳에서 확인된다.

3. 문서상으로 확인되는 1932년 용도의 집회는 아래와 같다.

1월: 서울 동대문(감리)교회(12.29~1.2). 인천 내리(감리)교회(?~1.5~?).[234] 서울 자교(감리)교회(10?~?).[235] 서울 연화봉교회(??).[236]

2월: 서울 도화동(桃花洞)교회(??).237 서울 상동(감리)교회(8~?).238 강원도 양구(감리)교회.239 서울 만리현(감리)교회(??).240

3월: 서울 용두리 교회(?~3.9~?).241 경성지방 순회부흥사업으로 파송(16~22).242

4월: 인천 내리(감리)교회(8~15).243 서울 신설리(감리)교회(18~?).244

5월: 서울 서강(감리)교회(?~5.2~?). 서울 신설리(감리)교회(?~22).245 서울 체부동(감리)교회(5.26~6.1).246

6월: 서울 체부동(감리)교회(~1). 체부동(감리)교회와 서울 광희문(감리)교회(6.5).247 평양 명촌(장로)교회(19~25).248 신암(장로)교회(26~??).249 황해도 한포(감리)교회.250

여름 전도여행: 평남 대보산, 강원도 내외금강, 평남 북창, 강원 온정리, 강원 고성, 함남 원산, 함남 영흥(현 금야군) 등.251

9월: 충남 당진 상거리교회(?~22~?).252 서울 광희문(감리)교회(?~24~?).253

10월: 평남 안주 동·서(장로)교회(3~11). 평북 운산 북진(감리)교회(13~19). 평양 신행상회에서 평양기도단 만남(21로 추정).254 황해 해주 남본정(감리)교회(23~29).255

11월: 자교교회(??).256 함남지방(10여 일간).257 황해도 신계교회(11~17).258 양주 월계리(감리)교회(21~28).259 서울 중앙전도관??(11.28~12.2).260

12월: 왕십리(4~10), 원익상 목사 구역(11~18), 의정부(19~25)와 홍천읍(12.28~1.6)은 취소된 것으로 보임. 교역자회의 조사(12.19).261

1932년 용도가 다닌 곳을 보면 남으로는 충남에서 북으로는 함남에 이르되 서울에 집중되고, 장로교, 성결교도 있었지만 주로 감리교회에서 열렸다. 이는 감리교회 경성지방에서 용도를 가능한 감리교회 안에다가, 그리고 경성지방 안에다가 가두어두고자 한 작업이 결실을 맺는 것 같다.

한국복음운동의 큰 동지

1. 1931년 12월 평양 산정현교회 집회를 마치고 서울로 돌아온 바로 그날부터 동대문교회 집회가 시작되었다. 평양에서 맥박이 끊어질 듯한 몸으로 2주간을 인도한 뒤 쉼 없는 시작이었다. 이것은 "정말 결사적 활동이요, 그의 하루하루는 모두가 최종의 날이었고 그의 말은 한마디 한마디가 다 유언"이었다.262

제 몸을 조금이라도 생각하는 사람으로는 차마 이럴 수 없는 것이고 세상에 조금이라도 애착이 있는 사람이라면 절대로 이렇게 제 피를 무리하게 쏟지 않을 것이다. 그러나 완전히 전체를 주님께 맡기고 주님의 지시에만 절대로 복종하여 가라시는 데까지 가다가 부르실 때에 가려는 생활 원칙을 확립하였으매 그저 엄청나게 그저 미욱하게 육탄으로 돌진, 맹진(盲進)하는 것이었다.

이것은 이용도가 "'살아도 주를 위하여 살고 죽어도 주를 위하여 죽나니 그러므로 사나 죽으나 저는 주의 것임'을 믿었기 때문이며 '사는 것이 그리스도요, 죽는 것도 유익한 것임'을 확신하기 때문이었다."

2. 동대문 집회의 설교 일부를 들어보자. 역시 변종호의 공로다.263

"주님을 따르는 일은 다른 노릇 다 하면서 할 수는 없습니다. 다른 노릇 다 그만두고 다른 생각 다 내어 버리고서야 주를 따를 수 있습니다. 넥타이가 바로 매어졌나 하여 면경(面鏡·거울)을 두 번 세 번 보는 사람의 성경에는 먼지가 푹푹 쌓여 있습니다. 콧잔등에 바른 분이 지지나 않는가 하여 거울을 들고 다니면서 길에서도 가끔 가끔 거울만 보는 여자의 마음에 예수는 없습니다. 예배당에 와서도 두루마기 동정이 어찌되지나 않나 해서 마음을 거기에 두고, 저고리 뒤가 덮이지나 않았나 하여 잔등만 만지는 동안은 그 속에 주님이 계시지 못합니다.

누더기를 입었으면 어때요. 세수를 안 했으면 어때요. 새 옷을 입거나 몸을 곱게 차리고서 옷에 정신을 빼앗겨 주를 잊는 것보다 마음대로 엎드릴 수 있고 되는대로 뒹굴 수 있는 헌 옷이 얼마나 주님에게 곱게 보여요.

나에게 가장 원하는 바가 하나 있습니다. 집도 처자도 다 버리고 입은 옷 한 벌 입은 그대로 손에 성경, 찬미, 두 책만 들고서 끝없는 나그네의 길을 걷고 싶은 것이올시다. 아침에서 저녁까지 혼자서는 찬송하고 사람을 만나서는 전도를 하고 저녁 해가 서산을 넘어 갈 때는 산기슭, 바위틈에서 마음껏 정성껏 기도를 드린 후 곱게 깔아 놓은 잔디밭에 누워 맑은 하늘 고운 별들을 바라보면서 주님 품속에 편히 잠들어 …… 이 얼마나 복 받은 생활일 것입니까. 나는 이걸 원합니다. 일생에 이 생활이 내게 한 번 와 달라고 기도하고 있습니다."

3. 용도가 집회를 인도하는 동안에 송창근(1898~1951?) 목사로부터 편지가 왔다. 용도는 이 편지에 큰 위로를 받았다. 그는 송창근이 피어선성경학원에 다닐 때 우연히 만났다고 한다.[264]

분명한 것은 두 사람의 관계가 매우 돈독했다는 점이다. 송창근은 한국에 오기 전에 내린 일본에서 대판(오사카)에 있는 용도의 제수씨를 만나러 간다.

그녀를 만난 뒤에는 서울로 가는 대로 용도를 만나러 가겠다고 한다.

송창근이 서울에 도착했을 때 용도는 인천 내리교회 집회를 마친 뒤 고향인 황해도 시변리에 있던 때였다. 그리하여 용도의 가족들이 서울에 도착한 송창근을 맞으러 나갔다. 이렇듯 송창근은 용도만 아니라 그의 가족들과도 가까웠다.[265]

실은 7년 전 송창근이 미국으로 떠날 때 "양복 한 벌이 없어서 [용도]가 입었던 양복을 뜯어 고쳐서 주던 그 비극의 한 장면"도 있었다.[266] 미국 유학을 떠나고자 하나 여비가 없어 걱정하는 것을 알았기에 용도는 송도고보 시절 은사요 협성신학교 교장이었던 왕영덕 선교사가 아끼는 마음에서 용도를 위해 마련해준 큰 집 한 채를 팔아서 유학비용에 쓰라고 내어주었다고 한다.[267]

그 뒤 하나는 최대부흥사요 다른 하나는 장로교회의 신학박사가 되어 만났으니, 교파를 뛰어넘는 한국복음운동의 전망을 더욱 밝게 비추어주는 것이었다.

인천의 호산나

1. 동대문 집회를 마친 뒤 곧이어 인천 내리교회 부흥회가 시작되었다. 내리교회는 (북)감리회 선교사 아펜젤러에 의해 1885년 7월부터 모임이 시작된 "한국의 어머니 교회"다.[268]

한국 개신교 선교역사의 첫 발자국을 열어준 내리교회에 용도가 첫발을 내린 것은 내리교회가 시작된 지; 다시 말하면 조선선교가 시작된 지 45년 정도가 흐른 뒤였다. 이때의 역사는 박SC가 용도에게 보낸 편지에 자세히 기록되어 있다. 성령께서 용도의 집회를 통해 어떤 일들을 이루시는지 볼 수 있는 자료다.[269]

선생님, 우리의 생활은 전부가 다 주님의 섭리라고 믿는 가운데서 이번 선생님께서 인천 오신 것은 더구나 하나님 아버지의 경륜이었음을 감사하고 찬송하지 않을 수 없습니다. 성신께서 주의 종을 통하여 크게 역사하신 결과로 시들어 죽어가는 모든 가련한 영들에게서 새 생명의 움이 돋기 시작하였음은 참으로 기쁜 일이오며 너무도 감사한 일이올시다. 요새 부흥회에 한 번이라도 참석하였던 사람은 누구나 물론하고 그 마음에 이상스럽게 움직여지는 힘이 일게 되었사오니 이 어찌 성신의 역사가 아니겠나이까. 예배당에도 다니지 않고 예수가 누구이신지를 앎은 고사하고 기독교를 크게 반대하고 있던 여자야학 선생 중 청년 형제 한 분이 학생들을 앞에 놓고 부흥회에서 얻은 감상을 이야기하며 예수께서 누구이심을 지금에야 비로소 알게 된 것을 증거하면서 학생들에게 전도하는 것같이 이야기함을 밖에서 듣는 저는 감격에 넘쳐 눈물을 흘리기까지 하였습니다.

오 주여, 당신의 종을 통하여 저희들에게 내리신 은사를 생각하오니 그저 감사한 눈물이 흐를 뿐이로소이다. 주여, 어디든지 그가 이르는 곳마다 성령의 불길을 내리시며 새로운 생명을 얻는 새 인간들이 뒤를 이어 수없이 일어나게 하옵소서. 아멘.

목사님 가신 그 이튿날 새벽에도 많은 사람이 모여 간절히 부르짖는 기도 소리는 그 전날보다 더욱 열렬하였습니다. 매일 새벽 계속하여 모입니다.

총총(悤悤)하여 긴 말씀 드리지 못하옵나이다.

내리교회에도 기도의 불이 열렬하게 일어나고 있다. '안티크리스천'이었던 한 야학 선생이 전도하는 크리스천으로 바뀌어져 예수께서 누구신지 증거했다. 성령에 의해 새로운 생명이 탄생하여 기도와 전도에 열을 냈다. 1931년 현재 제12대 담임목사 이익모(1869~1944).

2. 3개월 뒤 이용도는 4월 8일~15일까지 인천 내리교회 강단에 다시 선다. 용도의 부흥회는 초청에 의해 이루어지기에, 지난 1월에 있었던 큰 역사로 다시 용도를 불러 세웠을 것이다. 이때 첫날 설교의 일부가 보존되어 있다. 제목은 "하나님을 찾으라." 본문은 사도행전 17장 22절.

"세상은 나무나 돌의 우상을 지어놓고 섬기지 않는다고 할지라도 예전같이 우상숭배에 정신이 팔려있다. 돈, 명예, 주(酒), 초(草), 부귀, 지식 등이 저희의 우상이라. 하나님을 찾으라. 아무래도 무엇에든지 미쳐 살아야 할 바에는 하나님에게 미쳐 살라."

셋째날은 "나사로와 마리아"(요한복음 11:11~)란 제목으로 설교했다. 용도는 병들어 죽은 나사로를 조선 교회에 비유한 뒤, 나사로가 주의 음성에 의해 무덤에서 일어나게 되었듯이, "우리는 지금이라도, 주께서 이미 잠든 교회를 깨우치며 죽은 교회를 살릴 수 있다는 믿음을 가지고 주의 앞에 가서 엎드리자"고 외쳤다.

3. 그 동안 변종호는 지난 1932년 1월 일본 오사카에 가서 사진을 공부한 뒤 2개월 후 귀국하였다. 이용도가 인천에 있던 4월 10일 주일, 변종호는 수백 명의 신자들이 모인 황해도의 한 장로교회에서 예배 중 황당무계한 소리를 들었다.

"용도 부인이 OO가 되어서 다른 남편을 얻어 가지고 도망을 갔답니다."

이 사람은 작년에 이용도 금족령을 내렸던 황해노회의 일원이었다. 전에 이용도가 "목사가 너무 살만 쪄도 문제"라고 설교했는데 그는 자기의 피둥피둥함이 양심에 찔려서 이렇게 보복을 가하는 것이었다.[270] 비판자들은 명망 높은 용도 목사를 시기하고 능력 있는 뜨거운 신앙을 배 아파하며 점점 노골적으로 욕을 하다가 나중에는 창조적으로 아예 부인에게까지 손을 댄 것이다.

4. 이 소리를 듣고 변종호는 재령을 떠나 목사님 댁이 있는 서울 현저동으로 급히 향했다. 그러나 목사님 내외는 인천 내리교회에 있음을 알게 되었다. 다시 그곳으로 달려가 도착하니 집회가 끝나는 마지막 날 밤이었다. 인천을 떠나기 위해 정거장으로 가는 목사님과 사모님을 신도들 약 100명이 배웅하며 찬송을 불렀다.

　　우리 다시 만나 볼 동안
　　하나님이 함께 계셔

훈계로서 인도하며
도와 주시기를 바라네
다시 만날 때 다시 만날 때
예수 앞에 만날 때
다시 만날 때 다시 만날 때
그때까지 계심 바라네

변종호는 이 모습이 예수님께서 예루살렘에 입성하실 때 울려 퍼졌던 "호산나의 높은 외침"처럼 느껴졌다. 목사님 내외를 실은 기차가 움직이는 동안에도 찬송소리는 커져만 갔다. 목사님이 떠날 때가 되자 찬송하던 성도들은 안타까운 경의를 표하며 조용히 고개를 숙였다. 1932년 4월 15일 오후 9시 51분, 상인천역(현 동인천)의 한 장면이었다.

이용도가 부흥회에서 열렬히 외치고 성도들은 감격하여 정거장까지 나와 크게 하나님을 찬송하며 서로의 헤어짐을 안타까워할 때, 어느 교회 강단에서는 "용도의 부인이 OO가 되어서 다른 남편을 얻어 가지고 도망을 갔답니다"는 설교가, "용도는 교회를 파괴하는 무교회주의자입니다"라는 설교가 성도들의 머리 위에 떨어지고 있었다. 거짓을 선포하고 의인을 비난하는 설교는 듣는 자도 망하게 하지만 더욱이 말하는 자를 망하게 한다는 사실을 몰랐던 걸까.

바탕재료 〔추모집〕, 77~80을 재구성.

■봄 다음 겨울

1. 1932년 4월 강규찬 목사를 이어 송창근이 평양 산정현교회에 부임하였다. 그가 이용도와 특별하게 깊은 관계가 있었음은 앞서 보았다. 그런 송창근이 평양의 기둥 같은 교회의 담임으로 부임했다니 용도는 평양을 생각할 적마다 얼마나 든든했겠는가? 1932년 4월 15일 송창근이 용도에게 보냈던 편지는 당시 평양의 많은 진실들을 이야기해준다.[271]

부임하는 벽두에 3일을 계속하여 장례식을 치르고 그 외에는 교우의 집을 찾아보는 중입니다. 가는 데마다 거의 다 "아, 선생님이 이용도 목사님의 형님이시라지요" 하면서 나를 기쁘게 영접하는 것이, 곧 아우님이 남기신 신앙의 높고 아름다운 덕이외다. 아우님은 크외다. 나보다 훨씬 크외다. 까닭은 아우님의 마음속에 크신 이가 계시기 때문입니다.

이곳 와서 기도하시는 형제자매들을 많이 만나보았소이다. 세상이 저들을 시비하고 누르고 메칠지라도 하나님의 사랑을 도맡아놓고 받는 저들임을 나는 분명히 믿습니다. 복이 이르시옵소서. '어리석다'하고, '약하다'하고, '무식하다' 하는 저들에게 복이 오시옵소서. 아멘. 아멘.

황해노회에서 이용도를 "무교회주의자이니 노회 경내에 들이지 말자"고 '왕따' 시켰을 때, 평양에서는 이용도 목사를 '왕자' 처럼 모시니 그 존경과 애정이 송창근을 놀라게 했던 것이다.

"기도하시는 형제자매들"이란 평양기도단이라 불리는 무리들이다. 이들에 대해 손가락질하는 자들도 있었음을 송창근은 보았다. 그러나 송창근은 그들을 만나본 뒤, "하나님의 사랑을 도맡아놓고 받는 저들"이라 결론 짓고 그들을 축복하며 "아멘"을 두 번이나 되풀이한다.

같은 편지에서 송창근은 용도를 평양으로 초청하고 싶은데 평양의 "형제와 자매들이 너무 기다리는 모양이" 용도가 와도 자기는 만나지도 못할 것 같다며, 차라리 "내가 한번 [용도가 있는 곳으로] 가서 전후사(事)를 의논하고 이후부터는 좀더 쓸 데 있는 전도인이 되고 싶으외다" 하였다. 이용도와 복음사역에 힘을 합칠 뜻이 있다는 말로 들린다. 이렇게 하여 평양에는 평양기도단, 〈신앙생활〉, 그리고 송창근까지 용도의 어깨에 힘을 실어주었다.

2. 봄날의 설렘을 담은 편지가 배달된 4월 15일로부터 이틀 뒤, 평양에서 한 통의 편지가 더 용도에게 날아왔으니, 작년 황해노회의 결의를 폭로해주었던 김인서 장로로부터였다.[272]

주님의 진리와 은혜 중에 평안하시옵소서. 형님, 우리는 수난 중에 있습니다. 그리고 나는 실수도 하였습니다. 평양노회는 기도를 제한하는 악법을 통과하였고 저는 거기 대하여 애(愛)를 전(全)치 못한 일이 있습니다. 형제들도 한때는 격분하였으나 지금은 차차 안정되어집니다. 원하옵기는, 형님이 쉬이 한번 오시어서 형제들과 저를 위로하여 주시기 바라나이다.

평양노회에서 통과된 악법
① 타교파 강사 제한 (형님을 상대)
② 조용히 기도하고 떠들지 말 것
③ 무인가 단체 해산 (우리들 기도의 동지 모임 상대)

이것은 채필근 학사, 남궁혁(南宮爀) 박사의 안(案)입니다.

형님, 교회가 이렇게 몹시 망할 줄은 몰랐습니다. 형님 평양에 속히 한번 오시옵소서.

겨우 찾아온 봄을 이틀 만에 겨울로 바꾸어놓는 이 편지는 송창근이 부임해갔고 평양기도단이 열렬히 기도하고 있는 평양(의 장로교회 지도부)에서마저 이용도를 견제한다는 소식이었다. 지난 12월 명촌교회와 산정현교회 집회는 목회자와 교인들 모두 은혜 넘치는 시간이었는데, 이 갑작스러움은 무엇인가?

평양의 장로교계는 지금 어떻게 돌아가고 있는가? 산정현교회의 송창근은 "하나님의 사랑을 도맡아놓고 받는 저들"이라 한 그들을 평양노회는 무인가 단체라며 해산시킨다. 김인서는 이것을, 교회가 몹시 망한 표요 "악법"이라고 평했다. 이 결정은 채필근(1885~1973)과 남궁혁(1882~1950)의 고안이라는 것도 밝혔다.

3. 평양의 김예진으로부터도 편지가 왔다. 변종호는 – 장로교 전도사인 김예진을 보호코자 – 이 편지를 서간집에 실지 않았지만, 용도가 김예진에게 보낸 답장을 거울로 삼으면 김예진의 편지를 다소 읽어낼 수 있다. 김예진은 용도에게 "우리를 비난하는 어른들" – 어느 평양노회원들 – 에 대해 이야기해주었다.

용도는 이런 공격이 짜인 각본이나 되는 것처럼 느꼈다. 보이지 않는 것을 보는 직감의 눈은 날카로웠다.[273]

세상은 이제 할 수 있는 최선의 힘을 다하여 핍박할 것입니다. 이는 저희들이 당연히 할 바입니다. 우리는 그를 염려할 것이 아니라 다만 신앙하고 다만 소망하며 인내로서 나갈지니 찬송하며 기도하며 더 가까이 나아갈 것입니다.

　아주 몰리어서 산에서 집회하고 거리에서 외치게 되는 그날이 오면 주는 크게 영광을 받으시겠지요. 우리는 입을 봉하고 잠잠할 것입니다 … 세상이 하는 대로 버려두고는 그냥 우리는 주께 돌진하여 사명만 다합시다. 기도할 때 기도하고 전도할 때 전도하고 충분히 자유롭게 움직입시다. 그러나 저희들을 너그러이 용납하고 깊이 동정합시다. 우리들은 아직도 그들에게서 많은 것을 배워야 될 것을 잊어서는 아니 됩니다.

　마음을 다잡기는 했지만, 평양노회의 이런 결정은 용도에게 큰 충격을 안겨주었다. 작년 여름 황해노회가 그를 무교회주의자로 몰아 금족령을 내렸을 때도 그 여파는 상당하였다. 그런데 이제는 가장 많은 땀과 눈물을 쏟았던 평양에서도 무고히 공회적 반대를 당한다니. 여기서 용도는 창자가 끊어지는 고통을 느끼고 있음을 우리는 읽어내야 할 것이다.

　4. 이 소식을 듣고서 이틀 뒤, 용도는 자기의 연락을 기다리고 있을 평양의 형제자매들에게 피에 붓을 찍어 장문의 편지를 보낸다. 편지는 평양노회의 이런 결정의 배경에 대해 그가 어떻게 이해하고 있는지를 드러내 준다.[274]

　　　덕은 외롭지 않아 반드시 이웃이 있으나 (德不孤必有隣)
　　　진리는 외롭지 않을 수 없으니 이웃도 허락치 않는다 (眞理莫不孤隣不許)

　　예수. 저는 한 때에는 이웃도 많았고 형제와 친구도 많았음을 네가 아느냐. 그러나 그 어느 때에는 이웃도 형제도 친구도 다 없어졌던 일도 네가 기억하느냐.
　　사랑은 덕을 낳고 의는 진리를 내세우는 것이라. 예수가 사랑에 움직여졌을 때 거기에는 덕이 나타났다. 그래 많은 무리는 덕을 보려고 이웃이 되어 모여 왔었다. 그러나 예수가 의에 움직여졌을 때 거기에는 진리가 일하였으며 모든 무리들은 심판과 책망을 싫어하여 흩어지고 말았느니라.

저희의 마음보와 행동은 여하간 그냥 주어 먹이고 칭찬만 하였더면 끝까지 좋아하였을 것을 저희들을 가르쳐 진리의 좁은 문으로 들어가게 하려고 심판을 내리고 책망을 가하였으매 나중에는 저를 미워하고 저버린 것이었다.

불의한 자가 심판과 책망을 모르는 것보다 더 불행함이 없나니 저를 건지기 위하여는 곧 심판과 책망으로써 죄와 의를 알게 하여 영생에 들도록 함이 최선의 일이었느니라.

여기서 보는 것은, 이용도와 평양형제들이 현재 이런 일을 겪는 것은 그들이 진리에 입각하여 "좁은 문으로 들어가게 하려고 심판을 내리고 책망"을 가하였기에, 이에 대한 반발로써 미움과 저버림을 당하고 있다는 것이다. 이용도의 시각은, 메말라 죽어가는 교회를 살리기 위하여 불의를 책망하였는데, 태생적으로 이런 것을 듣기 싫어하는 인간이 반발을 한다는 것이다.

여기서 누구는 용도가 무척 건방지다고 느낄 수도 있고, 혹자는 무슨 배짱으로 그렇게까지 말할 수 있는지 그 믿음에 경의를 표할 지도 모른다. 어떤 말을 했는가는 그가 어떤 삶을 살아왔는가에 따라 그 참됨과 사기성이 가려지는 법인 바, 일단 용도의 삶을 두고 말하자면 이것이 지나친 선포들은 아니다.

5. 용도는 자기가 생각하는 공회적 반발의 배경을 피력한 뒤 "수난 중"에 있는 평양기도단원들을 위로한다.[275]

오 친애하는 형제들이여, 너희가 모든 시험을 만나거든 그 가운데서 인내와 소망을 배워 비로소 신앙의 완성을 볼 줄 알고 온전히 기쁘게 여길지니라.

인내는 곧 신앙의 한 면(面)이니 인내가 없는 신앙은 곧 북데기(검불) 불과 같아서 한동안은 붙으나 곧 꺼지고 마느니라. 인내를 완전히 이루므로 그 신앙은 비로소 승리적 신앙이 될지니라. 소망, 이도 또한 신앙의 일면이니 소망(기대. 바람) 없이 신앙은 설 수 없느니라. 소망이 있어 그 신앙은 빛을 발하게 되며 전진 향상할 용기를 얻게 되는 것이니라.

우리의 신앙은 소망이 확립되고 인내가 완성될 때 비로소 생명 신앙이 되어 우리를 움직이느니라. 그런고로 생명 신앙은 환난과 시험 중에서 연단을 받아 소망의 확립을 보며 인내의 완성을 보게 되는 것이니라. 따라서 부족이 없는 완전한 신앙이 되는 것이다. 너희가 생명신앙을 원하느냐? 그러면 시험이 올 때 온전히 이를 기뻐하라. 왜? 소망과 인내를 그 중에서야 완성할 수 있음으로.

오 형제들아, 너희에게 신앙이 있느냐. 그러면 끝까지 참으라. 끝까지 바라고 또 끝까지 기다리라. 예수를 향하여 소망하고 예수를 인하여 인내하라.

6. 아픔을 견디는 절제된 비장함으로 쓴 이 편지의 말미에는 한 편의 시 혹은 기도, 아니 차라리 한 곡조의 군가가 기록되어 오늘에까지 전해지고 있다. 세상이 어떤 모양이고 어떻게 변해가도 오직 이 한 가지만 붙들면 족하다.[276]

예수다!
우리 신앙의 초점은 예수다!
소망에도 예수요 인내에도 예수요
기도에도 예수요 찬송에도 예수다!
떠들어도 예수요 잠잠해도 그저 예수뿐이다
생시에도 예수 꿈에도 예수 그리고 또 잠꼬대에도 예수다!

먹어도 예수요 입어도 예수요

자도 예수요 일하여도 예수다!

그저 우리 생명의 초점은 예수뿐이다

오, 예수는 곧 우리의 모든 것이요

또 우리의 생명이다

만일 사람이 온 천하를 얻고도

이 생명을 잃어버리면

아무 유익이 없게 되는 것이다

오, 우리의 생명이신 예수여

당신 없이 우리는 살지 못하옵니다

오, 우리의 진리이신 예수여

당신 없이 우리는 알 수 없습니다

오, 우리의 길이신 예수여

당신 없이 우리는 행할 수 없습니다

오, 우리의 길이요 진리요 생명이신 예수여

영원히 우리와 같이하여 주옵소서

7. 다음날 용도는 평양의 기도하는 무리 중 하나였던 김교순 장로에게도 편지를 보냈다.[277]

주 안에 점점 깊이 들어 갈수록 핍박은 점점 더할 것임을 깨닫는 동시에 핍박이 더할수록 은혜와 영광도 더할 것을 우리는 믿습니다 … 허무한 세상이지요. 잘 믿으라고 하다가 저희들보다 잘 믿게 되면 그때는 잡아 내리느라고 애쓰는 세상. 기도하라고 권고하여 마지않더니 저희보다 좀더 기도한즉 이제는 기도 그만두라고 깎아 내리는 세상. 이러한 세상에서 신앙의 길을 걸어나가시라는 것이 어찌 곤란이 없겠습니까. 그러나 원래 사람을 따라감이 신앙이 아니요, 다만 주님만 따라나감! 이것이 우리가 요구하는 신앙이었으니 주님만 보고 그를 따라가는 길에 실족하지 않도록 할 것이올시다.

핍박을 받고 멸시를 받아도 저희들을 관용하며 나의 마음이 화평과 안위를 잃지 않는다면 이 과연 주님으로 더불어 같이 있는 증거라 하겠사오나, 저희들을 원망하거나 또 나의 심중의 화평을 잃고 불안과 수치를 느낀다면 이는 주께서 떠나신 증거니 우리는 힘써 구하여 주를 심중에 영접하도록 해야 할 것입니다. 세상과 멀어질수록 주님과는 가까워지나니 세상에서 버림을 당하는 일이 오히려 복되지 아니하오리까. 주의 허락 없이는 참새 하나라도 땅에 떨어뜨리지 못할 것이요, 머리카락 하나라도 검고 희게 못하는 것이니 든든히 믿고 돌진할 것입니다.

이용도는 눈에는 눈 이에는 이로 대응하지 않을 것을 말한다. 신앙이란 사람을 보고 따라감이 아니라 주님을 보고 따라가는 길이다. 주께서 함께하신다면 핍박하는 자들에게 원망이나 복수로 되받지 않고 오히려 긍휼로써 갚아줄 수 있다. 이는 예수사랑의 승리다. 용도와 동지들의 관심은 여기에 있다. 주님의 계심과 움직이심을 믿고 든든히 주님 가신 길로만 돌진하려는 것이다. 예수다! 초점은 오직 예수뿐이다!

8. 1932년 4월, 기도단 해산 사건으로부터 한 달이 지난 뒤 기도단원들은 여전히 교회 개혁에의 열의를 꺾지 않고 있다. 이들은 한국교회를 개혁하려는 혁명세력들이다. 5월 26일 용도가 믿음의 동지 이호빈에게 보낸 편지가 이 사실을 보여준다.[278]

평양 형제들은 … 그들은 다 투사들이라, 현 교회의 불신앙과 어디까지든지 적극적으로 성전(聖戰)을 계속하려는 이들인 고로 교회만은 평양을 내놓아서는 안되겠다고 합니다. 되어도 평양에서요, 안되어도 평양에서일 것이라고.

나도 다소간 그런 느낌이 없지 않습니다. 교회부흥 곧 전선적으로의 것은 평양에서부터가 아닐까 하는 점에서 내 생각도 그곳을 유의(留意)합니다. 그래서 그들은 자꾸 평양으로 오라고 하는군요.

평양기도단은 용도를 "자꾸 평양으로 오라고" 불렀다. 그러나 이렇게 민감한 때에 평양에 가는 것이 좋은 결정이겠는가? 그럼 용도는 어떻게 생각하였을까?[279]

그러나 나는 시기상조라고 생각합니다. 아직 그(전투)보다도 정적한 곳에서 주님의 친교가 더 있기를 원하여 마지 않을 뿐입니다.

평양기도단은 용도와 함께 평양을 중심으로 한국교회의 불신앙과 싸우고자 한다. 이들은 용도에게 자극을 받아 열심으로 기도하며 전도해왔고, 평양노회에서 자기들을 해산시킨 상황에서도 뒤로 물러설 것이 없다고 생각하고 있다. 이에 용도는 먼저 주님과의 친교를 강조했다. 그렇다고 그가 교회 개혁에의 열의를 포기한 것은 아니다.

같은 편지는 다음과 같이 끝맺는다.[280]

우리의 일생이란 늘 싸움의 생활이니깐, 그저 맨손으로 필승을 기약하고 믿음으로 돌진합시다. 그리하여 죽는 날이 완성의 날인 것이니 어서 죽음이 오소서.

용도의 '인생론'에 의하면 삶은 싸움이다. 삶이란 믿음의 두 손을 꼭 쥔 돌진이다. 일생을 그렇게 살다가 죽는 그날에 완성을 입는다. 신자의 삶이란 이토록 단순하다. 죽도록 믿음의 충성을 다하다가 죽는 것. 이것이 성도의 영화다. 그러니 세상이 믿는 자를 이기지 못할 수밖에 없겠구나. 죽음으로 돌진하는 생명이라니.

이 인생론 위에 서서 용도와 평양기도단은 믿음으로 진리를 외쳤다. 그런데 배척을 받았다. 싸움이 시작된 것이다. 정치적 공격이나 이론적 비판, 함정 설치의 싸움이 아니라 인내의 싸움이요 진리 사수의 싸움이며 포기치 않는 기도의 싸움이다.

만약 용도나 기도단이 불의를 행했던 것이라면 어떤 벌도 달게 받았을 것이다. 그러나 선을 행했음에도 욕을 당하였다. 그런데 선을 행하다 당하는 욕은 가치가 더 크다는 것이 사실이다. 용도는 동지들과 함께 꿋꿋이 선과 의, 진리 편에 설 것을 다짐하였다. 다짐한다고 외부의 압력과 비난, 내부의 고통과 쓰라림이 사라지는 건 아니지만 그러나 올바른 다짐은 고통 속에서 이루어진 것일 때에 가치가 더 크다는 것 또한 사실이다.

...

9. 1932년 7월 12일 용도가 황해도 사리원의 '기도단원' 이태순 아주머니에게 보낸 편지에는 극심한 아픔을 인내하는 가운데서 주어지는 인생과 신앙에 대한 탁월하고도 깊디깊은 통찰이 고통스러워 더욱 아름다운 빛을 발하고 있다. 편지는 먼저 하나님의 말씀으로부터 출발한다.[281]

나를 대적하는 자들을 향하여 내가 어떻게 하오리까?
주:

"너희 원수를 사랑하며 너희를 미워하는 자를 선대하며 너희를 저주하는 자를 위하여 축복하며 너희를 모욕하는 자를 위하여 기도하라 네 이 뺨을 치는 자에게 저 뺨도 돌려 대며 네 겉옷을 빼앗는 자에게 속옷도 금하지 말라"(눅 6:27~29).

바울:

"너희를 핍박하는 자를 축복하라 축복하고 저주하지 말라"(롬 12:14).

"내 사랑하는 자들아 너희가 친히 원수를 갚지 말고 진노하심에 맡기라 기록되었으되 원수 갚는 것이 내게 있으니 내가 갚으리라"(롬 12:19).

"또 수고하여 친히 손으로 일을 하며 후욕을 당한즉 축복하고 핍박을 당한즉 참고 비방을 당한즉 권면하니 우리가 지금까지 세상의 더러운 것과 만물의 찌꺼같이 되었도다"(고전 4:12~13).

베드로:

"욕을 받으시되 대신 욕하지 아니하시고 고난을 받으시되 위협하지 아니하시고 오직 공의로 심판하시는 자에게 부탁하시며"(벧전 2:23).

"악을 악으로 욕을 욕으로 갚지 말고 도리어 복을 빌라"(벧전 3:9).

"사람을 기쁘게 하오리까, 주님을 기쁘게 하오리까?"

"사람에게 버림을 당할 때 하나님에게는 사랑을 받고 사람에게 칭찬을 받을 때 하나님에게는 멸시를 당하느니라."

용도는 주의 말씀을 머리로만 따지고 드는 쉬운 신앙자들과 달리 몸으로까지 아프게 순종하고 있다. 적대자들을 향하여 명쾌한 논리와 예민한 지성으로 면박을 단단히 줄 수도 있었음에도 그는 주의 말씀에 순종키 위해 되치고픔의 등허리를 힘껏 채찍질하고 있다.

10. 하나의 고전을 읽는 것과 같은 느낌을 주는 편지는 계속 이어진다.[282]

선인과 악인을 어떻게 구별합니까?

"즐겨 사람의 악을 말하는 자는 악인이다. 즐겨 사람의 선을 말하는 자는 선인이다. 즐겨 사람의 악한 일을 듣는 자는 악인이다. 즐겨 사람의 선한 일을 듣는 자는 선인이다. 선인은 사람의 악사를 말하되 비통을 느끼지 아니치 못하고 악인은 사람의 선사(선한 일)를 듣되 불쾌를 품지 아니치 못하느니라. 사람의 악사(악한 일)를 들을 때 우리는 먼저 그것을 말하는 자의 악을 생각하게 되는 것이다."

"선은 여성적이요, 악은 남성적이다. 선은 약하되 강하고 악은 강하되 약하며 선은 져서 이기고 악은 이겨서 지는 것이니라. 우리는 이겨서 질 자가 아니요, 져서 마침내 승리를 얻을 자니라."

이용도가 볼 때 선인과 악인의 구분은, 선인은 남에 대해 좋은 말 하기를 즐기고 나쁜 일 말함에는 매우 고통스러워하나, 악인은 남의 좋은 일에 질투하며 불쾌해하고 나쁜 일에는 즐거워한다. 황해노회나 평양노회가 무슨 "말"을 해댄들, 이용도와 그 무리들은 이 원칙을 포기하지 않을 것이다.

11. 편지의 이어지는 내용은 '노회'라는 거대조직의 얼굴을 화끈거리게 만드는 일개인의 높디높은 경건을 우리 앞에 펼쳐준다.[283]

선(善)의 존경

어떤 사람에게 1의 선과 99의 악이 있느냐. 그러면 나는 한 개의 선을 위하여 저를 사랑하고 존경하겠노라. 세상에 한 사람의 선인과 99명의 악인이 있느냐. 그러면 나는 한 사람의 선인을 위하여 세상을 귀히 알고 중히 여길지니라. 나는 나의 모든 선한 것을 그를 위하여 제공하고 세상의 개선과 구제를 위하여 빌지라. 나는 사람과 세상에 많은 악을 찾아 불평으로 삼지 않고 그 작은 선을 찾아 사랑과 존경으로 살려 하노라.

용도는 누가 아흔아홉 가지 악을 가지고 있고 한 가지 선을 가지고 있다면 그 한 가지를 바라보면서 그를 존경하겠다고 한다. 그런데 어느 사람은 누구에게 아흔아홉 가지 선이 있어도 한 가지만 악 혹은 실수 혹은 선이라 하기에는 좀 부족한 것이 발견되면 그걸 붙잡고 늘어져 그 사람을 끄집어내리려 발악하니, 힘센 노회와 약한 용도 중에 누가 더 예수를 닮았는지는 더 말할 것도 없다.

99에 눈감고 1을 파고들어 어떻게든 99까지 망쳐놓으려는 태도는 이용도를 비판하는 이들에게서 종종 나타난다. 그들은 99를 버리고 1을 붙잡고자 발버둥 치나 자기의 악 99는 보지 못하나니, 제 영혼만 위태로이 할 뿐이니 슬픈지라.

12. 편지의 마지막 대목은 그가 요한 사도로부터 배운 것과 그 적용이었다.[284]

하나님은 사랑이시매 우리는 사랑함으로써 비로소 하나님을 알지니라. 사랑하지 않는 자는 하나님을 알지 못하나니 하나님을 알지 못하고 저를 신앙하기 불가능하니라.

사랑으로 시작되지 않는 신앙은 허위의 신앙이니 이는 사람을 죽일 신앙이니라. 세상에, 신앙에 사는 사람이라 하더라도 쟁투가 많은 것은 사랑에 근거를 두지 않은 신앙, 곧 무애(無愛) 신앙의 소유자가 많은 까닭이니라.

사랑은 곧 생명이라. 사랑 없는 신앙은 생명 없는 신앙이니라. 교리와 신조의 송독(誦讀), 교회 출입의 형식, 이런 신앙의 형식(껍질)으로 신앙의 전부를 삼아 스스로 속는 자, 그 얼마나 많은 현대인고!

네가 신앙의 소유자냐. 그러면 너는 사랑의 소유자가 될지어다. 사랑이 없는 신앙은 불 꺼진 등이요, 맹인의 안경이니라. 더욱더 주님의 사랑을 아는 가운데서 자라가라.

용도가 직접적으로 어느 무리들이라 언급하진 않으나, 그가 말하는 "악인"이나 "무애신앙"의 카테고리에 누가 들어가는지는 짐작이 간다. 용도는 '그들'을 통하여, 사랑이 빠진 신앙은 하나님을 알지 못하고 하나님을 참으로 신앙하는 것이 아니며 오히려 쟁투를 일으켜 결국 사람을 죽인다는 것을 뼛속 깊이 통찰한다.

신앙에 사랑이 있을 때 생명 있는 신앙이 된다. 그러나 사랑보다 교파의 전통과 자기들만의 신학 혹은 교세에 대한 자부심에 의해 마음이 좌지우지 되는 사람은 사랑 없는 신앙인 경우가 허다하다. 그리하여 스스로는 신앙이 있다고 하나 사랑이신 하나님 앞에서는 신앙이 없는 것도 두려워하지 않으니, 자기를 속이고 있는 셈이다.

사랑으로 시작되는 신앙은 죄인을 회개로 인도하고 죽어야 될 사람도 살려내는 신앙이다. 하지만 용도를 향해 날아오는 '미움으로 시작되는 신앙'은 정상을 비정상으로, 정통을 이단으로, 살 사람을 죽여야 될 사람으로, 선인을 악인으로, 의인을 죄인으로 바뀌어주는 종류로써, 이러한 신앙자들이 예수님을 십자가에 못 박는데 일선의 역을 자청하였었고, 스데반을 돌로 쳤으며, 오늘날에는 하나님을 위한다면서 이웃의 가슴에 칼을 꼽고 교회의 목에 키를 채우면서도 자기를 교회의 수호자요 진리의 스승으로 자부하니, 교회의 주인이신 그리스도와 진리의 성령께서는 그곳에 발을 붙이실 수 없게 되신 것이다.

예루살렘성 안으로

1. 1932년 6월은 서울 체부동(성결)교회의 집회가 끝나면서 시작되었다. 용도는 6월 1일 수요일 저녁까지 집회를 마치고, 이후에는 병자들을 위해 기도하였다. 다음날 새벽 2시까지 기도한 뒤, 1시간 30분을 자고 일어나서 거룩한 마음으로 다시 기도하였다.

5일 주일에는 다시 와서 설교를 해달라다던 체부동교회에 갔는데 아무런 말도 없이 김OO 목사를 단에 세우는 것이었다. 예배가 끝난 뒤 김 목사는 용도에게 와서 "권고 및 세인(世人)의 나에게 대한 평"을 해주었다. 그는 "한국에서 첫째 아니면 둘째로 가는 유명한 부흥 목사님"이었는데, 용도의 신앙과 설교가 틀렸다고 혹독히 충고했던 것으로 보인다.[285]

밤에는 신학교 동기인 조신일 목사의 광희문교회에서 설교했다. 이 밤부터 용도는 오른쪽 가슴 결림과 호흡곤란을 느꼈다. 다음날(월)은 종일 가슴이 아파 누워있을 수밖에 없었다. 그 다음날(화)에는 외마디 기침으로 하루를 보냈다. 이즈음에 그는 인도의 시성 타고르의 〔기탄잘리〕를 읽으며 큰 감명을 받아 그것을 6월 8일자 일기에 기입해두었다.

2. 용도는 죽음으로 돌진하려는 걸까? 이틀 뒤 새벽 4시. 그는 몸을 돌보지 않고 산에 올라가 기도하고 있다.[286]

주님 계신 곳에 나도 있게 해주옵소서. 지금은 주 계시던 곳과 내가 있는 곳이 천양(天壤)의 차로 벌어져 있어 내가 주를 견해(見解)할 수 없나이다.

주는 가난한 가운데 계시었고 나는 부한 자들 가운데 있나이다. 주는 병자들 가운데, 죄인들 가운데 계셨고 나는 의인들 가운데 있나이다. 지금도 당신의 마음과 당신의 영은 가련한 자들 중 계시지요.

주님을 찾아보기 위하여, 주의 영을 찾아 만나기 위하여는 내가 마땅히 모든 병자, 빈자, 죄인들 중에 들어가야 될 줄을 알건만 그러면서도 왜 나는 그렇게 하지 못합니까.

이는 아직 내가 주를 만나려는 간절한 생각이 없어서 그런 것이 아닙니까. 그렇지 않으면 너무 안온한 생활에 심취하여 그런 것이 아니옵니까.

오 주여, 당신께서 일찍 어디 계시었나이까. 육신으로 세상에 계실 때. 그리고 지금 당신의 마음은 어디 있나이까. 나를 도우사 주님의 자취를 찾아서 따라가게 하옵소서. 아멘.

3. 다음날인 6월 11일(토)에는 새벽 2시 교회당에서 기도하였다. 극심한 피곤에 삼켜져 정신이 희미했다가 다시 돌아오곤 했다. 그러나 월요일에 이르러 또 산에 올라 기도하고 있다. 말 그대로, 생사경(生死境) 위에 엎드린 기도였다. 그런데 이 기도 중 심경에 변화가 일었던 것 같다.

지난 4월부터 평양의 형제들로부터 오라는 청을 "자꾸" 받았다. "현 교회의 불신앙과 어디까지든지 적극적으로 성전(聖戰)을 계속하려는" 평양의 "투사들"은 "교회만은 평양을 내놓아서는 안되겠다"고 하였었다. 그러나 5월 말의 편지에서 용도는 평양노회가 기도단원들을 흐트러뜨리고 적대적인 자세를 취하는 이때에 가는 것은 "시기상조"로 보며, 평양을 놓고 싸우는 "그(전투)보다도 정적한 곳에서 주님의 친교가 더" 있어야 함을 원했었다.

4. 그런데 최근 병든 몸의 기도 가운데 생이 너무 오래 남지 않았다는 직감에 의해 촉발된 긴급함이었을까? 3주 뒤, 용도는 자기를 사모하는 눈들과

노려보는 눈들이 시골 밤의 별빛처럼 반짝이는 평양으로 발을 내린다. 산에서 기도하다 죽든지, 자기를 목 빼어 기다리는 이들과 자기를 목 베려 기다리는 이들 앞에서 목을 찢어 죽든지, 주를 위해 죽는 것은 마찬가지였다.

그러나 몸은 마음 같지 않았다. 윗몸이 일으켜지지 않았다.

'가야 한다. 가자. 가자.'

수십 번 자기를 보채어 억지로 간신히 일어난다. 한 손에는 작은 성경이 다른 손에는 지팡이가 들려있다. 비틀거리며 겨우 정거장까지 와서 평양행 기차표를 산다.

'이 몸으로 평양까지 갈 수 있을까. 기차에 오를 수나 있을까.'

용도의 판단은 지나친 것이 아니었다. 그는 자기의 몸이 도저히 버틸 수 없음을 느낌으로 알았다. 그는 정거장 한 모퉁이로 가서 기도했다.

'아버지, 이 몸으로, 이 기운으로, 이 길을 떠나 가오리까. 가다가 죽어 남의 웃음거리가 되지 않겠습니까. 저는 용기도 자신도 없사오니 아버지 뜻대로만 하시옵소서.'

자기 길만 찾아 가는 분주한 걸음 속에 남의 사정쯤은 들리지 않는 기차역. 오고 가는 인파 사이에 고요히 눈을 감고 기침을 쿨럭이며 기도 드리던 그가 흘린 눈물을 아는 이는 주님뿐이었다.

그때 역전의 군중은 듣지 못하는 하늘의 음성이 용도에게만 들려왔으니, 평양으로 가야 한다는 말씀이었다. 주님께서 명령하셨다는 사실로 무한한 감격에 겨운 용도는 비장하게 기차 위로 올랐다.

5. 그럼에도 피곤함은 여전하여 평양까지 가지 못하고 사리원에서 내려야 했다. 황해노회의 어쭙잖은 금족령으로 장로교회에는 갈 수 없었다. 용도는 지팡이에 기대어 감리교회당을 찾아갔다. 힘이 조금씩 솟는 것 같았다. 사리원기도단원들과 만나서 예배를 드렸다.

목마른 자들아 다 이리오라
이곳에 좋은 샘 흐르도다
힘쓰고 애씀이 없을지라도
이 샘에 오면 다 마시겠네

이 샘에 솟는 물 강같이 흘러
온 천하 만국에 다 통하네
빈부나 귀천이 분별이 없이
다와서 쉬고 또 마시겠네

생명수 샘물을 마신자마다
목 다시 마르지 아니하고
속에서 솟아나 생수가 되어
영원히 솟아 늘 풍성하리

이 샘의 이름은 생명의 샘물
저 수정 빛같이 늘 맑도다
어린양 보좌가 근원이 되어
생명수 샘이 늘 그치잖네

찬송을 부르자 느낄 수 있을 정도로 힘이 생겼다. 점점 소리 내어 기도할 힘도 생기고 평양까지 갈 힘도 났다. 이번 집회에서 쏟아 넣을 만치의 힘이 주어진 것이다.

이렇게 하여 평양에 들어선 용도는 작년 12월 대성황을 이루었던 허섭 목사의 명촌교회에서 먼저 집회한 뒤, 기도단원 김영선이 속한 김선두 목사의 신암교회에서 부흥회를 열게 된다.

6. 예수님의 예루살렘 입성을 불쾌해했던 자들처럼, 이용도가 평양에 온다는 것은 일부 장로파 인사들에게는 경기(驚氣)가 나는 일이었다. 그럼에도 용도는 예루살렘으로 갔다. 십자가가 기다리고 있는 곳으로 교권자들이 음흉한 이빨을 벌린 곳으로 지팡이를 나귀 삼아 가장 연약한 육신으로 갔다. 기도단을 해체시켰던 평양노회가 이번 평양 집회를 통해 더 큰 공격을 해올 것임을 몰랐겠는가? 집회에서 하나님의 역사가 나타날수록 노회는 울며 이빨을 갈 것을 몰랐겠는가? 용도도 모르지 않았으나 주님의 지시하심에 따라 움직인다는 원칙으로 기도 가운데 마음을 얻어 평양에 가기로 했던 것 같다. 그럼 명촌, 신암 집회는 어떠했을까?

7. 참석인의 수나 증언자들의 묘사를 놓고 볼 때 이용도의 최대 집회가 바로 이때가 아니었나 싶다. 그렇다면 어느 평양노회원들은 얼마나 홍조가 되어 분개했겠는가? 언제 터질지 모르는 폭약 같은 갈등의 순간에 성령의 불이 가장 뜨겁게 타오르는 역사가 일어났으니 만세! 크게 만세! 성령강림 만세![287]

① 1932년 음력 5월 16일에 목사님이 명촌교회에 집회 인도 차 오시었습니다. 새벽 이른 차에서 내리셨는데, 정거장에서 교회까지 들어오시는 그 광경은 바로 호산나를 부르는 예루살렘 거리 같았고 귀인으로 영접 받는 천사의 일행 같았습니다. 마중 나간 교인들은 목사님을 가운데 모시고 149장 '내 주를 가까이 하려 함은' 찬송을 소리 높이 부르는데 모자를 벗어 드시고 평화의 웃음을 띄신 목사님은 뒤로 나오는 한 사람 한 사람에게 모자를 흔들어 반겨 맞으시는 것이었습니다. 이 명촌 집회 1주일 동안에 낮 집회를 마치시고는 곧 나가서 노방전도를 하시었는데 여러 신자들은 부흥성가 52장 '마음에 가득한 의심을 깨치고'를 불러서 도와 드렸습니다.

신암교회 부흥회 때에는 사람이 굉장히 모였습니다. 어느 시간에나

6,000명 이상은 모였습니다. 회당이 너무 차고 넘쳐서 앉은 자는 남의 무릎 위에 앉았고 선 자는 몸을 꼼짝 움직일 수가 없었습니다. 한창 더운 여름이었으매, 앞뒤 사람이 다 땀에 젖어 있으니 예배당은 그냥 땀의 바다가 되었습니다. 2, 3일째 되는 날은 예배당이 꼬박 차고도 남는 사람이 많음으로 뜰에서 예배를 보게 되었습니다. 걸상을 내다 놓고 그 위에서 말씀을 하시는데 목사님의 형상은 사람이 아니고 천사인 듯, 신자(神子)인 듯이 보였습니다.

 땀을 동이로 푹푹 쏟으시며 그 옷은 소나기를 맞은 것 같았고, 흐르는 땀에 눈을 뜨지 못한 목사님은 한 손에 손수건을 늘 들고 말씀하셨습니다. 하루는 세상에 믿을 것이 하나도 없고 사람은 믿을 사람이 하나도 없다는 설명에 열변을 토하시더니 땀에 젖은 손수건을 번쩍 높이 들며, '의지하세 의지하세 주 의지하세 구하시네 구하시네 곧 구하시네'를 부르실 때 청중은 홀린 듯이, 취한 듯이 말려들어 같은 목소리로 '의지하세'를 목을 찢어가며 합창 제창하는 것이었습니다. 그 힘들었던 몸짓과 그 흘러내렸던 땀, 그리고 그 내둘렀던 손수건은 지금도 눈에 선합니다.

 ② 신암교회에서 이 목사님을 청해오게 된 때, 어떤 장로 한 분은, "이 목사는 사람이 아니고 신이요, 그의 역사가 전부 신의 일이요, 신의 능력을 나타냅니다. 성경을 인용하는데도 마태복음에 있는 '왼편 눈이 범죄하거든 뽑아 버리라'를 꺼내기 시작하여 30여 곳을 그냥 줄줄 따라 외이며 설교를 답새겨 대는데 사람의 정신으로 도저히 그렇게 기억할 수 없는 것만 보아도 그는 사람의 껍데기를 썼으나 속에는 주의 권능으로 가득 찬 것이 분명합니다"고 하였다.

 이때에 신암교회 집회를 시작하자 처음부터 5,000명 이상이 모였다. 그래서 사람들은 다 남의 무릎 위에 앉고 내 무릎 위에 사람을 앉히는 것이었다. 신암교회에 오신 때는 중앙교회에 왔다 가신 지 3년째 되는 해이었는데,

목사님은 그 동안 3년간을 계속해서 쉬지 않고 이 강산을 외치고 돌았으므로 이때에는 현저히 몸에 피가 마르고 살이 쪽 빠졌었다. 그러나 그 말과 그 외침만은 여전히 힘있고 날카로워 언제나 5,000~6,000명 이상의 청중을 기관총으로 쏘듯이 그저 거꾸러뜨리는 것이었다.

시간이 흐르고 날이 감에 따라 신암교회에는 사람이 더욱더욱 몰려 들었다. 예배실은 차고 넘쳐서 창문 밖에 등상을 매고 거기에 사람들이 올라서게 했더니, 사람이 너무 많이 올라타서 그 등상이 부러지고 말았다. 그래서 할 수 없이 강대상을 들고 나와서 마당에서 집회를 할 수밖에 없었다.

이때에 모여드는 사람의 수와 그 모여든 사람들의 열정과 흥분은 끔찍하여 말로 형용하기가 어려웠다. 목사님은 단에 나서기만 하면 언제나 서너 시간 이상을 외치시었다. 그러나 듣는 이에게는 서너 시간이 한 10분 동안으로 밖에 생각되지 않았다. 서너 시간을 서있어도 다리 아픈 줄을 모르고 무릎 위에 사람이 겹겹이 쌓여도 괴로움을 느끼지 못했다.

이렇게 말씀하시고 침실에 돌아와 누우신 것을 보면 숨이 다 끊어진 인간으로 보였다. 어느 날 아침 새벽 집회를 마치고 나오신 목사님은 포단(蒲團)을 쓰고 좀 누우셨다. 어떤 분이 곁에 가니 아주 숨기운이 없어서 몇 사람이 모여서 지켜 보니 아주 숨소리가 없으매 통곡이 터졌다. 그런데 이날에도 목사님은 조반 때를 지난 후부터 또 여전히 하루 종일 강단에서 그 더운 날씨에 10여 시간 이상을 외쳐대시는 것이었다.

1932년 6월 "모여드는 사람의 수와 그 모여든 사람들의 열정과 흥분은 끔찍하여 말로 형용"치 못할 정도였다. 평양 장로교인들과 다른 교인들 다수가 용도에게 손을 들어준 것이었다. 그것도 "끔찍"할 정도로! 게다가 성령께서도 손들어주셨으니! 그렇다면 교권자들이나 "교계의 왕자들"에게는 가장 불쾌하고 불안한 일이 일어난 것이었다. 그리고 올 것이 오고야 말았다. 또!

▪안주에서 떨어진 것
평양에서 떨어진 것

1. 평양에서 "끔찍"하게 대성황을 이루었던 용도의 집회는 10월 7일 평양 노회가 회집하기로 기약된 날을 불길한 마음으로 기다리게 했다. 용도는 평양노회가 기도의 형제들을 가만두지 않을 것이라 짐작했다. "총회(總會) 물결에 형매(형제자매)들이 부딪칠 것을 생각하고 비희교지(悲喜交至:슬픔과 기쁨이 번갈아 듦)하는 중. 주의 특은(特恩)을 입어 더욱 십자가의 길로 돌진함이 있기를 바라옵니다."288

그날이 오기 전까지도 용도는 집회 요청에 끌려다녔다. 평양노회가 열리는 동안에는 평남 안주에 있는 두 장로교회에서 집회가 열렸다.

2. 용도를 초청하기 위해 대략 어떤 과정들을 거치게 되는지 웃지 못하게 만드는 기록이 남아있다. 지난 여름 평양에서 큰 은혜를 받은 안주교회 주선행 집사가 1932년 9월 23일자로 보낸 편지를 보면 '용도 쟁탈전'의 내막을 확인할 수 있다.289

> 은혜가 풍부하신 목사님,
>
> 오 목사님, 이곳 있는 뭇 영들은 다 죽어 송장 내가 나는데 어찌하여 돌아보지 않으시나이까? 이곳에 있는 뭇 영들은 목사님을 통하여 큰 은혜가 내린다는 말씀을 들은 그 시간부터 이 목사님 기다리기를 부모 잃은 아이가 부모를 찾아 애타는 것과도 같사옵고 목마른 사슴이 시냇물을 찾는 것과도 같

아서 그 그리워하는 광경은 차마 보기가 끔찍합니다. 목사님의 말씀을 간접으로 듣고도 이와 같이 사모하는 것을 보니 이제 목사님을 직접 만나 교훈을 받게 된다면 그야말로 인간으로서 상상키 어려운 큰 기쁨이 가득 찰 줄 믿습니다.

지나간 여름에 제가 목사님을 사모하던 중 평양 명촌교회와 신암교회에서 목사님을 통하여 큰 은혜를 받았사온바 받은 바 은혜를 감추지 못하고 자연히 위에 세운 성과 같이 드러나게 되오매 저의 집안과 이미 은혜를 갈망하던 남녀 신도들이 스스로 사모하며 목사님 오시기를 고대하게 되었나이다. 그러다가 이곳 동 서 두 교회에서 합의하여 또 제직회와 당회까지 열고 목사님을 한번 모셔다가 부흥회를 여는 것이 좋겠다고 작정을 하였습니다. 그리고 목사님 계신 곳만 알면 이곳서 전임 사람이 가서라도 모시어 오자고 작정까지 하였으나 목사님 계신 곳을 분명히 몰라 이때껏 우리 안주교회와 교인들이 애가 타서 죽어 가는 중이올시다.

기양교회에 계시다는 말씀을 듣고 그리로 제가 편지 하려다가 그만 평양으로 오셨다고도 하고 대보산에 계시다고도 하기로 태평교회로 편지를 하였더니 이틀 만에 돌아오고 말았어요. 그래서 그때 경성 댁으로 또 보내었습니다. 그 편지는 돌아오지는 않았어도 지금까지 종무소식(終無消息)이올시다. 그때는 부흥회 할 작정이 완전히 되지는 않았으나 될 줄 믿고 기다리던 중 이제는 원대로 결정이 되었나이다. 그 후 이곳 동교회의 한 목사가 이 목사님께 편지를 두 번 보냈어도 답이 없고 감리사에게 목사님 보내주기를 간절히 원한다고 사정 편지를 보냈어도 소식이 없다고 이제는 또 편지할 용기가 없다고 합니다. 그러므로 다시 운동을 일으켜 본 교회 집사 김희학 씨와 최지화 목사와 동 서 양(兩) 교회가 협동하여 양 교회 도장까지 쳐서 편지하면 회답이 있을까 등 여러 가지로 밤이 깊도록 의론도 하고 기도도 하였습니다.

그러다가 오늘 아침에는 이미 은혜 받은 자와 은혜를 갈망하는 자들이 각각 개인으로 애원하기로 생각들이 되었습니다. 그래서 이 부족한 자식도 붓을 들었습니다. 그때 목사님을 뵈었다가 떠난 후 육으로는 나뉘어있지마는 저의 영은 늘 목사님을 따르고 있나이다. 그리고 기회 있는 대로 집에서나 예배당에서나 혹은 산에 가서 밤을 새면서 기도하옵는바 언제든지 하나님께 조르기를,

"오 주여, 당신의 종 이 목사를 안주교회로 보내시사 당신의 뭇 양들에게 당신의 은혜를 소개해주게 하옵소서. 오 주여, 가련하고 불쌍한 저의 영들은 주의 뒤를 따른다고 하여도 전부가 병들었사오며 당신을 끝까지 따라갈 기운이 없사오며 이 부족한 계집 종도 청산의 해골 모양이 되었나이다. 오 주여, 이 병신과 이 해골들의 신음 소리와 부르짖는 소리에 귀를 기우리사 들으시고 당신의 사자를 보내어 이것들에게 산 피와 생기를 넣어주시옵소서. 그리고는 은혜 길을 알지 못하여 방황하는 이 철없는 것들에게 밝은 길을 보여주고 그리로 인도하여 주시옵소서. 이것들이 바른 길을 찾지 못하여 끝없는 벌판에서 한없이 헤매다가 죽고 말겠나이다. 오 주여, 당신의 종을 이곳에 보내주시옵소서. 예수 그리스도의 이름으로 비옵나이다. 아멘."

목사님 계신 곳 좀 알려주소서.

3. 용도는 이 회답으로부터 4~5일 후인 10월 3일 월요일 신안주역에 도착한다. 집회가 잡혀있던 곳을 뿌리치고 온 것이다. 주선행과 함께 용도를 초청하는데 힘쓰고 역까지 출영했던 사람의 기록이 있다. 부흥회의 분위기와 이후 결실들에 대해서도 알 수 있다.[290]

오시는 날 내가 신안주역까지 출영하였다. 무명주의(면으로 된 두루마기)를 입으셨는데 그 동정(한복 저고리 깃 위에 덧대는 헝겊조각)까지 회색이었다. 파나마 모자를

푹 눌러 쓴 목사님은 그리 큰 소리칠 위인 같아 보이지 않았다. 목사님과 함께 안주읍으로 오는 동안에 내 심중에 감격이 컸다. 지나간 몇 달 동안에 제직과 싸우며 교회에 애걸하며 목사님을 모셔오기 위해서 애태우고 고생한 생각을 하며 곁에 앉으신 목사님을 쳐다보니 감개무량하여 눈물이 자연히 흐르는 것이었다.

1932년 10월 3일 저녁부터 집회가 시작되었다.

"집회의 일체는 다 나에게 맡기시오. 첫 종소리가 나서 예배당에 오시거든 다른 이야기나 생각은 하지 말고 찬송을 부르도록 하십시오."

그러시더니 손을 들며 '내 주의 보혈은 정하고 정하다'를 꺼내시어 일동이 부르고는 기도가 시작되었다. 첫 번 듣는 이 기도가 우선 우리의 귀에 맛이 다르게 들렸다. 그 유창한 말씨, 열렬한 어세 등 합하고 조화되어 아름다운 시를 외우는 듯, 고운 독창을 듣는 듯이 기도가 약 1시간 계속되었다. 그러고 나시더니 설교는 몇 마디 안 하시고는 나를 믿지 말고 각각 중심으로 기도하는 중에 은혜 받으라고 하시며 통성기도를 시키시는 것이었다. 말하자면 첫날 밤은 듣던 바와 같이 굉장하지는 못하여 조금 불만으로 느껴졌다.

이튿날 밤이 되었다. 이 밤에야 본격적인 부흥회가 열렸다고 생각된다. 설교를 한창 내리 답새기다가 만인의 가슴이 바짝바짝 타 들어왔을 때 목사님은 손을 높이 들며 찬송을 꺼내셨다. 열광된 청중이 화답하여 한 절을 다같이 부르면 다시 있는 열을 다 내어 찬송의 다음 절을 시적으로 해석 설명하시며 자기의 주장과 소회(所懷)를 퍼붓다가 말이 제3절을 향하여 가경(佳境)으로 들어가면, 또 손을 번쩍 들며 제3절을 발성하는 것이었다. 이러하기를 분명히 4시간 이상 해내었다. 이날 저녁부터 일반의 가슴은 시원해지고 끓던 가슴은 쾌함을 얻게 되었다.

어느 날 밤에는 요한복음 5장에서 끝장까지 성경 낭독만 하였는데 그 성경낭독이 어찌도 사람을 감동시키고 울리는지, 그런 역사는 처음 보았다. 주일 오후에는 요한 13장을 보고 십자가 아래 세가지 사람들의 – 막달라 마리아, 못을 박는 자, 따라간 자 – 심리 상태를 묘사하는데 그 시적 형용과 정적 표현은 참으로 언어 이상의 미술이요, 미술 이상의 매혹(魅惑)이었다.

이렇게 되니 이 목사님 모셔 오는데 반대했던 사람들도 전부 거꾸러지게 되었다. 그 굉장한 역사가 8일간을 계속하다 목사님이 가실 날이 왔다. 교회에서는 지켜오는 버릇대로 전별회를 한다고 몇 십전씩 돈을 모아 잔치준비를 해놓았는데, 마지막 날 저녁에 다 함께 기도하자고 통성기도를 시켜놓고서 자기는 일찍 기도를 끝낸 후 몇 사람밖에 모르는 중에 안주를 떠나시고 말았다. 이렇게 몰래 떠났으나 그 밤에 신안주역까지 50리 길을 따라온 자가 30여 명은 되었다.

이때에 안주에서의 집회광경에는 누구나 다 놀랐다. 밤 7시부터 예배를 시작하여 설교를 3~4시간씩 하고 그리고는 밤이 늦도록 수백 명의 신자에게 안수기도를 하시고 그리고 나서는 강대상 아래 엎드려서 기도로 밤을 완전히 새우시는 것이었다. 그리고는 오전공부, 또 계속하여 오후공부. 이리하여 안주집회 8일간은 문자 그대로의 불면(不眠), 불휴(不休)이었다. 그렇게 약해 보이는 몸이 그렇게 철석보다 더 강하고 단단함에는 누구나 크게 놀랄 수밖에 없었다.

이 목사님 오시기 전까지의 우리 교회는 참으로 산판적(算板的 : 계산적)이요, 상회사(商會社 : 상품회사)적이었다. 그래서 단돈 10전의 비용도 여러 가지 수속을 지내고서야 판출하였고 단 1전을 쓰는데도 여러 계원과의 상의와 결의가 있어야 되었다. 그런데 이때 이 목사님이 오신 때의 비용은 누가 어떻게 내어서 어떻게 썼는지 모른다. 사경 비용이 얼마 들었다고 문제도 말도 없었고 북진행 여비, 평양행 여비 등 불소한 경비가 났지만 어떻게 들어왔다가 어떻게 나갔는지 아는 자도 없고 물어보는 자도 없었다.

동·서 두 교회 사이에 무슨 담인지가 막히어 사사건건에 격의(隔意)가 있고 합일이 되지 못했는데, 목사님이 왔다 가신 후부터 양당합일(兩堂合一), 동서무별(東西無別)이 된 것이 큰 결실 중의 하나요, 기도란 것은 남이 듣지 못하게 골방에서만 하는 것으로 알던 것이 안주성을 울리고 안주의 산야에서 밤낮으로 크게 들려오게 된 것이 또한 큰 소득이다. 뿐만 아니라 겉으로는 슬슬 신자의 비위를 맞추면서 속으로는 저 볼장만 꿍꿍이로 보던 교역자들이 정말 주님 앞에 탁 꺼꾸러진 것 또한 뛰어난 성공의 하나이었다.

4. 평안남도 안주 집회는 6일 예정이었는데 성령의 불이 떨어져 이틀을 연장 집회했다. 당시 만주 봉천에 가 있는 평양기도단원 김영선에게 용도가 보냈던 편지에는 이번 집회에 대한 보충 정보가 담겨 있다.[291]

> 안주에는 큰 불이 떨어졌소이다. 나를 반대하여 청하지 말자고 하던 사람들이 모두 울며 자복하고

안주 동·서(장로)교회에는 반대자들도 있었으나 크신 성령의 역사로 인하여 그들도 은혜 속에서 눈물로 회개하였고, 그런 가운데 집회를 연장해줄 것을 요청했던 것이다.

그런데 편지는 이어지기를,

> 또 이번 평양노회에서 가(可 : 찬성)표를 써넣은 연화동(蓮花洞)교회 황 장로님이 안주 집회에 하루 밤과 새벽 한 번 참례하고는 울면서 하나님께 자복하고 또 그곳(안주) 교회 목사님께 가서 사람들의 말만 듣고 경솔히 가결하여 죄를 얻었다고 후회하더랍니다.

무슨 말인가? 평양노회에서 무엇을 했다는 것인가? 안주에서 용도를 통

하여 성령의 불이 떨어지는 동안 평양에서는 용도를 향하여 퍽이나 다른 것이 떨어졌으니, 이용도를 평양에 일체 들이지 말라는 금족령이 떨어졌던 것이다.

이때 '찬성'표를 던졌던 한 노회원이 마침 이용도의 안주 집회에 참석한 뒤 "울면서 하나님께 자복"하였고, 안주교회 목사님에게 허심탄회하게 고하기를, 자기가 "사람들의 말만 듣고 경솔히 가결하여 죄를 얻었다고 후회"했다는 것이다. "연화동교회 황 장로님"에 의하면, 평양노회원들 중 몇몇은 이용도를 악담하는 다른 회원들의 "말만 듣고 경솔히 가결"하였다.

지난 황해노회처럼 평양노회도 간편한 금족령을 골랐으나 황해노회와는 달리 평양의 결의는 신속하게 알려졌고, 이용도는 안주 부흥회를 마치자 마자 밤차로 50킬로미터를 내려가 평양에 당도했다. 분위기가 이상했다. 몇 사람들을 만나니 여자들은 울고 있고 남자들은 쓴웃음만 지었다. "평양노회에서는 시무언은 노회지경 안에 일체 들이지 말기로 39대 52로 가결 통과"시킨 것이다.

황해노회는 이용도 목사가 '무교회주의자'이니까 들이지 말자고 했는데, 그럼 평양노회는 무엇 때문이었을까? 변종호가 정리한 결의 사항은 다음의 다섯 가지다.[292]

① 이용도는 거짓말쟁이다.

② 이용도는 대접 받기를 좋아한다.

③ 이용도는 파괴주의자다.

④ 이용도는 질서를 혼란케 하는 자다.

⑤ 이용도를 단에 세우면 본 교회 담당목사가 푸대접을 받아 살길이 막연해진다. 그러므로 이용도를 우리 노회 지경 안에 들이지 말자.

당시 이용도가 간도의 이호빈에게 보낸 편지에는 평양의 교우들이 이용도에게 전해준 내용이 보존되어 있다. 이용도는 "예수를 중심으로 하고 설교함에 진리는 있다. 고로 진리를 먹으려면 그를 청해야겠다. 그러나 그를 청하면 그와 같이 못하는 그 교회 목사가 푸대접을 받게 되므로 그를 청하지 말아야겠다"가 "가편론자(可便論者 : 찬성자)의 한 이유"라고 한다.

그 외의 이유들도 있었으나 "무근지설(無根之說)로 책 잡으려던 것"이었다는데, 이 "무근지설"은 변종호가 수집한 ①~④의 이유들일 것이다. 즉 이용도는 거짓말을 하고, 대접 받기를 좋아하고, 파괴주의자고, 질서를 혼란케 하는 자라는 것인데, 이는 "책 잡으려던 것"이었다. 변종호는 이것을 두고 "1932년 가을의 평양노회란 것도 자기무능이나 질투, 모해에서 나온 인신공격의 노[망]이었"다고 한다.293

5. 용도의 편지에 나타나는 노회의 결의내용은 39대 52로 가결되었음을 보여줄 정도로 상당히 구체적이다. 그만큼 증언의 신뢰성이 높아진다.

39대 52라는 비에 대해서도 생각해보자. 평양노회의 이용도 금족령은 근소한 차이로 가결되었다. 비율로 치면 3대 4요, 43%대 57%다. 노회원들 중에서도 이 결정에 대해 반대하는 이들이 43%나 되었다는 것이다.

이용도가 평양에서 제 이권이나 교권을 위해 싸운 적이 있었는가? 극도로 쇠약해진 몸을 겨우 끌고 와서 주님이 주시는 힘만으로 집회한 것이 죄였는가? 평양중앙교회, 남문밖교회, 명촌교회, 산정현교회, 신암교회 등은 큰 은혜와 신생을 경험하였다. 부흥회 후 생겨나는 기도하는 무리들로 인해 기도와 전도의 열은 평양 지역 교회들의 성장을 불러왔고 신앙의 불길은 무엇이라도 다 태워버릴 듯하였다.

10월 7일 평양노회의 43%는 지난 시간들과 열매들을 기억했다. 이들은 교권이나 교파심보다는 좀더 순수하게 신앙과 진실을 의식했던 것 같다. 왜냐하면 이용도라는 타교단의 '개혁파'를 처분시키자는 순간에 반대의 오른 손을 들었었기 때문이다.

6. 10월 7일 평양노회의 이용도 금족령이 가결되자 평양기도단의 주축이 었던 김예진 전도사는 등불을 들고 노회석상에 나타났다.[294] 대낮인데 웬 등 불인가? 그는 외쳤다.

"이 어둠을 밝히겠다!"

김예진은 이어서 의자 위로 뛰어올라 다시 소리쳤다.

"노회원들아, 너희가 마땅히 회개할 것이거늘 어느 때까지나 진리를 거역하겠느냐. 이용도면 어떠냐, 진리면 받을 것이지!"

김예진의 대성대질(大聲大叱)을 막고자 서너 사람이 달라붙어 그를 붙들어 앉혔다. 일련의 행동들로 김예진은 평양신학교에 다닐 수 없게 되고, 장로교회에서의 활동이 정지된다.

이날 노회원들을 향한 김예진의 질책은 뼈아픈 진실을 보여주는 바가 적지 않다. "이용도면 어떠냐"는 답답함에 찬 그의 외침은, 평양노회가 기도단을 해산시키고 이용도 금족령을 내린 것에 대한 내적 동기가 신학적 차원이 아니라, 장로교 전도사인 김예진이 지켜보노라니, 결국 이용도가 싫어서 그랬다는 것이다.

2000년 전 그 가르치시는 것이 권위 있는 자와 같고 보통 서기관과는 달랐던 예수님을 못 박은 이들의 가장 솔직한 이유도 예수가 싫었던 것이다. 싫다. 싫어. 저렇게 높은 사랑과 지혜와 능력과 설교와 사랑을 가진 저자가. 나보다 용도를 더 따르는 성도들도 도저히 참고 보고 있을 수 없다!

이 미움과 인정하기 싫음은 종종 고상한, 그러나 지나친, 신학적 명분이나 애써 만들어낸 일견 선한, 그러나 딴 뜻 있는, 명목으로 둔갑하여 상대방 정죄의 근거로 취하여진다. 하늘이 대노(大怒)하실 이러한 방식은 세상에서야 흔히 있는 것이라나 교계의 상층부에서도 일어나고 있음에 참된 신앙은 자리를 잃게 되는 것이었다.

7. 만약 이들이 용도가 말하는 '사랑으로 시작되는 신앙'을 소유하고 있었다면 용도와 평양기도단을 무리하고 찜찜하게 해치우지는 않았을 것이다. 용도를 높이 사거나 용도의 개혁에 혹 동의하지 않는 입장이었다 해도 대화를 시도했을 것이지 이런 방식으로 때리지는 않았을 것이다.

'용도 신학'에 의하면, 무애신앙자들은 허위의 신앙을 가지고 있고 그런 신앙으로 말미암아 쟁투를 일으키다가 결국에는 사람을 죽이는 사람들이다.

이 사건 이후 다음과 같이 말하는 용도로부터 기독교란 무엇인지 신앙이란 무엇인지 예수를 믿는다는 것은 또 무엇인지 노회가 배워야 할 것이 산적한 것 같다.[295]

> 우리는 직권행사(우리에게 없지만)가 우리 일이 아니요, 이론투쟁이 우리 일이 아니요, 자금모집이 우리 일이 아니요, 다만 예수의 마음으로 삶에 우리 일이 있었으니 이마에 돌이 박히도록 주의 마음만을 살 것이었습니다. 소곳하고 그러나 굳세게 주의 마음을 살 것입니다.
>
> 머리에 돌 박히기까지 주를 따라 나갈 것인데 우리가 약하구나. 그저 기도합시다. 기도의 불이 살아있는 유일의 증거구려. 욕을 먹으면서라도 기도합시다. 쫓겨나서도 기도합시다. 최후에 승리는 기도자들에게 있을 것이니…….
>
> 마귀는 자멸이외다. 누가 멸망시켜서가 아니라 저의 하는 일이 결국은 멸망에 빠질 일인 것이외다. 처음에는 승리 같으나 종말은 멸망이외다.
>
> 불의는 선승후패(先勝後敗)라 먼저 이겨가지고 패하는 것이요, 의는 선패후승(先敗後勝)이라 져가지고 이기는 것이외다. 대중에게서는 실패를 당하나 한 사람에게서 승리를 얻는 것이외다. 공회(公會)에서는 실패이나 한 사람 앞에서는 완전한 승리를 얻습니다. 그런고로 저희들은 공회적, 법적 승리를 기대하여 거기서 만족을 얻으려 하였으나 각 사람을 상대해서는 함구(含垢) 패배

이었던 것입니다. 공회의 마음[衆]은 얻었으나 결국은 한 사람의 마음도 얻지 못한 것이요, 주님은 한 사람의 마음을 얻으므로 결국 만인의 영을 얻습니다.

나는 대중이 나의 상대가 아니요, 다만 한 사람이 나의 최선의 상대이었으니 대중을 위하여 나의 생명을 버리지 못하나 한 사람을 위하여는 나의 전체를 희생에 바치기 원하는 것이외다. 회중(會中)에서 실패, 인전(人前)에서 승리, 이것이 우리에게 있을 바 일이구려. 우리가 회(會)를 위하여 충의와 사랑을 다하지 못하나 한 사람을 위하여는 생명을 아끼지 말 것이외다.

8. 노회의 이번 결정에도 불구하고 평양의 기도하는 "투사들"은 기를 꺾지 않았다. 낭떠러지로 몰렸지만 여전히 그들은 신앙의 대의를 위해서라면 거기서 뛰어내리는 것도 두려워하지 않고 있다.[296]

… 만일 당(當) 노회 경내에서 나를 청하는 교회가 있으면 상당한 벌을 한다고 한 것은 지난번 소식과 같거니와 형제들은 딴 집회소를 준비하겠다고 야단들이나 어찌될는지.

평양에서는 적극적으로 공회적(公會的)으로 핍박 대두. 나와 교통도 엄금한다나요. 앞으로는 막 책벌, 축출이 속출할 듯. 그러므로 저희들은 벌써 집회장소 고안 중이더이다.

평양의 개혁적 기도자들은 점점 두 갈래길 – 용도를 버리든지 아니면 노회와 교단으로부터 버림을 받든지 결정해야 하는 갈등 속으로 빨려들어가고 있다.

평양노회의 10월 7일 결의가 있고 안주집회가 끝난 뒤 곧바로 평양에 갔던 이용도는 10월 19일 북진집회가 끝난 뒤 안주에서 김예진을 만나 다시 평양으로 갔다.[297] 평양에서는 기도단원들 "50~60명이 신행상회 다락방에 모여 뜨거운 눈물로 기도를" 올리었다.[298] 가장 열성적이고 순수한 단원이었던 김예진, 김지영, 나학주, 이종현 등은 서로의 집을 기도처로 삼아 울음과 기도를 이어갔다.[299]

그러다가 "그 해도 거의 끝이 되어 오는 어느 날 밤에" 이용도가 다시 평양에 와서 이들을 만났다.

이용도는 평양노회의 결의 후 머리에 손을 대지 않고 수염도 깍지 않았다. 얼굴빛은 컴컴했고 침울했다. 약했던 몸은 더욱 약해져 있었다. 그는 작은 방에 모여 울며 기도하는 동지들을 앞에 두고 담벽을 지고 겨우 서서 말하였다.

"여러분, 이 땅은 내가 가장 땀을 많이 흘린 곳이요, 내 눈물이 제일 많이 떨어진 곳이올시다. 나의 기도가 이 땅을 위하여 가장 간절하였고 나의 고민이 이 땅의 뭇 영들을 위하여 가장 컸습니다. 그런데 이 땅이 나를 들어서지 못하게 하고 이곳 교회의 강단이 나를 세우지 않습니다. 그래서 나는 옛날의 친구나 한두 사람 잠깐 만나보고 가려고 이곳에 왔습니다. 죄인이 밝은 하늘을 쓰고 들어올 수 없어서 다 어두운 밤중에 찾아왔는데 이 집에서 웬 기도소리가 이렇게 크고 웬 울음소리가 이렇게 높습니까."

용도의 두 눈에서는 커다란 눈물이 뚝뚝 떨어지고 있었다.

"모조리 잡아 죽이는 그 통에도 어린 모세를 몇 달 동안은 기를 수 있었으나 결국 내버리지 않을 수 없는 것은 그의 울음소리가 커졌기 때문이었습니다. 여러분 왜 이리 모여서 야단이시고 왜 울음소리를 이리도 높이십니까. 나를 사랑하거든 울음을 그쳐 주시고 나를 생각하거든 헤어져 돌아가 주십시오."

그러자 모인 50여명의 기도 동지들은 초상이라도 난 것처럼 밤이 새도록 통곡하였다.[300]

▪폭우 전 명랑한 햇살

1. 평양노회의 폭력적인 결의로 인해 용도와 무리들이 큰 고통에 처해있을 적에 은혜는 더욱 기이하게 부어졌다.

지난 10월 3~11일까지 안주 집회를 마치고 평양을 방문한 용도는 곧 평북 북진으로 떠났다. 13일부터 집회가 시작되기 때문이다. 이번 집회에는 평남 기양, 평남 숙천, 평남 안주, 평양 등지에서 부르튼 발로 걷거나 중간중간 차를 얻어 타면서 북진까지 따라오는 성도들이 있었다. 기양에서 북진은 도로로 약 200리, 걸어서 16시간 이상이 걸린다. 숙천에서 북진은 약 300리로 24시간, 평양에서 북진은 약 450리로 쉬지 않고 같은 속도로 걷는다고 하면 36시간 이상이 걸린다.[301] 안주에서 북진은 230리 19시간 이상이다. 이렇게 인근각처에서 모인 사람들이 북진 교회 신자들보다 많을 정도였다.

2. 집회에 참여하기 위해 걸었던 험로를 생생하게 기록해 둔 간증이 있는데, 세계교회사에 다시 없을 감동적인 글이 있어 전문을 옮긴다.[302]

1932년 음력 9월 15일은 이용도 목사님이 안주에 오신 지 9일째 되는 날이다. 이날 밤으로써 안주의 집회는 끝나는 것이다. 그 불, 그 열로 4시간 이상을 가득 모인 청중에게 땀과 눈물을 다 쏟으시고서 마지막으로 통성 기도를 시키신다. 가슴에 불이 펄펄 붙어 오르는 청중은 고함치며 통곡하며 가슴치며 방바닥을 쥐어뜯으며 기도의 골짜기로 모두가 쓸려 들어갔다.

나도 이 기도에 참여했다. 좀 빨리 끝나게 되어 강대상을 바라보니 목사님이 없으신 듯하다. 직감적으로 목사님이 이미 떠나신 것 같았다. 그래서 나는 예배당을 뛰쳐나와 자동차부로 달려갔다. 가보니 목사님은 벌써 떠나 버리시고 나와 같은 생각으로 뛰어온 친구 몇 사람이 차부 앞에서 웅성거리고 있을 뿐이었다. 원망스럽기도 하고 맥도 빠져 어둠 속에서 눈물을 흘리던 중에 곁에 있는 어떤 분에게 들으니 목사님이 모레부터 운산 북진에서 집회를 여신다고 한다.

이 말을 들은 나는 곧 집으로 달려가서 북진으로 가겠다고 말했다. "그게 무슨 망발이냐" 하는 동생들의 짜증에 귀도 기울이지 않고 나는 단연 길을 떠나기로 하였다. 한두 가지 옷과 책을 준비하고 나니 12시가 지났다. 새벽 1시가 다되어 나는 집을 떠났다. 몇몇 친구의 집에 가니 그들은 벌써 떠난 모양이다. 그래서 나는 혼자서 그들의 뒤를 따라 나섰다. 1주일 이상이나 밥을 별로 안 먹어 굶주린 몸에 언제 밥이 생길는지 생각해 보지도 않고 거리가 다 잠든 가을 새벽에 알지도 못하는 생소한 길을 향하여 미친 듯이 뛰어갔다. 북진이 어느 편에 붙었는지 알지 못하는 내 몸은 어느 길이 북진 가는 길인지 알아볼 생각도 않고 그저 정신 없이 걸어가는 내 다리에 실리어 끌려가고 있었다. 숨이 끊어지는 것 같아 문득 생각해보니 뛰었던 모양이다.

얼마를 더 가니 친구 둘이 앞에 가는 것이 보인다. 셋이서 한참 달음박질을 하니 저편 앞쪽에서 찬송소리가 은은히 들려온다.

　　천당에 가는 길 험하여도
　　생명길 되나니 은혜로다

여기서 우리도 목소리를 높여

천사 날 부르니 늘 찬송하면서
주께 더 나가기 원합니다

　함께 불렀다. 이 찬송소리를 듣고서는 우리 셋은 주먹을 쥐고 달음질 쳤다. 그러나 10리를 지나 배를 타고 청천강을 건넌 후에야 20명의 일행을 겨우 따라잡을 수가 있었다. 우리만 뛰는 줄 알았더니 그들도 우리만큼 달음질친 모양이었다. 20명을 만나니 한 가지 애끓는 생각이 들었다.
　'이 중에 목사님이 끼었으면 얼마나 좋을까…….'
　길은 점점 좁아지고 고개는 하늘에 꼭 닿은 듯 길에는 칼끝 같은 돌이 깔렸고 새벽 공기는 달음질치는 우리에게도 소름이 끼치리만큼 차가움을 준다. 벌써 발이 부르터 못 가겠다는 사람, 다리가 아프다고 주저앉는 사람이 생긴다. 그러나 하루 밤낮에 230리를 걸어야 북진집회에 참여할 수 있는 우리 일행은 그런 사람을 위로하거나 동정할 자비심도 없었다. 돌진 그냥 돌진. 우리는 그저 쏜살같이 달아난다. 한참 가다가 돌아보니 발이 쏜다, 다리가 아프다던 사람들도 무슨 힘으로인지 다 따라온다.

천사 날 부르니 늘 찬송하면서
주께 더 나가기 원합니다

　한참 동안 더 달음질을 치더니 이번에는 20여 명의 입이 다 같이 부르짖는다. "아이고 다리야." 그러나 찬송소리는 점점 더 높아진다.

숨질 때 되도록 늘 찬송하면서
주께 더 나가기 원합니다

입으로 나오는 소리는 컸으나 피곤한 지체의 맥은 차츰차츰 빠져간다. 다리를 절뚝절뚝 저는 사람, 쌍지팡이를 짚고 어기적거리는 사람, 우리 일행은 어느덧 전쟁판에서 돌아오는 상이군인의 일행 같았다. 그러나 여전히 원기 있는 찬송을 부른다.

내 일생소원은 늘 찬송하면서
주께 더 나가기 원합니다

어깨는 늘어지고 다리는 떨리는데 머리가 천근인 듯, 가슴이 만근인 듯 무거움에 허덕이는 우리는 못 박히신 손으로 피 흘리며 달려있는 십자가를 바라보며 위로를 얻고 원기를 공급받는 것이었다.

풀어지고 맥 빠진 몸뚱이를 끌고 얼마 동안을 더 가서 행인에게 물으니 북진까지 가려면 이제도 190리를 더 가야 한다니 우리는 겨우 40리를 온 셈이다. 넘어가는 달이 하늘에서 우리를 내려보고 늙은 영감 같은 소나무의 떼가 바람결에 맞추어 노래하고 있다.

내 주를 가까이 하려 함은
십자가 짐 같은 고생이나
내 일생 소원은 늘 찬송하면서
주께 더 나가기 원합니다

일동은 길 바닥에 엎드렸다. 각각 큰 목소리로 기도하기 시작한다. 인가가 없는 산골짜기, 범이 나온다는 돌작고개 턱에서 통곡소리가 일어나 새벽 산간을 진동시킨다. 누구인지가 일어서서 찬송을 부르니 또 하나가 일어나서 춤을 춘다. 조금 전의 통곡성은 금시에 환희의 무도장으로 변하였다. 모두

가 다 일어나더니 서로 붙잡고 뒹굴며 손뼉 치며 춤추며 찬송한다.

일동은 움직였다. 우리는 전진한다. 그 춤을 그냥 추며 그 찬송을 그냥 부르며 발 40개를 가진 여인 하나가 듬직한 걸음을 옮겨 놓고 있는 듯이 20인이 한 덩어리가 되어서 전진하고 있다. 또 한 고개를 더 넘으니 날이 밝았다. 건너편을 바라보니 조그만 오막살이가 하나 있다. 주막이었다. 우리는 그리로 들어가 그 집 방안에 혹은 토방에 또 뜰에 모조리 쓰러졌다. 한 상 밥을 두 사람이 나누어 먹었다. 춥고 주렸던 몸이 방에 들어오니 졸음이 온다. 모조리 눈이 탁 풀어진다. 이 집에서 한잠씩 자고 가자고 입들이 하는 말은 다 같으나 어느새 다리들은 그 집을 나와 걸어가고 있었다. 내일 집회 첫날에 참석하려면 어서 가야 된다는 생각에 그리하였다.

그날 하루를 우리는 종일 걸었다.

어느덧 저녁도 저물어 어둠이 닥쳐왔다. 그러나 하늘은 우리에게 명랑한 보름달로 우리의 길을 비추어 주신다. 밝은 달빛을 통하여 우리 눈에 나타나는 고산 준령은 북진 집회를 못 보고서도 깨달으라는 듯이 장엄하고 신비한 자태를 나타내고 있다.

9시, 10시 밤은 깊어간다. 우리의 앞은 이야말로 하늘에 꼭 닿은 높은 산에 가로막힌다. 구령강을 건너서 평지로 가면 좀 힘이 덜 든다고 하나 이른 가을에 홍수가 나서 그리로는 못 간다는 것이다. 그래서 우리는 이 산을 넘기로 하였다. 길도 없고 인적조차 없는 듯한 이 벼랑, 이 험한 고개를 우리는 철 없이, 어림 없이 넘으려고 하는 것이다. 하늘로 솟은 봉이 너무도 높고 우리가 디디는 길이란 것이 너무도 험해서 눈을 뜨고서 차마 발을 옮겨놓을 수가 없다. 그래서 우리는 눈을 꼭 감고 한걸음 한걸음 바위를 넘고 가시덤불을 밟으며 올라가고 있었다.

몇 시간이나 걸었는지 몇 리나 걸었는지도 모른다. 이제 어디서 사람의 말소리가 들려온다. 촌 집 속에서 우리를 향해 걱정하는 것 같기도 하고 비웃는 것 같기도 하다. 우리는 그 집에 찾아 들어가 말을 던졌다. 새벽 1시.

"북진 가는 길이 어디로 났느냐, 여기서 몇 리냐?"

그러나 집에서는 아무 대답이 없다. 좀더 큰 소리로 물으니 집 안에서 흘러나오는 소리는 우리를 도적의 떼로 알고 방비할 준비를 하는 것이었다. 하도 차근차근 물으니 한 사람이 칼을 들고 쑥 나서다가 사람이 하도 많으니까 다시 들어가서 창구멍으로 내다 보면서 대답했다.

"길을 잘못 들었소. 20리를 다시 돌아내려가야 하오."

우리는 아주 맥이 빠졌다. 올라온 것이 원망스럽기도 하다. 그러나 별수가 없으니 다시 내려가지 않을 수 없었다. 여기서 우리는 한참 동안 찬송을 부르고 기도를 드린 후 내려오기 시작하였다.

그 벼랑길을 다 내려가니 아까 초아진에 지나온 구령강이 다시 나타났다. 각 사람의 발들은 붓고 쏘고 강물은 넘실넘실하는데 하늘에는 구름조차 빙빙 돌아 달빛까지 끄물끄물하니 자칫 잘못하면 강에 빠져 죽을 것만 같다. 그러나 우리는 이 강을 건너는 수밖에 다른 길이 없으니 문제는 크게 되었다. 이에 우리는 첨벙첨벙 달려들었다. 모세로 하여금 홍해를 가르고 건너가게 하신 하나님의 긍휼과 능력을 믿으며 하나씩 강으로 들어섰다.

정작 들어서보니 강이 그다지 깊지는 않다. 그러나 돌에 묻은 때가 미끄러워 도무지 발을 부칠 수 없다. 우리는 서로서로 손을 꼭 마주 잡았다. 20인이 완전히 한 몸이 되었다. 죽을 듯한 위험 속으로 들어가는 몸들이건만 20명이 꼭 붙잡으니 걱정이 없었다. 점점 강속으로 들어감에 따라 우리의 정신은 긴장하고 우리의 마음은 감격에 가득 찼다. 주님께서 든든한 손으로 우리를 완전히 붙들어 주심을 20명은 다같이 느꼈다.

후에 들으니 이 강이 바로 북진 전기회사의 발전 수원(水原)이라고 한다. 이 강을 깊은 밤 1, 2시에 맨발 벗고 건넜다는 사실은 영원까지 기적으로 남아 있으리라 한다.

이 강을 건너 큰 감격에 붙들린 우리는 새 원기를 얻어 다시 전진하고 있었다. 조금 가노라니 이번에는 또 높고 험한 고개를 넘어야 하게 되었다. 이 고개도 역시 걸어서 넘는다는 것은 극히 어려운 곳이지만 우리는 이 고개도 주님의 힘주심을 얻어 무사히 넘을 수 있었다.

날이 밝아오는 듯하다. 아마 4, 5시경 객줏집인 듯한 조그만 집 하나가 나타나는데 새벽밥을 짓는 듯하다. 이틀이나 한잠 못 자고 밤을 새우며 시달린 몸들이니 제일 고통인 것은 추위다. 그래서 부들부들 떨면서 우리는 그 집으로 몰려들어갔다. 정신 잃고 쓰러진 무리는 조반이라고 조금씩 먹는 듯, 마는 듯하고 채 밝기 전에 또 떠나기로 하였다. 이 집에서 물어보니 우리는 밤새도록 걸었다는 것이 30리 길을 뺑뺑 돈 것이라고 한다.

그 집을 떠난 우리는 쉼 없이 타박타박 전진하고 있었다. 아침 한 결을 쉬지 않고 걸어서 점심 때쯤에 이르니 여기가 안주와 북진 사이의 꼭 절반 되는 지점이라고 한다. 그냥 나가다가 좀 앉아 쉬노라니 자동차 소리가 들려온다. 일제히 일어서서 차 속을 들여다보니 뜻밖에도 그 차에 목사님, 이용도 목사님이 타고 계시었다. 우리인 것을 알게 된 목사님은 차를 멈추는 교섭을 하시는 모양이나 만원 버스는 서지 않고 흰 연기를 뿜으며 멀리로 가버릴 때 우리는 기가 막혔다. 맥이 갑자기 폭삭 나고 다리가 갑자기 무거워져서 이제는 더 걸을 수가 없다.

우리는 마음에 극도의 비애와 절망을 느꼈다. 그래서 난 못 가겠다고 우는 사람도 있고 골이 나서 밸 부리는 사람도 생겼다. 그러나 그것은 1, 2인에 불과하고 우리 일행을 전체적으로 보면 의기가 충천이요, 원기가 왕성이다. 우리는 전진 또 전진이 있을 뿐이다. 그냥 가고 또 가니 북진까지 60리라는 곳에 이르렀다.

그러나 해는 이미 서산의 허리를 타고 앉았다. 이날 저녁부터 북진 집회가 시작되는 것을 생각하고, 무정히 넘어가는 해와 가물가물 끝없이 보이는 길과 맥 빠진 몸뚱이들을 보며, 조급한 생각과 몸의 쏘는 아픔에 모두가 눈물에 엉기었다. 그러나 찬송소리가 더 힘있게 일어났다.

천당에 가는 길 험하여도
생명길 되나니 은혜로다
천사 날 부르니 늘 찬송하면서
주께 더 나가기 원합니다

찬송하며 원망하며 온정까지 갔다. 기도하며 춤추며 10리를 또 더 나갔다. 여기에 이르러서 달려오는 자동차 한 대를 만났다. 다행히도 이 차는 텅 비었다. 이에 우리 일행은 전부 차에 올랐다. 여기서부터 30리 길을 가는 동안 우리는 그냥 찬송을 불렀다. 산천이 잠을 깰 듯이 찬송을 불렀다. 초목이 춤을 출 듯이 찬송을 불렀다. 사람을 태운 차가 아니라 찬송을 태운 차이었다.

차가 멎었다. 북진까지 5리를 걸어 들어가야 된다는 곳에서 차는 멎었다. 북진을 향해서 찬송소리가 전진하고 있는데 북진서 전도 부인이 마중 나왔다. 20명의 저녁까지 다 준비되어 있다고 한다. 이 말에서 우리는 목사님의 여성적인 사랑에 부딪쳤고 그 웃는 얼굴을 눈 속에 보면서 환성을 올렸다. 최후의 용기를 내어 걷고 걸어서 우리는 북진 시내에 들어섰다. 더 나갔다.

우리는 예배당으로 바로 들어갔다. 엎드려져서 기도를 올리고 있었다. 그런데 얼마 후에 그 음성, 목사님의 그 음성이 들린다. 엎드린 우리들을 위하여 위로와 축복의 기도를 올리시는 것이었다.

이스라엘 백성이 애굽에서 고생하던 이야기와 모세가 그들을 데리고 가나안을 향하여 떠나가는 길에서의 가지가지 고생과 수고를 시적으로 길게 묘사하시었다.

"이 무리가 왜 이 길을 떠난 것이옵니까. 복지 가나안에 들어가기 위해서가 아니었나이까. 주님이시여, 남 다른 열성으로 무한한 고생을 하며 여기까지 찾아온 이들 중에서 한 사람도 중도에서 거꾸러져 죽어 버리는 자 없게 하시고 다같이 손을 맞잡고 가나안까지 들어가게 하옵소서."

일동은 감격과 억함에 울음이 터졌다. 통곡성은 깊은 산골짜기 예배당에서 울리어 나오고 있었다. 기도를 마치고 일어나 우리의 눈이 목사님의 얼굴을 발견했을 때의 그 기쁨, 그 반가움, 이것은…….

북진 1주일간의 집회도 끝나게 되었다. 밤예배가 끝나자 안주서 온 일행은 떠날 준비다. 자지 않고 여장을 차리고 난 우리는 새벽 1시 반에 북진을 떠났다. 5리를 걸어나가서 2시에 떠나는 화물차를 타기 위함이었다.

여기서 박천읍까지 가는 동안의 고생과 고심은 또 말하기 어려운 것 뿐이었다. 박천을 거쳐 맹중리역에 이르러서 목사님과 함께 남행차에 올라 목사님을 가운데 모시고 둘러앉은 우리의 가슴속은 형용하거나 설명하기 어려울 정도의 기쁨과 자랑에 가득 차있어, 우리는 이것이 곧 천국이라고 20여 개의 입이 꼭 같이 말하였다.

신안주역에 이르니 안주읍 교인이 많이 마중 나왔다. 북진 못 갔던 이들은 통곡하고 있는데 갔던 우리들은 장하게 가슴이 툭 나오는 것이었다.

이때에 나타난 김예진 씨는 평양서 목사님을 모시러 오신 분이었다. 여기서 안주 사람과 평양 사람이 목사님 쟁탈전을 일으켰다. 두 편이 한참 동안 이론하고 주장하고 억지를 쓰던 중 목사님의 입에서 "아무래도 많은 사람에게 빼앗겨야지" 하시는 말이 나올 때 우리는 "와!" 하며 만세를 불렀다. 5리까지나 따라오며 예진 씨는 조른다.

"평양은 아무래도 갈 곳이로되 안주는 다시 못 올 터이니 평양에는 내일 가시도록 하자"고 말해서 돌려 보냈다.

신안주역을 떠나 안주읍으로 향해 들어가는 우리 일행은 천사를 모시고 가는 듯, 개선장군을 모시고 가는 듯 기쁘고 즐겁고 가슴이 쭉 나왔다(후일에 이때를 회고하면 호산나의 환호 속에 예루살렘으로 입성하시는 주님을 연상케 된다). 5리를 가서 우리를 마중 나오는 일단의 안주교인을 만났고 10리를 가서는 안주읍 교인이 다 따라 나오는 것을 보았다. 여기서부터 다 함께 안주성으로 향해 들어가는 우리는 찬송을 불렀다. 점점 높아가는 찬송은 안주 삼천리 벌을 뒤흔들고 5리 밖에 있는 안주성안 모든 사람들의 잠자는 영혼을 깨울 듯하였다.

몰락의 변곡점

1. 지난 10월 7일 평양노회가 이용도를 향해 일방적으로 금족령을 내렸을 때에는 노회 내부에 43%의 반대가 몰아쳤다. 그러나 1932년 10월 말~11월 초를 기점으로 이용도의 생애는 급하강한다. 소위 '한준명 사건'이다.

변종호는 "고요히 이용도 목사의 일생을 관찰하고 분석할 때 1932년의 10월까지는 어느 누구에게도 말 들을 것이 하나 없고 책 잡힐 것이 절대로 없었다"고 한다. 그는 "황해노회, 평양노회 등에서 무슨 소리를 한대도 그것은 시기, 질투가 아니면 못난 인간들의 생트집이지 말이 되지도 않는 말들이었다"고 못박는다.

지난 10월 평양노회 내부에서도 '이용도 반대'에 대해 반대하는 말이 무척 많았던 것은 앞서 확인하였다. 또한 이용도의 설교 필기록들을 살펴보았을 때, 비기독교/반기독교 사상이 있기는커녕, 오히려 당시의 한국교회에 유효적절한 말씀이요 신생의 능력이 동반된 복음설교였음을 확인할 수 있었다. 고로 이때까지 용도에 대한 몇몇 지도자들의 배척은 "시기, 질투가 아니면 못난 인간들의 생트집"이요 "말이 되지도 않는 말들"이란 변종호의 평가는 지나친 것이 아니라고 보인다.

그러다 용도가 결정적 타격을 받는 사건이 일어나니 앞서 말한 '한준명 사건'이다. 변종호는 불길하게 "그런데"를 사용하여 운을 띄운다.[303]

그런데 10월말에 이르러 한 사건이 생겨서 용도 목사에게 욕을 뒤집어 씌우게 되었으니 그것은 세상에서 말하는 한준명 사건, 즉 한준명 등의 예언운동 - 입류(入流)라고도 함 - 사건이다.

2. 먼저 이 사건이 터진 배경을 생각해보자. 지난 4월 평양노회는 용도의 무리들을 압박하는 법을 발족시켰다. 그럼에도 6월 용도의 평양 부흥회에서 성령의 폭발적인 역사와 성도들의 열렬한 호응이 나타나자, 10월 7일 평양노회는 총대들의 43%가 반대하는 상황에서 되지도 않는 이유들로 이용도 금족령을 강행하였었다. 그러나 기도단원들은 기를 굴하지 않고 용도와의 연대를 계속하고자 몰려다니면서 울며 기도하였다.

이들이 이렇게 어려운 시간을 보낼 때, 원산에서 젊은 장로교 조사(전도사) 한 사람이 오게 되었는데 그가 바로 한준명이었다. 지난 6월에도 크게 자극되었던 평양노회는 또 용도의 무리가 평양에 얼씬거리는 것에 신경이 곤두섰고, 이는 평양 교권자들과 용도파의 정면대결처럼 비추어졌을 수 있다. 하지만 한준명의 평양 집회는 교권자들로부터 트집 잡힐 꼬리만 길게 흘렸던 것이다. 변종호의 설명이다.304

원산에서 기도생활을 정성되게 하던 한준명은 예언을 하기 시작했다. 한준명은 평양으로 와서도 예언을 하게 되었다. 평양에 예언자가 나타났다는 소식이 들리자 평양의 지식인, 열신 분자 등이 모여서 그 예언을 듣고 혹은 감탄, 혹은 검토하다가 나중에는 단단히 달라붙어 질문 시험 검증까지 하게 되었다 … 했더니 맞는 것도 있지만 안 맞는 것도 많았다고 한다. 그래서 문제를 일으켜 거짓 예언자, 사기꾼, 요술쟁이라고 공박을 하게 되고 교회를 어지럽히는 자라고 때려 죽인다고 몽둥이를 들고 나서기도 하였다. 이에 한준명은 할 수 없이 원산으로 돌아가고 말았다.

몇 가지 궁금증이 든다. 한준명은 언제, 얼마 동안 집회했는가? 장소는 어디인가? 집회는 어떤 모습이었는가? 무엇이 왜 문제였는가? 참석한 이들은 누구인가? 한준명과 함께 신앙하던 원산 무리들의 특징은 무엇인가?

3. 변종호는 이 사건 자체를 육하원칙 아래 구체적으로 다루기보다는 이 사건으로 인해 용도에게 어떤 영향이 미쳤는가에 주목한다. 변종호가 볼 때 한준명 사건의 핵심은 다른데 있었기 때문이다.[305]

> 그런데 여기서 문제가 된 것은 한준명은 이용도의 파당이라고 하면서 한준명의 욕은 잊어버린 듯이 그만두고 용도를 몰아세우고 또 치는 것이었다. 말하자면 걸리지를 않아서 걸지를 못하고 트집 잡을 것이 없어 생트집을 잡아서 공박하던 차인데 이런 일이 생기니 교묘히 결부를 시켜서 이 기회에 용도를 타도, 매장하려는 것이었다. 평양 한구석에서 생긴 별치 않은 이 사건이 어느덧 전국에 알려지고 전국에서 용도를 시기하고 미워하던 사람들이 총궐기하여 용도 공격에 달라붙었다. 그래서 용도에 대한 비방, 험구, 욕설, 저주가 차마 귀로 들을 수 없는 정도의 것으로 전국을 휩쓸었다.

한준명 사건은 "평양 한구석에서 생긴 별치 않은" 일이었는데, 이것이 용도와 연관되면서부터 용도를 미워하던 이들이 "총궐기"하였다는 것이다. 이것은 아마 피도수가 말하는, "이상한 일들이 일어났다. 그 중 많은 것들은 괴상한 얘기들인데 곧 전국으로 퍼져나갔다"와 관련이 있는 듯하다.[306] 전국적인 인물 용도였기에 그에 관한 소문은 입에서 입으로 순식에 퍼져나갔다.

4. 이 사건 후 용도가 "야단 법석" 중인 평양을 방문했을 때의 일이다. 그가 평양의 모 상회에 앉아 있는 것을 본 평양 장로교회의 유력자들 7~8인은 용도에게 달려들며 이겼다는 얼굴로 의기양양하게 말했다.

"한준명은 이 목사가 소개하여 평양에 데려다가 이 일을 일으켰으니 이 목사도 책임을 면할 수 없게 되었습니다. 그러니 이 목사의 위신과 명예를 아끼는 의미에서 하는 말이오니, 한준명이 잘못이라는 것과 한준명을 소개한 것에 대한 유감의 뜻과 이제부터 한준명과는 인연을 끊는다는 것을 중외(中外)에 성명하시오."

이용도는 묵묵히 말을 듣고 나서 지그시 눈을 감고 묵도를 올렸다. 시간이 얼마 지나고 그의 눈에서는 눈물이 그의 입에서는 결심이 흘러나왔다. 하늘이 꿀꺽 침을 삼키고 땅이 쫑긋 귀를 세웠다. 천국의 서기관들은 서둘러 붓을 들며 받아쓸 채비를 하였다.

"나는 신앙태도에 다소간 다른 점이 있다는 한준명은 고사하고, 도적이나 음부나 살인강도라고 하더라도 그 손을 잡고 눈물을 흘리다가 죽기를 원하고 힘쓰는 자입니다. 만일 여러분 보시기에 양해 못할 점이 있든가, 용인 못할 것이 있거든 버리든가 내쫓든가 하십시오. 나의 원하는 바는 세상이 버린 사람, 세상에서 몰리어가는 사람을 받아 그를 거두어 손을 잡고 울며 살려고 합니다. 내쫓는 것은 당신들의 자유요, 임무일는지 모르거니와 나는 쫓기는 자를 거두어 그들과 함께 우는 것이 나의 사명이라고 믿습니다."

5. 변종호는 이용도의 사역과 인생에 있어서 '한준명 사건'이 결정적인 변곡점이었음을 다음과 같이 설명한다.[307]

한준명 사건은 분명히 용도 목사의 일생에 극히 중대한 한 선을 긋는 것이었다. 이때부터는 용도 목사는 모든 험구, 욕설, 공격, 박해를 말없이 받는 무저항의 구도자가 되고 말았으니 그것은 세상이 나쁘다는 사람, 세상이 죽여버리겠다는 사람을 사랑하다가 그와 운명을 같이 하겠다는 선언을 했기 때문이었다.

이런 태도를 명백히 하자 전 조선의 교계에서 한준명을 나쁘게 생각하는 이는 더불어 용도도 같은 놈으로 몰아세우는 것이었다.

위대한 일이나 찬란한 일, 나라를 구한다거나 민족을 위해 일하는 것이 아니라, 극히 작은 일, 세상에서 보기에 아주 우스운 극히 작은 한 사람, 혹은 극히 악한 사람 하나를 사랑하는 일에 자신의 모든 것을 바치고 고요히 죽어지리라는 생각을 하게 되었다.

나라 잃은 민족 구하고자 가냘픈 한 몸 독립운동에 쏟아 부어 옥을 집 삼았던 앳된 청년 용도. 예수의 생명을 잃어버리고 세속에 오염된 한국교회의 개혁과 부흥 갈구하던 신학도 용도. 목회와 부흥회 통해 회개와 갱신 위한 혼신의 열정 바쳤던 천하의 부흥사 용도. 교권자들로부터 집단적 냉대와 비난, 따돌림을 당하면서도 욕을 욕으로 갚지 않았던 예수 닮은이 용도. 그리고 이제부터는 한 사람 단 한 사람 그것도 대단치 않은 한 사람, 욕먹고 못났다는 한 사람을 위하여 모든 걸 내어주는 사랑의 승리자 용도를 보여줄 것이다.

6. 한준명 사건이 용도에게는 결정적 타격이었다면 평양노회에게는 결정적 기회였다. 역시나 11월 28일 평양노회는 예정에도 없던 임시노회를 소집하여 한준명 사건을 놓치지 않고 중대 사안으로 다룸으로써 용도와 그 일파에게 확실한 타격을 가하였다. 이번에는 지난 10월 7일처럼 4대 3의 찬반이, 43%의 반대가 있을 수 없었다. 소위 '입류파'라는 한준명을 옹호해주는 자를 옹호해줄 자는 없었던 것이다.

그럼 산정현교회 송창근 목사는 이때에 어떻게 하였을까? 10월 7일 평양노회의 금족령 이후이자 한준명 사건 이전인 10월 19일 그가 용도에게 쓴 편지를 보면 평양노회의 결의 이후 그의 마음을 보여준다.[308]

아우님,

주님과 함께 일하다가 주님과 함께 오시오. 오나가나 내 마음이 늘 아우님의 뒤를 따르는 줄 알고 계시오. 세상이 용도를 '성자'라고, '은총의 사자'라고 높이고, '친하다'고, '사랑한다'고……. 내 보고듣기에는 다 우스운 일이요, 믿지 않소. 그 사람들을 믿지 않소. 다 사람들이오. 다 이 세상 사람들이기 때문이오.

그러나 이 세상에서 작은 사랑과 신뢰가 있고 인정이 있어서 용도를 생각하는 사람이 있다면 가장 생각하는 사람이 나인 것을 나는 아직 믿소. 할말이야 적지 않지만 더 쓰지 않소. 주님이 불쌍히 여기시는 인간들을 위하여 크게 노력하고 오시오. 오는 길에 집에 들리오.

노회의 결의에도 불구하고 송창근은 용도를 "가장 생각하는 사람이 나"인 것을 아직 믿는다고 하고, "오는 길에 집에 들리오" 하며 여전한 신뢰를 표한다.

그러나 송창근에게도 한준명의 집회는 문제가 되었던 것 같다. 한준명 사건 뒤 용도는 "황해도 신계읍으로 집회를 인도하러 가는 도중에 평양에" 들러 송창근을 찾아갔다. 신계 집회가 11월 11일에 시작되었으니, 아마도 10일경에 있었던 일이다.

그런데 송창근도 "한준명은 나쁜 자라고 욕설을" 했다. 용도는 형님의 이런 모습을 오래 보고 싶지 않아 곧 자리에서 일어나 신계로 향했다. 울며 차에 오르는 용도는 신계에 내려서도 울었고, 그 집회는 눈물의 집회가 되었다.

용도는 신계 집회 마지막 날 밤을 꼬박 새워 송창근에게 편지를 썼다. 자기의 소신과 견해를 담아 편지지 80매 정도 분량으로 우표 넉 장을 붙여 등기로 보냈다. 이용도 사후 변종호가 편지를 모으러 다닐 때 송창근은 다른 편지는 다 주어도 이것은 줄 수 없다고 했다.[309]

7. 그럼 용도 자신은 '한준명 사건'에 대해 어떻게 생각했을까? 송창근을 만난 이후인 11월 11일 평양의 기도단원 이종현에게 보낸 편지의 한 대목이 용도의 입장을 보여준다.[310]

영원한 또 절대무위(絶對無違)의 판단자, 심판자는 오직 한 분뿐이시니, 네 누구인데 사람의 일에 경솔한 단언을 내릴 수 있으랴. 네, 옳소이다. 나의 모든 판단을 주, 삼키시옵소서. 나는 그냥 두고 보겠나이다.

화(禍)라 하여 안지비복호(安知非福乎). 만사에 움직이는 촛불 같은 인생들아, 영원히 혁혁한 생명의 등불이 되어라. 작은 일에 소란[騷然]치 말고 영원을 바라보며 침묵하고 기다려 보자. 나의 영혼아.

용도는 현재 무슨 일이 일어나고 있는지 모르지 않지만 떠들어대는 말들대로 따라가지 않는다. 그는 판단을 주께만 맡겨두고 일어나는 일들을 지켜보겠다고 한다. 작은 일에 소란 난리를 피워대지 말고 영원을 관망하며 주를 기다리라고 한다. 적극적인 '가부'가 결여된 듯한 판단의 이면에는 영원하시고 절대로 실수가 없으신 하나님께 대한 신뢰와 그분의 주권적 다스리심에 대한 인정이 유유히 흐르고 있다. 전국적인 비난에도 인내할 수 있었던 것은 이러한 믿음의 소유자였기 때문이었으리라.

약 십일 뒤 김인서에게 보낸 편지에도 용도의 이 태도가 드러난다. 당시 교계는 한준명을 두고 악의적인 이름을 다양하게 붙여주었던 것 같다.[311]

오 나의 입술아, 너는 삼가 자중하라. 가벼이 사람을 이름 짓지 말자. 주 일찍이 누구를 헤아려 이름 짓지 아니 하였느니라. 오 나의 혼아, 네 누구인데 사람을 판단하느냐. 완전한 판단자는 다만 한 분이 계실 뿐이니라.

8. 용도를 "가장 생각하는 사람"이 자기라던 송창근도 한준명에 대한 관계끊음을 거절하는 용도와는 잠시 사이가 생길 정도였으니, 못 잡아먹어 안달인 평양노회는 임시노회를 소집했다. 이때의 일은 12월 7일자 〈기독신보〉를 통해 전국으로 알려진다.

> 1932년 12월 7일 (제17권 제50호/제888호)
> 제목: 平壤臨時老會撮要 (평양임시노회촬요)
> 　이용도 목사의 소개로 평양에 와서 자칭 하느님의 묵시를 받았노라고 하며 자칭 천사라고 하여 분별력이 부족한 교인을 모아놓고 허무맹랑한 짓을 감행한 원산 한준명의 일로 소집된 평양임시노회는 11월 28일 오후 1시 평양 서문밖 예배당에 모여 다음과 같이 결정하였다.
> 　① 이런 일은 부지중 각 교회에 만연되는 상태에 있으니 각자 조사치리할 것.
> 　② 이용도씨는 경성지방회에 조회할 것. 한준명은 함중노회에 조회할 것. 백남주씨는 원산에서 이런 사건과 관련이 있으니 함남노회와 성경학교 이사회에 조회할 것. 황국주씨는 본노회 경내에서 이번 사건과 같은 일을 많이 하고 있으니 북간도 용정중앙교회에 조회할 것.
> 　③ 목사의 성직을 가지고 이번일에 참가한 김경삼씨는 오는 4월 노회까지 시무정지…

　"허무맹랑한 짓"을 했다는 한준명이 용도의 소개로 왔다 하여 타교단의 상부에 조회하겠다는 것은 좀 당황스럽다.
　〈기독신보〉는 이에 만족하지 못했는지 아니면 누구의 사주를 받았는지, 1주일 뒤 더욱 뚜렷한 어조로 평양임시노회 기사를 다시 또 한 번 내보내면서 용도와 '문제아'들을 하나로 묶어 부각시킨다. 일개 노회의 결의를 두 번이나 연달아 우려먹는다는 것은 퍽 부자연스러운 일로 보인다.

> 1932년 12월 14일 (제17권 제51호/제889호)
> 제목: 「이세벨」무리를 삼가라 – 평양임시노회 결의를 보고
> 근래 교회에 어려운 문제들이 있으니, 남조선 지방으로는 무교파주의의 신자들이 기성교회를 훼방하여 형해만 가진 교회라고 선전하고 다닌다. 황국주파는 북간도로부터 시작한 듯한데, 황씨가 기도하는 중에 묵시를 받아 예수께서 자기에게 사섯다하여 그를 따르는 자 중에 그를 주님이라 선지자라 부르는 이가 있으니 그 피해는 황해도 방면이 가장 심하다. 원산에서는 여선지를 중심으로 기도하는 무리가 있어 그녀가 예언도 한다고 하는데, 평양의 기도 모임에는 이용도 목사도 참가한 듯하다. 그런데 근일에는 소위 선지자라는 한준명씨가 이용도씨의 소개를 가지고 평양에 가서 어떤 여인으로 '새 주'를 삼고 자기는 스스로 천사라 하여 새 주를 시립하여 모든 사람들로 하여금 경배케하고 예언을 하기도 하며 방언을 통역하기도 하였다.
> 우리는 이제 이 무리들을 '이세벨'의 당이라고 하고 싶다. 예전 소아시아 일곱 교회 중에 두아디라 교회를 어지럽게 한 자는 '이세벨' 당이다. 이세벨이 자칭 선지라하여 교회를 현혹케 한 것과 마찬가지로 이 무리들도 자칭 선지라 새 주라 하며 교회를 어지럽히고 말세라 하여 가사를 돌아보지 않게 하고 스스로 성자라 하여 남녀의 무리가 한 방에 모여 밤을 새어가며 자고 먹고 하여 풍기를 문란케 하는 것들이다. 우리는 이세벨의 무리에게 유혹을 받지 말고 건전한 믿음의 장부가 되자.

이용도에 대해서는 "듯하다"의 추측과 한준명이 "이용도씨의 소개를 가지고 평양에" 갔다는 것으로 언급한다. 별로 대단한 내용도 아니다. 그러나 문제의 본질은 한준명이 아니라 그와 어떠한 연결고리가 있는 이용도였다.

입은 한준명을 말하지만 총구의 끝은 이용도를 겨누고 있는 것이다.

용도를 미워하던 교역자들은 총궐기하여 이 '실증'을 들이밀었다. 하나님을 인정하기 원치 않는 이들에게 다윈의 진화론이 '들이밀 수 있는 실증' 역할을 해주었던 19세기처럼 말이다. 노회는 "이리해서 이용도는 나쁜 사람이라는 인상을 주고, 여론을 심어 매장의 웅덩이를 판 것"으로, "노회가 나쁘다고 하니" 각 교회들은 "무엇이 무엇인지 알지도 못하고 덩달아 동조 합창"하는 것이었다.[312]

9. 그러자 용도가 속한 감리교단도 움직였다. 12월 19일 경성지방 교역자회가 열리어 조사위원 3인과 기타 3인이 합하여 7시간 동안 이용도를 심문했다. 용도 목사는 이번에는 '시무언'하지 않고 자기를 해명했다. 이에 교역자회는 〈기독신보〉가 지목한 것처럼 이용도를 "이세벨의 무리"라 단정하지 못한 채 별 조치 없이 조사를 마감했다.

용도 목사는 자기로 인해 교단이 시끄러워지는 것을 막고자 이튿날 김종우 감리사에게 순회목사직 사임원을 제출하였다. 이상하게도, 감리사는 이를 받아들이지 않았다. 〈기독신보〉의 순진한 말처럼 이용도가 정말 "이세벨의 무리"라면, 전국적으로 용도 공격이 불길처럼 퍼져나가던 이때에 그의 상관은 왜 사임원을 퇴각시켰던 걸까.

1932년 10월말~11월 초 한준명 사건으로 인해 이용도는 결정적인 몰락의 꼬리를 잡혔다. 여기서 '몰락'이란 단어를 쓸 때 필자는 '몰락의 역설'을 염두에 두고 있음을 밝힌다. 그렇지 않으면 예수의 몰락과 스데반의 몰락이 사실상의 승리였음을 다르게 설명할 길이 없기 때문이다.

꺼지지 않는 사랑과
다하지 않는 무기

1. 추락이라니, 그럼 교회 개혁은 어디로 가는 것인가? 개혁자의 꿈이여, 실연당했는가? 교권자들과 언론으로부터 매장을 당하는 용도는 그러나 아직도 교회에 대한 기도를 멈추는 법이 없다. 주님이 그를 데리고 가실 때까지는 그의 기도가 멈추는 날은 없을 것이다. 혹 주님이 그를 데려가시더라도 그때부터는 그와 같은 고민과 사랑으로 한국교회의 참됨과 거룩과 행복을 위해 땀을 쏟는 이들이 그 기도를 이어갈 것이니 그의 기도, 주 다시 오실 때까지 영원하리라.

2. 주님을 위해 온몸을 바쳐서 얻은 것이 겨우 교계의 배척과 멸시, 비난과 정죄였지만 용도는 그런 것에 눈을 두지 않고 다시 주께만 눈을 두었다. 자기를 배격하고 쫓아내는 자들을 향한 사랑의 간구를 거두어들이지도 않았다.

모든 것을 잃은 것 같은 이때에도 용도는 지침이 없이 다시 '한' 성도를 위한 극진한 붓대를 든다. 그 붓대는 평양노회와 황해노회 혹은 자기를 억지스럽게 공격하는 교역자들을 욕하는 글을 쓰지 않을 것이다. 대신 그 붓대는 영원에의 그리고 영혼에의 더 가치 있는 일 — 즉 버림 받고 아파하는 한 사람을 위하여 자기의 생명이 다하는 순간까지, 모든 것을 다 빼앗기는 정점까지, 거룩한 사랑에 의하여 멈춤 없이 움직일 것이다. 비록 황해노회는 이런 붓대까지도 문제 삼아 용도를 우리 동네에는 들이지 말자고 결의했었지만 말이다.

인생의 끝자락과도 같았던 1932년의 끝자락에 서서 그는 고통 속에 있는 한 자매를 편지로 위로했다.313

> 오, 자매여, 자매의 편지를 접할 때 내 마음 슬퍼서 217장 찬송가를 거듭 거듭 부르며 눈물지었습니다. 의로우신 주님께서 받으신 모든 이름을 생각하고 우리 받는 이름을 비교하면 아직도 우리의 것이 영광스러운 것인가 합니다.
> 내가 욕을 먹어도 주를 위해서요, 아편쟁이, 광인의 천대를 받아도 이는 주의 이름을 인함이오니 축복이올시다. 그러나 주는 의로우사 그러하셨고 나는 너무 부족해서 그런 것이었습니다.
> 골고다의 길! 이 길이 나의 길이었으나 나는 아직 초학입덕지문(初學入德之門)에 있는 자입니다. 어서 의에 돌진하여 욕과 죽음을 받아야 하겠습니다.
> 친애하는 자매여, 세상에 버림을 당할 때에 영접할 이 있으니, 기뻐하고 즐거워하소서. 세상이 다 몰라 주어도 알아줄 이 또한 없지 않으니 위로 얻고 힘을 얻으소서. 의가 오고 새 빛이 나타날 때는 멀지 않습니다. 살아계신 주님에게만 몸과 마음, 모든 재주, 소유, 다 바칩시다.
> 쫓겨나는 형매들이여, 주님 깃발 아래 사랑으로 모일지어다. 어두운 밤은 물러가고 광명한 아침은 돌아 오리이다. 그가 오기를 바라고 기다림은 우리의 신앙의 일이올시다.

다른 사람은 할 수 없을 봉사로 대가도 없이 교회를 섬겼던 이용도. 그런 그에게 무교회주의자, 교회파괴자, 이세벨의 무리라는 비난을 쏟아 붓고 목회생명까지 앗아간 사람들을 미워하지 않았던 이용도. 이는 사랑의 승리가 아니고서 무엇이었겠는가.

3. 용도가 안팎으로 극심한 고통을 당하고 있는 동안 주님께서는 그에게

한줄기 빛을 보내셨으니, 말씀의 감동을 보내주셨던 것이다. 이때 용도의 가슴에 깊숙하게 떨어졌던 말씀은;[314]

너희 원수 앞에 사랑과 겸비와 인내를 잃지 마라. 이 셋은 너희의 무기임에 빼앗기지를 말아라.

모든 상황을 감찰하시는 주님은 자기 십자가를 지고 주를 따르는 이들을 잠시도 잊으시지 않는다. 대신 때에 맞는 은혜로 새 힘과 용기를 주시며 예수 따름과 예수닮음의 길로 인도하신다.

용도의 '원수 사랑'은 사랑 자체를 목적으로 하는 맹목적인 사랑은 아니었다. 맹목성은 사랑이 아니다. 의의 기준에 입각할 때 원수란 존재는 구별되어 알려지는 것이다. 지금 용도에게 원수는 누구인가? 그러나 용도는 그들에게도 사랑과 겸비와 인내를 없이하지 않기로 결심한다.

이렇게 하여 원수는 인생을 굴복시킬 정도로 감동적이고 압도적인 큰 사랑의 의젓함과 깊이에 부딪혀 부끄러워지고, 얼굴이 빨개진 원수는 어쩌면 회개의 자리로 나올 수도 있게 되는 것이다. 원수에게 주님을 증거하고 그가 주님께로 돌아올 수 있게 하는 것은 사랑이다. 결국 이 사랑과 겸비와 인내는 그 자체로 너무나도 강력한 무기여서 원수가 아무리 물리적으로 정치적으로 경제적으로 더 큰 힘을 가졌다 해도 원수는 결국 이 무기 앞에 울며 무릎 꿇을 수밖에 없는 것이다.

이용도의 1932년은 인내의 신앙에 대해서, 그리고 성도들이 하늘로부터 부여 받은 필승불패의 무기에 대해서 찬란하게 증거해주고 있다. 어느 원수를 만나든지 우리가 사랑과 겸비와 인내를 버리지 않는 이상은 원수는 우리를 이길 길이 없는 영원의 원리다.

김인서와 이별

1. 이용도와 연계하여 평양기도단에 참여하였던 김인서는 이번 사건을 계기로 원산의 '입류파'와 관계 끊을 것을 용도에게 권고했던 것 같다. 사실 김인서는 1932년 9월 22일 이전 용도에게 '원산'에 대한 질문을 던졌다.

이에 용도는, "원산 정형(情形 : 정세와 형편)은 저의 작은 지식으로나 부족한 경험으로는 시비를 판정할 수 없고 하여간 이쪽저쪽으로 저는 얻은 바 적지 않소이다 … 원래 나는 배울 자요, 가르치며 비판을 내릴 학자나 논객이 못되오매. 그냥 그 중에서 거둘 바만을 거두고 나머지는 나보다 더 지혜로우시고 더 능하신 누님께 맡기었나이다"라고 답하였었다.

김인서가 경계하던 원산의 무리들 중 하나인 한준명이 평양에 와서 보여준 신앙행태는 김인서가 볼 때 도저히 용납할 수 없었다. 평양노회와의 갈등 가운데서도 이용도와의 끈을 지켜온 김인서는 용도가 소위 원산의 '신령파'에게 속고 있는 것으로 보였을 수 있다.

2. 11월 24일 금요일, 용도는 김인서의 애절한 설득에 감사를 표하면서도, 자기가 가야 할 길이 어디인지 밝힌다.[315]

> 형이 나를 사랑하는 줄을 소제도 모르는 바 아니외다. 나를 사랑하는 자 중에 가장 정당히 사랑하는 자 중의 하나임을 내가 압니다.
>
> 형이 나를 사랑함은 나의 작전계획의 묘(妙)에 있는 것도 아니요, 전법(戰

法)의 기(技)나 승산의 모(謀) 등에 있는 것도 아니었을 것이니, 소제는 본래 어떤 작전계획에서부터 움직인 것도 아니요, 어떠한 승산을 가지고 이렇다 할 전법에서 출발하였던 것도 아님을 오형(吾兄)은 잘 아시리이다.

나는 무모무법(無謀無法)의 한 노예이었으니, 다만 명령에 순종한다는 것만이 나의 일일 뿐이었나이다. 나는 과거도 그러하였거니와 현재도 그러하고 또 미래에 있어서도 별 도리를 가지지 못할 것이 사실이올시다. 그런고로 실상 일하는 자는 위에 있는 자요, 나는 그의 종일 뿐이외다.

나에게는 내년도, 내일도 다 없고 늘 오늘뿐인 것 같으외다. 세상 법대로 말하자면 소제는 변통 없는 못난이 일 것이외다. 나는 되기를 그런 일을 감당하게 되지 못하는가 하옵니다.

형은 혹 형의 모계(謀計)대로 진행하여 왔다고 할까, 모르거니와 나는 그저 아무 계책이 없이 그저 그날그날 순간순간의 지시에 따라 왔을 뿐이니, 금년의 일은 작년에 꿈도 못 꾸던 일이요, 금일의 일은 어제는 마음먹지도 못하던 사건이곤 하였나이다. 주님의 계획은 벌써 있었고 승산은 벌써 위에 있었나이다. 그것의 전체를 알고 나서 비로소 출전할 내가 못 됩니다. 모든 것이 다 그의 전법과 묘계에서 되지 않는 것이 없는 줄 믿고 그냥 그날그날 시키는 대로 나는 그에게 순종할 뿐이외다. 이번 모든 일도 다 주의 전법 중에 들지 아님이 없는 줄 아나이다. 어떤 때 혹 후퇴하고 실기하고 패전하는 것 같으나 결코 아니외다. 후퇴 같으나 전진이요, 패배 같으나 승리이었나이다.

원컨대, 오형(吾兄)은 안심하소서. 작년에 일하신 주님이 금년에 일하시었고 금년에 일하신 주님이 또 내년에 일하실 것이외다. 내일 염려는 다 주께 맡기소서. 오늘 염려로서 오늘에 족한 것이었나이다.

제1신을 보고.

소제의 무모(無謀)와 또 암매(暗昧)를 들어 충고하심에, 두려운 마음으로 나의 가슴에 손을 대고 "오 주여, 나는 과연 무모한 하졸(下拙)이요, 암매한 우부(愚夫)로소이다" 하니, 홀연 위로부터 "소자야, 안심하라"가 들리어 조금 두렵던 마음은 안정(靜)을 얻었나이다.

오형(吾兄), 나는 나의 무모와 또 어두움에 눈이 뜬지 오래였습니다. 언제든지 나는 그런 자임을 내가 알아왔습니다. 그러나 그것은 나 자신이나 혹 사람이 고쳐주지를 못하고, 늘 주 나에게 손을 대어 가르치셨나이다. 이제 주께서 오형을 선생 삼아 소제를 가르치심이 있기를 바래 마지 않나이다.

"하늘에 계신 주님이 전체요, 내 안에 계신 주님이 가장 가까운 주님이었나이다"라고 하신 형의 이 말은 진리외다. 나의 주님은 하늘에 계시고 또 나의 심중에 계셨나이다. 나의 심중에 내재(內在)하사 진리가 되고 말씀이 되고 판단이 되고 혹 예언이 되었나이다. 고로 많은 사람이 내 말을 내 말로 듣지 않고 주님의 말씀으로 받았나이다.

내 속에 계신 주님은 또 각 사람의 심중에 계신 주님이었나이다. 남자의 속에도 내재하시고 또 여자의 속에도 내재하셨나이다. 구름 속에도 당나귀 속에도 내재하셨나이다. 나는 그때 그 당나귀가 내 앞에 나타나 나를 책망하고 나를 권고한다면 물론 나는 그 앞에 엎드려 "오 주여, 나를 가르치시옵소서" 하겠나이다.

그리한다고 하여 날보고 저놈은 당나귀 앞에 엎드려 당나귀 보고 주님이라고 한다고 욕할 자가 있을 것이나, 나의 주님은 곧 그 말씀 곧 그 진리임을 나는 앎에 나는 그 말씀의 본체를 주님이라 하는 것이었습니다. 나는 아이 속에서도 주님을 발견하고 혹 도적과 음부의 속에서도 주님을 발견하였으니 주는 그들 중에서도 내재하시사 진리를 언표(言表)할 수 있었음이외다. 그렇지만 또 목사의 입에서, 선생의 입에서, 주의 사도의 입에서도 마귀를 발견하였으니 이는 마귀도 그 중에 내재할 수 있었음이외다.

원래 인간에게는 진리가 없는지라. 있다면, 누구에게든지 그것은 주에게서 나온 것일지라. 나는 '스 씨'(Swedenborg 氏)의 것이라 하여 그냥 버리는 자도 아니요, '내촌 씨'(內村鑑三氏)의 것이라 하여 그냥 침 뱉는 자는 아니요, 여자의 것이라 하여 다 천시하지도 못하나이다. 진리면 나는 다 주의 것으로 받아왔나이다.

편지를 통해, 용도는 김인서의 충고를 주의 깊게 들었다는 것을 알 수 있다. 심지어 두려운 마음까지 들어 그는 주님께 자기의 어리석음을 고백하였다. 그러자 하늘에서 용도의 마음에 "소자야, 안심하라"는 말씀이 들려왔다.

위험을 지적하는 동지의 권고 앞에서 용도는 한준명을 비롯한 원산 일파와의 관계를 끊어야 한다는 압박을 느꼈던 것 같다. 그러나 생각과 성향에 다른 부분이 있다고 버림 받는 친구들을 자기도 버리자니 마음이 불안해지던 중 하늘에서 오는 평화를 받으니, 입장에 대한 확신을 얻은 것이다.

편지는 용도에게 있는 다른 특징인 학생심도 보여준다. 그는 진리를 너무도 사랑하여 만인 만물로부터 하나님의 흔적이나 진리의 파편들을 발견하거나 듣기를 원하였다. 그런 그였기에 사람들이 비정통으로 낙인 찍은 이들 혹은 천대받던 여성들 심지어 아이들의 말이라 해도, 혹 그 안에도 하나님의 진리가 있다면 주의 것으로 귀하게 받고자 하였다.[316] 모든 진리는 하나님에게서 나오는 때문이다.

3. 이후에 어떤 답장이 왔는지 변종호는 알지만 그는 어떤 이유에서인지 이를 [서간집]에서 제외시켰다. 그러나 용도의 답장에 비추어 김인서의 편지를 생각해볼 수 있다. 용도가 김인서에게 보낸 (남아 있는) 마지막 편지는 당시 용도가 관계 끊기를 종용 받는 인물들이 누구였는지, 그리고 용도가 김인서의 말을 그대로 따를 수 없었던 이유는 무엇이었는지 등을 보여준다.[317]

교회를 사랑하여 사람을 죽이는 모순! 열렬한 신자에게서 종종 나타나고 있었던 사실을 생각하여 잠잠히 기다리는 것이 우리의 취할 바입니다.

형은 타인의 신앙경험을 비판하여 싸우는 자만 되고 스스로 영으로 사는 신앙의 인으로서는 실패할까 두려워하소서. 〈중략〉

혹은 주님께서 누구에게 이상한 이름을 지어 부쳐 놓아가지고 욕을 해낼 권세를 가지셨다고 할지라도 나는 아무도 논란하거나 욕할 권리를 가지지 못 하였고 혹은 주님이 악신접(惡神接)한 자들을 교회 안에서 책벌하고 죄인들, 특히 사람에게 버림을 당한 자들을 쫓아내는 권세를 가졌다고 할지라도 나는 누가 악신접을 했다 하여, 또는 내 경험과 다르다 하여, 혹은 죄인으로서의 버림을 받았다 하여 그를 책벌하고 쫓아낼 권리를 가지지 못하였습니다. 형, 주께서 그리하시지 못하셨음이니다.

나는 김성실파(派)도 아닌 동시에 인서파나 태용파도 아니요, 마찬가지로, 남주파나, 준명파도 아니올시다. 태용(泰鎔)이 세상에서 버림을 당할 때에 나의 마음이 그를 향하여 간절하였고, 성실(誠實)이 버림을 당할 때도 나의 마음은 역시 그리하였고, 내가 그들의 주의를 찬동해서가 아니요……, 그들의 내용을 잘 알지 못하고도…….

남주(南柱), 준명(俊明)이가 축출과 멸시를 당하여 나는 또 그들에게 대한 나의 간절한 열정의 정도가 올라가는구려. 나는 일전에 가서 저를 위로하고 왔습니다. 그들은 한 점의 근심이나 공포가 없이 절대 안심 중에서 모든 것은 성의에 맡기고 경건하게 사는 것을 보고 나는 놀래고 왔습니다. 그들의 입에서 누구를 욕하거나 원망하거나 불평을 토하는 것을 보지 못하고 왔습니다. 나는 그들의 영적 안정상태가 퍽 존경되었습니다. 〈중략〉

그러나 혹 후일에 불행히 악신접하였다 하여 축출을 당하든지 죽어야 될 놈이라는 악명을 쓰고 피할 곳이 없거든 그때에는 나에게로 오시오. 나는 그때에는 형과 같이 욕을 먹으면서 형을 먹이고 입히기 원합니다. 〈중략〉

나는 욕을 먹고 쫓겨남을 받아 마땅한 자로 압니다. 욕을 먹고 축출을 당하는 자들을 애호(愛護)하고 싶으니깐. 더욱이 예수의 이름으로 욕먹는 자라면.

성실 씨, 태용 씨, 국주 씨, 교신 씨, 물론 그들을 내가 잘 알지 못해도. 아마 그 중에는 성실 씨와 가장 친교가 깊다고 하겠지요. 성실 씨의 간곡한 글을 보고 감사했습니다. 나는 늘 배울 자로 있어서만 만족입니다. 남을 가르치고 비판하려고 하여 벌써 마음의 불안을 느끼는 것을 보아 나는 영원히 학생심의 소유자로 있어 그것이 나의 최상의 축복인가 합니다. 〈중략〉

나는 원래 내가 누구를 인도할 무슨 능력이나 기술을 가진 자가 아님을 이미 깨닫고 다만 성의에 끌려 그 사명에만 미성(微誠)의 순종을 드렸을 뿐입니다.

나는 내가 신앙에 살고 영에 삶이 나의 첫째 일이요, 또 마지막 일입니다. 남을 인도하거나 누구를 바르게 돌이키려 함은 원래 나의 소임이 못 됩니다. 혹은 나의 신앙생활의 서광이 흘러 누구에게 보여져 그가 생명의 빛을 찾았다 하면 이는 주 나를 이용하셔 그를 건지심이요, 주의 사랑이 그를 정도에 서게 하심이지 결코 나의 노력이나 공이 아님을 나는 압니다.

혹 나에게 있는 바가 진리라 하여 보여달라고 주께 간구하는 자에게는 주 나를 보내어 면담케 할 것이요, 나를 비(非)진리, 악마라 하여 버리는 자에게는 내 변명하여가며 들어가서 그를 바르게 돌이켜보겠다는 그런 자력적 열심이나 사업욕을 나는 갖지 못한 자입니다.

이렇게 하여 평양에서 자기를 지지하던 장로파 세력의 일부와 관계가 끊어진 용도. 김인서의 설득에 순복하여 한준명과 원산일파를 '악령에 사로잡힌 자들'이라 비판하고 내버리기만 했어도 지지층을 그토록 잃지는 않았을 것이다. 그러나 하늘에서 음성이 있었으니,

"소자야, 안심하라."

너와 너의 동포를 위하여

1. 노회로부터 얻어맞고 교계로부터 버림 받고 한때의 동지들로부터 외면 받는 혼란스러움과 찢기는 아픔 가운데, 용도의 가장 위대한 고백들이 터져 나오고 있다.

1932년 말에는 일기가 많지 않고 편지들이 풍성하다. 가장 어두운 시기, 용도는 자기 안에 갇히지 않고 남은 시간을 최대한 남을 격려하기 위해 쏟는다. 이런 상황 이런 마음에서 나오는 글은 위대하지 않을 수 없는 법인가? 그렇다면 1932년 12월의 이 편지를 읽을 수 있는 오늘 우리는 얼마나 큰 복을 받은 것인지![318]

의(義) 사모하기를 주리고 목마름같이 하는 자는 필경 배부를 것입니다. 의와 진리의 한 조각을 얻어 즐겨 하는 자, 저는 영의 사람이요, 물질과 명예를 얻어 만족하는 자, 저는 육의 사람이니라. 의와 진리는 영원한 것으로 천국에 속한 것이요, 물질과 명예는 땅 위에 속한 것으로 변하고 쇠하나니.

의와 진리를 기뻐하는 자는 세상에서 벌써 영원한 생명을 가지고 천국을 경험하는 자요, 물질을 탐하고 명예에 취한 자는 세상에서 벌써 지옥의 암흑과 사망을 맛보는 자니라.

대개 영의 사람은 진리를 그 생명의 첫 조건으로 하고 움직이는 자이매 가난하나 부하나 병약하거나 건강하거나 영광이 돌아오거나 치욕이 돌아오거나 그 중에서 하늘이 지시하시는 한 점의 진리를 찾아 저는 천국의 한 편을 소유한 자 같이 즐겨 날뛴다.

육의 사람은 그 생명의 절대 조건을 물질만으로 삼아 움직이는 자이매 자기의 욕심만을 만족시킬 어떠한 물질이나 명망을 얻지 못하면 초조하여 금방 그 환경을 지옥화하여 놓고 스스로 그 불평과 짜증의 불에 타나니 이는 곧 영원한 지옥의 한 부분이니라.

인간은 물질로써만은 만족할 수 없는 영적 존재이기 때문에 물질을 풍부히 가지고 식(食), 색(色), 의(衣)의 전당 안에서 화려한 생활을 한다고 할지라도 번민과 고통, 불안과 불평, 근심과 걱정, 이 모든 것이 불꽃과 같이 피어올라, 그 심령을 태우고 있음을 경험할지니, 그때에 저는 "아이고 속탄다", "아, 속 상한다", "화가 나서 죽겠다" 하는 비통한 소리로 세상과 자기의 생명을 저주하며 하늘을 원망하기에 이르는 것이니라.

무엇으로 그 불을 끌 수가 있는가. 영의 화재(火災)는 진리의 단비로써만 이를 끄고 그 심령의 상처는 영적 사랑의 기름으로써만 소생케 할 수 있느니라. 이는 모든 성도들이 경험하는 사실이니라.

예수는 진리(義)와 사랑(恩惠)을 그 내용으로 하신 이시매 그 진리로 인간에게 역사하여 모든 죄악의 화염을 꺼버리고 그 사랑으로 역사하여 상한 심령을 신생케 하시었느니라.

    진리는 강하여 초달(楚撻) 같고
    사랑은 유(柔)하여 눈물 같으니라.
    진리의 일은 쓴 약 같고
    사랑의 일은 단 꿀 같으니라.
    고로 진리의 사도는 세상을 책망하고
    사랑의 사도는 사람을 위로하느니라.

한 사도일지라도 진리의 신의 움직임을 받을 때
저는 채찍같이 나타나고
사랑의 신의 움직임을 받을 때
저는 눈물로서 나타나느니라.

하나님의 한 면은 의(진리)요, 한 면은 사랑(은혜)이시매 인간에게 나타나실 때 혹시 어떤 때는 의로, 어떤 자에게는 사랑으로 나타내시어 완전히 인간을 구원하시려고 하셨느니라. 그러면 어떤 시대 어떤 사람에게는 공의로 나타나시고 또 어떤 시대 어떤 사람에게는 인애(仁愛)로 나타나시는고?

곧 죄악이 관영한 시대와 교만해졌을 때에 하나님이 보내신 사도와 선지자들을 보라. 히브리 종교시대 말년에 아모스, 호세아, 예레미아, 이사야 등을 보고 또 유대종교 말년에 세례 요한같이 엄격한 사도의 출현을 보라. 저희들은 다 무서운 의의 사도요, 진리의 사도였느니라. 지금은 악한 시대요, 교만한 인간이 전횡하는 시대이매 의의 사도, 진리의 사도의 출현을 볼 때가 아닌가.

아, 그러나 어찌하여 이 악한 세대를 책망하여 그 악을 알게 할 의의 사도가 나지 아니하며 교만한 인간을 초달(楚撻)하여 그 잘못을 회개케 할 진리의 사도가 나오지를 아니하는가.

이는 하나님의 현대 인간을 버리심인가, 그렇지 않으면 인간들이 너무 교만하여 그의 권고를 저버림인가. 채찍으로 임하사 죄를 책망하시고 그 죄악의 불을 꺼버리신 후에는 사랑과 눈물로 나타나시사 모든 잘못을 용서하시고 상한 심령을 위로하사 기쁨과 평안을 주실 것이다.

오 주님이시여, 의로 치시며 진리로 책망하시며 또 사랑으로 거두시고 눈물로 위로해 주셔야만 할 현대올시다. 이 현대가 너무 악하오매 당신의 천둥 같은 진리의 부르짖음이 아니면 깨지 못하겠사옵고 이 인간이 너무 가련하오매 당신의 사랑과 자비가 아니면 위로와 기쁨을 얻을 곳이 없습니다.

오 주여, 어서 오시옵소서. 막대기로 오시고 또 눈물로 오시옵소서.

오 주여, 주의 사도를 보내어 주옵소서. 구복(口腹)을 위하여 오는 자 말고 명예와 영광을 위하여 오는 자 말고 다만 의와 진리를 위하여 오는 자를 바라옵니다.

지금은 과연 먹을 것이 없어서 기근이 아니요, 마실 것이 없어 목마른 것이 아니라, 다만 진리가 없어서 기갈이로소이다. 이 강산의 모든 영들은 충분히 말랐습니다. 청산고골(靑山枯骨)과 같사옵니다. 무엇으로써 이 마른 뼈다귀들을 적실 수 있사오리까?

아, 진리의 갈증의 심함이여

진리의 칼을 든 지 해를 세어 몇 년이옵나이까.

칠년대한(七年大旱)인가요, 십년불우(十年不雨)인가요.

아, 이 조선 교회의 영들을 살펴주소서. 머리 속에 교리와 신조만이 생명 없는 고목같이 앙상하게 뼈만 남았고 저희들의 심령은 생명을 잃어 화석이 되었으니 저의 교리가 어찌 저희를 구원하며 저희의 몸이 교회에 출입한들 그 영이 어찌 무슨 힘과 기쁨을 얻을 수 있사오리까?

교회 표면에 쳐 놓은 신성의 막(幕), 평화의 포장을 걷어치우고 그 내용을 들여다보면 분쟁, 시기, 냉정, 탐리의 마가 횡행하오니 그 속에서 어찌 천국을 찾아보며 또 신성을 보겠나이까. 어서 주의 신령한 손이 일하여 주시고 진리와 사랑의 성신이 충만하게 임하여 주옵소서. 아멘.

진실한 자매여, 사람을 자랑하지 마소서. 사람은 자기를 자랑하려다가는 부끄러움을 보지 아니하기 어렵고 주를 자랑하여서만 영광을 받으리다. 더구나 나 같은 천한 종을 어디 자랑할 여지가 있으리까. 누구에게나 나를 말하지 아니함이 지혜로운 일인가 합니다.

나는 다만 불충불초(不忠不肖)한 죄인으로서 주의 크신 사랑을 힘입어 그의 천한 종으로 겨우 말석의 한자리를 얻었을 따름이올시다. 혹 내게서 무슨 은혜를 받으심이 있었다면 그것은 확실히 하나님이 자매를 긍휼히 여겨 주신 것인즉, 주께만 영광을 돌려 마땅할 것이로소이다.

댁내에 신령한 은혜로 말미암은 평화와 기쁨이 있기를 바라옵고 은혜를 사모하는 모든 형매들에게 기도의 생활이 실현되기를 중심으로 빌고 바라옵니다. 아멘.

2. 용도에 대한 욕이 더 없이 높아지던 때에 욕을 욕으로 갚지 않던 용도가 '안주기도단' 주선행 씨에게 겨울에 보낸 다음의 편지로 1932년을 정리하고 1933년으로 넘어가자. 1932년의 욕과 손가락질은 1933년이라고 무대에서 사라짐이 없을 것이기는 하지만.[319]

자매여 나를 위하여 우는 자매여
어서 그 눈물을 걷으려무나
그리고 너와 너의 동포를 위하여
크게 울어라 통곡 하여라

오 나의 자매여 나의 사랑하는 자여
나 위하여 울기를 그만 그치라
그리고 너희 성자와 성녀의 울음 모아
울고 또 울고 울기 다하여
청산의 고골(枯骨)들을 적시어 보렴
울어라 성자(聖子)야 울어라 성녀(聖女)야

겟세마네는 어디 있어 나의 피눈물을 기다리누
차고치고 침 뱉었던 가야바의 아문은 어디 있으며
가시관에 홍포(紅布)를 입히던 빌라도의 법정은 어디 있어
나를 기다리는고

엎어지며 쓰러지며 십자가를 등에 지고
멸시천대 비소 중에 우리 주님 걸어가던
오 너 예루살렘의 거리야
너는 어디서 또 나를 기다리고 있느냐
때가 되거든 외쳐 부르라
그 길 밟을 내 여기 있으니

성자의 살을 찢고 뼈를 부수고
그의 선혈을 마시던 오 너 골고다여
너는 어디서 또 나를 기다리느냐
수 많은 성자의 피를 마시고도
아직도 네 배는 차지 않았는가

오 나를 위하여 홍포를 깁는 자여 어디 있는가
가시관을 엮는 자여 어디 있는가
지었거든 가져다 나를 입히라
우리 주님 입으셨던 그 홍포이니
엮었거든 가져다 내게 씌우라
우리 주님 쓰시던 그것이니

아 나의 골고다는 가까웠는데
그래도 아직 보이지 않누나
제사장의 무리여 나를 차거라
빌라도의 무리여 내게 채찍을 하여라
그리하여 어서 속히 나로 하여금
나의 완성을 선언케 하라

내 살과 내 피를 마신 후에야
내가 어디로부터 왔었는지 너희가 알리라
나를 땅 위에 보내신 자는
오직 내 아버지이심으로
그때에야 너희가 알지니라

"오 나는 다 이루었다"
어서 이날이 올지어다
이는 나의 피가 땅에 떨어지는
그 거룩한 골고다의 날일지로다

주의 음성 들은 이 몸 지금 자기를 버리고
십자가를 등에 지고 주의 뒤를 따라가누나

주가 인도하는 대로 따라가는 나의 자취
어느 지경까지라도 주의 뒤를 따라가누나

겟세마네 동산에서 너와 나의 죄 위하여

피땀 흘려 비시던 주의 뒤를 따라가누나

밝은 해도 빛을 잃은 십자가의 중한 고초
견디시고 피를 흘린 주의 뒤를 따라가누나

가자 가자 어서 가 나의 갈 길 바쁘구나
배고파서 이삭 따던 그 빈들은 어디이며
눈물 뿌려 비시던 겟세마네 어디던고
아 주림은 어느 황야에서 나를 기다리며!

지금은 울 때다 크게 울 때다
먹지 말고 울어라 자지 말고 울어라
크고 큰 환난의 날이 가까웠나니
너희 일은 오직 울음에 있을 따름이다

시편 57편 3편, 4편을 읽으소서.

예루살렘성 밖으로
(1933)

쫓겨나는 무리들

1. 다사다난했던 1932년이 지나고 1933년이 아무 일 없었다는 표정으로 왔다. 매해 첫날이면 새해를 다짐하는 일기를 남기던 용도인데 1933년 1월 1일자에는 새해 생각이 없음은 어딘가 가슴을 저리게 한다. 이번이 일기가 기록될 마지막 해라도 된다는 것인가?

버림 받는 한 사람을 버리지 않았던 용도. 그를 향하여 매질이 가해졌던 1932년에 이어 1933년에 이르자 양상은 바뀌어 이제는 용도 한 사람을 버리지 않는 성도들이 교회에서 버림을 받게 되었다. 용도 버리기를 거부한 성도는 교회로부터 그 자신도 버림을 당할 것이다.

2. 1월 3일 원산 광석동에서는 교회에서 쫓겨난 무리들의 일부가 '예수교회'라는 간판을 걸고 예배당을 세웠다. 이러한 움직임은 원산에서 평양, 안주 등지로 이어져 각처에서 용도를 옹호하는 무리들이 교회에서 쫓겨난 뒤 자체의 예배당을 세우게 된다. 그런데 이러한 '새 교회의 설립'은 교권자들에게 이용도를 추락시킬 수 있는 또 하나의 좋은 빌미가 되었다.[320]

소위 한준명 사건의 책임을 뒤집어 씌워 욕하고 비방하며 밀어내고 몰아내던 자칭 정통 교회에서 용도를 구박하는 또 한가지 이유가 있었으니 용도가 이단이 되어 가지고 새 교파를 조직했다는 것이 그것이었다.

변종호는 이에 대해 평하기를, "무능한 교역자의 무리들과 생명 없는 말라빠진 현실 교회가 자기 무능과 자기 고사(枯死)를 고백하는 자기주의 망발에서 나오는 말"일 뿐이고, 용도에게 그런 책임을 뒤집어씌울 것이 아니라고 항변한다.

이유인즉 용도는 교회의 분립을 적극적으로 반대해왔다는 것, 교회에서 책벌 축출 당한 무리들이 예배 드릴 곳을 찾아 쫓겨 다닌다는 소식들이 용도를 계속 아프게 한 것,321 원산의 기도하는 동지들이 주님 말씀에 용도가 이 일을 맡으라고 하셨다며 자꾸 주장하였던 것 등이다.

평양에는 쫓겨난 자들이 500~600명이나 되었다. 이들이 울며 떼를 지어 모란봉 기슭에 올라 기도를 드리자 반대자들은 "저 사람들이 무슨 사건을 꾸미려 한다"면서 경찰에 밀고를 하는 것이었다. 그래서 동지들의 집에 모여 기도회를 하기로 했는데 이번에는 비밀히 "독립운동을 한다"고 신고를 당했다.322

이러한 소식이 날마다 용도에게 전해졌고 나중에는 예배를 드리려면 총독부의 허가를 받으라 하였으니, 이는 교단을 새로 만들어 인가를 받는 수밖에 없었다. 평양에서부터 버림 받은 "수백명이 연명한 탄원서"가 용도에게 날아왔으나, 용도는 교회를 따로 세우는 일은 할 수 없어 반대하였다. 아마도 3월 20일과 4월 2일 사이에 평남 안주로 보내졌을 다음의 편지가 그의 심경을 보여준다.323

아, 나의 이름이 새 교회 관리자로 들림의 아픔이여. 나를 찌르는 가시로다. 나는 땅 위에 이름을 남기기 원치 않았더니, 이 어인 모순인고. 이것도 또한 주가 주시는 가시관이었던가. 주는 나에게 평안과 기쁨도 많이 주시고 또 아픔과 괴로움도 많이 주시도다. 주 주시는 것이면 음부와 사망의 고통이라도 받을 수밖에 없으니, 이것은 한 포로(捕虜)인 것인가. 그리하여 포교소(布

敎所) 관리자의 가시관도 결국 받아쓰고 마는가. 오 주여, 할 수만 있으면 이 잔과 이 관을 나에게서 떠나게 해주시옵소서. 오 그러나 주여, 내 뜻대로 마옵시고 주님의 성의대로만 하시옵소서. 아멘. 아멘.

그러나 이때 용도는 새 교회의 등장을 인정하고 받아들인 것으로 보인다. 위의 편지는 바로 이어진다.

담임자를 주께서 보내실 줄 압니다. 급하나 보내실 때까지 기다리시기를 바랍니다. 간도에서 이미 쫓겨나온 전도사도 한 분 지금 청진서 성의를 기다리고 있고 또 성결교회에서 밀려나온 전도사도 역시 청진에서 지시만 기다리는 자이고 또 호O 목사도 머지않아 축출을 당할 모양이니 저희들을 기르신 주님이 장차 누구를 어디로든지 보내실 것입니다. 우리는 아직 알 수 없으나 주의 뜻 안에서 다 이루어질 줄 압니다.

담임자를 기다리던 안주의 성도들은 곧 장로교회로부터 축출당할 것이고, 4월말에는 예수교회 안주예배당을 세울 것이다.

이용도로 인하여 간도에서도 어느 전도사가 쫓겨났고, 북부 지역에서 일하던 성결교회의 어느 전도사도 함북 청진에서 주님의 인도하심을 구하고 있었다. 교파와 지역을 초월하여 책벌과 축출이 발생하면서 한국교계가 요동하고 있다. 변종호는 이를 평가하기를,[324]

그저 주님 위해 한준명을 '몰리는 자'라는 오직 한 가지 이유로 동정하며 비호하다가 욕을 혼자 뒤집어쓴 용도 목사가 1,000명에 가까운 가련한 양들을 그냥 버려둘 수 없음은 당연한 일이었다 … 분열이 된다면 좋은 것이 아닐 줄은 아나 시비곡직(是非曲直)보다 무차별의 사랑을 유일의 생활 규범으로 삼고 있는 용도 목사가 여기에 도장을 내맡긴 것은 오히려 당연한 일이었다.

3. 여기서 슬프게도 흥미로운 병행을 볼 수 있다. 이용도는 한준명이 몰리고 버림 받는다는 이유로 그 한 사람을 버리지 않음으로써 전국적인 비방과 공격을 받고 이로 인해 동지들을 많이 잃었다.[325]

그런데 이번에는 한준명 한 개인이 아니라, 용도를 타도 매장하는 교역자들에게 동조하기 거절하는 많은 무리들이 교회에서 쫓겨남을 받아 서로 모이게 됨으로 새로운 공동체를 이룩하게 되는, 다시 말하면 새 교단을 창설하게 되는 지경에 이르는 현실이 용도에게 받아들일 것이냐 말 것이냐를 결정하도록 강요한 것이다.

용도는 반대하였지만 새 교회 창립이라는 거센 흐름에 저항할수록 성도들의 고통도 커짐을 보아야만 했다. 결국 용도는 예수교회라는 새 교회 운동을 버리지 않음으로써, 두 번째 결정적인 몰락의 계기를 수용하게 되었던 것이다. 한국교회사에서 가장 가슴 아픈 이 순간을 변종호는 다음과 같이 쓴다.[326]

여기에 이르러 용도 목사는 욕먹을 밑천을 또 하나 벌었고 그의 운명은 거의 결정되는 것이었다. "어리석은 무리들과 어울려 다니더니 새 교파까지 조직했다"는 것이 그를 욕하는 자들의 말 거리가 되었다. 여기서 많은 동지는 돌아섰다. 용도 목사가 몰리며 욕먹는 것을 마음 아프게 생각하며 위하여 기도하던 진실한 사모자들도 하나씩 둘씩 정을 끊으며 눈물로 헤어져 나갔다. 용도 목사의 편지를 하늘의 복음같이 소중히 여겨 품속에 품고 다니던 이들이 그 편지를 아궁이에 던져버리고 재령 부근에 퍼졌던 1,000여장의 용도 목사의 사진이 모두 다 찢기어 버림을 당하는 것이었다. 용도 목사님을 주의 사자로 믿고 그의 눈물과 피땀을 주의 역사로 믿어 거기서 힘을 얻고 용기와 위로를 얻었던 많은 신도들로서 이제 그를 버리고 돌아서지 않으면 안 된다는 것은 일생에 비극이요, 조선 교회사상의 비극의 1막이 아닐 수 없었다. 그 기도와 그 눈물이 거짓이라면 이 세상 어디서 참된 기도와 진정한 눈물을 찾아볼 것인가. 그 신앙과 그 생활이 이단이요, 나쁜 것이라면 이 세상 어디서 정통 신앙과 바른 생활을 찾아보란 말인가.

많은 신도는 눈물과 슬픔에 잠기게 되고 적지 않은 수의 신도가 그렇다면 이것도 저것도 다 그만두겠다고 솔직하게 배교를 선언하기도 하는 것이었다. 당시의 조선 기독교계는 분명히 혼란과 눈물로 화하였으니 책벌하고 몰아내고 버리느라고 혼란하였고 쫓기며 기도하며 새 생명을 찾노라고 눈물을 흘렸다. 용도 목사가 좀더 잘 살고 좀더 좋게 역사했으면 얼마나 좋을까 하는 한탄은 그를 버리고 돌아오는 이들도 다같이 하는 말이었다. 용도 목사를 통해서만 조선 교회의 부흥과 번창이 오리라고 기대하던 많은 사람이 다 실망을 하게 될 때 조선 교회는 통곡의 교회로 화하여 "주여, 이 민족을 버리시렵니까" 하며 탄식하기도 하고 "주여, 당신의 뜻이 어디 있나이까?" 하며 애원의 기도를 올리기도 하는 것이었다.

쏟아지는 채찍

1. 1933년부터 용도에 대하여 변종호는 "오직 기도로서만 살다가 기도 속에 죽으려는 결심"을 한 모습이라고 한다.[327]

그의 이 땅에서의 마지막 해인 1933년. 치욕의 해인 동시에 광영의 해인 이 해의 일거수와 일투족을 온전히 주님의 지시에만 절대 복종하는 생활을 산다기보다는 살림을 당했고 그의 조종을 받는 것이었다. 이 탈(脫)세상적 생활방식을 세상은 잘못이라 하고 이단이라고 했다.

1932년 말부터 이용도는 원산에서 '욕먹는 이들'과 함께 지냈다. 그러다 어느 날 일어나 떠날 채비를 차리는 때가 왔으니, 평양에 가라는 주님의 지시 때문이었다. 1월말 그는 원산을 떠나 서울을 거쳐 평양으로 갔다. 그리고는 신양리(감리)교회에서 3일간, 회중교회에서 10일간 집회를 인도하였다.

2. 3일간 했던 신양리 집회의 기록을 보면 용도는 여전히 또렷또렷한 정신으로 교회를 향한 개혁 운동을 내던지지 않았음을 알 수 있다. 집회 첫날 밤에는 요한복음 10장을 본문으로 왕과 목자에 대해 설교했다.

"다른 문으로 들어가는 자는 다 도적이요, 강도요, 주의 사명을 저버리고 헛된 꿈을 꾸는 목사와 제직은 다 도적이요, 강도요!"

강단에 올라 애꿎은 성도들을 도마질하는 설교는 흔한 것이지만, 사명 잃고 겸손 잃고 사랑 잃고 성결 잃고 웃음 잃고 눈물도 피도 다 잃고 대신 "헛된 꿈을 꾸는 목사와 제직"을 내려쪼개는 설교에 사람들의 가슴은 병병해졌다. 그러나 그곳 목사는 눈을 부라리며 용도를 쏘아보았다.

"뇌물만 탐내고 호랑이를 막지 않는 목자!"

용도는 더 말을 잇지 못하고 크게 울기 시작하였다. 교회에 무서운 시험과 환란이 올 것이나, 자기 안위와 얼굴을 챙기느라 성도들을 시험에 대비시키며 보살피지 않는 목사를 떠올릴 때 용도는 한국교회의 한 성도 한 성도를 생각하며 울지 않을 수 없었다. 그러면서 노래를 불렀다.

>   어지신 목자 양 먹이시는 곳
>   그늘진 바위 옆 시원한데
>   나 어찌 떠나서 양떼를 버리고
>   위태한 곳으로 나갔던고

용도는 슬피 울며 가사를 시적으로 설명하여 사람의 중심을 쪼개내고 다시 노래를 부른다.

>   어지신 목자 길 잃어버린 양
>   찾도록 찾으며 부르소서
>   택하신 어린양 문 앞에 모여서
>   다 들어가기 전 날 이끄소서

다시 가사에 주해를 덧붙일 때 사람들의 가슴은 완전히 무너지는 듯하였다.

> 어지신 목자 날 가르치시고
> 주 따라 가는 법 알게 하사
> 다시 죄 가운데 빠지지 않도록
> 날 보호하시고 지키소서

마지막 절에 이르자 사람들의 울음소리와 기도소리가 너무 커져서 더 이상 용도 목사의 소리가 들리지 않았다.

감격의 예배가 끝난 뒤 이용도 목사에게 인사를 하고자 교인들이 모여드니 담임목사는 전깃불을 꺼버렸다.

"집회가 끝났으니 다들 집으로 돌아가시오. 해산하시오."

이번 집회에서 재확인되듯, 용도는 여전히 교회 현실에 대해 걱정하며 여느 목회자도 외칠 수 없는 말씀을 외쳤다. 주의 교회와 주의 백성보다 저의 이름과 저의 몸집을 관심하고 애착하는 목자들이 '양떼를 잡아먹으려는 호랑이'와 싸우기는커녕 손을 잡고 제 몫을 확보하려는 불의한 현실 앞에 갸냘픈 용도는 머뭇거림 없이 의의 창을 들고 맞섰던 것이다.

주님이 주신 사명을 저버리고 개인적인 야망을 좇는 목회자와 제직은 도적이요 강도라고 하였는데, 이는 너무 심한 말 같지만 너무 정확한 말이기도 했다. 그들의 지도 아래 주님의 교회는 도적의 소굴이 되니 말이다. 무교회주의자요, 이세벨의 무리라는 딱지를 이마와 가슴팍에 붙임 당한 용도 목사님은 자기가 욕을 먹어 죽는 것에는 저항하거나 반대함이 없이 '시무언'하였지만, 교회가 죽어가는 것에는 죽어도 '시무언'하지 못하였으니, 거룩한 사랑은 그것을 허락치 못하는 법이다.

3. 신양리 교회 후에는 회중교회에서 집회가 이어졌다. 회중교회 김건우

목사가 1주일만 인도를 해달라고 간청했고, 3일을 연장 집회할 정도의 은혜가 있었다. 크지 않은 건물이지만 집회마다 2,000명 이상이 모였다.

그러나 용도의 건강은 더욱 악화되어 말할 적마다 기침이 그치지 않았다. 사람들은 눈물 없이는 이 광경을 볼 수 없었다. 하루에 서너 번 설교를 했고, 밤에는 안수기도로 성도들을 위하여 피땀을 다 쏟아부었다. 어느 날에는 용도가 탈진상태에 이른 듯 했는데 안수 받으려는 사람은 끝도 없이 몰려들었다. 차성심 성도는 이에 안타까운 마음으로 용도 목사에게,

"오늘 밤은 안수기도는 그만두고 돌아 가시지요."

그러자 용도는,

"이거 내가 하는 것이 아니올시다. 주님께서 하시는 일이니 주님의 지시나 명령이 있는 한, 내가 거꾸러져 숨이 지는 순간까지 하다가 죽어야지요."

이용도를 사모하는 무리들은 더욱더욱 회중교회로 몰려들었다. 이들은 후에 교회에서 축출을 당하고 평양에다 새 교회를 설립하게 될 것이다.

평양의 회중교회는 이후 '용도파' 혹은 "버림 받은 무리들"의 집회처가 되었다. 이용도가 3월 26일 북간도에서 이우원 씨에게 띄운 편지를 통해 상황을 들어보면, "평양서는 아마 버림 받은 무리들이 네 회중교회 집에 모이어 '예수교회'라는 간판을 걸고 수백 명의 무리가 밤낮으로 새 은사에 목욕하고 있는 모양이올시다."

4. 약 2주간 평양 집회를 마친 뒤 그는 안주로 향했다. 안주는 작년 10월 성령의 불이 떨어짐으로 이틀이나 연장 집회했던 곳이기도 했다. 이 집회 후 안주에도 용도를 따르는 이들이 많았고, 용도가 평양노회와 〈기독신보〉로부터 공격을 받던 작년 10~12월 동안 용도는 안주의 기도 동지들에게도 여러 차례 편지를 부쳤었다.

안주를 다시 방문했을 때는 2월 13일부터 16일까지 집회가 열렸다. 이번 평양과 안주 집회를 마치고 용도가 쓴 한 편지는 당시의 상황을 전해준다.[328]

진리에 기갈이 들린 무리의 소동은 미국 백악궁(白堊宮) 마당에 빈민의 기아 행렬의 소동만 못하지 않음을 평양과 안주에서 보았나이다. 어서 진리의 샘이 터져야겠고 사랑의 '만나'는 하늘로부터 눈 내리듯 쏟아져야겠습니다.

당시 성도들의 영적 목마름, 진리의 말씀에 대한 배고픔은 "빈민의 기아"로 인한 소동만큼이었다. 먹을 것이 없어 죽음이 아니라 진리가 없어 죽음이었다. 또한, 한준명 사건 이후 그리고 새 교회 사건 가운데서도 용도를 기다리는 이들이 여전히 적지 않았음도 알 수 있다.

5. 2월 말 용도는 불쑥 황해도 해주로 가서 남본정(감리)교회에서 집회를 열었다. 이 집회의 모습은 다음과 같이 전해진다.[329]

첫날과 둘째 날에 벌써 목사님은 세상에 계실 날이 얼마 남지 않은 것을 아시는 듯이 결사적으로 최후적인 설교와 기도를 하시는 것이었다. 셋째 날에 이르러서는 이상하고도 극히 중대한 역사가 많이 일어났다. 자기의 죄와 부족을 통회하노라고 가슴 치는 모습과 통곡하는 소리가 한편에서 일어나고, 다른 한편에서는 친구를 책망하는 소리와 교역자에게 충고하는 소리가 들려오고, 또 다른 한편에는 기뻐 춤추는 자도 있고 십자가에 달리신 주님을 생각하다가 그 십자가를 지어본다고 해서 두 팔을 십자로 벌리고 일어나 담벽에 의지하여 십자가를 지고 뻣뻣하여지는 이 등이 생겨 예배는 심각한 긴장과 혼란에 빠지는 것이었다. 이 밤에도 목사님은 집회를 마치시고는 모여드는 자에게 안수기도를 하시면서 한밤을 꼬박 새우셨다.

이튿날 새벽에도 전날 밤과 같은 현상이 많이 나타나니 이날부터 해주예배당 근처에는 별별 소문이 다 돌아가게 되어 거리가 떠들썩 하였다.

불신자들 사이에서는 "예수가 왔다지" "천사가 왔다지" 하면서 쑤군거리고, 예수 구경가자고 몰리어 오기도 했다. 바로 그날 밤에 예배당에는 진리와 은혜를 사모하는 무리와 무슨 일이 생기는가 하여 구경하러 모인 무리와 신문기자, 판사, 검사, 도립병원 원장(일본인) 등까지 모여 해주예배당은 정말로 꽉 차고 넘치고 넘쳤고 예배당 뜰도 꼭 차고 예배당 앞 큰 길도 사람 때문에 통행이 곤란한 형편이었다.

목사님이 단에 나섰다. 한마디, 두 마디 말씀이 진행됨에 따라 흐르는 땀은 눈을 뜰 수 없이 이마와 눈 잔등에서 흘러내려 두 뺨이 번들거렸고 처음에는 조금씩 나던 기침이 약 반시간을 지난 후부터는 점점 심해지게 되어 몇 마디 말씀을 하시고는 땀을 씻고 또 몇 마디를 하시다가는 기침에 숨이 막히어 말까지 막히는 것이었다.

"날마다 시간마다 산 같은 죄를 지으면서도 죄인 줄 알지도 못하는 인간들아, 너희들은 하늘의 큰 벌을 어떻게 면할 수가 있을 줄로 아느냐. 이 자리, 이 시간에 죄를 내어놓고 주 앞으로 나오라. 예수 앞으로 나오라."

주여 주여 내 말 들으사
죄인 오라 하실 때에 날 부르소서

열변, 땀, 기침, 그리고서 또 열변, 또 땀, 또 기침. 울며 찬송하시다가 주먹을 휘두르며 열변, 절규. 몸부림을 치시며 고성 질호(疾呼). 창백한 얼굴은 눈물과 땀으로 번뜩이고 결사의 고함은 기침에 콱콱 사로잡히는 듯 땀에 젖은 손수건을 높이 들며 찬송 또 찬송. 울음 섞인 음성으로 목을 아주 찢어버리시려는 듯 설교 또 설교.

회중 가운데서 울음소리와 기도소리가 점점 높아짐에 따라 그 소리보다 더 높은 음성의 말씀을 들려주시려는 애탐은 두 손을 다 들고 온몸을 다 바쳐 흔들며 떨며 몸부림으로 화하였다. 단상(壇上)에 말하는 이와 단하(壇下)에 말 듣는 수천 명의 청중이 한 울음에 삼키어져 울음의 골짜기가 되었을 때,

번쩍드는 손수건에 따라 찬송을 부르고 목사님의 피땀을 쏟는 기도가 있은 후 단에서 내리셨을 때, 시간은 꼭 4시간이 걸렸다.

땀과 눈물에 완전히 젖으신 그 몸, 있는 기운을 철저히 뽑아내신 그 몸이 강단에서 내리시자 곧 땅에 엎드리셨다.

이날 잊을 수 없는 일이 발생했다. 설교를 마친 뒤 엎드려 기도하던 용도 목사를 어느 청년이 강단 뒷문으로 끌어갔다. 예배당 안은 여전히 열정적인 기도와 찬송으로 가득 차 있었다. 시간이 좀 지나자 예배당 한 켠에서는 웅성댐이 일었으니, 용도 목사가 청년들에게 매를 맞고 있다는 것이었다. 기도와 회개에 빠져 있는 이들은 아무것도 들리는 것이 없었지만, 분위기를 구경하던 이들은 얼른 이용도가 매를 맞는다는 곳으로 발을 옮겼다.

전도실로 끌려간 용도는 교역자의 아들과 자매 교회에서 유력하다는 청년들 7~8명에게 둘러 쌓여 과연 욕설, 희롱과 함께 주먹질, 발길질을 당하고 있었다.

"복아지 알 팔러 다니는 자식, 미친놈, 밸 빠진 자식, 때려죽일 놈."
"애 이놈아 예수가 무어냐, 너 같은 자식이 하나님이 무어냐!"

용도 목사는 아무 저항을 하지 않으며 때리는 대로 맞고 욕주는 대로 먹었다.

용도 목사가 얻어맞아 엉망이 되는 참혹한 모습을 접한 경건한 부인들은 치를 떨며 통곡을 하다가 더 참지 못하고 용도 목사를 비호하여 일으켰다. 이에 청년들은 목사님의 성경책과 편지지, 펜과 노트 등이 속에 모여 손을 잡고 기도하고 있던 가방을 바깥으로 휙 집어던지며 행패를 부렸다.

"이 자식아, 이 자리로 아주 해주에서 사라져 버려라. 아니, 이 땅에서 사라져 버려라!"

부인들은 울며 목사님의 하얀 고무신을 찾았다. 두루두루 찾아도 신은 보이지 않았다. 고무신은 청년들의 손에 갈기갈기 찢겨 시커먼 땅 위에 사지가 찢긴 시체처럼 널브러져 있었다.

 때는 차고 매서운 바람이 부는 2월의 밤. 용도는 숙소인 이영은 성도의 집까지 약 500미터를 얼음 입은 길 위로 신발 없이 비틀비틀 걸어갔다. 어느 형제는 이 장면에서 간신히 한걸음씩 골고다 언덕을 오르시는 주님이 연상되어 눈물을 주체하지 못하였다. 울며 용도 목사를 데리고 가는 사람들의 등 뒤로는 저주의 외침들이 독화살처럼 날아들었다.

 "썩 꺼져라. 가지 않았다가는 죽여버린다. 다른 데로 가봐라. 따라가서 때려 죽인다!"

 죽도록 교회를 섬긴 것의 대가가 죽이기 전에 썩 꺼지라는 것이었다니 주 예수께 인생 전체를 드린 성도는 세상의 영화와 성공에게 "썩 꺼지라"할 것이다.

 이때를 회고하면 눈물밖에 나오지 않을 현장의 증인이 남긴 회고다.[330]

 이렇게 죄송스럽게, 이렇게 섭섭하게 목사님을 보낸 후 해주의 우리 동지 몇몇은 목사님의 천사 같은 음성을 또 한 번 들어볼 날이 있게 해달라고 기도하고 조르고 있었는데 목사님 승천의 소식이 전해졌을 때, 우리 몇 사람은 모여서 통곡하였다.

 더욱이 그때 그날 저녁의 설교가 목사님으로서 이 세상에서의 마지막 설교가 되고 말았다는 소식을 들으니, 그날 밤의 설교를 다 기억할 수 없음이 가슴 아픈 일이요, 또 우리 해주가 목사님을 죽여버린(害主) 듯한 죄책감에 참으로 가슴이 찔리고 아픈 것이올시다.

 어려서부터 가난 때문에 집 살림을 거들고 학비를 벌어 썼으며, 누가 "용도 밥 먹었느냐?" 물으면 거짓트림과 함께 배를 쑥 내보이곤 했던 소년 용도.

아무도 알아주지 않는 독립운동에 투신하여 귀한 청춘을 3년이나 감옥에서 보냈던 청년 용도. 1925년 겨울 폐병 3기 진단을 받았고, 1927년 11월 감추어 둔 병을 의사에게 보였더니 "골병"에 피가 부족하다 하여 치료비 100원이 필요했으나 그럴 돈 없었던 용도. 1931년 봄 극도로 피가 마른 빈혈증 용도. 의사가 어떻게 그런 몸으로 사느냐 물으며 자답하기를 "이 목사가 사는 건 순전히 하나님의 은혜"라 들었던 용도.

기도로, 결사적 부흥회로, 죽으면 죽으리라 여기까지 달려왔건만 십자가에 달리시기 전 예수께서 힘센 병사들로부터 구타와 욕설을 당한 뒤 쇠약한 몸으로 무거운 십자가를 지셨듯이 용도 목사도 청년들로부터 욕을 먹고 얻어맞아 돌이킬 수 없을 만큼 몸이 망가졌구나.

그리하여 그는 2월 말부터 4월 중순까지 서울 자택에서 누워있을 수밖에 없었다. 그러나 무기력하게 누워만 있을 용도는 아니었다. 약간의 기력이나마 남아 있다면 그것을 주님과 교회를 위해 드리는 것이 마땅하다. 이참에 용도는 그 동안 쓰지 못했던 일기를 썼고 동지들에게는 목회 서신을 띄웠다. 하나님의 말씀을 깊이 명상하고 일기장에 써두었다.

만인을 울리는 부흥집회만 아니라 주님과 둘만의 시간을 보내는 것 또한 얼마나 행복한 일인가? 오히려 병상 중에 용도는 더욱 말씀을 가까이 하며 주님과 친교하는 시간을 가졌으니 주님이 허락하신 즐거운 데이트가 아니고서 무엇이랴?

6. 용도가 이때 쓴 편지 중에 유념하여 볼 것은 해주 이영은 성도에게 보낸 편지다. 그녀는 용도 목사가 해주 집회 중 청년들로부터 구타를 당하고 육체가 극심하게 쇠약해진 것으로 인하여 죽을 듯이 미안해하고 있었을 것이다. 그런 그녀에게 용도가 보낸 편지는 다시 한 번 가장 위대한 승리는 사랑이었음을 의젓하게, 끈질기게, 가르쳐준다.[331]

어머니, 강하고 담대하소서. 그러나 사랑과 겸비와 인내를 잃지 마소서. 오는 자마다 틈 없이 사랑과 겸비로 영접하소서. 시험하러 오는 자라도.

일정한 시간을 정하여 놓고 새벽마다 모이소서. 초저녁 말 많은 때는 주무시고 고요한 새벽 세시로부터 혹 네시나 다섯 시까지에는 일어나서 기도회를 보시옵소서. 남의 기도 비평은 일절 말고. 그 외에 다른 말이라도 남의 말은 일절 하지 않을 일입니다. 모이면 은혜의 간증이나 찬송이나 기도나 성경을 보아야 할 것입니다. 이것은 그곳에 모이는 모매님들에게 모두 부탁하는 말씀입니다. 아무 염려 마십시오. 주께서 결국 다 이기실 것이니. 그저 속으로 기도하십시오. 주님 늘 그곳에 같이하셔서 계속하여 늘 일해주시기 바라고 …

할렐루야! 하나님의 은혜는 여전히 용도 안에서 역사하고 있다. 원수를 사랑하라는 주님의 말씀이 여기서 이루어졌나니 용도는 사랑과 겸비와 인내의 무기를 굳게 붙잡고 있다. 이는 그 누구도 그 무엇도 빼앗아갈 수 없는 성도의 무기라. 시험하러 오는 자까지도 사랑과 겸비로 영접하는 이런 무기 앞에 그 누가 맞서 이기랴?

용도는 "주께서 결국 다 이기실 것"을 믿기에 주님을 의지하는 기도를 계속 올릴 것을 권면한다. 예수다. 초점은 오직 예수다.

감리교 경성연회와
장로교 안주노회

1. 하나님의 은혜가 고난 중에 더욱 강력하고 아름답게 역사하는 동안 용도와 관련하여 두 가지 중요한 일이 일어났으니, 하나는 서울에서 하나는 평남 안주에서였다.

먼저 1933년 3월 15~20일 서울 정동교회에서 열린 감리교회 중부연회에서 용도 목사에게 쉬라는 의미에서 강권적으로 휴직 처분이 떨어졌다. 3월 19일 이용도는 부친님께 편지로, "연회에 문제가 많아 목사직을 내놓게 되었으며 월급은 벌써 양력 2월부터 끊어졌습니다. 마귀는 저를 크게 시험하나 주님은 늘 넉넉한 은혜로 더욱 더 보호하십니다. 또 소자 근일은 몸이 매우 피곤한 중에 있어 사람들은 걱정하오나 주 또한 지켜주시니 염려 말아야 하겠습니다"라고 썼다.

1주일 뒤에는 이호빈에게 병석에서 편지로,[332]

연회(年會)에서는 상당히 내부적으로 아우에 대하여 시비가 많은 모양이더니 결국 휴직 처분을 내리셨구만요. 벌써 목사 뗀지도 오래고 월급 잘린 지도 어제가 아니니까 이미 각오했던 일이라 순서대로 되어가는 일만 감사할뿐…

2. 변종호는 연회의 결정에 대해 한 관점을 제공해준다. 감리사는 사람을

용도에게 보내어 퇴회원을 내라고 했다. 감리교회에서 물러날 것을 권고한 것이다. 이는 목사직을 잃음에 다름 아니어서 용도는 이에 응하지 않았다.[333]

얼마 뒤 다른 사람이 와서 심한 압박을 주며 퇴회원을 내라고 했다. 용도는 기도한 뒤 다시 돌려보냈으니, 목사직을 버리는 것이 혹 배교의 의미도 포함될 수 있기 때문이었다. 그러나 교단의 의지로 축출을 당하는 것은 별개의 문제였다.

퇴회원 제출을 거절하자 감리교회 중부연회는 강권을 발동하여 이용도를 휴직시켰다. 비록 '퇴회'는 아니지만 이는 "강제 절연 의미"가 있었다.[334]

피도수는 이번 3월 연회의 결정으로 이용도가 "오랫동안 몸담았던 교회와의 관계가 단절"됐고, 이용도를 산지사방에서 따르던 사람들은 점차적으로 모임을 조직으로 발전시켜갔다고 한다.[335]

이용도가 세상을 떠나던 때에 서울 협성신학교에 재학 중이던 이호운은 1933년 3월 연회의 결정에 대해, 이 목사님이 "쉼 없는 과로를 계속하시다가 몸에 병이 중하여지"셔서 연회가 "쉬라는 통고"를 주어 휴직하게 되었다고 한다.[336]

여기까지 이용도와 감리교회의 관계에 대해서 정리할 수 있는 것은, 감리교회는 일방적으로 이용도의 목사직을 중지시켰지만, 그렇다고 이용도를 '이세벨의 무리'니 '무교회주의자'니 그런 식으로 표현하지는 않았다. 더더욱 '이단' 혹은 (이단적) '신비주의'니 하지 않았다. 다만 강제 절연적 의미가 있는 '휴직처분'이었고, 이는 용도의 건강이 몹시 좋지 않다는 것과 전국적인 용도 비방 분위기와 관련이 있었다.

3. 다음은 평남 안주에서 있었던 일이다. 1931년 황해노회, 1932년 평양노회에 이어 1933년에는 누가 미련함의 주인공으로 나설 것인가? 안주노회가 손을 들었다. 안주? 그런데 안주가 어떤 곳인가? 이용도로 인하여 얼마나 큰

은혜를 받았던 곳인가!

…

1933년 3월 안주노회는 이용도를 매장하기로 결의하였다. 그러자 오관백 군은 있을 수 없는 일이라면서 두 손을 들고 강대상으로 뛰어 올라가 외쳤다.
"화가 있을진저 안주노회원들아, 그 화를 어찌 받으려고 너희가 하나님의 사자를 타살매장(打殺埋葬)하느냐!"
노회원들은 오 군에게 처벌의 선언을 내렸다. 노회의 주장은, "용도 목사의 말대로 하면 모든 가정이 결단나고 세간이 깨어"진다는 것이었다. 그러자 한 사람은 대표목사에게 묻기를,
"목사님, 성경말씀에 나를 따라오려거든 모든 것을 버리고 따르라고 하지 않았소. 그의 말을 들어서 당신이 세간 못하겠으면 그저 당신이나 믿지 말 것이지 믿어본다는 사람을 왜 책망하며 구원 얻겠다고 믿으려는 남까지 왜 망하게 하는 겁니까?"
대표목사란 분은 슬쩍 회의장을 빠져나가버렸다. 그는 남아 있는 이들에게 계속,
"내가 부족하고 내가 모르면 그저 입다물고 가만이나 있지 왜 야단들을 치며 남의 신앙생활까지 방해를 하는 겁니까?"
그러자 어느 노회원이 겨우 한다는 소리는,
"이 목사를 우리 교회에서는 용납하지 말기로 가결이 되었으니 그러는 것입니다."

…

4. 이때부터 안주의 기도하는 동지들은 한 집에 모여 매일 밤을 눈물로 밝혔다. 그러자 교회는 이런 모임을 불쾌하고 수상하고 의심스럽게 여기며 이들을 경계하는 눈길로 바라보기 시작했다. 그러나 이들은 절대로 누구를 욕하지 않기로 다짐하고 그저 기도와 찬송과 통곡과 때로는 춤을 추며 아픔을 달래었다.

이에 한 사람이 오관백을 지지하고, 이용도 목사를 버릴 수 없으며, 노회결의는 받아들일 수 없다는 성명서를 썼다. 그는 무슨 불이익을 당하든지 이용도가 보여준 예수신앙이 참되다는 진실을 부인할 수 없었다. 그러자 20여명의 교인들도 여기에 도장을 찍었다. 그들은 이것을 노회에다 제출했다.

안주노회는 이들에게 "상회불복(上會不服), 작당망동(作黨妄動)이라는 죄명"을 씌웠고, 이들을 어떻게 처벌할 것인가 논의하기 위해 다시 모임을 열었다. 그러면서 서명자들을 가장 약해 보이는 사람부터 하나씩 불러들였다.

"지금이라도 마음을 돌리고 서명을 취소하면 용서할 것이나 만일 그냥 고집하면 책벌을 그대로 가할 것이오."

성명서를 작성했던 이는 가장 마지막에 불려갔다. 심문장에는 10여 명의 목사와 장로들이 앉아 있었다. 그는 들어가자마자 인사도 없이 불쑥 땅에 엎드려 기도를 올리기 시작했다.

"제사장과 바리새 교인이 성경은 혼자 안다고 하면서 주님을 못박았고 저 혼자 주를 잘 믿노라고 하면서 메시아를 못박아 죽이더니, 오늘의 안주 교회는 목사, 장로가 둘러앉아 주의 종을 매장하고 그의 동지를 치고 멸시합니다. 오 주여, 이 불쌍한 무리들을 주께서 긍휼이 보시고 그의 마음에 어서 속히 깨달음과 뉘우침이 있게 해 주옵소서."

눈물이 나왔다. 이용도 목사님의 잘못이 무엇인가? 또 지금 처벌 받는 이들의 잘못은 무엇인가? 주님의 교회가 왜 이래야만 하는가? 그러나 어찌할 수 없는 현실이었다.

쑥떡거리는 소리가 들린다. 심문자들은 그가 가소롭다고 생각하나 보다. 그의 기도가 끝나자 그에게 질문이 던져진다. 먼저 OO 목사였다. 그러나 그는 하도 기가 막혀서,

"목사님도 이러십니까? 다른 사람은 다 그런다고 해도, 목사님이야 그래도 이러실 수가 있을 것입니까? 이때까지 우리와 뜻을 같이하고 우리와 보조를 같이하시던 목사님께서 이럴 수가 있어요?"

그러자 옆에서 '이용도파'로 가장 친했던 O 장로가 합세하여 그를 책망하기 시작했다. 그는 아예 입을 열 가치조차 없다고 느꼈는지 입을 꾹 다물었다.

도당회가 끝난 후 집에 돌아오니 동지들이 엎드려 기도하고 있었다. 흐느끼는 자도 있고 머리털을 쥐어뜯는 자도 있으니, 보고 있노라면 피눈물이 나오는 것이었다. 이들은 절대로 헛된 이야기나 잡담을 하지 않고 결사적으로 기도와 찬송만을 계속하였다.

    죄 짐에 눌린 사람은 다 주께 나오라
    주 말씀 의지할 때 곧 평안 얻으리
    의지하세 의지하세 주 의지하세
    구하시네 구하시네 곧 구하시네

    큰 기쁨 주신 주께서 보혈을 흘렸네
    눈같이 희게 할 피에 온 몸을 잠그세
    의지하세 의지하세 주 의지하세
    구하시네 구하시네 곧 구하시네

    길 되신 우리 구세주 늘 인도하시네
    너 지체 말고 믿으면 참 복을 받겠네

의지하세 의지하세 주 의지하세
구하시네 구하시네 곧 구하시네

이 성회 하나 되어서 영광 길 행하세
한 없는 은혜 받아서 영원히 누리세
의지하세 의지하세 주 의지하세
구하시네 구하시네 곧 구하시네

…

이렇게 하여 안주교회의 20여 명은 "상회 불복, 작당망동 등"의 책벌로 교회에서 버림을 받았다. 이들은 본교회로부터 축출을 당하면서 늘 기도와 찬송을 하였고, 훗날 이때를 회고하였을 때는 이상하게도 이때가 천당이라고 느껴진다고 했다. 주의 길을 위해 버림을 받는 "세계와 재미"를 모르고 예수를 믿는 것은 "불행이요, 불쌍한 신자"라고 단언하기도 했다.

5. 이 사건과 이후의 일들은 1933년 4월 10일자 〈동아일보〉 기사로도 확인할 수 있다.[337]

월여 전에 안주기독교에서는 신진목사 이용도를 고빙하여 부흥강도회를 개최한 일이 잇엇는대 이것이 도화선이되어 간부측에서는 전기 이용도 목사의 성경해식은 예수교 근본정신을 부인함이라 하여 지난 3월20일 안주지방 노회에서 이용도목사를 이단자라 결의하고 그의 설교를 드른 교인에게도 처벌을 주리라는바 다수의 청년부인교도는 이용도목사의 성경해설을 지지하며 따라 재래 의식, 법규에 대하야 개인의 신앙자유를 크게 부르짖게 되며 지난 2일 안주장[로]회에서는 다음 6명에게 주동자로 인정하고 책벌을 주며 따라서 10여명에게는 징계처분를 하게되여…

김상진(장로) 김희학, 최병수, 김달순, 김봉순,(이상집사) 오관백, 징계자씨 명약

1933년 3월 안주노회는 이용도의 성경해석은 "예수교 근본정신을 부인"하는 것으로, 그는 "이단자"이고, 그의 설교를 들은 교인도 처벌을 받아 마땅하다고 결정했다. 그러자 "다수의 청년부인교도"가 이에 반발하여 이용도 지지를 선언했는데, 이에 안주의 장로교회는 주동자들에게 징계처분을 내리기로 했다.

그런데 이용도의 성경해석이 "예수교 근본정신을 부인"한다고 하는 것은 믿을만한 주장일까? 성경을 하나님의 말씀으로 믿고 예수를 유일의 구주로 고백하는 이들에게 이는 심히 중요한 문제이다. 여기서 적어도 두 가지 실증적 고민거리가 있다.

지난 10월 7일 평양노회가 이용도에게 금족령을 내린 뒤, 이용도는 안주 집회를 마치자 마자 평양을 방문하였다. 이때의 결의는 3대 4로 어렵게 통과된 것이었는데, 사람들에게 물으니 노회원들 중 이용도를 반대하는 이들의 한 이유는 다음과 같았다.

"이용도는 예수를 중심으로 하고 설교함에 진리는 있다. 고로 진리를 먹으려면 그를 청해야겠다. 그러나 그를 청하면 그와 같이 못하는 그 교회 목사가 푸대접을 받게 되므로 그를 청하지 말아야겠다."

평양노회가 통과시킨 이용도 '왕따'의 근본 이유는 안주노회가 주장하듯 이용도가 "예수교 근본정신을 부인"하는 이단자이기 때문이 아니라, 이용도가 왔다 가면 그만큼 예수교 근본정신에 충실하지 못하는 본 교회 목사가 푸대접을 받기 때문이라는 것이었다.

오히려, 평양노회 총대들은 이용도의 설교가 예수 중심이요, 진리를 먹여

주는 것이라고는 인정했다. 그래서 10월 7일 결의에는 어떤 신학적 비판도 넣지 않았고, 이용도 금족령에 43%가 반대했으며, 황 장로는 이용도의 안주 부흥회에 참석하여 은혜 받은 뒤 자기가 잘못 찬성표를 던졌다고 회개하기도 했었다.

그럼 평양노회와 안주노회 중 어느 노회가 사실을 말하는 것인가? 둘 다 '이용도 금지'를 내렸는데 하나가 옳으면 다른 하나는 옳지 않게 되니 말이다.

다음으로 생각해볼 것은, 이용도가 10월 7일 이후 평양을 방문하기 직전에 집회를 가졌던 곳이 바로 안주교회였음을 기억하는가? 이때 이용도가 예수교의 근본정신을 부인하는 설교를 했기에 몇 개월 뒤 이단자로 결정된 것일까? 그럼 안주교회는 반년 전 "예수교 근본정신을 부인"하는 설교를 통해 성령의 불을 체험하고 이틀을 연장집회 시켰던 것인가? 아니면 반년 전에는 예수교의 근본정신 승인자이고 반년 뒤에는 근본정신 부인자가 되었다는 건가? 대체 정신이 있는 소리인가.

1933년 3월 안주노회의 몹시 수상함은 총대들 중 최소 하나의 목사와 하나의 장로가 전까지는 용도파와 뜻을 같이 하다가 갑자기 이날에 와서 입장을 180도로 바꾸고 있다는 점이다. 이것은 내적 이유가 아니라 외적 이유에 굴복하였음을 암시해준다. "이때까지 우리와 뜻을 같이하고 우리와 보조를 같이하시던 목사님"과 "가장 친하던 O장로"는 노회의 압력과 회유에 급하게 입장을 선회하였던 것으로 판단된다.

평양노회만 아니라 안주노회를 통해서도 알 수 있는 것은, 이들이 이용도를 "파괴자"나 "예수교 근본정신을 부인"하는 "이단자"로 결의하였을 때 이것은 표면적 이유일뿐, 내면적 이유는 용도의 부흥회를 통해 성도들의 기도와 생활에 능력과 활력이 임하는 것을 두려워한 교권자들이 회개와 변화의 길로 나아오기보다 제 밥통을 지켜야 될 위기감을 느꼈기 때문이었다는 것이다.

참 목자는 양떼를 위해 제 목숨을 내어주고 삯꾼 목자는 양떼를 통해 제 목숨을 유지해간다는 주의 말씀을 마음에 더디 믿어서는 한국교회의 성숙에 도움이 되지 않을 것이다. 오늘날 한국교회의 흥망은 참 목자와 삯꾼 목자가 분별되는 것으로부터 기대해볼 수 있다. 참 목자는 믿음과 사랑의 바탕 위에서 주와 양떼를 위해 가장 고생하다가 죽는 영광만을 상급으로 삼는 자임을 기억하자.

7. 용도가 서울에 누워 있는 동안 이렇듯 감리교는 그의 목사직을 정지시키고, 안주노회는 용도를 지지하는 무리들을 책벌 출교하면서 이용도를 이단자라고 결의하였다. 한국교회사의 낯 뜨거운 한 장면에 쥐구멍을 찾게 된다.

용도를 버리지 않음으로 자기도 버림을 받은 안주의 무리들도 예배처를 찾아 나섰다. 이에 용도는 이중의 고통을 당하였으니, 성도들이 교회에서 쫓겨나는 아픔과 예배처가 없는 그들을 위하자니 새로운 공동체를 조직해야 했다는 것이다. 그러나 언제까지 우리 바깥 캄캄한 곳으로 내쫓긴 양떼들을 보고만 있을 것인가? 왜 그때 그분들은 그렇게 아파야만 했던가?

"무릇 그리스도 예수 안에서 경건하게 살고자 하는 자는 박해를 받으리라"(디모데후서 3:12).

바탕재료 〔추모집〕, 167, 283~6과 변종호, 〔이용도 목사전〕, (서울: 장안문화사, 1993), 182~4, 192를 재구성.

쫓겨난 무리들에게도
교회는 있는가

    1. 이용도는 4월 중순 서울을 떠나 원산으로 가서 몸을 조금 회복한 뒤 5월 중순 다시 원산을 떠나 평양으로 왔다. 그리고 6월부터는 (지난 2월 집회하였던 회중교회에서) 쫓겨난 무리들의 교회인 '예수교회' 창립준비 부흥회를 인도했다. 그런데 집회 일주일째에 피를 토하고 쓰러지자 급히 간도에 있는 이호빈에게 전보를 쳤다.[338]

    형님, 곧 나오시오

    만주에서 전도단 단장으로 일하던 이호빈 목사는 멀리서 이 전보를 받고 "이 사람이 죽어가는구나"하고 허둥지둥 떠날 채비를 차렸다.
    "용도 목사가 죽는 것 같으니 빨리 가봐야겠소."
    한 마디를 남기고 차에 올랐다. 상관인 감리사에게 허락을 맡는 것이 순서였지만 그럴 겨를이 없었다. 감리사는 마침 출타 중이었고 시간을 더 끌다가 용도에게 무슨 일이라도 생기면 큰일일 테니 말이다.
    평양에 도착한 호빈은 마중 나온 두 사람과 함께 평양 시내 대찰리에 있는 어느 교인의 집으로 갔다. 거기에 용도가 곧 죽을 사람처럼 누워있었다.
    "이 목사님께서 두 주간 예정으로 집회를 인도하시다가 한 주일만에 피를 쏟고 쓰러지셨습니다."

그럼 시간은 아직 한 주가 남아 있다. 전국에서 몰려든 이들 중 철야기도 하는 이들만 300명 가까이 되었다. 이호빈은 그날 저녁부터 바로 집회를 인도 했다.

2. 창립준비 부흥회가 끝난 뒤 1933년 6월 6일부터는 평양 신양리에 있는 십자상회 위층에서 116명이 모여 2박 3일간 예수교회 창립모임을 열었다. 개회시간 전까지 용도는 호빈 형님과 단둘이 많은 이야기를 나누었다. 이때에 최후의 유언 같은 것이 주어졌는지도 모른다.[339]

모임이 시작되려 하자 용도는 호빈에게 "형님도 총회에 참석하시지요" 부탁하였다. 그러고는 무거운 몸을 겨우 일으켜 세우고 사회를 맡았다. 그러나 기침이 심해지면서 다시 피를 토하게 되자 평양기도단원 이종현과 안주에서 쫓겨난 김희학이 번갈아 사회를 보았다.

회의에는 전국에서 내몰린 사람, 파문 당한 사람들이 "이구동성으로 새 교단의 창설을 역설하는 가운데 일정이 일사천리 격으로 진행"되었다. 이들은 "예수교회"가 창립되는 것이 하나님께서 명하시는 일이라 느끼고 있었다. 이들은 이용도를 초대 선도감으로 옹립했고, 이용도는 새 교단 예수교회를 창립한다고 선언했다. 발기인은 이용도, 이종현, 백남주 3인이었다. 그럼 창립선언문을 들어보자.

예수교회 창립선언

만유가 혁신되리라는 것이 인생의 공통한 이상이다. 그래서 우주가 새로워지고 사회가 새로워지고 개성이 새로워지기를 어제도 오늘도 내일도 간단없이 바라고 기다린다.

예수로써 만유가 혁신되리라는 것은 예수인의 이상이다. 그래서 예수로써 하늘도 예수로써 땅도 예수로써 인간도 새로워지기를 바라는 것이다.

예수로써 선차로 교회가 새로워지는 일은 누구나 간절히 바라지 않을고? 그러나 이상하다. 교회는 그 내용이 새로워지지 않고 도리어 새롭기를 바라는 분자를 혐기하야 혹은 구박하며 혹은 파문하니 마침내 분리를 면치 못하야 결국은 면목 다른 신교회의 성립을 피치 못하게 되었나니 예수교회 설립의 의의는 여기에 있는 것이다.

"예수교회"의 출현은 결코 새 종파 새 제도의 건설을 목표로 한 것이 아니고 기성 교회의 내용 혁신을 기도함이 종시일관의 신념이다. 라마구교라거나 갱정신교라거나 가릴 것 없고 종문의 동서나 파별의 남북을 논할 것 없이 교회의 내용만 예수로써 정화되면 그만이다.

"예수교회"의 기원은 예수의 기원과 동일하다. 그래서 이것이 가장 새 일이면서도 가장 옛 일이다. 결코 금일의 창시가 아님도 사실이다. 그러나 아무런 관사도 부사도 첨부하지 않고 순수히 "예수교회"는 외면에 아무런 장식이 없는 것만큼 기(基) 내용이 극히 단순하다. 예수교인의 생명이 예수요, 생활이 예수다. 과거도 현재도 미래도 "예수"다.

"예수교회"의 목적은 교회에 가입하여 교회원이 되라는 데 있지 않고 예수를 얻어서 "예수인"이 되라는 데 있다. "예수교회"의 단순한 "신전"이 차(此)를 설명한다. …

성의에 봉복하야 예수교회를 설립하노라.

3. 창립을 선언한 뒤 용도는 몸이 괴로워서 자리를 옮겨야 했다.[340] 호빈은 계속 남아 방청했다. 사회자들은 이호빈 목사를 규칙제정위원회의 고문으로 추대하였다. 타교단 소속이지만 규칙제정에 도움을 주는 것 정도는 문제가 아닐 것이다 싶어서였다. 그리하여 헌장 및 세칙 위원으로 이용도, 이호빈, 백남주가 선출되었다. 이호빈은 손님으로 방문한 것임에도 3인의 세칙 위원 중 하나가 되었던 것은 그가 그만한 신앙과 인격과 자질이 있다는 신뢰를 주었

기 때문일 것이다.

　이호빈이 만주로 돌아오니 상관인 배 감리사는 벼르면서 그를 기다리고 있었다. 호빈을 즉시로 호출한 그는,
　"더 말하지 않겠으니 감리교 목사직을 사임하오."
　"감리사님, 이유가 무엇입니까?"
　"아니면 이용도와 관계를 끊으오."
　"아무런 이유도 없이 끊을 수는 없겠습니다."
　"그럼 당장 사면서를 내오."
　이호빈은 백지 두 장에 도장을 찍어서 주니 백지사면서가 되었다. 감리사는 거기에, "감리사의 파송명령 불복"이라고 써서 연회에 보고하여 행정처리를 마쳤다.
　이렇게 이용도와 함께 이호빈도 떠나게 되니, 감리교회는 하루아침에 두 큰 별을 잃었던 것이다. 삼이형제의 막내 이환신이 후에 감리교회의 수장이 되는 것을 생각하면, 이용도와 이호빈을 이렇게 놓친 감리교회가 측은하지 않은가.
　4. 시간은 빠르게 지나갔다. 일들은 일사천리로 진행되었다. 이호빈은 아무런 미래가 보장되지 않는 상황에서 감리교 목사직을 내놓은 뒤,[341] 7월의 어느 날 병이 중한 용도를 보러 다시 평양으로 갔다.[342] 그러나,
　"용도 목사님은 지금 송태에서 요양하고 계십니다."
　하여 이호빈은 평양 서쪽 대보산 아래 송태를 향해갔다. 이때 용도는 요양에 별 차도가 없어서 그곳을 떠나 평양으로 돌아오는 길이었다. 버스에 탄 용도가 호빈 일행을 보자 버스를 세웠다. 용도는 호빈이 버스에 오르자마자,
　"형님, 벌여놓은 이 일을 형님이 맡으셔야지요."
　호빈은 자기도 모르게 자연스럽게,

"그래야지"하고 대답했다.

둘은 함께 평양 시내로 와서 하룻밤을 보냈다. 용도는 다시 원산으로 가서 요양하기로 하니 평양교회 담임자가 공석이 되었다. 그래서 모두들 하나님의 뜻이라고 생각하며 이호빈에게 평양교회를 맡겼다.

예수교회 창립과 관련하여 이호빈이 보여준 행동들은 생계에 대한 애착과 두려움을 마다 않고 고난의 가시밭길이라도 친구와 손잡고 가고자 하는 신의(信義)였다. 이분들의 신앙 우정의 크기에 절로 고개가 숙여지는 바이니, 오늘 이런 분들은 어디에 있는가? 각자가 먼저 회개하고 신앙의 부흥을 이루어 한 사람을 귀하게 여기며 살아간다면 혹 언제 어디에선가 우리는 서로에게 그런 신앙의 우정을 보여줄 수 있게 될 것이다.

그런데 이호빈이 지금껏 신앙의 터전이 되어주었고 떠날 생각이 없었던 감리교회를 나와 이용도의 예수교회로 옮겨갔을 때는 순전히 의리만이 작용했던 것일까? 그 자신의 설명으로 본 단락을 마친다.[343]

"예수교, 실상 이름이 참 좋아요 … 장로교, 감리교, 성결교도 다 좋지만 예수를 믿으니까 예수교라고 하는 것이 옳은 이름이며, 좋은 것 같습니다.

그러나 제가 예수교로 온 것은 실상 이름이 좋아서 온 것은 아니고, 이용도 목사를 따라 예수교에 왔습니다.

이용도 목사와 가까워서 따라 왔느냐면 그것은 아닙니다. 제가 이용도 목사에게 끌린 이유는 이용도 목사가 예수를 가장 바로 알고 바로 믿었다는 점 때문이었습니다. 나를 가르치신 분도 많이 있었지만 이용도 목사가 가장 예수를 바로 따른 사람이었다고 저는 믿어지며 그러기에 예수를 믿되 이용도 목사처럼 믿어야 하겠다 생각하니까 자연히 이용도를 가까이 하게 된 것입니다."

최후의 일격

1. 용도가 많은 땀과 눈물과 피를 쏟았던 평양에서의 마지막 시간은 1933년 7월 26일이었다. 용도는 원산으로 가기 위하여 다음날 기차에 몸을 실었다. 변종호는 이때의 장면을 그림처럼 보여준다.[344]

평양을 떠나려는 기차 가운데 몸이 심히 쇠약 수척하고 호흡 곤란에 괴로워하는 환자 하나가 올랐으니 그가 과거 3년 동안 삼천리강산의 박수 갈채를 혼자서 받고 지난 3년 동안에 이 평양성에를 여러 번 오락가락하며 평양성 사람의 눈물을 한없이 자아내며 그들에게 또 무상의 큰 기쁨을 가져다 주던 주의 사자, 이용도 목사이었다.

기운이 없고 숨이 끊어져 오는 용도 목사는 겨우 몸을 기차에 끌어올렸다. 기차에 올라선 용도 목사. 그는 힘 드는 눈을 겨우 떠서 플랫폼에 나와 있는 동지들을 내려다보고 다시 평양성 안을 향해서 시선을 돌려 본다. 그리고는 그저 눈물을 흘린다. 이 눈물은 세상에 흔히 있는 그런 눈물, 내가 오래 못 산다던가, 세상을 떠나게 될 때에 흘리는 서러운 눈물이 아니다. 주께서 부족한 종을 이 땅에 여러 번 보내시어 외치게 하신 감격의 눈물이요, 평양성이 아직도 죄악에서 벗어나지 못한데 대한 마음 아픈 눈물이요, 여기 나온 동지들이 그 남은 날을 잘 살다가 아버지의 집에까지 무사히 이르게 해달라는 간절한 기도의 눈물이었다.

기차 출발의 종이 울린다 … 기차가 움직인다. 용도 목사가 두 손을 높이 들며 눈을 감고 기도를 드린다. 빨라지는 기차는 어느덧 휙 날아가며 용도 목사를 빼앗아 가버렸다. 전송자들의 눈 속에 두 손 들고 기도 드리는 모습만을 남겨놓고 용도 목사는 마지막으로 평양성을 떠나버렸다. 전송자들이 허둥지둥 플랫폼을 나오니 기차는 어느덧 대동강을 건너서 남쪽을 향해 멀리 사라져가고 있다. 대동강은 문득 여러 사람의 머리에 요단강을 연상시킨다. 대동강을 건너서 가버리신 목사님을 언제 또 이 땅 위에서 다시 만나볼 수 있을 것인가.

용도는 평양에서 서울로 가서 역전 여관에서 1박을 한 뒤 다음날 원산행 열차를 탔다. 그러나 용도의 건강이 견디어주지 못하여 부인과 함께 강원도 삼방협역에서 도중하차하였다. 여기서 5일을 머무르는 동안 변종호가 용도 목사를 찾아왔다. 이때 용도의 "얼굴빛은 눈에 띄게 어두워지고 몸은 극도로 쇠약했다. 기침은 쉬지 않고 가슴을 쿵쿵 울리듯이 쏟아져 나왔다."[345]

2. 간신히 원산으로 돌아가 누워있는 동안 용도에게 흉흉한 소식이 또 들려왔다.

1933년 9월 8일에서 15일까지 평북 선천에 있는 남예배당에서 제22회 조선예수교장로회총회가 열렸다. 이곳은 지난 1931년 8월 이용도 목사님을 모시어 부흥회를 개최하였던, 용도의 땀과 피가 서린 장소였다. 이곳에 목사 73인, 장로 73인, 선교사 34인이 모여 장흥범을 총회장으로 하여 이용도에 대하여 최종 판결을 내리었다.

…

"설움 당한 민족을 위해 함께 울어준 자가 누구입니까! 한국의 양떼들이 어디에서 이 좋은 풀을 먹을 수 있겠습니까! 누구의 생활을 통해 예수 그리스도의 사랑을 보여줄 수 있겠습니까! 이는 이용도 목사의 사랑과 실천에서만 얻어진 것입니다!"

장로교 평양 여자고등성경학교(평양 여자신학교의 전신) 최덕지 학우회장은 외쳤다. 한국교회가 이용도의 주님을 향한 절대적 사랑과 실천을 이해 못하고 시기하여 이단으로 몰았다며, 그는 세력과 다수를 따지지 않고 자기가 믿는 사람을 끝까지 따랐던 것이다.346

…

그럼 용도가 이단이라고 주장하는 이들의 근거는 무엇인가? 대한예수교장로회(합X)과 대한예수교장로회(통X) 교단 홈페이지를 방문하니 아래와 같은 이유로 이용도가 이단이 된다고 한다.347

산기도와 금식기도에 열심을 낸 이용도는 1928년 12월 24일 새벽 통천교회에서 기도 중 환상 중에 악마를 추방하는 성령체험을 하고 다시 1년 후 1929년 1월 4일 양양교회에서 역시 유사한 체험을 한 후 그의 설교에 감화력이 넘쳐 부흥사로 이름이 알려지기 시작했다. 그러나 그의 부흥운동은 순탄치만은 않았다. 황해도 재령교회에서 크게 역사 하였으나 재령교회 훼방, 여신도와의 서신거래, 소등(消燈)기도, 교역자 공격, 무교회주의자라는 등 여러 가지 조건을 들어 금족령이 내려졌다.

기독교의 진수는 믿음보다는 사랑에 있다는 확신이 그의 생을 지배했는데, 사랑의 융합을 통해서 주님과의 혈관적 연결을 이룬다고 믿고 있었으며 자기를 고난 당하는 그리스도와 동일시하기까지 하였다. 그는 무조건의 사랑을 표방하면서 심지어 사탄에게도 배울 것이 있으며 불경이나 사회주의 책에서도 배울 것이 있다고 강조하는 한편, 신학과 교리의 기독교를 공격함으로써 신비주의의 공통의 오류에 빠졌다.

1931년 8월 12일 황해노회가 그에게 금족령(禁足令)을 내렸고, 1932년 10월에 평양노회는 1) 타교파의 강사를 집회에 청할 때에는 규정된 수속을 취할 것, 2) 조용히 기도하고 떠들지 말 것, 3) 무인가 단체를 해산할 것 등의 결의를 하였다. 또「기독신보」사설은 그를 '이세벨의 무리'로 정죄하고 나섰다. 감리교회에서도 그가 속한 경성지방회 교역자회의는 그를 소환하여 오랜 시간 증언을 청취하였으며 1933년 3월 중부연회는 휴직 처분을 내렸다.

장로교의 1933년 9월 제 22회 총회는 "이용도 백남주 한준명 이호빈 등을 이단으로 간주한다"고 결의하였다.

3. 첫 세 문단이 이용도 이단론의 근거이고, 그중에서도 둘째 문단이 핵심이다. 그런데 1933년의 총회록을 살펴본 결과 위의 첫 세 문단과 유사한 내용은 눈 씻고 찾아도 볼 수가 없었다. 대신 이렇게만 쓰여 있었다.[348]

각로회 지경 내에 이단으로 간쥬할 수 잇는 단톄(리룡도, 백남쥬, 한준명, 리호빈, 황국쥬)에 미혹지 말나고 본 총회로셔 각 로회에 통첩을 발하야 쥬의식히기로 가결하다.

그럼 합X과 통X은 이용도가 이단이라는 근거로 오늘날 위의 첫 세 문단을 어디에서 가져온 걸까? 다시 말해, 1933년 이용도가 이단으로 결의된 근거로 사용되지 '않은' 내용들이 더해져 이단으로 될 수 있느냐는 것이다. 결정은 일단 해놓고 이후에 근거를 나름 덧붙임이 가한가? 1933년에 이유를 제시함이 없이 이단으로 찍고, 후대들이 임의적으로 이유를 붙여주는 것이 합당한가?

이 문제를 두고 교단차원에서 고 이용도 목사님과 유족들에게 진심으로 사과한다면 한국교회는 화평을 이루는 교회가 되어 21세기 하나님의 사랑과 능력을 드러낼 것이지만, 나몰라라 한다면 아벨의 핏값은 심판의 날까지 호소할 것이다.

지금까지 우리가 본 용도, 증인들이 본 용도와 제22회 장로교 총회에 쓰여 있지도 않는 세 문단을(씩이나!) 덧붙여놓은 장로교의 어느 일파들이 말하는 용도가 얼마나 닮았는지는 상당히 의문이다. 게다가 본 결의문에는 오류가 적지 않고 억지는 거침없다. 심판의 날 이 문제가 다루어지기 전에 인간들이 회개하여 죄 사함을 받기 위해서라도 차후 실증적으로 다시 다루어질 것이다.

4. 그래도 이상하기만 한 것은, 1933년 장로교회의 이단결의는 저주나 수치가 아니라 오히려 주님이 주시는 훈장으로 보인다는 점이다. '부름 받아 나선 이 몸'의 작사가 목원 이호운 목사의 말씀이다.[349]

나는 그를 불러 '성자'라고 한다. 과연 그는 내가 본 성도 중의 첫 사람이다. 내가 말하고 또 믿는 성자에 대한 개념이나 표본은 고 이용도 목사님이다. 나는 모른다. 아직까지도 그에게 이단이라는 명패를 채워두기를 원하는 이가 몇 분이나 되는지. 그러나 나에게는 이단이라고 쓴 그 글자가 추하게 보이지 않고 성자의 명예를 더 빛나게 하는 훈장으로만 보여지는 바이다.

"우리가 보니 이 사람은 전염병 같은 자라 천하에 흩어진 유대인을 다 소요하게 하는 자요 나사렛 이단의 우두머리라"(사도행전 24:5).

■자기 십자가를 지고
주님 곁으로

1. 9월 말에는 이용도가 호전될 기미가 보이지 않으니 이호빈에게 원산으로 오라는 연락이 왔다. 원산에 와보니 용도는 누워 있지만 정신은 아주 말짱했다.

"왜 벌써 좀 오시지 않구요."

할 말이 많은데 형님이 너무 늦게 왔다는 것이었다. 9월 30일에는 슬퍼하는 동지들을 곁에 두고 말했다.

"내 눈을 보십시오. 죽는 눈이 이런 것을 보았습니까. 사람이 영생한다는데 모두들 죽는 이야기들만 하니 이 무슨 어리석은 생각들입니까. 영생을 믿으시고 죽는다는 말은 그만둡시다."

이날 몇 가지 유언을 남겼다. 친형님 용채씨에게는 눈물로,

"주님은 생명을 사랑하십니다. 그러니 형님! 형님의 손발을 자르면서라도 생명을 구해주시오. 주님은 영원한 생명을 사랑하시니까요."

다음으로 감리교회에서 나온 호빈 형님에게는,

"형님, 처자를 없는 듯이 하고 주님만을 위해 살아주십시오. 교단은 형님이 맡으시고 신학산은 송창근과 이환신에게 맡겨주세요. 함께 손을 마주 잡고 조선의 기독교를 위해서 죽도록 일하여 주세요."

예수교회의 총 책임자인 선도감으로 이호빈을 지목했으니, 눈을 감으며 믿을 사람은 호빈 형님이었던 것이다. 예수교회의 신학훈련소인 원산의 신

학산은 장로교 송창근 박사와 미국 유학 중인 감리교 이환신이 이끌어가라고 부탁했다. "신학산을 백남주 목사에게만 맡길 수는 없다는 뜻"이었다.350

2. 한 인간으로서 겪을 수 있는 각종 공격을 가녀린 몸으로 받아냈던 사랑의 초인 용도는 10월 2일 원산에서 20여명의 가족과 동지들에게 둘러싸인 채로 평온히 누워있었다. 기도와 집회로 제대로 누워본 적 없던 그는 이때에서야 한없이 누울 수 있었다. 이 와중에도 그를 향한 험한 말들과 어리석은 질문들이 쏟아졌다.351

> 별 사람, 별 인물이 다 와서 별소리를 다 해도 그는 잡은 바가 있는 듯이 엄연(儼然) 자중(自重)하셨다.
> 그는 입을 다무셨다. 들어 유익 못될 말은 한마디도 안 하셨다. 진리가 아니면 입을 열지 않으셨다. 곁에 있는 사람 중에서 경솔한 말이나 헛된 말이 나오면 목사님은 진정한 사랑으로 훈계하시었다. "지금은 명상할 때요, 묵상할 때니 고요히 있어 주의 임하심을 기다리라"는 것이었다.

3. 피도수가 수집한 전승에 의하면, 이용도는 말년에 다음과 같은 기도를 드렸다.352

> 주님, 제가 3년만 더 살게 해주시면 거지들에게 말씀을 전하는 데 전력을 다하겠습니다. 그들과 함께 굶고 그들과 함께 잔치하겠습니다. 그들과 같이 웃고 그들과 같이 울겠습니다. 오 주님, 거지들을 위해 3년만 허락해주십시오!

4. 10월 2일 오후 4시가 지났을 때에 용도는 얼굴에 광채를 띠고 눈을 번쩍 뜨더니 찬송을 부르자고 했다. 박자를 맞추려고 손을 위로 올렸다. 처언천히,

처어언처니. 먼저 하늘로 보내는 동지를 두고 모인 이들은 승전가를 불러주었다. 슬프게. 그러나 기쁘게.

>아름다운 내 본향을 목적 삼고, 한 찬미를 불러보세
>거기 무궁한 세월이 흘러갈 때 고난 풍파가 일지 않네
>고난 풍파가 일지 않네
>거기 무궁한 세월이 흘러갈 때 고난풍파가 일지 않네
>맑은 수정과 같은 내 본향의 성 밤마다 꿈 속에 보니
>이 눈앞에 저 묘하고 명랑한 성 가리우는 것 별로 없네
>너와 나 위해 예비한 집이로다
>주 예수의 계신 델세 만국 왕 되신 이
>우리 쓸 면류관 손에 들고 기다리시네
>모든 슬픔과 아픔을 벗어난 후 영원히 즐거워하리
>손에 거문고 들고 늘 찬미할 때 우리가 서로 만나겠네
>우리가 서로 만나겠네
>손에 거문고 들고 늘 찬미할 때 우리가 서로 만나겠네

　찬양의 마지막 줄에 이르자 용도는 들었던 손을 맥없이 놓았다. 조금 뒤 다시 평화롭고 환한 얼굴로 동지들을 둘러보았다. 그들이 한 사람씩 수저로 물을 떠서 용도의 입에 넣어주었다. 마지막 동지의 숟갈을 받으면서 숨을 거두시었으니, 1933년 10월 2일 오후 5시였다.

…

　5. 변종호는 이용도의 최후를 다음과 같이 평가했다.[353]

주의 사자 이용도 목사님은 33세에 천국을 향하여 이렇게 세상을 떠나시었다. 조국과 동포를 사랑하여 일생 동안 눈물과 땀을 한없이 쏟으시고 주님과 죄인을 사랑하여 모든 것을 다 바치고 다 빼앗기신 애국 성도 이용도 목사께서 1933년에 33세로 세상을 떠나셨다는 것은 가시면서도 민족대표 33인과 예수님의 33세를 연상시키며 그들의 생애를 길이길이 명상하고 본받으라는 그 어떤 교훈이 내포하여 있음을 알려주는 듯하여 가슴이 두근거림을 느끼게 하는 바가 있다.

　6. 용도 목사는 땅에 묻히는 순간까지도 가난했다. 널을 옮길 상여가 없어 나무조각 몇 개로 상여를 대신했다. 남녀 동지들과 학생들이 산언덕을 오르며 꽃을 들고 찬송을 불렀다. 이 초라한 행렬이 그 동안 한국교계를 흔들어놓고 사랑의 피를 다 뿌리고 간 성자에 대한 마지막 보답이었다.

　묘지에 도착하여 관을 내리려 할 때에는 어떤 험상궂은 사람이 나타나 이를 제지하였다. 여기는 개인소유의 산이니 묻을 수 없다며 거친 말들을 뱉어냈다. 사정사정 애걸복걸. 평토장을 하기로 해서 겨우 용도 목사님의 시신을 묻을 수 있었다.

　그러나 그 뒤에도 며칠간은 무덤을 지켜야 했으니, 누가 와서 묘를 파버리지나 않을까 염려되었기 때문이다. 이용도는, "일생 동안 잘못한 것 없이 몰리고 주님의 뜻대로만 살려 했기 때문에 … 매장되는 최후의 순간까지 구박을 받는 것이었다."[354]

　관이 땅 속으로 들어갈 때 울음 소리 사이로 누군가가 말했다.

　"이용도 목사는 나에게 두 가지다. 첫째는 나의 신앙의 어머니이고, 둘째는 나의 마음의 쾌락이었다. 목사님이 아니었다면 찾지 못할 하나님의 사랑을 찾고 얻지 못할 신앙을 얻었으니 그는 나의 어머니요, 그 신앙으로 해서 내 마음이 새로워지고 새로운 생명에 접하여 말로 할 수 없는 만족과 기쁨을 얻었으니 그는 나의 쾌락이다. 이용도 목사님. 그는 나의 어머니, 나의 기쁨이었다."

용도 목사의 몸이 땅 속에 묻히는 동안 일동은 큰 찬송을 불렀다.

저 좋은 낙원 이르니 그 쾌락 내 쾌락일세
이 세상 추운 일기가 화창한 춘일(春日) 되도다
영화롭다 낙원이여 그 산악에서 보오니
먼 바다 건너 있는 집 주 예비하신 궁일세
그 화려하게 지은 것 영원한 내 집이로다

이곳과 저곳 멀지 않다 내 구주 건너 오셔서
손목을 잡고 가는 것 내 평생 소원이로다
저 기화요초 향기는 바람에 불려오도다
생명수 가의 화초는 늘 사시 청춘이로다
청아한 음악소리는 풍편에 날아오는데
흰 옷을 입은 무리들 천사와 노래하도다

이 땅이 낳은 가장 경건하고 가장 능력있고 가장 겸손하고 가장 예수닮은 대한의 성자께서는 이렇게 이 땅을 떠나시었다.

바탕재료 〔전기〕, 113과 211~7을 재구성.

이용도의 개혁은 실패인가

1. 교회를 개혁하려던 사람이 이단자로 찍히는 역사는 그리 낯선 것이 아니다. 가톨릭은 왈도파를 이단자로 몰았고, 위클리프와 휘스를 이단자로 찍어 묘를 파내기도, 화형대에 묶어버리기도 했다. 교황은 루터를 이단이라며 파문했다. 웨슬리도 교권자들로부터 민중의 사기꾼이요, 악마의 젖으로 키워진 자라는 등의 욕을 먹었고, 영국교회로부터는 양떼의 도둑놈이란 소리를 들었다.

웨슬리는 자기를 따르는 이들이 국교회에서 분리하는 것을 반대하였지만 신앙의 생명을 잃어버리고 생명을 갈망하는 양떼들을 사막과 이리의 굴로 인도하던 성직자들에게서 무얼 더 기대할 수 있겠는가? 교구는 누가 정하는 것인가? 복음에 배고픈 양떼들이 널려 있는 한은 세계가 교구다.

2. 그럼 용도의 개혁은 어떠했는가? 혹 그의 개혁이 실패했다고 하여도 주님의 계획은 실패하지 않는다. 아니, 혹 그의 개혁이 실패했다고 하여도 오늘을 사는 우리들이 그의 개혁에서 필요한 것들을 취하여 오늘의 개혁을 이루어낸다면 그의 개혁은 충분히 성공한 것이다. 또한 혹 용도의 개혁에 코웃음 치는 대범한 사람이라 하여도, 이용도가 한국교회를 사랑하여 피를 쏟았던 정신과 태도와 자세, 삶만큼은 존경하기에 부족함이 없을 것이다.

혹 이용도 목사가 분명 존경할 만은 하지만 교회의 개혁에는 실패했다고 할 사람이 있다면, 조금 더 깊게 생각해보아야 한다. 용도는 처음에는 부흥회를 통하여 교회의 개혁을 꾀하였으나, 후에는 무차별의 사랑으로 옮겨갔고, 이 두 가지 경우 모두 그 기저에는 '불의에 항거하는 피'의 정신이 있었다.

교부 터툴리안은 "순교자의 피는 교회의 씨앗"이라 하였는데 그럼 용도는 죄라고 할 만한 것이 없고 오히려 선을 행했음에도 매를 맞아 죽어 피를 흘렸으니, 이 피는 헛되지 않게 되는 것이다. 그 피는 교회 개혁의 씨앗으로 땅에 떨어져 후에 열매를 맺을 피의 씨앗이다. 그의 교회 개혁은 그의 죽음으로 끝나고 깨어진 것이 아니라, 오히려 그의 죽음을 통해 하나의 밀알이 됨으로써 그 자신으로 볼 때는 "다 이루었다" 할 수 있는 것이요, 그의 개혁은 후대로 이어져 결국 개혁의 열매를 싱싱하게 맺게 된다.

3. 용도와 깊은 친분을 맺었던 이들 중에는 한국교회사의 영웅들이 수두룩하다. 이호빈(예수교회 선도감, 현 강남대학교의 전신 중앙신학교 설립자), 감리교에서 활약한 이환신(교수, 감리교 감독), 이호운(교수, 총장), 변종호(교수, 목사), 조신일(목사), 조경우(목사), 김광우(초대 중부연회장), 명관조(감리사), 피도수(선교사, 교수), 박재봉(대부흥사), 주룰루(여성 지도자), 장로교 쪽의 김인서(문인, 목사), 김예진(목사, 순교자), 송창근(기독교 장로회의 아버지, 목사, 교수), 최덕지(최초의 장로교 여목사, 재건교회의 어머니), 성결교의 정남수(목사, 부흥사) 등등등.[355]

이외에도 존경과 친분의 흔적이 남아 있는 이들을 찾아보면 각 교파가 총망라된다. 소위 무교회주의자 김교신, 김성실, 최태용(후에 복음교회 설립), 소위 신령파 한준명, 백남주, 고신의 아버지 주남고, 산정현교회 강규찬, 미 북장로교 선교사 허대전, 미 남감리교 선교사 왕영덕, 부라만, 안지선, 거포계(巨布計·Miss Kate E. Cooper, 1886~1978) 등 얼마나 많은 이들이 용도를 사모했는지. 한때의 우정이든 평생의 우정이든, 우리 강산에서 신앙의 호걸들이 그렇게 친분을 맺고 살았었다는 것만으로 놀라며 즐거워하지 않을 수 없다.

그럼 이용도는 이렇게 믿음의 동지들이 많으면서도 왜 개혁자들이나 웨슬리처럼 좀더 뚜렷한 교회 개혁의 '가시적' 성과를 남기지 못했을까?

교권생태계적 차원에서, 반대자들의 반대가 극심하고 격렬했다. 이들은 없는 말까지 지어 내며 발악했다. 그것이 하늘과 땅이 함께 노할 짓거리였음에도 망설임이 없었다. 이런 자들이 모여 나름 명분을 만들고 기회를 엿보다가 이용도를 무교회주의자로 낙인찍었고, 후에는 교회 파괴자로, 이세벨의 무리로, 다음에는 예수교의 본질을 흐리는 이단으로, 그리고 최후로는 이단적 신비주의자로 만들었다.

교권이 이치에 맞지도 않는 정죄의 도구나 집단이기주의의 행사를 위한 권력으로 활용되는 이상 개혁은 저 압록강 건너에나 있는 것이다. 웨슬리 목사님도 설교에서 이런 자들을 심각하게 비판하였다. 그들이 영혼들에게 끼치는 해악이 도저히 심각했기 때문이다.[356]

무엇보다 교만, 경솔, 혈기, 세욕(世慾), 하나님보다 세상 쾌락을 더 즐김, 이웃에 대한 몰인정, 선행에 대한 무관심, 의로 인한 수난의 기피, 의를 위한 박해의 회피 등은 그들의 가르침의 내용입니다. 만일에 누가 "왜 이런 것들을 하늘 가는 길이라고 가르쳤으며 또 가르치겠는가?"고 묻는다면, 어느 교단내에나 유식하고 지도적인 지위에 있는 사람들 가운데 이러한 인물이 상당한 숫자가 된다고 대답할 것입니다. 그들은 교만한 자, 무위도식자(無爲徒食者), 혈기 잘 부리는 사람, 세상을 사랑하는 사람, 향락주의자, 편벽되고 매정한 사람, 단정하지 못하고, 조심성 없고, 불투명하고, 무익한 인간들과 또는 의를 위하여 고난받기를 원치 않는 사람, 그리고 자신은 하늘 가는 길에 있다고 자처하는 사람들을 조장하는 자들입니다. 이런 자들이야말로 최고의 거짓 예언자들이며, 하나님과 사람의 반역자이며, 사탄의 맏아들이며, "아볼리온"의 장자이며, 멸망자입니다. 이 사람들이야말로 인간들의 영혼을 죽이는 교살자(絞殺者)들입니다. 그들은 끊임없이 흑암의 땅을 그들의 유혹자로 채우는 자들입니다.

용도나 웨슬리가 이런 자들의 불의에 굴하지 않고 맞서 싸웠던 것은 이들이 주님의 교회를 망쳐놓는 주범이요 주력이었기 때문이다. 이자들은 오늘날도 살아서 교단의 높은 곳을 차지하고 교회의 우두머리 행세를 하되 그 속에는 탐욕과 술수, 자기애를 얼싸안고 있다.

이들은 교회의 암덩어리로, 세상이 알아주는 길고 긴 명패를 부적처럼 이마에 붙이고, 사랑과 겸손과 인내보다는 자기 몸의 영달과 세력의 확장에 더 애착이 있다. 교단차원에서도 이런 자들이 있어 한국교회의 매국노로서 활약하며, 교단연합체에도 이런 자들이 기승을 부려 한국교회의 영혼을 팔아먹고 한국기독교의 미래를 말아먹는 것이다.

4. 이용도를 핍박했던 교권이 후에 어떻게 되는지 보라. 용도는 어렸을 적 기무라 교장이 예수 믿는 아이들을 핍박하자 학교를 그만두겠다고 하였고, 그 이유조차 어이없는 공회적 핍박의 연속에도 주님을 바라봄으로 그 고통을 견디다가 죽었다. 그런데 용도 한 사람을 못 잡아먹어 안달하다가 결국 철저히 매장시키고 죽은 뒤에는 '이단자'라 쓰인 삽으로 묘까지 파버리는 가히 하지 못할 짓들을 해댔던 높으신 기관들과 분들은 어떻게 되었는가? 너나없이 신사참배에 굴복하였다.

그러나 '이단'으로 몰렸던 예수교회는 "공식적인 신사참배 결의를 하지 않은 교단"으로 남게 되었고, 많은 예수교인들이 "강제적인 창씨개명을 거부하여 사회생활에서 심한 곤경"을 당하였다.[357] 용도로부터 기도의 결사신앙도 본받기를 거절하고, 죽기를 각오하는 사랑도 깔아뭉개던 그때부터 공회적 기관들은 범죄로 타락하여 하나님의 뜻을 드러낼 수 없는 위치로 스스로를 이동시켰던 것이다.

5. 오늘날 마스크를 쓰고 교회로 침투하여 이단 교리를 설파하는 그런 이단들도 무섭지만 마찬가지로 무서운 이단은, 제 멋대로 '정통의 명찰'을 제 가슴에 붙이고 그걸 내세우며 교회의 높은 자리를 꿰찬 뒤 거기서 제 배를 불

리고 있는 양심상 이단과, 그리스도의 복음이 아닌 교세 확장이나 정치세력화에 더 관심을 두고 있는 목표상 이단, 하나님의 설교시간에 하나님의 이야기가 아니라 제 이야기를 해대는 횡령상 이단 등이다.

이들은 교회를 위한다는 명분을 등에 업고 일하기에 한눈에는 찾아내기가 어렵다. 그러나 이들은 거듭난 자의 증거인 성령의 열매를 가지고 있지 않고, 그리스도의 향기가 아니라 돈 냄새와 자기자랑이 혼합된 묘한 교만의 노린내를 풍긴다. 고난과 청빈의 용도와는 달리 명예와 권세를 좋아하거나 외적 대형화를 추구하여 보여주기를 자기의 생명처럼 중시함으로 하늘의 거지됨을 자처하여 자초한다.

아무리 누가 교계의 인장(印章)이나 이단 호명권을 차지하여 세도를 부린다 해도, 그가 그리스도의 종이 아니라면 그는 그리스도의 종이 아니다. 믿음을 가진 모든 성도는 누가 무슨 옷을 입고 무슨 소리를 하든 그가 그리스도의 종에 합한지 아닌지 열매와 진리를 통하여 분별해야 할 신앙상 책임이 있다. 우리의 믿음은 주님이 주신 선물이기 때문이다.

6. 교인들을 내 마음대로 휘두르는 대형·소형 교권자들에게 가장 치명적인 위협은 아이러니하게도 바로 교인들이다. 이용도의 집회에서 교인들이 회개하고 거듭나게 되자 목회자들은 위협을 느꼈다. 자기의 소유로 여기고 있는, 자기만 바라봐주어야 하는 교인들이 이용도를 통하여 성령의 역사를 체험했으니 어찌 속이 끓지 않겠는가? 아무리 저 잘났다는 바로왕도 백성들이 '출애굽'하면 아무 힘이 없는 것이다.

용도는 그 많은 교인들이 자기를 따를 때에도 그것으로 자기를 높이지 않고 그들을 주님께로 인도하는 것에만 힘쓰셨거늘, 오늘날의 교역자 중에는 교인이 늘면 목에 힘을 주고, 나 아닌 누가 실력이 있거나 존경을 받으면 그를 받아들이려고 하기보다는 대결구도로 몰아가 처분하여 자기만이 주목과 지위를 독점하려는 마음이 있으니, 그런 마음에 하나님 나라가 있겠는가? 그의 미래에 하나님 나라를 상속받음이 있겠는가?

그런 지도자가 세도를 부리는 공동체는 무너진다. 구체적으로 이것은 예수 그리스도를 사랑하는 성도들의 이탈로 인한 것일 수도 있고, 그리스도가 영광스럽게 되지 않고 오히려 모욕스럽게 되는 목회방식으로 인하여 그 자체로 무너짐을 겪거나, 아니면 설교시간에 예수를 피살시킴으로써 교회의 생명을 잃게 되거나, 욕심을 따라감으로 그 욕심의 대가로 무너지든지, 무너질 수밖에 없다. 이때, 회개의 열매 이외의 방식으로 무너짐을 막으려 하면 더 많은 조종술, 거짓말, 눈속임이 필요하다는 것은 인생을 조금만 살아본 이들이라면 다 알 것이다.

이용도의 삶은 인생과 신앙 그리고 교권에 대한 많은 진실들을 쓰라리게 보여준다. 이는 오늘에 있어서는 오히려 유익하다. 한국교회 개혁에 이름 없는 제물이 되기 원하는 이들은 겸손히 이용도 목사를 묵상하며 배우자.

그렇다면 용도의 개혁은 실패하지 않았다. 개혁은 이어지고 있기 때문이다. 그럼 성공하였는가? 그날이 완전히 온 것은 아니다. 한국교회가 회개를 통하여 겸손과 사랑의 부흥을 경험하는 그 순간에는 용도의 개혁이 성공하였다고 푹 엎드려 함께 통곡할 것이다.

그래도 삶은 계속되고
(1934)

작은 투쟁의 시작

1. 이용도가 세상을 떠난 뒤 변종호는 그리움 속에서 아픔과 통회의 나날을 보냈다. 용도 목사님과 그분을 따르던 무리들을 위하여 무엇을 할 수 있을까 고민하던 변종호는 자기가 할 것이 있음을 깨닫는다. 용도 목사님이 전국 각지에 보냈던 편지들을 모아서 〔서간집〕을 출판해보자는 것이었다.[358]

편지들을 모으기 위하여 짬짬이 시간을 내어서는 평양, 안주, 해주 등지로 쏘다녔다. 교파를 가리지 않고 편지가 있을 만한 곳이면 어디든지 찾아 다녔다 … 그저 슬금슬금 편지를 한 통, 두 통 모으고 있었다.

2. 그러던 중 1934년 봄에 이르러, 이용도의 이전 동지였던 김인서가 〈신앙생활〉지를 통하여 이용도를 "격렬한 어조로 험구, 악담을 퍼부어 모욕함이 있었으매" 변종호는 "이를 부드득 갈고 주먹을 불끈 쥐었다."[359]

[이용도]가 많은 사람 앞에서 이리저리 몰리고 매를 맞고 쓰러지는 것을 볼 때 피가 흐르는 인간으로서 그냥 보고만 있을 수가 없었다. 이에 나는 이 목사님의 서간집 출판을 위해 있는 힘을 다 쓰기로 결심하고 일을 진행시켰다.

당시 연희전문(현 연세대학교)에서 늦깎이로 어렵게 공부하던 변종호는 변

심한 김 모씨로부터 자극을 받아 가진 정성을 다 바쳐 〔서간집〕 출판에 착수하였다. 그는 학교도 빠지고 끼니도 거르면서 밤이고 낮이고 편지를 붙들고 씨름했다. 학비를 벌어야 한다는 부담감도 그를 괴롭혔지만 일체를 뒤로 미루고 〔서간집〕에 달라붙었다. 그에게는 그 좋다는 창경원 벚꽃구경이나 한강 뱃놀이는 꿈도 못 꿀 사치였다. 자기의 전부를 오로지 한 가지에 일치시킨 것이다.

마음이 하나로 모아진 사람은 약하지만 강하였다. 전국으로 용도가 보낸 편지를 구하러 다니며 "말로 다할 수 없는 고생과 구걸을 하며 창피함까지" 개의치 않았다. 결국 "100여통으로 만들어진 원고"를 완성했으나 이를 출판해주는 곳이 없었다. 기도 끝에 직접 출판소를 창립하기에 이르렀다.[360]

원고를 모으는 데 발벗고 나서서 여러 가지로 도와주신 김예진 형의 열성과 한성도서주식회사 김진호 선생의 절대 희생적 도와주심에 의해서 〔이용도 목사 서간집 제1권〕이 1934년 6월 11일에 드디어 출판되었다. 책이 출판되자, 나는 곧 기독교 관계 언론기관을 찾아갔다. 책의 광고를 내기 위해서였다. 그러나 그 모든 곳에서 거절 당하고 말았으니 그런 책은 광고를 내줄 수 없다는 것이었다. 그래서 나는 웬만한 책방은 다 찾아 다녔으나 그런 책은 취급하지 않겠다는 것이었고 평양에 갔더니 거기서도 꼭 같은 말을 하며 빈 정거렸다. 조롱과 멸시만 당했을 뿐이었다.

평양의 김예진은 이용도가 보냈던 편지들을 "모으는 데 발벗고 나서서" 많은 도움을 주었다. 그는 장로교회를 떠나 예수교회로 오지 않았지만 여전히 동지간의 우정을 끈끈히 유지하고 있었던 것이다.

또한 〈한성도서주식회사〉 김진호 선생으로부터도 많은 도움을 얻었다. 서울에 자리했던 이 회사는 한용운의 〔님의 침묵〕이나 김동환의 〔국경의 밤〉을 출판한 '메이저' 출판사였다. 그런 곳에서 욕먹던 용도의 글을 출판하는데 "절대 희생적 도와주심"이 된 것은, 김인호 사장 자신이 "이용도목사님께 크게 감화받은 바 있으므로 그 책 한 권은 출판해 드릴 테니 잘 싸워 보라" 했기 때문이었다.361

그럼에도 불구하고 '위험분자'로 찍힌 이용도의 책을 전파하는 일은 당시로써는 욕을 바가지로 자초하는 일이었다. 변종호는 발로 뛰며 책을 팔러 다녔으나 판매는 시원찮았다. 그는 평양의 '용도파 교회'에도 찾아가보았으나, 백남주가 "그것을 사면 용도를 우상화하게 되는 것이니 사지 말라"고 비밀지령을 내려 거기서마저 딱 한 권이 팔릴 따름이었다고 한다.362

결국 변종호는 "많은 인쇄비를 갚지 못하는 채무자"요 빚진 죄인이 되고 말았다. 편지 수집, 원고 제작, 출판사 창업과 출판, 홍보와 판매 등에 쏟은 정성에 비하면 사람들의 반응은 참담 그 자체였다. 기댈 수 있는 용도 목사님도 없는 상태에서 변종호가 홀로 세상과 씨름한 경기에서 그는 철저히 패배한 것만 같았다. 결국 "반년 동안의 결사적 노력과 출판 후의 절대적 타격으로 인해 몸의 병증세"마저 위중해져서 여름 방학을 1주일 앞두고 시골 고향집으로 돌아가야 했다.

며칠 간 실컷 앓고 난 뒤 변종호는 다시 일어나 책을 들고 집을 나섰다. 그러나 역시 조소와 멸시와 냉대에 맞닥뜨릴 뿐이었다.

"책을 낼 바에나 웨슬리나 루터의 책을 낼 것이지 그 따위 덜된 책을 무엇이라고 썼느냐?"

"그렇게도 밥 먹고 할 짓이 없느냐?"

"변종호란 자는 어떤 자식이냐?"

"그 학교에서는 그런 것도 붙여두냐?"

"참 별 것들이 다 있어."

책을 쥐고 거리로 나선 그는 때때로 전에 잘 알던 교회 어른들도 만나게 되었는데, 변종호에게 "대뜸 모욕적 언사"를 퍼붓는 이들도 있었다. 김인서는 자기의 편지가 담긴 〔서간집〕이 출판되자 변종호를 "언제나 … 독기에 찬 눈으로 무섭게 쏘아 보며 노기 등등하였기에" 변종호는 "그를 만나기가 끔찍"했다.363 그래서 변종호는 책을 들고 골목으로 숨어 다녀야 했다.

이런 일들보다 더욱 변종호를 힘들 게 했던 것은 인쇄비 독촉이었다. 거룩한 사명감에 붙들려 물질적 장벽을 두려워하지 않고 믿음으로 힘있게 추진한 일이었으나 출판비로 인한 빚으로 청년 변종호는 밥도 제대로 먹지 못하고 잠도 잘 수 없었다.364

내 세상에 와서 빈궁하게 살았으나 사회생활에 깊이 들어간 바 없었기 때문에 남의 빚을 져본 일이 없었는데 여기에 이르러 갚을 길 없는 빚을 지고 독촉을 자꾸 받게 되니 몸을 둘 데가 없었고 정신을 지탱할 수가 없어진 것이다. 내가 미치지나 않는가 하여 나 스스로를 경계하며 감시하게 되니 이 생활을 계속해 나갈 수가 없었다. 정말 나는 죽거나 발광할 듯하기만 하였다. 그래서 이 중압과 이 채찍을 피하기 위해서는 어디로 훌쩍 떠나버리고 말 수 밖에 없다는 궁지에 몰려들고 말았다. 의식적으로 남의 돈을 축내려는 마음은 없었지만 이 상태로는 생명을 유지할 수 없었으매 죽음에서 벗어나려는 몸부림은 여기서 뛰쳐나가려는 본능적 행동으로 연결되어갔다. 그래서 나는 공부고, 체면이고 다 잊어버리고 그저 이 감옥에서 빠져나갈 생각만이 불일듯하여 견딜 수가 없어 멀리 없어질 결심이 굳게 섰다.

3. 결국 변종호는 한 곡조 비장함과 함께 태어나고 먹고 자란 이 땅을 떠나기로 했다.

주와 고인(故人) 위하여

눈물 땀 쏟았건만

조소 멸시뿐이요

죄인 명패(命牌) 채우니

내 혼 심히 괴롭고

가슴 심히 아파서

용납 않는 이 땅을

나는 떠나갑니다

이 상황에서는 자기가 미쳐 죽게 될지도 모른다는 두려움에 변종호는 빚 독촉을 피해 1934년 9월 2일, 학교를 뒤로하고 서울을 떠나 중국 봉천(현 요녕성 심양)과 신경(현 길림성 장춘) 등지로 정처 없이 떠도는 도망자, 유랑객 생활을 시작하였다.

신경 역전에서는 구걸을 하는 거지신세가 되었으며, 북간도(현 연변)의 용정에서는 그가 출판했던 〔이용도 목사 서간집〕을 읽는 자에게는 교회로부터 "공개적으로 구박과 책망"이 떨어지는 것을 보아야 했다. 그러다 더 북쪽으로 올라가 두만강에 접한 도문에 이르렀다. 이 강만 건너면 그리운 고국인데. 변종호는 이틀간 머물며 두만강가를 서성였다. 그는 혼자 조용히 슬픈 곡조로 노래를 불렀다.

이 강을 건너서 빛 고운 저 산 너머

내 고향 거기에 있으니 나 가고 싶어라

차디찬 이 땅을 나는 어이 헤매나

흐르는 내 눈물 두만강 물결을 덥히네

주루룩 눈물이 흘렀다. 가고 싶지만 갈 수 없다.

'아무리 곱고 아름다운 산천이라 해도…….'

변종호는 몸을 돌려 두만강을 떠나 도문역으로 걸었다. 점점 고국으로부터 멀어지는 걸음이었다. 그는 다시 노래를 불렀다. 갈 곳 없는 나그네들의 유랑가를.

> 가자 가자 어서 가 네 걸음 빨리 걸어
> 끝 없는 넓은 벌판 죽기 좋은 곳으로
> 눈물 한숨 거두고 어서 거기로 가자
> 용납 않는 내 고국 잊고 거기로 가자

도문역으로 가는 내내 눈물이 그치지 않았다. 역전에는 표를 사려는 이들이 질서 없이 소란을 피웠다. 영고탑(현 흑룡강성 목단강 영안현)으로 가려는 이들이었다. 1926년에 약 8,000명의 한인들이 살던 곳이니 지금은 더 늘었을 것이다. 가면 먹고 사는 건 불가능하지 않을 것이다. 김치와 된장국도 있고 한인교회도 있을 것이다.

'그러나 내 고운 산천이 아니지 않은가? 목숨은 붙어 있겠지만 그렇게 사는 것이 무슨 소용인가? 하지만 사랑하는 땅은 나를 받아들이지 못하니, 차라리 거기로 가서 사는 데까지 살다가 죽어지는 것이 낫지 않을까?'

대립하고 경쟁하는 팽팽한 상념들에 정신을 빼앗겼던 변종호의 마음에 순간 번쩍 떠오르는 것이 있었다.

'내가 멀리 가서 죽어진다면 어찌될까? 그렇게 되고 만다면 나는 영원히 도적자가 되고 이 목사님은 이단자라는 이름을 영원히 벗지 못할 것이 아니냐?'

변종호는 눈을 크게 떴다. 자리를 일어나 시끄러운 도문역을 빠져 나왔다.

'가자. 고국으로 가자. 죽더라도 거기 가서 죽자!'

4. 이렇게 하여 변종호는 다시 서울로 돌아왔다. 그렇지 않았으면 오늘날 〔이용도 목사 전집〕이라는 한국교회사의 '국보'는 존재하지 못하였을 것이고, 이용도는 김인서에 의하여 한국교회사의 이단 혹은 가짜교회 설립자, 교회의 반역자 정도로 영영 남았을 것이다. 그러나 변종호가 두만강을 건넘으로써 우리는 이 영광스러운 유산을 세상에 한국인이 존재하는 내내 간직할 수 있게 된 것이다.

이후 변종호는 이용도를 더 이해하고 바르게 알리기 위해 연희전문과 일본 성공회신학교, 입교대학에서 학문을 닦았고, 1946년 개교한 중앙신학교에서 교수로 이호빈 목사를 도왔다. 1984년까지 변종호는 용도보다 반세기를 더 살며 용도 연구를 집대성한 뒤 눈을 감고 용도 목사가 있는 하늘로 갔다. 그는 고생길을 택하여 반세기의 의리로 자신의 신실함을 입증하였으니, 하늘에서는 "잘 하였도다 착하고 충성된 종아 네가 적은 일에 충성하였으매… 네 주인의 즐거움에 참여할지어다"는 노래가 울려 퍼졌다.365

나는 한번 더 생각해 보았다. '내가 어쩌다 그렇게도 미쳤나?' 나는 그렇게 된 이유를 생각해 보았다. 그것은 내가 받은 은혜가 지중막대(至重莫大)하여 나도 알지 못하는 사이에 나의 모든 마음과 나의 영혼 전체가 그에게 푹 미치고만 것이다. 정말 나는 이미 죽어 흙과 먼지가 된지도 오래 되었을 몸이다. 일곱 살 때에 이미 죽을 고비를 넘기고 열세 살 때에는 꼭 죽었을 것이고 스무 살 때는 정말 죽고 없어졌을 몸이다. 그러나 주님은 이 몸을 살리셨다. 이는 분명히 나를 살려두어야 할 무슨 필요가 있기 때문에 모진 목숨을 거두지 않으시고 땅 위에 더 두신 것이리라.

7년이란 세월을 병상에 누워 신음하다가 겨우 넓은 땅에 또 다시 발걸음을 옮기게 되었다. 그러나 내 마음 속에 하늘로 향하는 감사는 털끝만치도 찾아보기 힘들었고 주님을 생각하는 신앙은 조금도 없었을 뿐더러 남은 인생을 어떻게 살아 가겠다는 목표나 계획은 더욱 없었다. 그러니 병이 좀 나았다고 하더라도 말하자면 가느다란 바람결에도 쓰러져 죽을지도 모를 심령이고 육체였다.

바로 이때 내 앞에 나타나신 이가 이용도 목사님이었던 것이다. 그는 나에게 하나님을 보여 주었고 나에게 기도를 가르쳐 주었다. 나에게 감사하는 법을 알려 주고 이제부터 내가 걸어야 할 길과 목표를 보여 주셨다. 그리하여 나의 마음은 든든한 지팡이를 쥔 것 같았고 내 몸은 땅 위에 굳건히 서게 된 것이었다. 뿐만 아니라 그는 꽁꽁 얼고 말라붙은 나의 혈관에 자기의 뜨거운 사랑의 피를 부어 넣어주셨다. 거의 다 어두워진 나의 두 눈을 활짝 열어 주신 것이었다. 그렇게 함으로 해서 비틀거리면서나마 내 몸이 이렇게 넓은 땅을 걷게 되었고 놓칠 듯 하면서도 이만치 주님의 옷자락에 매달려살게 되었다.

이용도 목사님을 알게 된 후에도 나는 여전히 험난하고 위태한 난관들을 넘고 건너야 했다. 사람과의 교제에서 그랬고 특히 신앙생활에 있어서는 더욱 그랬다. 그러나 나는 곧 쓰러질 듯 하면서도 그 험난한 역경에 한 번도 굴복 당하지 않고 무사히 이겨왔다. 나에게 닥쳐오는 모든 일들을 앞에 놓고 나는 목사님의 전술(戰術)을 체득하기에 힘썼고 더구나 기막힌 일을 당할 때는 정말 목사님의 그 애씀, 그 생활을 생각하며 항상 물리쳐 이겼다. 이러는 동안에 나는 이용도 목사님에게 푹 젖어 들어 미치게 되었다. 따라서 목사님은 '나의 영원한 선생님'으로 나의 심령 위에 좌정하시게 된 것이었다.

내가 이렇게 미쳐가는 한편 세상은 그를 욕하기 시작하였다. 나는 도대체 왜들 그렇게 야단인지 자세히 알고자 노력했다.

그런데 바로 이때에 목사님은 나의 고조된 열정도 아랑곳 없다는 듯이 홀연히 이 땅을 떠나 영원한 나라로 가시고만 것이었다. 세상은 그의 시체까지도 매질했다. 나는 정말 그 이유를 알아내고야 말겠다고 결심했다. 그들의 독살스런 매질이 목사님의 시신에 가해질수록 나는 그들과 정면으로 맞서서 뛰어들 열정에 불타고 있었다. 여기에서 출발하여 나는 그 사람들의 심중과 입장을 연구하는 한편 고인이 되신 목사님의 생애를 좀더 철저히 연구하고 싶어졌다. 물론 그 연구의 결과를 발표하고 싶은 것은 물론이었다.

이러한 필요에 의해서 생긴 것이 바로 심우원(心友園)이고 그 일의 첫 열매로 〔이용도 목사 서간집 제1권〕이 나오게 된 것이다.

이러한 사정의 배경과 역사적 발전이 있었으므로 내 연구와 탐색 중에서 목사님의 잘못이 발견되지 않는 한 그를 향한 나의 마음을 조금이라도 바꿀 수 없었다. 외부의 떠드는 소리나 '미친 자식'이라는 욕쯤으로는 내 마음속 깊이 앉아 계신 목사님을 내몰지 못할 것이요, 내 혈관을 흐르는 뜨거운 그 사랑의 피를 결코 쏟아버리게 하지 못할 것을 나는 확신한다.

설령 내 눈에 그의 잘못이 뜨인다 하더라도 결코 내 힘으로는 내 심장의 일부분을 지배하고 있는 그의 형상을 찍어 버리지 못할 것이다. 찍어 버리면 바로 내 심장이 병신이 되고 죽게 될 테니까 말이다. 떡 한 개를 더 주지 않는다고 해서 이미 받은 100개조차도 받지 않았다고 할 수 없는 일이요, 또 이미 받아 먹은 떡이 더럽고 치사한 것임이 발견되었다고 해서 이미 그 떡으로 된 내 피와 살을 떼어 버릴 수는 없는 것이 아닌가. 물론 떼어 버리고도 살 수 있을 만큼 피와 살점이 넉넉한 사람은 뗄 것이다.

그러나 만일 그것을 떼어낸다면 생명을 지탱할 수 없는 약자라면 결코 떼지 않을 것이다. 비록 그 떡이 맛 없고 소화도 잘 되지 않는 것이라 하더라도 그런 말에는 귀를 기울이지 않고 그 떡으로 된 나의 피와 살을 지켜갈 것이다. 아니 한걸음 더 나아가 그 떡에 감사하며 그 떡을 준 고마운 사람에게 쉬지 않고 절을 하는 것이 마땅하리라 생각한다.

"나는 누구나 다 예수를 믿으라고 억지로 강권할 수는 없습니다. 그러나 예수를 믿어야 할 필요를 느낀 자와 예수 없이는 순간도 살 수 없음을 깨닫는 자는 곧 주께로 나오시오"

하시던 이용도 목사님의 설교의 한 구절을 빌어 목사님을 향한 나의 소회(所懷)의 일단을 피력하여 두기로 한다.

그렇다. 이용도를 욕할 자는 마음대로 욕하라. 그러나 그가 선생으로 보이고 은인과 성자로 보이는 자는 그 앞에 정성껏 절할 것이다. 그가 미운 자는 한번 더 소리를 높여 소리질러라. "그 놈, 죽일 놈"이라고. 그러나 그에게서 받은 은혜를 감사하는 자는 그 소리를 들으면서도, "오, 선생님" 하며 그를 얼싸안을 것이다.

나는 이제까지 "목사님이 이렇다 저렇다" 하고 큰 소리로 말 한마디 한 적도 없다. 그러나 어느 누구는 나를 향해, "그 사람은 예수는 안 믿고 이용도만 믿는다"고 말하며 다닌다는 말도 들었다. 그래도 좋다. 예수는 못 믿더라도 이용도나마 믿는 것은 예수도 못 믿고 이용도도 못 믿는 것보다는 훨씬 낫기 때문이다.

나는 여기에 이르러 분명한 나의 명언 한마디를 남겨 두고 싶다.

"이용도를 끝까지 붙들고 있을 수 있는 자라면 반드시 예수를 못 놓고 죽으리라."

가슴 속에 끓어 오르는 나의 열정은 지금 목이 찢어지도록 큰 소리로 부를 이름을 찾는다.

"목사님! 목사님! 용도 목사님!"

그렇게 말 잘하는 사람

그렇게 기도 많이 한 사람

그렇게 사랑 많은 사람

그렇게 겸비한 사람

주를 위해 그렇게 땀 흘린 사람

그렇게 주 위해 잠 못 잔 사람

그렇게 굳센 사람

그렇게 부드러운 사람

그렇게 또 그렇게

오직 주만 위해 산 사람

그렇게 오직 주의 뜻대로만

살기를 힘쓴 사람이

이 강산에 또 있느냐

이 무리 중에 또 있더냐

그리고서 또

그렇게 욕먹은 사람

그렇게 구박받은 사람

그렇게 죽은 사람이

있느냐 있었느냐

없다 없다

나의 눈은 아직 보지 못하였다

그러나 나는 여기에서 나 한 개인의 독단적 판단을 고집하지는 않겠다. 여러분 모두가 각각 스스로 자기를 향하여 대답을 구해 보기를 바라는 바이다. 이 땅 위에는 목사님을 선생님으로 알고 은인으로 섬겨야 할 사람이 '아홉 사람'은 넘을 것이다. 그러나 그들은 어디론지 다 가버리고 "다른 아홉 사람은 어디 갔느냐?" 하는 그의 음성만이 이 땅을 향해 들려오고 있다. 시치미를 떼고 달아나는 자들이여, 어서 그의 앞에 와서 절할지어다. 이 일로 너는 살 것이요, 이 일이 없어 네 생명은 위태할 것을 알아라.

예수교회의 발전과 확산

1. 1933년 10월 2일 이용도가 세상을 떠난 뒤 10월 5일 장례를 치렀고, 곧 예수교회 임시공의회가 열렸다. "용도 목사를 동생이라고 부르는 이호빈 목사"가 선도감이 되어 예수교회를 이끌어야 한다는 것을 모두 하나님의 뜻이라고 받아들이는 분위기였다. 이호빈도 이를 수락하며 "일생을 바쳐 예수교회 목사로 헌신할 것을 하나님 앞에 약속"하였다.366

2. 1934년 1월부터는 기관지인 〈예수〉가 월간으로 발행되었다. 편집자는 간도 이호빈 목사의 담임 교회에서 교사를 하던 박계주였다. 17세에 신춘문예에 당선된 문학 특재였던 그는 〈예수〉지의 편집담당 외에도 예수교회 복음사(전도사)로 활동하였고, 특히 〔순애보〕의 저자로 전국적으로 유명했다. 이용도의 시학적 신학 혹은 신학적 시학은 〈예수〉지를 통해 이어지는 것 같다. 박계주의 찬송 한 곡조를 들어보자.367

사모

아득타 주를그려
하루또한 천년같네

외로운 이하루에

바람따라 심하오나

오마 신님을 기다려
한길가에 섰노라

북풍은 몰아치고
빗방울은 날리는데

어디서 소리만 나도
귀기울여 고대턴맘

행여나 님발소린가
가슴일랑 조이오

3. 다음으로는 한국문학사의 빠뜨릴 수 없는 소설가인 전영택 목사가 〈예수〉지에 발표한 시를 원문을 수정하지 않은 채로 감상해보자.[368]

어서 도라오

- 친애하는 XX씨에게 -

어서 도라오 어서 도라만 오오
지은죄가 아모리 무겁기로 크기로
주 못담당하시고 주 못받으시리까
주의 가슴은 우주보다 넓으시다오

어서 도라오 어서 도라만 오오

넓은 인간에 어델 도라가려오

넓은 인간에 죄인 마지하는덴

아! 패망의 자식은 주의품에만

어서 도라오 어서 도라만 오오

주님은 날마다 날마다 기다리신다오

밤마다 문을 열어놓고 맘조리시며

나간자식 도라오기만 기다리신다오

어서 도라오 어서 도라만 오오

매를 매저도 주님의 손에

매마저 죽어도 주님의 품에

어서 도라오오 주의 가슴은 넓고더우니

4. 〈예수〉지의 동인으로는 당대의 여성지도자 중 일인인 한의정 복음사도 있었다. 예수교회의 신앙인들, 아니 한국교회의 신앙 선조들께서 얼마나 뜨겁고 올곧고 높고 찬란한 믿음으로 사셨는지 생각하게 하는 고백을 일부만 옮겨본다. 이것이 수필인지 설교인지 시가인지 찬송인지 아니면 김 모씨의 말마따나 '이단육조'인지는 모르겠지만 눈물 나게 아름다운, 예수를 향한 그 무엇인 것만큼은 분명하다.[369]

옛 자취를 찾아서

밤은 깊고 월색은 은은한데 눈앞에 높이 솟은 모란봉은 겟세마네 되어진 듯 산 앞에 흐르는 대동강 맑은 물이 기드론 시냇물로 인식된다. 초조한 행색이 비록 외롭고 따르는 정성이 부족하나 선생의 뒤를 따르다 놓쳐버린 제자의 마음 같이 가슴 속에서는 단불이 붙고 안타까움은 영육을 녹이는 듯 애타도다 … 호젓한 산속에 외로이 서서 아버지를 찾던 설움의 눈물이 두 눈을 적시운 채 기울어져 가는 새벽달빛을 정황 없이 바라보니, 만고불변 조화의 전능이 달빛에 흐르고 우주에 사무치는 생성의 능력과 자비가 일정한 법칙대로 봄이 가고 여름오니 꽃피어 열매 맺고 가을가고 겨울오니 저장하며 일을 하니.

　… 육체의 감촉을 분명히 느끼시는 성체는 떨리시고 마음은 초민하니 피로 맺으신 땀방울이 바위를 적시고 뜨거운 눈물이 솔잎에 이슬진 듯 그의 고독 그의 비애를 동정하는 자는 제자 한명도 없었으니 "오 - 아버지여 할 수 있으면 이 잔을 면케 하옵소서." 하시는 단장의 눈물과 고독의 탄식을 기억하는 죄녀인 내 마음은 터지는 듯 온 몸이 불붙듯 하도소이다.

　오 - 부모여, 형제여 영화로우신 만왕의 왕위는 누구를 위해 버리셨으며 거룩한 성체가 죄악의 땅위에 임하심은 무슨 이유임을 아시나요. 여우는 굴이 있고 나는 새는 깃들일 곳 있건만은 우리 주님 거할 곳은 산간의 바위틈이요 광야의 풀밭이었으니 날새와 들짐승은 저를 복무하였으며 찬 땅의 돌베개는 제 주인을 모셨으되. 마지막 하룻밤의 주의 마음 알 자 없고 그 눈물을 동정할 자 없었으나 달은 빛을 잃어 흐렸고 초막의 이슬은 동정의 눈물을 흘리는 듯 머리털에 떨어지고 옷자락을 적시우나 지척에 있는 제자들은 코고는 소리만이 산곡을 요란케 하니 이 아니 무정한가.

　그래도 선생님 가신 후에 대사를 맡을 자라 여기시던 세 제자의 피곤함이 1시간을 깨어 기도하지 못하고 쓰러진 것을 보시고 억지로 깨우시기 너무도 애처로워 "깨어 기도하여 시험에 들지 않게 하여라. 마음에는 원이로되 육신이 약하도다." 하셨으니. 이 밤의 주의 잔은 내일 받으실 고난의 잔보다 오히려 컸었음을 깊이 동정할 수가 있었으니 땅 위에 오신 당신의 목적을 달성할 제자의 중심을 보시고 받으신 중상은 밝은 날에 손과 발에 못박히실 이상의 아픔을 받으셨다. 형제여 그대들의 받을 고통의 쓴 잔은 어느 것이 더 크더이까! 의를 위하여 마땅히 받을 칼날을 각오한 이상 주를 배반한 친구를 위한 아픔이 더 크지 않느냐.

속세를 떠나 별유천지에 다다른 듯 이 시간에 받은 뜨거운 마음 영원히 보존코자 변화산상을 떠나기 싫어하던 베드로와도 같이 산속에 혼이 되고 싶다고 애원하나. 강하신 주의 책망은 내 영 위에 임하사 "네가 나를 사랑하느냐? 나를 사랑하고 내 의를 위하여 살고자 하는 자는 죄악의 거리 한복판에 들어 서서 밤에는 눈물의 기도요 낮에는 진리로 외치라. 기울어져가는 해발과 함께 쓰러져가는 뭇 영들 틈에 끼어 네 살을 찢기어 무너진 제단을 수축하고 네 피를 고이 흘려 성단의 제주를 부으라. 이것이 너희 사명이라. 나는 너를 위해 십자가의 수취를 개의치 않았노라" 하시도다.

오 – 나를 살려두시는 아버지의 성의와 기대는 죄녀로 하여금 지극히 적은 천비의 노임이라도 그 책임에 충실하다 하시도다. 지나가신 주의 자취를 찾으니 자국자국 눈물의 흔적이요 피 묻은 자취이오니, 멋모르고 덤비는 내 걸음이 깊은 침묵 속에서 드릴 말씀 없어라!

5. 이호빈 또한 신령한 필력으로 주의 사역을 힘차게 북돋우었다. 이것이 '이단육조'라면, 정통육조는 어디로 삼십육계 친 겐가?[370]

알 수 없는 이상한 벗들에게

당신네들 매우 이상스럽구려. 잘 먹고, 잘 입고, 잘 살려고 돈 드리고 땀 흘려 노력하는 것이 인간사회의 공정한 사실인데.

못 먹으려고, 못 입으려고, 죽으려고 돈 들여 땀 흘려 애쓰는 일이 별 일이 아니고 무엇이오? 참 이상스럽지!

천대, 몰리움, 비웃음, 굶주림, 헐벗음, 매맞음, 죽음 등의 밥상만이 앞에 놓여 있는 길을 …

그래도 걷고야만 견디겠다는 곡절이 알 수 없는 일이 아니고 무어요? 참 이상스럽지.

아무래도 어디 미치기는 단단히 미친 모양.

병이 걸려도 단단한 병이 걸린 모양. 그러기에 그리 이상스럽지! 기왕 미칠 바에는 – 이상스러워질 바에는 단단히 본때 있게 미칩시다.

웬만큼 미쳐서야 따라다니며 송화 먹이고 단련시키고 비웃음치지, 원래 되게 – 세차게 미쳐놓으면 똑똑한 불합지배(不合之輩)들이 달아나 숨던지 붙들려 항복하던지 하는 법입니다.

아주 홀딱 미쳐놓으면, 자기(自己)를 모르게 되면, 그 앞에 큰 변(變)을 일으키고야 마는 것입니다.

미친 무리들의 괴수(魁首), 대장(大將), 선생(先生) 예수님 앞에서 미치는 공부를 잘 하십시다.

나의 벗에게

… 벗이여 나는 종종 이런 말을 들었습니다.

"왜 이단이 되었느냐?"

오 – 벗이여 나는 분명 이단이외다. 꼭 바른 말로 이단이외다. 확실한 이단괴수외다. 주님의 뜻을 가장 많이 어기는 자가 나요, 주님 원하시는 일을 가장 불순종하는 자가 분명코 나외다. 나는 주 앞에 있어 "이단 괴수 죄인이외다." 이 말 밖에 다른 말이 없을 죄인 밖에 다른 아무런 이름도 가질 수 없는 죄인의 이단자외다.

벗이요 나는 또 이런 말을 들었습니다.

"남의 양무리를 도적질하러 오지 않았느냐?"

오 – 벗이여 나는 분명 양도적놈 노릇을 잘하는 놈이외다. 아니, 도적이라기보다도 양을 잡아먹는 사자나 이리 같은 놈이외다. 아니 사자보다도, 이리보다도 더 고약한 놈이지요. 사자나 이리는 도망하는 양의 무리를 제 힘으로나 따라서 잡아먹지만 나는 내게로 몰려드는 양을, 살려달라고 찾아드는 양을 먹고 마실 데로 인도하는 일은 고사하고 나를 위하여 무참히도 잡아먹는 일을 기탄없이 하는 무참한 죄인이외다.

오 주님이시여 이 굶주린 어린 양의 무리를 친히 맡아 먹이시옵소서. 아멘.

벗이여 어떤 친구는 나를 조용히 찾아 오시여 하시는 말씀,

"때를 만났으니 새 교파 운동을 잘하라."

오 – 벗이여 나는 이보다 더 가슴 아픈 소리가 다시 없수다. 나는 예수운동자가 되기는 원이로되 교파운동자는 원이 아닙니다. 예수운동에 지장이 있다면 교파란 아주 떠나겠습니다. 오직 예수뿐이 나의 운동에 전체가 되기를 원할뿐이외다.

6. 1940년 1월 11일에서 13일까지 평양에서 열린 예수교회 제7회 공의회에 의하면 27개의 교회가 있다. 그 이름과 주요 사역자는 평양교회(박재봉 목사), 베다니교회, 금계교회, 연산교회, 남칠교회, 명수대교회, 순안교회, 안학궁교회, 백학동교회(기도소), 평천교회, 용매교회, 가려주교회, 상칠교회, 오도산교회(주선행 복음사), 장상교회, 석다산교회, 암적교회, 송곡교회(기도소), 해주교회, 갈교교회, 안주교회(김희학 복음사), 동촌교회, 송천교회(한준명 복음사), 사기교회, 한천교회, 내자정교회(박계주 복음사), 해주항교회(기도소).

이때까지 예수교회의 교세는 교회 27개소, 목사 6인, 복음사 15인, 집사

133인, 교인 2,776인, 주일학교 23개처, 학생 1,374인, 교사 114명으로, 박해가 더욱 집요하고 악독해지는 일제말기에도 예수교회는 외국의 원조 없이 꾸준히 성장하고 있었다.[371]

7. 예수교회는 만주에 조선적인 교회를 표방하고 나선 초교파적 '조선기독교회'와, 영남지방에 이만집 목사를 중심으로 설립된 '조선예수교회'와 신앙의 교류를 나누었다.

조선기독교회는 1937년 예수교회 제5회 공의회에 대표사절을 보내어 "귀 교회의 근본주의와 우리의 근본주의가 일치되는 줄로 믿"는다고 밝혔다. 당시 대표였던 감리교 출신의 변성옥 목사는,

"우리 조선기독교회의 이름은 문자 상 조금 다를까 모릅니다만은 내용에 있어서 여러분과 꼭 같습니다. 우리의 신조라고 할지? 강령이라고 할지? 1. 신구약 성경은 우리의 정경으로 함, 2. 사도신경은 우리의 신경으로 함. 이외에 우리에게는 아무 별 다른 것이 없습니다. 우리는 다 예수의 구원하시는 사랑 안에서 만족하게 하나인 줄 믿습니다"라 하였고, 예수교회인들은 이를 환영하였다. 두 교단은 "1. 교인들을 피차 이명해주며, 2. 교역자를 피차 교환하며, 3. 신학생을 피차 교환하기로" 약속하였다.[372]

이만집 목사의 조선예수교회와는, "남북에 예수교회의 밀접한 악수와 교회확장을 위하여 중앙점인 경성에다가 연합교회를 설립하기로 계획"했다. "대구 중심의 조선 예수교회와 평양 중심의 예수교회가 서로 밀접한 교류를 하고 있다는 것과, 경성에 힘을 합쳐 연합교회를 세우려는 계획을 수립"했음을 보여준다. 한국에서 "자생으로 출현한 토착적이고 민족적이고 복음적인 예수교회들이 연합과 합동을 통해 한 예수교회의 길을 추구하고 있다는 소중한 진실"을 보여주는 일이었다.[373]

이후부터 오늘까지

1. 이용도는 갔다. 이호빈도, 변종호도 갔다. 그러나 '오늘의 독자'는 늘 있을 것이다. 그분들의 글이 남아 있는 한 그들의 삶과 정신은 살아서 이어질 것이다. 가난도 견디고 독설에도 굴하지 않으며 철저히 예수만을 위해 살고 죽었던 신앙의 선진들을 떠올리면 오늘 우리의 가슴에도 두근거림이 일게 된다. 그들을 본받아 우리도 주께 일생을 바치는 것만이 행복이요 민족을 향한 책임이 될 것이라 믿어지는 바이다.

2. 이용도 목사의 아들 이영철은 배재학교 졸업 후 숭실전문학교에 진학했으나 일본군에 징용되어 싱가폴까지 끌려갔다. 이용도 목사의 부인 송봉애 여사는 6.25가 발발하자 단신으로 월남했다. 갈 곳 없던 그녀는 송창근 박사의 도움을 받으며 서울 동자동에서 지냈다. 징용으로 끌려간 아들이 돌아온다는 신문을 보고는 매일 서울역에서 아들을 기다리다가 마침 역 앞을 지나는 아들과 극적으로 상봉하였다. 영철군은 송창근의 중매로 결혼했다. 그는 부친의 길을 걷지 않고 사업가 장로로 남았다. 목회의 길을 가지 않은 것은 어린 시절 너무도 아프게 가난을 겪었기 때문이라 한다.[374]

3. 예수교회를 이어간 우원 이호빈은 1946년 중앙신학교를 설립했고 현재 강남대학교로 발전했다. 1990년에는 '우원기념사업회'가 발족되었고, 2008년까지 이호빈 목사의 전기와 설교집을 7권 출판했다.

4. 1993년 예수교회 공의회에서 1934~1941년까지의 〈예수〉지 일부를 영

인본 두 권으로 엮어서 출판했다. 여기에는 어렵던 시절 예수에 미친 한국인들의 맑고 뜨거우며 시적인 신앙(Poetic Christianity)이 그득히 담겨 있다.

5. 1996년 예수교회 공의회에 의해 '이용도 신앙과 사상연구회'가 발족되고, 2004년에는 초교파적으로 '이용도 목사 기념사업회'가 시작되었다. 또한 '시무언 선교회'는 2014년 현재 한 달에 한 번 신설동에 모여 기도회를 드리며 이용도 목사 알리기에 힘쓰고 있다.

6. 1998년 감리교 제23회 총회에서는 이용도 목사를 명예복직 시키기로 만장일치로 합의하였고, 1999년 3월 감리교회 서울연회에서 이용도 목사는 복권되었다.[375]

세월이 가면 갈수록 이용도 목사의 영적 감화력과 헌신적인 신앙열정에 대한 폭넓은 이해가 증가되어서 1930년대 부흥운동을 재평가하고 연구하는 많은 감리교교역자들과 성도들은 이용도 목사에 대한 교회적인 평가를 다시 내려야 할 것을 강렬하게 느끼고 있습니다.

이용도 목사가 공부했던 감리교신학대학교의 입구를 지나면 '님의 조각품'이란 이름의 이용도 목사 시비(詩碑)가 서 있어 날마다 학생들에게 말없는 설교를 외치고 있다.

나는 다시 나를 주께 드리나이다. 맡기나이다. 주께서 마음대로 주무르시옵소서. 주무르시는 대로 주물임을 받을 점토(粘土)와도 같습니다. 무엇을 만들든지 성의(聖意)대로 만드시옵소서. 무엇이 되든지 내가 관계할 바 아니었습니다. 주여, 나는 온전히 주의 피조물인 것뿐이로소이다. 주는 나의 창조주시며 나는 주의 작품이로소이다. 나의 존재는 주의 영광을 위하여 주의 능력을, 또 그 사랑과 큰 뜻을 증거하고 있는 조각품이로소이다.

7. 변종호는〔이용도 목사 전집〕10권의 완성을 눈앞에 두고 1984년 세상을 떠났다. 미망인의 기도와 김혜성 목사의 수고로 1986년 10권짜리〔이용도 목사 전집〕이 출판되었다.〔전집〕은 1993년 장안문화사에서 재판되고, 2004년 장안문화에서 다시 5권으로 재판되었다. 현재는 절판 상태이나 재판의 날이 올 것으로 믿어진다.

8. 주로 이북에 교세를 가지고 있다가 6.25 한국전쟁으로 큰 타격을 입은 뒤 예수교회는 오늘날 이남에서 두 가지로 존재하는 모양이다. 한 곳은 '스씨'에 많은 관심을 두는 것 같은데 미미한 교세다. 다른 한 곳인 예수교회 공의회 교단은 이용도와 이호빈의 신앙전통을 붙잡으려는 듯하다. 예수교회 공의회는 2013년에〔예수교회 팔십년사〕를 발간해 예수교회의 출현부터 오늘에 이르기까지의 역사를 한 눈에 보여주었다. 2014년 현재 '예수교회 공의회 재건 모임'이 한 달에 한 번씩 열리고 있다.

9. 이용도는 감리교회에서 내보낸 목사만이 아니요, 장로교회가 정죄한 목사만도 아니며, 쫓겨난 자들이 모여 세운 예수교회의 목사만도 아니라, 한국의 전 교파 전 교인이 즐기고 누려야 할 보배이자 복된 유산으로, 모든 한국성도의 등불이시요 존경할 위인이시다. 그는 사랑하는 한국교회로부터 버림을 받았지만 추호의 원망이나 미움이 없이 끝까지 사랑의 십자가를 지고 골고다를 오르셨으니, 참으로 그분은 우리민족을 긍휼히 여기신 하나님께서 보내주신 대한의 의인이요 조선의 쾌락이셨다.

맺음말
: 한국 기독교의 재출발을 향하여

　소금의 맛과 빛의 멋을 한국교회가 회복하기를 바라며 시작된 글은 이제 마지막에 이르렀습니다. 신약성경의 초대교회가 보여준 높은 경건과 능력과 사랑의 기쁨! 이용도의 때에 그러한 축복이 잠시나마 이 땅을 휩쓸었음을 보았습니다. 그런 그때가 몹시도 사모되고 서럽도록 그립습니다.
　그러나 그때의 영광은 그때의 영광일 뿐, 오늘 우리가 그런 것을 누리지 못한다면 무슨 유익이 있겠습니까?
　오늘날 한국 기독교가 산뜻하게 재출발하기 위하여 각자 얻으신 바가 있었으리라 생각합니다. 책을 마치기 전에 몇 가지만 정리해보면, 교회는 세상과 다른 맛이 있어야 한다는 것, 교파는 존재하겠지만 예수님을 향한 충성이 첫째요 전부라는 것, 교역자는 사랑과 믿음 위에서 고생을 자처하는 사람이란 것, 설교는 인간의 생각으로 재롱을 부리거나 청중을 조종하는 것이 아니라 하나님의 말씀을 대언하는 자리라는 것, 참된 예배는 건물의 화려함이 아니라 맘과 몸의 정성을 바침에 있다는 것, 지극히 작은 자 하나가 지극히 큰 건물 하나보다 귀하다는 것, 나의 회개와 밀실기도로부터 부흥이 시작된다는 것, 자기 십자가를 지고 예수님을 따라 고난을 받아야 한다는 것, 신앙은 인생의 부업이 아니라 본업이라는 것 등등등.
　이용도를 만났으니 우리는 예수님을 위해 죽음으로 돌진하는 신앙의 '삶'을 회복해야겠습니다. 하나님의 백성들마저 자기에게 붙매이려는 세상의 요염한 윙크 앞에서 우리는 이용도를 붙따름으로써 주 안에서의 행복한 자유를 누려야겠습니다. 외모와 숫자가 사람의 가치를 결정한다는 이상한 생각에 속고 사는 우리는 험한 길을 따라 골고다로 오르는 것이 사람의 진정한 가치가 됨을 깨달아 그 길로 달음질함이 있어야겠습니다. 먼저 그리로 가신 이용도 목사님의 선명한 자취가 우리 앞에 살아있으니 우리는 얼마나 복된 민족입니까?

절망과 비판으로 덧입혀진 오늘날의 한국교회에 여전한 소망이 있습니다. 이용도의 이야기가 우리에게 빛이 되어줍니다. 그분처럼 사랑하고 그분처럼 기도하고 그분처럼 눈물 흘리고 그분처럼 목숨 내어준다면, 그분만큼은 못할지라도 날마다 흉내라도 내본다면, 그리고 그렇게 하는 성도들이 늘어난다면, 한국교회에는 진실로 진실로 소망이 있습니다. 이용도를 닮은 성도, 이용도를 닮은 교회, 거기에는 예수를 닮고 따르는 소망이 있게 되나니, 그러한 소망은 우리에게 많은 할일을 안겨줍니다. 21세기에 놓인 민족통일과 세계선교의 사명도 이 소망이 심어줄 것입니다.

이용도 목사님의 개혁방법론에 따라, 내가 먼저 철저히 회개하고, 원망하는 입술을 닫고, 옳지 않은 모든 죄악들을 끊어버리고, 미움과 욕심의 병균들을 눈물로 죽이고, 이웃을 위해 자기를 기쁘게 쇠잔시키며, 밀실에서 마음을 바쳐 기도하고, 목회도 일도 밥도 잠도 예수임을 붙들고, 온유와 겸손과 사랑으로 나아감이 필요한 때인 줄로 압니다.

이용도 목사 八十一 주기에

참고자료

주 자료
변종호 편저, 〔이용도 목사 전집 1 서간집〕, (서울: 장안문화, 2004).
―, 〔이용도 목사 전집 2 일기〕, (서울: 장안문화, 2004).
―, 〔이용도 목사 전집 3 저술집〕, (서울: 장안문화, 2004).
변종호/피도수, 〔이용도 목사 전집 4 전기〕, (서울: 장안문화, 2004).
변종호 편저, 〔이용도 목사 전집 5 추모집〕, (서울: 장안문화, 2004).
변종호 편저, 〔이용도 목사 서간집〕, (서울: 장안문화사, 1993).
변종호, 〔이용도 목사전〕, (서울: 장안문화사, 1993).
변종호 편저, 〔이용도 목사 연구 40년〕, (서울: 장안문화사, 1993).
―, 〔이용도 목사 사모 50년〕, (서울: 장안문화사, 1993).
―, 〔이용도 목사 연구 반세기〕, (서울: 장안문화사, 1993).
―, 〔이용도 목사 관계 문헌집〕, (서울: 장안문화사, 1993).
―, 〔이용도 목사 사진첩 및 숭모문집〕, (서울: 장안문화사, 1993).
김영철, 〔세기를 넘어서〕, (서울: 시무언 이용도 목사 기념사업회, 2005).
성백걸/예수교회 역사편찬위원회, 〔예수교회 팔십년사〕, (서울: 예수교회 공의회, 2013).
우원기념사업회 편, 〔끝날의 징조와 사는 길〕, (용인: 강남대학교 출판부, 2000).
이호빈, 〔나를 위하여 울지 말고〕, (용인: 강남대학교 출판부, 2000).
V. W. Peters, "Simeon, A Christian Korean Mystic", 〈The Korea Mission Field〉, 1936.1~12.

부 자료
기독교대한감리회 100주년기업사업위원회 편, 〈조선감리회연록록 6: 1911~1930〉, 1929.
김홍기, 〔한국기독교사상산책〕, (서울: 땅에 쓰신 글씨, 2002).
김교신기념사업회 엮음, 〔김교신 일보〕, (서울: 홍성사, 2016).
대한예수교장로회총회/이단·사이비대책위원회/이단·사이비문제상담소 편, 〔종합 이단·사이비 연구보고집: 제1~95회 총회〕, (서울: 한국장로교출판사, 2011).
민경배, 〔교회와 민족〕, (서울: 연세대학교출판부, 2008).
박용규 집필, 〔평양노회사〕, (대한예수교장로회 평양노회, 1990).
윤치호, 〔윤치호 일기: 1916~1943〕, 김상태 편역, (서울: 역사비평사, 2005).
이호빈, 〔우원 이호빈 목사 요약설교집 제4권: 승리의 비결〕, (용인: 우원기념사업회, 2007).
전영택, "오서 도라오: 친애하는 XX씨에게", 〈예수〉, 제16호, 1935.4.
〈죠선예수교장로회총회데22회회록〉, 1933.
최종규/최덕지 목사 전기 출판위원회, 〔이 한 목숨 주를 위해〕, (마산: 대한예수교장로회 재건교회, 1981).

기타 신문/잡지/칼럼 (연대 순)
차상찬, 박달성, "황해도답사기", 〈개벽〉 제60호, 1925.6.
김인서, "평양로회기도제한안의 경로와 적용에 대호야", 〈신앙생활〉, 1932.6.

"평양임시노회촬요", 〈기독신보〉, 제17권 제50호/제888호, 1932.12.7.
"이세벨 무리를 삼가라 - 평양임시노회 결의를 보고", 〈기독신보〉, 제17권 제51호/제889호, 1932.12.14.
"안주기독교 양파가 분쟁", 〈동아일보〉, 1933.4.10.
김인서, "이용도 목사와 나", 〈신앙생활〉, 1933.11~12.
---, "용도교회 내막조사발표", 〈신앙생활〉, 1934.3~5.
"피목사, 한양의 결혼", 〈동아일보〉, 1938.2.13.
"북한은 어떻게 변했나?", 〈경향신문〉, 1963.9.11.

인터넷 자료

〈공훈전자사료관〉(http://e-gonghun.mpva.go.kr)의 〔독립운동사자료집 13: 학생독립운동사자료집〕. http://e-gonghun.mpva.go.kr/portal/web/book/book_xml_view_detail.jsp?his_code=PV_DJ&book_code=A013&item_code=014.009.000.000&keyword=
김덕원 기자, "98세 원로목사의 십자가 지는 삶", 〈CTS기독교TV〉, 2011.6.1. http://www.cts.tv/news/news_view.asp?page=1&PID=P368&DPID=120925
김영범, 〔한국독립운동의 역사 제26권 의열투쟁 I - 1920년대〕, 52~56 참조. https://search.i815.or.kr/Degae/DegaeView.jsp?nid=827
김진형, "13년 전의 약속 - 개성의 한영서원", 〈기독교타임즈〉, 2003.2.13. http://www.kmctimes.com/news/articleView.html?idxno=16129
대한예수교장로회 황해노회록, 40회 정기노회, http://kimdi.net/Whansynod/01Syn1-72th/13whgsyn31.htm
박삼종, "한국교회 빛 10조의 그늘", 〈신학의 집 나모스〉, 2013.7.24. http://namos.org/xe/182544
박용규, "기독소사: 1930년 8월 12일 / 이용도와 황해노회", 〈평양대부흥〉, http://www.1907revival.com/news/articleView.html?idxno=951
정구현 기자, "108세 웰링턴 피터스 목사: 일제시대 한국에 감리교 씨앗 뿌려", 〈LA중앙일보〉, 2010.11.10. http://www.koreadaily.com/news/read.asp?art_id=1112307
조효근 대담, "1928년 한국에 온 피도수 선교사 건강한 106세의 그를 만나다", 〈들소리신문〉, 2008.11.30. http://www.deulsoritimes.co.kr/news/articleView.html?idxno=11790
편집국, "1930년대 평양 고무노동자 총파업 배경", 〈울산저널i〉, 2012.11.28. http://www.usjournal.kr/News/4411
Isha Kawatra, "USC's Oldest Alumnus Dies at 109," *Daily Trojan*, August 30, 2012, http://dailytrojan.com/2012/08/30/uscs-oldest-alumnus-dies-at-109
Karen Wood, "Life, Ministry of Victor Wellington Peters 109, Remembered," *Holiness Today*, August 24, 2012, http://www.ncnnews.com/nphweb/html/ncn/article.jsp?id=10011659
Nathan Masters, "In Memorandum: Victor Wellington Peters, 109," *USC Dornsife*, August 24, 2012, http://dornsifelive.usc.edu/news/stories/1225/in-memoriam-victor-wellington-peters-109
Roger Shaprio, "The Semianry Salutes V.W. Peters: Wisdom from Our Oldest Alumnus," Princeton Theological Seminary website, https://www.ptsem.edu/newsroom/victor_peters/victorpeters.html

Endnotes

1 1885년에 조선선교를 시작한 (북)감리회보다 늦게 1897년 조선에 첫발을 내디딘 남감리회는 개성을 본부로 하고 선교사역에 착수하였으니, 개성은 남감리회의 '서울'이었다. 현재 남감리회 한국 선교부는 어린 용도를 미래의 일꾼으로 주목하고 있다.
2 김진형, "13년 전의 약속 - 개성의 한영서원", 〈기독교타임즈〉, 2003.2.13. http://www.kmctimes.com/news/articleView.html?idxno=16129
3 변종호/피도수, 〔이용도 목사 전집 4 전기〕, (서울: 장안문화, 2004), 29. 이후 〔전기〕로 줄여 씀
4 성백걸/예수교회 역사편찬위원회, 〔예수교회 팔십년사〕, (서울: 예수교회 공의회, 2013), 35.
5 변종호가 〔전기〕에서 말하는 '1921년 성탄절의 불온문서사건'은 여기와 연결되는 것 같다. 변종호에 의하면 용도는 이 때 반년 옥고를 치른다. "조선독립주비단"에 대해서는, 김영범, 〔한국독립운동의 역사 제26권 의열투쟁 I - 1920년대〕, 52~56 참조. https://search.i815.or.kr/Degae/DegaeView.jsp?nid=827
6 공훈전자사료관 (http://e-gonghun.mpva.go.kr)의 〔독립운동사자료집 13: 학생독립운동사자료집〕, 1481. http://e-gonghun.mpva.go.kr/portal/web/book/book_xml_view_detail.jsp?his_code=PV_DJ&book_code=A013&item_code=014.009.000.000&keyword=
7 〔전기〕, 29.
8 송길섭, "한국교회의 개혁자 이용도", 변종호 편저, 〔이용도 목사 관계문헌집〕, (서울: 장안문화사, 1993), 198. 이후 〔관계문헌집〕으로 줄여 씀.
9 윤치호, 〔윤치호 일기: 1916~1943〕, 김상태 편역, (서울: 역사비평사, 2005), 77~8.
10 〔전기〕, 132.
11 〔전기〕, 133~4.
12 〔전기〕, 134.
13 이호빈, 〔나를 위하여 울지 말고〕, (용인: 강남대학교 출판부, 2000), 295, 300~303.
14 변종호 편저, 〔이용도 목사 전집 5 추모집〕, (서울: 장안문화, 2004), 134~135. 이후 〔추모집〕으로 줄여 씀.
15 〔추모집〕, 135.
16 〔나를 위하여 울지 말고〕, 302.
17 〔추모집〕, 135.
18 〔추모집〕, 136; 〔전기〕, 30.
19 〔전기〕, 30.
20 〔나를 위하여 울지 말고〕, 295.
21 〔추모집〕, 138.
22 이환신 목사의 증언. 〔추모집〕, 그런데 154. 연회록을 보면, 부라만 선교사는 안지선 선교사가 안식년(furlough)으로 미국에 가있는 1929년 동안만 원산지방 장로사(감리사의 구칭) 직을 보았고, 다른 때에는 춘천의 복음전도자(Missionary Evangelist)로 지냈다. 춘천에 적을 두고 복음전도자로 활동하는 동안 용도를 강원도 쪽으로 붙잡아두었던 것 같다.
23 여기서 변종호와 피도수의 기록이 나뉜다. 변종호는 용도와 환신이 강동에 갔을 때 환신의 교회에서 연락이 왔다고 하고, 피도수는 둘이 서울에 있을 때 교회의 연

락을 받고 강동으로 갔다고 한다. 이 책은 집회를 결정하게 되는 과정이 조금 더 자세한 피도수의 기록을 따른다.
24 변종호 편저, 〔이용도 목사 전집 2 일기〕, (서울: 장안문화, 2004), 27. 1927.3.11.(금). 이후 〔일기〕로 줄여 씀.
25 〔일기〕, 28. 1927.3.17.(목).
26 〔일기〕, 30~31. 1927.3.27.(일).
27 같은 쪽.
28 〔일기〕, 32. 1927.4.2.(토).
29 〔일기〕, 33~5. 1927.4.8.(금).
30 〔일기〕, 35. 1927.4.17.(일).
31 〔일기〕, 19~20. 1927.2.9.(수).
32 〔일기〕, 20. 1927.2.10.(목).
33 같은 쪽, 1927.2.11.(금).
34 〔일기〕, 20~1. 1927.2.12.(토).
35 같은 날.
36 〔일기〕, 23~4. 1927.3.2.(수).
37 〔일기〕, 70. 이날 기록에는 당일 들었던 고린도후서 5장 12~20절 설교와 그의 소회 등이 범벅되어 있다. 어느 것이 설교자의 말이고 어느 것이 용도의 깨달음인지 잘라 알 수는 없으나, 일기장에 적어놓았다는 것에서 이 내용이 그에게 중요했다는 사실을 알 수 있다.
38 같은 쪽.
39 〔일기〕, 70~1.
40 〔저술집〕, 153~4. 1932년 조선 주일학교 연합회에서 발행하여 감리교, 장로교, 성결교가 함께 사용했던 교제의 반 년치는 이용도의 손끝에서 정제되어 탄생했는데, 개혁자 요시야에 대한 한 구절은 그의 '목회자론'에 고운 빛깔을 더해준다.
41 이 책의 434 참조
42 "피목사, 한양의 결혼", 〈동아일보〉, 1938.2.13.

43 김영철, 〔세기를 넘어서〕, (서울: 시무언 이용도 목사 기념사업회, 2005), 4.
44 〔세기를 넘어서〕, 9~11, 22~25.
45 〔일기〕, 46~7. 1927.12.6.(화).
46 〔일기〕, 46. 같은 날.
47 〔일기〕, 54의 편주 참조.
48 변종호 편저, 〔이용도 목사 사모 50년〕, (서울: 장안문화사, 1993), 203~4. 이후 〔사모 50년〕으로 줄여 씀.
49 〔전기〕, 144.
50 〔전기〕, 145.
51 〔전기〕, 147.
52 〔추모집〕, 207~8.
53 2014년 11월 30일 전덕일 목사와의 인터뷰.
54 이들은 1930년 10월까지도 계속 기도를 하고 있다고 알려졌다.
55 〔사모 50년〕, 204.
56 기독교대한감리회 100주년기업사업위원회 편, 〈조선감리회연회록 6: 1911~1930〉, 1929년도: 55~57.
57 4월 9일 저녁부터 16일까지. 4월 9일 화요일 저녁 통천교회에서 일어난 감동적인 역사에 대해서는 피도수 선교사가 앞서 이야기하였다.
58 〔일기〕, 55. 1929.1.2.(수).
59 존 웨슬리, "새로운 탄생", 〔존웨슬리 표준 설교집 2: 새로운 탄생〕, 이계준 옮김 (서울: kmc, 2012), 300.
60 일기에 나오지는 않지만 굉장히 중요한 집회의 경우가 이것이다.
61 〔일기〕, 67. 1929.8.23.(금).
62 〔일기〕, 81~2. 1929.12.14.(토).
63 이 종교적 질투와 암투는 잠시 사는 동안에만 행패부림이 허락되다가 최후 심판의 날에는 오줌이 나올만큼 다리가 후들

64 〔일기〕, 83. 1929.12.18.(수).
65 〔일기〕, 84~5. 1929.12.19.(목).
66 피도수는 30년대에 이 아이의 이름을 기억하였으나, 90년에 회고할 때에는 그 이름을 잊어버렸다고 했다. 〔세기를 넘어서〕, 24.
67 〔전기〕, 116.
68 〔일기〕, 80. 1929.12.3.(화).
69 〔일기〕, 96. 1930.1.3.(금).
70 변종호 편저, 〔이용도 목사 전집 1 서간집〕, (서울: 장안문화, 2004), 247~50. 1930. 여름. 박정수 씨로부터. 이후 〔서간집〕으로 줄여 씀.
71 "말하지 않는 것은 옳다"는 의미와 누가복음 2장에 나오는 아기 예수를 일평생 기다리던 시므온이라는 두 의미가 있다 (〔서간집〕, 119, 1932.2월초 이호빈 씨에게 참조).
72 〔일기〕, 102~3. 1930.1.17.(금).
73 〔일기〕, 103. 1930.1.18.(토).
74 〔일기〕, 107. 1930.1.19.(일).
75 〔일기〕, 108. 1930.1.23.(목).
76 〔일기〕, 114. 1930.2.20.(목).
77 〔일기〕, 119. 1930.4.5.(토).
78 〔저술집〕, 20~1.
79 〔일기〕, 76. 1929.10.21.(월)과 77. 1929.11.8.(금) 그리고 99~100. 1930.1.11.(토)를 참조.
80 〔일기〕, 115. 1930.2.27.(목).
81 〔추모집〕, 218~235.
82 편집국, "1930년대 평양 고무노동자 총파업 배경", 〈울산저널i〉, 2012.11.28. http://www.usjournal.kr/News/4411
83 1931년 평양정의여고를 나오신 한추지 권사님(1917~)의 증언.
84 〔서간집〕, 252~3. 1931.1.23. 김예진 씨로부터.
85 〔서간집〕, 78. 1931.10.7. 이호빈 씨에게.
86 〔서간집〕, 116. 1932.2.2. 평양 형제들에게.
87 〔서간집〕, 160. 1932.7.12. 이태순 씨에게.
88 〔서간집〕, 159. 1932.7.12. 이태순 씨에게.
89 같은 쪽; 요일4:7~8, 20를 비교.
90 〔일기〕, 77. 1929.11.8.(금).
91 〔전기〕, 152.
92 〔서간집〕, 253. 1931.1.23. 김예진 씨로부터.
93 〔전기〕, 152.
94 〔세기를 넘어서〕, 8.
95 용도는 1930년 9월 28일 피도수와 함께 감리교 중부연회에서 장로목사로 안수 받는다.
96 〔서간집〕, 23. 1930.1월. 박정수 씨에게.
97 〔서간집〕, 183. 1932.10.15. 이호빈 씨에게.
98 〔일기〕, 128. 1930.10.30.(목).
99 〔일기〕, 130, 1930.11.25.(화).
100 송길섭, 〔관계문헌집〕, 207.
101 〔전기〕, 154~5.
102 〔전기〕, 161.
103 〔일기〕, 137~46.
104 〔일기〕, 147.
105 "영동을 다녀온 후 얼마 있다가 …", 〔전기〕, 156.
106 〔일기〕, 159. 통천교회 청년인 원복, 채경 등과 밤 집회 개회 전부터 함께 기도. 맹렬한 기도가 일어났다.
107 〔일기〕, 162~164.
108 〔서간집〕, 253~4. 1931.1.23. 김예진 씨로부터. 김예진은 산정현, 서문밖, 장대현이라고 하는데 이용도는 〔일기〕 162~3에서 장태현, 서문외, 남산현으로 장소를 잘못 기억하고 있다.
109 〔일기〕, 165; 〔저술집〕, 24, 30(이 날의 경

우 교회명이 잘못 기록되었거나 일정이 바뀌었던 것으로 보인다).
110 〔일기〕, 165.
111 〔일기〕, 168~175.
112 〔일기〕, 175. 사리원 서부장로교회로 보임. 24일 이전 어느 날에 끝났다.
113 〔서간집〕, 1931.3.30. 이덕흥 씨에게. 3월 28일 토요일에 이용도는 서울 광화문 교회 집회 중이다. 집회는 30일 새벽에 끝난 것으로 보인다.
114 참고로 〔전기〕, 87에 보면 용도는 피도수에게 "주님의 사랑의 십자가는 내가 부흥회를 가졌던 천안(天安·Heavenly Peace)에서도 크게 드러날 것으로 믿습니다"라고 편지한 것으로 나오나, "내가 부흥회를 가졌던"이란 문구는 본디 편지에 나오지 않는다. 본 편지는 5월 4일 발송되었다.
115 〔일기〕, 181.
116 〔일기〕. 183; 저술집, 54.
117 〔서간집〕, 1931.7.24. 장양옥 씨에게, 72.
118 〔일기〕, 190.
119 〔일기〕, 191; 〔추모집〕, 145.
120 〔일기〕, 191; 〔전기〕, 167에는 "8월 12일부터"라고 하지만 〔일기〕의 기록을 따른다.
121 〔일기〕, 196.
122 〔일기〕, 196~200.
123 〔추모집〕, 49를 보면 선천 집회 후 "개성 중앙교회, 평양 남문밖교회의 순"이었다고 한다. 26일 선천 집회가 끝난 뒤 "개성 중앙교회"에서 집회가 있었는지는 확인이 되지 않는다. 그러나 평양 남문밖교회 집회는 열렸을 것이다. 〔일기〕에 의하면, 8월 27일 용도는 평양에서 서울로 올라온다(p. 200). 변종호는 이때 "평양 집회를 마치고 서울로 가시는 목사님을 사리원역에서 만나 서울까지 동행했다"(〔추모집〕, 49). 즉, 선천 집회가 끝난 26일, 용도는 선천에서 180km 거리의 평양으로 가서 평양기도단원들과 남문밖교회에서 집회한 뒤(27일), 다시 거기서 70km 거리의 사리원에 들러 이전에 편지로 약속한대로(1931.8.20. 이태순 씨에게), 사리원 기도단원들과 교제하고, 변종호는 여기서 이용도를 만나 서울까지 동행하였다. "개성 남부교회"의 유일한 가능성은, 26일 오전 선천을 떠난 이용도가 약 380km 거리의 개성에 도착하여 밤 집회를 한 뒤, 그날 밤 혹은 이튿날 새벽 약 180km 거리의 평양으로 가서 오전 집회를 한 다음 오후 2시 30분에 평양을 떠나는 것이다. 가능성은 적어보인다.
124 〔일기〕, 200~1과 〔추모집〕, 49~50.
125 〔서간집〕, 73. 1931.9.23. 이태순 씨에게.
126 〔추모집〕, 55. 아현성결교회 사건 이전에 원동교회에서 집회를 인도하였다.
127 〔서간집〕, 80~1. 1931.10월 초 이호빈 씨에게.
128 〔서간집〕, 78. 1931.10.7. 이호빈 씨에게.
129 〔일기〕, 206~7.
130 〔일기〕, 207~9.
131 〔일기〕, 209.
132 〔서간집〕, 93. 1931.10.28. 변종호 씨에게, 93~4. 1931.11.4. 이태순 씨에게.
133 〔서간집〕, 93. 1931.11.4. 변종호 씨에게
134 〔서간집〕, 79, 92. 〔전기〕 161에는 중앙전도관 다음 집회가 인천 내리교회라고 하는데, 〔서간집〕에 의하면, 경성지방 내 타교역자들의 불만으로 취소되었다(〔서간집〕, 92. 1931.10.28. 변종호 씨에게).
135 〔일기〕, 213; 〔서간집〕, 101~2. 1931.11.30. 평양 형제들에게
136 〔일기〕, 214~7.

137 〔일기〕, 217의 7번 편주 참조.
138 위와 동일.
139 〔추모집〕, 75; 〔서간집〕, 112. 1932.1.5. 김예진 씨에게.
140 〔전기〕, 155.
141 〔일기〕, 137~145. 1931.1.9.(금)~13.(화).
142 〔일기〕, 148~9. 1931.1.18.(일).
143 〔일기〕, 165. 1931.02.08.(일).
144 〔일기〕, 149~50. 일자불기.
145 〔추모집〕, 20.
146 〔일기〕, 122. 1930.5.6.(화), 198. 1931.8.20.(목).
147 〔일기〕, 151. 1931.1.24.(토).
148 차상찬, 박달성, "황해도답사기", 〈개벽〉 제60호, 62~3. 1925.6.
149 〔일기〕, 166~7. 1931.2.28.(토).
150 변종호의 약력은, 〔사모 50년〕, 152~164.
151 변종호 편저, 〔이용도 목사 연구 반세기〕, (서울: 장안문화사, 1993)의 서문 참조. 이후 〔연구 반세기〕로 줄여 씀.
152 이용도가 쓴 편지는 대개 변종호를 통해 발송되었다. 변종호는 내용을 읽어보고 봉한 뒤 우체통에 넣었다. 그래서 누구에게 무슨 내용이 갔는지 대강 다 알았다. 〔사모 50년〕, 170.
153 〔사모 50년〕, 168.
154 더 자세한 것은 〔추모집〕, 16~86 참조.
155 〔일기〕, 169. 1931.3.6.(금), 171. 1931.3.7.(토).
156 〔일기〕, 190. 1931.7.26.(일).
157 1963년 9월 11일자 경향신문에 의하면, "방훈 목사 등은 평북의 어느 농장에서 강제노동하게 추방시켰다"고 한다. "북한은 어떻게 변했나?" <경향신문>, 1963.9.11. 기사 참조.
158 1931년 이때의 경남노회장은 김만일, 부회장은 주기철이다.
159 〔일기〕, 169. 1931.3.6.(금)
160 〔일기〕, 170. 1931.3.7.(토)
161 〔일기〕, 172~4. 1931.3.9.(월)
162 〔추모집〕, 31~2.
163 〔일기〕, 176. 1931.3.16.(월)
164 〔서간집〕, 48~51. 1931.3.24. 이태순 씨에게, 51~3. 1931.3.25. 이종규 씨에게.
165 〔서간집〕 2004년판에 나오는 총 수신자는 계산에 따라 약 38명이다.
166 〔서간집〕, 59~60. 1931.4.6. 김유순 씨에게.
167 이때에 간도에 남았던 이들이 현 조선족의 선조다.
168 〔나를 위하여 울지 말고〕, 303.
169 〔추모집〕, 185.
170 〔추모집〕, 143.
171 〔추모집〕, 141.
172 이호빈/우원기념사업회 편, 〔끝날의 징조와 사는 길〕, (용인: 강남대학교 출판부, 2000), 230~1.
173 〔서간집〕, 305~6. 1932.10.6. 이호빈 씨로부터.
174 〔추모집〕, 186~188.
175 〔전기〕, 164.
176 〔추모집〕, 20.
177 박삼종, "한국교회 빚 10조의 그늘", 〈신학의 집 나모스〉, 2013.7.24. http://namos.org/xe/182544
178 건축을 '무리하게' 세우기 위해 성도들의 신앙을 '허무하게' 무너뜨리는 헛발의 열정은 오늘날 계속되고 있다. 순수한 신앙이 훼손되고 온유한 신앙이 경직되며 강인한 신앙이 '내유외강'이 되는 것은 성도의 신앙을 예수따름과 예수닮음에 두지 않고, 건축과 십일조의 충성에 두기 때문이다. 이용도가 오늘 와서 이런 신앙을

보면 기가 막혀 기절하시지 않을까.
179 〔전기〕, 164~5.
180 민경배, 〔교회와 민족〕, (서울: 연세대학교출판부, 2008), 385.
181 〔전기〕, 25~6.
182 1932년 여름, 이용도에 대한 길선주의 말: "내가 이번 상경했을 때에 이용도씨가 동부인래방하야 단화하고 함께 기도한 뒤에 난히윗지오 … 이씨는 훌늉한 청년신자요 은혜를 만히밧은 조흔일군이오." 김인서, "평양로회기도제한안의 경로와 적용에 대ᄒᆞ야", 〈신앙생활〉 1932년 6월호 5쪽.
183 〔일기〕, 184~5. 1931.6.18.(목).
184 같은 날.
185 〔저술집〕, 54~6.
186 〔추모집〕, 146~8.
187 〔서간집〕, 62. 1931.4.17. 이용채 씨에게.
188 〔일기〕, 147, 1931.1.18.(일).
189 1930년 신천 집회 후로 용도를 따르는 것 같다.
190 사리원은 교파가 다양하면서도 특히 장로교회의 세력이 컸는데 그 중에서도 서부 장로교회가 대표적인 교회였다고 한다.
191 〔일기〕, 197. 1931.8.20.(목).
192 〔일기〕, 198. 같은 날.
193 같은 쪽.
194 1930년 10월 주일학교 연합회로 보냄을 받아 서울로 온 용도는 같은 달 22일 아현성결교회로 가서 정남수 목사의 애스베리 부흥단의 천막집회에서 감동하였었다. (처음에는 남감리회와 함께 일하다 후에 한국 성결교회를 이끌어나가는 정남수는 1929년 원산 부흥기간에 용도와 함께 지방 전도계획을 구상하여 회장이 되었고 용도는 이때 회계를 맡았었다.) 정남수는 1930년 10월 22일 아현교회 천막집회 중에 이용도를 아현교회에 소개해주었을 수 있다. 그리하여 12월 7일 주일 낮 예배에 이용도가 아현교회 강단에 올라 '예수의 사랑의 운동'이란 설교를 하게 된다. 그로부터 약 1년 뒤인 1931년 9월 28일 새벽부터 용도는 다시 아현교회 강단에 선다.
195 〔서간집〕, 81. 1931.10월 초 이호빈 씨에게.
196 〔추모집〕, 18.
197 1931.10.7. 이호빈 씨에게 보낸 편지에는 "그 밤 2시 좀 지나서 숙소에서 쫓겨나와"라고 하고, 1931.10.13. 이천농(이호빈의 다른 아호) 씨에게 보낸 편지에서는 "금요일 밤 12시에 축출을 당하였답니다"라 한다.
198 성결교회만의 독특한 주일 오후 예배.
199 성결교 원로 이명직 목사가 아현성결교회 사건을 두고 이용도에게 사과한 내용은, 변종호 편, 〔이용도 목사 사진첩 및 숭모문집〕, (서울: 장안문화사, 1993), 61쪽 2번 각주 참조. 사과를 받은 뒤 이용도는 이호빈에게 "그래도 형님, 큰 그릇이 다릅디다"는 말을 했다. 이후 〔사진첩 및 숭모문집〕으로 줄여 씀.
200 〔서간집〕, 87~91. 1931.10월 중. 김인서 씨에게.
201 〔서간집〕, 53. 1931.3.25. 이종규 씨에게. "기도의 동무가 있으면 같이 읽기를 바라노라."
202 〔나를 위하여 울지 말고〕, 304. 오늘날 여전히 우리의 눈은 보지 못하고 귀는 듣지 못하고 있다.
203 김교신은 무교회주의를 어떻게 이해하고 있었을까? "무교회주의란 결단코 교회를 타파하며 교회와 대립 항쟁하는 일 같은 것을 사명

으로 하는 것은 아니다. 하물며 구원은 교회의 밖에 있다고 주장하는 것 같은 소극 저열한 것이 아니다. 구원은 그리스도에게 있다는 것을 명백히 하는 것이 무교회주의의 사명이다.

이 복음을 명백히 하는 결과, 자연히 할례와 세례와 교회와 성직이 무용하게 되는 것이지, 그 타도와 해소를 목적하는 것은 아니다. 그는 본말전도(本末顚倒)요 최대의 곡해다. 무교회주의는 환언하면 그리스도의 정신이요, 세인의 생각하는 이상 훨씬 적극적이요 고귀한 심원한 정신이다. 이는 기독교라고 부르는 이외에 적당한 칭호가 없다."

204 〔전기〕, 167.
205 오늘날 목회상담은 무교회주의자의 도둑질인가? 여성도와 이메일은 '무교회주의자 목사'의 일탈인가?
206 박용규, "기독소사: 1930년 08월 12일 / 이용도와 황해노회", 〈평양대부흥〉, 2007.8.1, http://www.1907revival.com/news/articleView.html?idxno=951
207 대한예수교장로회 황해노회록, 40회 정기노회, http://kimdi.net/Whansynod/01Syn1-72th/13whgsyn31.htm; 이 자료는 황해노회 인터넷 홈페이지에서는 '노회연혁'에 해당되고, 홈페이지에는 '노회록'이란 코너가 따로 있다. 전화로 노회에 문의한 결과, '회의록'은 노회원들만 열람할 수 있다고 했다. 그럼 제40회 노회가 1931년 여름의 며칠에 열렸는지 물으니, 노회록에도 "1931년 여름"이라고만 쓰여 있고 구체적인 날짜는 없다고 했다. "이용도 목사에 관련되는 내용이 있는지?" 물으니 그런 이름은 없다고 한다. 그러나 1931년 10월 김인서의 편지에서 보듯, 황해노회는 5가지 근거들을 제시하여 이용도를 무교회주의자로 몰았고 금족령을 결의하였다. 그럼에도 노회는 이런 근거와 결정이 어딘가 좀 께적지근했는지 공식 회의록에는 기록을 남겨두지 않았다. 그러나 천국의 노회원들은 모든 일을 기록해두었으니, 지난날의 잘못을 인정하고 고인에게 사과함으로 화평을 이루는 선한 노회가 되는 것이 아름답고 가한 일인 줄로 안다.

208 그러나 이 결의에도 불구하고 용도를 요청하는 교회는 끊이지 않았다.
209 〔일기〕, 226. 1932.3.24.(목).
210 〔서간집〕, 84. 1931.10.13. 이천농 씨에게.
211 〔서간집〕, 92. 1931.10.28. 변종호 씨에게.
212 〔서간집〕, 93. 1931.11.4. 변종호 씨에게.
213 〔서간집〕, 94~5. 1931.11월초. 이태순 씨에게.
214 1930년 12월에 남/북 감리교회가 하나의 조선감리교회로 통합되었다.
215 〔일기〕, 213~4. 1931.11.24.(화).
216 〔서간집〕, 101~2. 1931.11.30. 평양 형제들에게.
217 〔전기〕, 172.
218 〔교회와 민족〕, 385.
219 김익선은 외촌교회(장로교) 집사요, 이조근은 산정현교회(장로교) 집사, 김지영은 서문밖교회(장로교) 집사, 김영선은 신암교회(장로교) 전도사, 김예진은 장대현교회(장로교) 전도사다.
220 변종호 편저, 〔이용도 목사 연구 40년〕, (서울: 장안문화사, 1993), 11. 이후 〔연구 40년〕으로 줄여 씀. 1932년 2월 2일 평양 형제들에게 보낸 이용도의 편지를 보면, "영선, 예진, 익선, 조근, 지영, 용진 여섯 기도의 친구들에게 성령이 임하소서"라

한다. 김인서는 언급되지 않는다. 이용도는 이 육인과 특히 가까웠던 것 같다.
221 〔전기〕, 172~3.
222 김인서는 이용도에게 편지를 보내 영화란을 맡아달라고 했었다. 용도는 겸손히 사양하였다. 〔서간집〕, 87 참조. 이 잡지는, 복음신앙(福音信仰), 영화운동(靈化運動), 인화주의(人和主義)를 3대강령으로 하였다. 편집지침은, "우리는 신앙생활(信仰生活)의 철저를 기(期)하기 위하여는 형식주의(形式主義)를 초월하고 그리스도의 실체(實體)에 직속(直屬)하여 생명(生命)의 약동에 진출하며 신학적(神學的)임 보다 성령(聖靈)의 지시(指示)에 직접(直接)하여 진리(眞理) 자체(自體)를 내세우며 번쇄한 이론(理論)을 버리고 십자가하(十字架下)에 정립(正立)하여 신앙(信仰)의 사실(事實)에 출동할 것을 약속(約束)하노라"인데, 상당히 용도적인 분위기가 흐르고 있다.
223 〔추모집〕, 67~8.
224 〔서간집〕, 252~3. 1931.1.23. 김예진 씨로부터.
225 〔서간집〕, 260. 1931.7월 김O선 씨로부터.
226 〔추모집〕, 70~2.
227 〔저술집〕, 31~4, 40.
228 이는 산정현교회에서의 두 번째 집회일 수 있다. 〔일기〕, 162~3. 1931.2.4.(수)와 〔서간집〕, 253~4. 1931.1.23. 김예진 씨로부터 참조.
229 〔전기〕, 170.
230 〔저술집〕, 51~3.
231 〔추모집〕, 211~2.
232 김덕원 기자, "98세 원로목사의 십자가 지는 삶", 〈CTS기독교TV〉, 2011.6.1. http://www.cts.tv/news/news_view. asp?page=1&PID=P368&DPID=120925
233 〔서간집〕, 103~106. 11월말. 이태순 씨에게.
234 〔서간집〕, 112~3. 1932.1.5. 김예진 씨에게.
235 〔서간집〕, 112. 1932.1.5. 김예진 씨에게.
236 〔서간집〕, 118. 1931.2월초. 이호빈 씨에게. 현 청파감리교회의 전신.
237 같은 쪽.
238 같은 쪽.
239 〔전기〕, 174; 〔일기〕, 225.
240 〔추모집〕, 209. 정확한 월은 알 수 없지만, "상동교회, 자교교회"와 함께 나오는 것으로 볼 때 이 정도 시기로 추정해본다.
241 〔서간집〕, 124. 1932.3.9. 이덕홍 씨에게. 현 서울 용두동교회.
242 〔일기〕, 225.
243 〔일기〕, 229; 〔추모집〕, 80.
244 〔일기〕, 230. 현 서울 보문제일교회의 전신.
245 서강교회는 〔김교신 일보〕, 58. 신설리교회는 〔서간집〕, 152. 1932.5.26. 이호빈 씨에게.
246 〔서간집〕, 같은 쪽; 〔일기〕, 236. 현 영광성결교회의 전신.
247 〔일기〕, 같은 쪽, 1932.6.5.(일). 이날 체부동교회 설교를 초청 받았으나 교회는 당일 연락도 없이 다른 사람을 세웠다.
248 〔추모집〕, 236.
249 〔저술집〕, 70, 83.
250 〔전기〕, 174; 또한, 〔서간집〕, 140. 1932.4.25. 이태순 씨에게, "오래지 않아서 평양 방면을 한번 갔다가 올까 하는데 물론 그때에는 잠깐이라도 내리어 뵈려고 합니다" 참조.
251 〔서간집〕, 180. 1932.9.22. 김인서 씨에게.
252 〔서간집〕, 180~1. 1932.9.22. 김인서 씨에게.
253 〔서간집〕, 180. 1932.9.22. 김인서 씨에게, 179. 1932.9.24. 안성결 씨에게; 〔추모집〕,

241~2.
254 〔서간집〕, 187. 1932.10.26. 김영선 씨에게; 〔추모집〕, 254.
255 〔추모집〕, 263, 267. 또한 276을 참조; 그러나 〔서간집〕, 185. 1932.10월 이호빈 씨에게 보낸 편지에는 해주 집회 일정이 23~28일로 나온다. 28일에 마치는 것으로 계획되었다가 29일에 끝나게 된 걸까?
256 〔서간집〕, 185. 1932.10월 이호빈 씨에게.
257 〔서간집〕, 189. 1932.11.12. 강정숙 씨에게. 함남 원산으로 추정된다.
258 같은 쪽. 1932.11.11. 이종현 씨에게.
259 〔서간집〕, 207. 1932.11.24. 김인서 씨에게, 213. 1932.11.28. 김인서 씨에게.
260 〔서간집〕, 185. 1932.10월 이호빈 씨에게. 이때 중앙전도관에서 본래 일정대로 집회를 하였는지, 아니면 사전취소 혹은 중도폐회 되었는지는 확인되지 않는다.
261 〔서간집〕, 222. 1932.12.30. 이천농 씨에게.
262 〔전기〕, 174~5.
263 〔추모집〕, 57~58과 〔전기〕, 175를 비교.
264 송창근은 1915/16~1920/1년까지 서울에서 피어선성경학원에 다녔는데 개성의 용도와는 어떻게 만나게 된 걸까?
265 송창근과 송봉애가 송씨의 한 일가였을까?
266 〔일기〕, 221. 1932.1.1.(금).
267 〔나를 위하여 울지 말고〕, 302~3.
268 선교사에 의한 최초의 교회라 할 수 있는 내리교회보다 1~2년 빨리 조선인에 의해 최초의 교회가 시작되었으니, 소래교회다.
269 〔서간집〕, 286~7. 1932.1월, 박SC로부터.
270 〔사모 50년〕, 288.
271 〔서간집〕, 293. 1932.4.15. 송창근 씨로부터.
272 〔서간집〕, 294. 1932.4.17. 김인서 씨로부터.
273 〔서간집〕, 135~6. 1932.4.20. 김예진 씨에게.
274 〔서간집〕, 131~2. 1932.4.19. 평양 형제들에게.
275 〔서간집〕, 133~4. 같은 날.
276 〔서간집〕, 134~5. 같은 날.
277 〔서간집〕, 137~8. 1932.4.20. 김교순 씨에게.
278 〔서간집〕, 152~3. 1932.5.26. 이호빈 씨에게.
279 〔서간집〕, 153. 같은 날.
280 〔서간집〕, 155. 같은 날.
281 〔서간집〕, 157~8. 1932.7.12. 이태순 씨에게.
282 〔서간집〕, 158~9. 같은 날.
283 〔서간집〕, 159. 같은 날.
284 〔서간집〕, 159~60. 같은 날.
285 변종호 편저, 〔이용도 목사전〕, (서울: 장안문화사, 1993), 120~1.
286 〔일기〕, 241~2. 1932.6.10.(금).
287 〔추모집〕, 236~9.
288 〔서간집〕, 180. 1932.9.22. 김인서 씨에게.
289 〔서간집〕, 266~8. 1932.9.23. 주선행 씨로부터. 2004년판은 1931년으로 잘못 표시되어 있다.
290 〔추모집〕, 242~4.
291 〔서간집〕, 187. 1932.10.26. 김영선 씨에게.
292 〔전기〕, 180. 동일한 내용이, 박용규 집필, 〔평양노회사〕, 대한예수교장로회 평양노회 (비매품), 1990, 263~4에 나와 있다. 박용규는 이 다섯 가지를 "유명한 금족 결의안"이라고 소개한다. 그런데 변종호는, "인신공격의 [노]망"이라고 소개한다.
293 〔사모 50년〕, 284.
294 〔사진첩 및 숭모문집〕, 45쪽 하단 1번 각주 참조.
295 〔서간집〕, 183~4. 1932.10.15. 이천농 씨에게.
296 〔서간집〕, 182~3. 같은 날.
297 〔추모집〕, 254.

Endnotes 443

298 〔서간집〕, 187. 1932.10.26. 김영선 씨에게.
299 〔전기〕, 180.
300 〔전기〕, 180~1.
301 450리를 걷는 평양의 성도들은 최근 평양 노회의 금족령을 생각할 때 나오는 눈물의 발자국으로 걸었을 것이다.
302 〔추모집〕, 245~254.
303 〔전기〕, 184.
304 〔전기〕, 184.
305 〔전기〕, 184~5.
306 〔전기〕, 95.
307 〔전기〕, 187~8.
308 〔서간집〕, 307. 1932.10.19. 송창근 씨로부터.
309 〔사모 50년〕, 207.
310 〔서간집〕, 189. 1932.11.11. 이종현 씨에게.
311 〔서간집〕, 204. 1932.11.23. 김인서 씨에게.
312 〔사모 50년〕, 284.
313 〔서간집〕, 221~2. 1932.12.30. 옥어진 씨에게.
314 〔서간집〕, 221. 같은 날.
315 〔서간집〕, 204~7. 1932.11.24. 김인서 씨에게.
316 소위 '주여 사건'이 이곳과 연관된다. 이용도를 의심하고 미워하던 이들은 이용도가 원산의 신령파 어느 여인 앞에서 "주여!"라고 했다고 물고 늘어지며 비판했다. 이는, 1) 그 여인을 신으로 보았다는 비판과 2) 악령의 역사를 믿었다는 식으로 비판되었다. 이에 대해 변종호는 용도가 "주여!"라고 했던 어록 84개를 찾았는데, "주여"는 이용도가 늘 부르짖는 단어로, 회개의 표시, 믿음의 표시, 간절함의 표시, 억울함 하소연의 표시, 악과 전투의 표시 등에 사용된다고 했다. 〔연구 반세기〕, 96~125. 변종호의 설명은 간단하지만 더욱 확실하다. 비판자들은 종종 사건의 본질을 벗어나 다른 쪽으로 점점 복잡하게 만들어내는 수법을 쓴다. 김인서는 이후 〈신앙생활〉 1934년 3~5월의 "용도교회내막조사발표"라는 3회의 글에서 이 사건을 일부 다룬다. 이후로 김인서의 글은 고인 이용도와 추종자들을 공격하기 위한 '정통자료'가 되어주었다. 이에 대해서는 차후에 상세히 다루기로 해둔다.
317 〔서간집〕, 213~5. 1932.12.17. 김인서 씨에게.
318 〔서간집〕, 216~20. 12월. 주선행 씨에게.
319 〔서간집〕, 198~201. 1932.겨울. 주선행 씨에게.
320 〔전기〕, 199
321 이호빈, 〔우원 이호빈 목사 요약설교집 제4권: 승리의 비결〕, (용인: 우원기념사업회, 2007), 260~1.
322 〔전기〕, 202.
323 〔서간집〕, 231~2. 1933.3월. 김희학 씨에게.
324 〔전기〕, 203~4.
325 그러나 용도를 사모하는 무리들은 여전히 많았다. 1932년 12월 2일 해주의 한 전도부인은 편지로, "영에 기갈을 당하여 집을 버리고 목사님을 따라가겠다는 자 얼마나 많은지 모르겠습니다." 〔서간집〕, 321~2.
326 〔전기〕, 204~5.
327 〔전기〕, 194.
328 〔서간집〕, 229. 1933.2.18. 강정숙 씨에게.
329 〔추모집〕, 277~9.
330 〔추모집〕, 281~2.
331 〔서간집〕, 233~4. 1933.3.10. 이영은 씨에게.
332 같은 책, 235. 1933.3.26. 이우원 씨에게. "우원"과 "천농"은 이호빈의 아호다.
333 작년 12월 용도가 사임원을 제출한 것은

순회목사직 사임이지, 목사직을 버린다 거나 '퇴회' 즉 감리교회에서 나간다는 것은 아니다.
334 [전기], 198~9.
335 [전기], 95.
336 [추모집], 167.
337 "안주기독교 양파가 분쟁", 〈동아일보〉, 1933.4.10.
338 이때 막내 이환신은 미국에서 유학 중이었다.
339 [세기를 넘어서], 53~4.
340 예수교회가 창립을 선언하게 되자 '휴직' 상태였던 감리교회 목사 이용도는 '사임'으로 처리가 되어 감리교회와 행정적 관계는 완전히 끊어지게 되었다.
341 이런 저런 이유로 내몰리는 용도를 떠났던 동지들과는 달리, 이호빈은 자기도 내몰리고 생계까지 잃게 되었어도 신앙의 소신은 잃지 않았다.
342 이호빈은 [나를 위하여 울지 말고], 309에서 "6월 27일쯤"이라고 한다. 그런데 변종호가 쓴 전기와 추모집에 의하면, 7월말 이용도가 이호빈과 만나 교단을 맡기고, 7월 26일 평양을 떠나 원산으로 가는 기차에 오르고, 그러나 진이 빠져 중간 삼방협에 하차하여 7월 27일부터 8월 1일까지 있는 동안, 변종호가 8월 1일 삼방협에서 이용도 목사의 사진을 찍는 장면이 나온다. 이호빈이 7월 말을 "6월 27일쯤"이라고 약간 이르게 기억하는 것 같다. 여기서는 변종호의 기억이 더 정확한 것으로 판단하여 그것을 따른다.
343 [끝날의 징조와 사는 길], 226~7.
344 [전기], 208~9.
345 [추모집], 89.
346 최종규/최덕지 목사 전기 출판위원회,

[이 한 목숨 주를 위해], (마산: 대한예수교장로회 재건교회, 1981), 51~2.
347 대한예수교장로회총회/이단·사이비대책위원회/이단·사이비문제상담소 편, [종합 이단·사이비 연구보고집: 제1~95회 총회], (서울: 한국장로교출판사, 2011), 17~8; 대한예수교장로회(통합) 홈페이지, 이단사이비총회주요결의 33번 글 "이용도(4-73회 / 1915~1988)", http://pck.or.kr/PckCommunity/NoticeView.asp?TC_Board=7842&ArticleId=60&page=6&Depth=1; 총회이단(사이비)피해대책조사위원회, 문서자료실 13번 글 "이용도", http://www.2dan.kr/xe/pds/5609
348 〈죠션예수교장로회총회데22회회록〉, 71쪽.
349 [추모집], 169.
350 [나를 위하여 울지 말고], 310. 백남주도 함께 있는 자리였다고 한다.
351 [전기], 212.
352 [전기], 113.
353 [전기], 214.
354 [전기], 216.
355 한국 교계 전체에 미친 이용도의 영향력에 대한 변종호의 연구는, [연구 40년], 152~7 참조.
356 존 웨슬리, "산상설교(XII)", 81.
357 [예수교회 팔십년사], 228~31.
358 [추모집], 109.
359 같은 쪽. 〈신앙생활〉지를 통한 김인서의 비판은 이용도보다는 이용도를 내세워 세운 예수교회를 향한다. 그는 이 교회를 가(假)교회 혹은 용도교회라고 부르며, '이단육조'라 비판하였는데, 그 내용은 1) 성경권위부인, 2) 삼위일신부인, 3) 예수의 재림과 신자의 부활부인, 4) 천계에 대

한 이설, 5) 예수의 가형설, 6) 원죄와 속죄공로부인. 그는 용도가 한준명, 백남주, 그밖에 '접신녀'들에게 속아서 기성교회에서 분열했다고 - 때로 측은한 어조도 비치면서 - 비판했다. 이에 대해서는 실증적인 연구를 통한 검증이 필요한데, 다행이 당시 '예수교회'의 신앙과 신학을 엿볼 수 있는 자료인 〈예수〉지의 일부가 오늘까지 전해진다. 차후 이 부분에 관한 치우치지 않은 진실을 탐구하여 발표하기로 한다.

360 〔추모집〕, 112.
361 〔사모 50년〕, 292.
362 같은 쪽.
363 〔사모 50년〕, 285.
364 〔추모집〕, 113~4.
365 〔추모집〕, 122~7.
366 〔나를 위하여 울지 말고〕, 310.
367 〔예수교회 팔십년사〕, 129~30.
368 전영택, '어서 도라오: 친애하는 XX씨에게', 〈예수〉, 제16호, 29. 1935.4.
369 〔예수교회 팔십년사〕, 141~2.
370 〔예수교회 팔십년사〕, 151, 215.
371 〔예수교회 팔십년사〕, 205~7.
372 〔예수교회 팔십년사〕, 218.
373 〔예수교회 팔십년사〕, 226~7.
374 〔사진첩 및 숭모문집〕, 31.
375 김홍기, 〔한국기독교사상산책〕, (서울: 땅에 쓰신 글씨, 2002), 69~70 참조.

Photo Credits

김영철: 454 위 오른쪽, 454 가운데.
정재헌: 454 아래.
한추지: 453 아래, 454 위 왼쪽.
우원기념사업회: 447~452.
장안문화: 8, 10~13, 16~31, 453 위.
Victor Wellington Peters' family: 9, 14~15.

이용도 목사가 떠난 뒤

평남 숙천. 이용도를 이어 이호빈 목사가 예수교회를 이끌어갔다. 현재 지방교회 순방 중. 앞줄 오른쪽에서 두 번째가 대부흥사 박재봉 목사. 뒷줄 오른쪽에서 세 번째는 변종호 학도, 네 번째는 공산당에 의해 순교한 한의정 복음사. 그녀의 주옥 같은 신앙수필들이 〈예수〉지에 담겨 있다.

■■■
1936년 경복궁 건춘문 앞. 왼쪽부터 변종호, 하나 건너 한의정 복음사, 이호빈 목사, 〔순애보〕의 박계주 선생, 이용도 목사의 제수씨 장양옥 등. 1936년부터 평양의 이호빈은 서울로 가서 사역을 시작한다. 이듬해인 1937년 1월 현재, 예수교회의 교회처는 24개, 총 등록 교인수는 2,410명.

박계주의 장편소설 〔순애보〕는 일제강점기 최대 베스트셀러 책이었다. 예수교회 복음사로서 이호빈 목사의 지도를 받았던 김영철 목사(1929~2018)는, 이용도와 예수교회를 알려면 〔순애보〕를 읽어보아야 한다고 했다.

예수교회의 영성

1934년 5월 평양. 예수교회는 매년 한 차례 성서 강습회를 열었다. 한국교회 사경회 전통을 엿볼 수 있다.

예수교회 해주 수양산 산상기도회. 자연을 벗삼아.

▰▰▰
1935년 8월 8일 새벽 5시 20분. 평남 용강군 오석산 철야기도회.
이용도 목사처럼 예수교회 교인들은 바위 위에 엎드려 밤을 밝
히는 기도의 용사들이었다.

당신네들 매우 이상스럽구려. 잘 먹고, 잘 입고, 잘 살려고 돈 드리고 땀 흘려 노력
하는 것이 인간사회의 공정한 사실인데. 못 먹으려고, 못 입으려고, 죽으려고 돈 들
여 땀 흘려 애쓰는 일이 별 일이 아니고 무엇이오? 참 이상스럽지!

아무래도 어디 미치기는 단단히 미친 모양. 병이 걸려도 단단한 병이 걸린 모양. 그
러기에 그리 이상스럽지! 기왕 미칠 바에는—이상스러워질 바에는 단단히 본때 있
게 미칩시다.

아주 훌딱 미쳐놓으면, 자기를 모르게 되면, 그 앞에 큰 변을 일으키고야 마는 것입
니다. 미친 무리들의 괴수, 대장, 선생 예수님 앞에서 미치는 공부를 잘 하십시다.

— 이호빈의 '알 수 없는 이상한 벗들에게' 중 일부

6.25전쟁 이후 이호빈 목사

1956년 9월 26~28일. 이화여중고 합동집회. 이호빈 목사는 월남 후 예수교회 목사, 중앙신학교(현 강남대학교) 설립자 및 교육자, 유명한 부흥 강사, 농촌 복음 운동가 등으로 활약했다.

1956년 11월 4일 중앙신학교 창립 10주년 기념행사. 학교는 국내 최초로 사회사업과(현 사회복지과)를 시작하여, 당시 "왜 신학교에서 사회사업을 가르치느냐?"고 비판 받았다. 그런데 오늘날 사회복지과가 없는 신학교가 많지 않다.

■■■
1965년 여름, 강원도 판교. 농민복음사역에 헌신하던 때. 함석헌 옹과 함께.

■■■
1973년 6월 17일 야외예배. 한국기독교장로회 총회장을 역임한 조향록 목사(1920~2010)는,

"나는 당대에 가장 훌륭한 설교자로 이호빈 목사님을 꼽기에 주저함이 없다. 그러나 그렇게도 탁월한 설교가임에도 불구하고 그 분은 다른 설교자들처럼 빛을 보지 못했다. 정치술이 그들보다 못했고, 화장술이 뒤졌기 때문이었다. 아니, 세속적인 출세나 인기, 꾸며대는 재간 따위를 아주 경멸하고 능멸하였기 때문이었다. 그 분은 언제나 불교의 스님들이 입는 도복같은 회색 한복을 입으셨다. 도인의 면모를 갖춘 그 모습조차도 시정잡배들의 소굴처럼 되어버린 교계와는 인연이 없는 것 같았다."

■■■
드러냄없이 위대한 자취 남겼으니 어찌 아니 드러나리요.

빛을 밝힌 사람들

변종호 목사(1904~1984). 돌아가시는 그날까지 이용도 목사 알리기를 위하여 절대헌신의 눈물을 쏟았으니, 욕을 먹으면서도 오해를 뒤집어쓰면서도 가난에 붙들리면서도 병고에 시달리면서도 54년간 신앙의 의리를 지키시다.

이호빈 목사(1898~1989). 돌아가시는 그날까지 비판자들을 미워하지 않고 자기를 해명하지도 않고 다만 예수운동을 위하여 땅 끝까지 가는 복음정신으로 71년간 주와 민족과 교회를 섬기셨으니, 그의 사신 것과 말씀하신 것을 알고서 그를 사모하지 않을 자 많지 않으리.

■■■
1980년 12월 24일 미국 산 호세에서. 변종호 목사 가족

■■■
1970년대 후반. 앞줄 왼쪽부터 김영철, 박재봉, 한준명 목사. 뒷줄 왼쪽부터 한추지 권사, 최일순 사모.

■■■
2001년 9월. 100세의 피도수 선교사(1902~2012)와 김영철 목사.

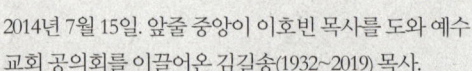

■■■
2014년 7월 15일. 앞줄 중앙이 이호빈 목사를 도와 예수교회 공의회를 이끌어온 김길송(1932~2019) 목사.